PRINCIPLES OF PROJECT FINANCE

项目融资原理与实务

（英）爱德华·耶斯库姆（E.R. Yescombe）著

王锦程　王虹 译

中国金融出版社

责任编辑：亓　霞　张清民

责任校对：张志文

责任印制：丁淮宾

北京版权合同登记图字 01–2016–1125

《项目融资原理与实务》一书中文简体字版专有出版权由中国金融出版社所有。

图书在版编目(CIP)数据

项目融资原理与实务（Xiangmu Rongzi Yuanli yu Shiwu）/〔英〕爱德华·耶斯库姆著；王锦程，王虹译. — 北京：中国金融出版社，2017.11

书名原文：PRINCIPLES OF PROJECT FINANCE

ISBN 978-7-5049-8955-0

Ⅰ.①项⋯　Ⅱ.①爱⋯　②王⋯　③王⋯　Ⅲ.①项目融资 — 研究

Ⅳ.① F830.45

中国版本图书馆CIP数据核字 (2017) 第065041号

出版
发行　中国金融出版社

社址　北京市丰台区益泽路2号

市场开发部　(010) 63266347，63805472，63439533 (传真)

网 上 书 店　http://www.chinafph.com

　　　　　　(010) 63286832，63365686 (传真)

读者服务部　(010) 66070833，62568380

邮编　100071

经销　新华书店

印刷　保利达印务有限公司

尺寸　169毫米×239毫米

印张　29.75

字数　510千

版次　2017年11月第1版

印次　2017年11月第1次印刷

定价　88.00元

ISBN 978-7-5049-8955-0

如出现印装错误本社负责调换　联系电话(010) 63263947

译者序

　　2008 年国际金融危机对国际金融市场造成了很大的影响，无论是发达经济体国家还是新兴经济体国家，都采取了有效的措施加强对金融市场的调整和监管。作为国际金融市场的重要组成部分，项目融资也受到了很大的冲击。但是《国际项目融资》杂志 2013 年发布的权威数据显示，在 2010 年以后项目融资市场出现了强劲的复苏态势，这主要得益于对项目融资尽职调查的要求远高于其他类型的借贷项目，因此项目融资仍是一个健康的融资模式，将继续成为大型项目的融资工具。

　　在国际融资市场不断变化的背景下，本书的作者认为有必要对第一版的内容进行修订，使项目融资原理的内容与时俱进，能充分反映项目融资市场的最新变化，并对其未来的发展趋势作出理性的判断。原著第二版的修订历时两年，于 2014 年由爱思唯尔（Elsevier）出版集团出版。与第一版相比，第二版主要在两个方面进行了修订。首先，对第一版的内容进行了更新和调整，使其更契合项目融资市场的最新发展，对项目融资原理的分析和论述更全面、系统和深入。其次，增加了部分新内容，特别是对项目融资渠道的最新发展进行了论述，比如人寿保险公司和养老基金等机构市场对项目融资的支持；此外，还增加了信贷紧缩对项目融资影响的分析。

　　原著在 2010 年由清华大学出版社引进出版，受到了业界和学界的关注，特别是在中国企业承接国际项目融资中发挥了重要作用。南方电网国际公司副总经理张俶志先生认为："本书的理论知识与实操性兼具，不仅可以作为项目融资的教科书，更可作为项目融资的操作指导手册。"他表示，本书在该公司开发越南永新一期 BOT 项目中发挥了积极的指导作用。目前，我国正大力推动政府与社会资本合作项目（PPP 模式），促进社会资本参与大型基础设施和公用设施的开发与运营，参与项目融资的各方都有进一步掌握项目融资理论与实务的需求。同时，随着"一带一路"共建的发展，越来越多的中国企业将开展与沿线国家的合作，熟悉国际项目融资的规范和惯例将成为中国企业取得成功的重要因素之一。因此，原著第二版出版之后，译者认为有必要也有责任将其翻译成中文出版，尽早为国内的读者提供这本有价值的参考书籍。

由于时间仓促，在翻译过程中难免有翻译不妥或晦涩的地方，敬请各位读者批评指正。

译者　王锦程　王虹

2017 年 4 月

目录 CONTENTS

概述

项目融资是通过"金融工程"为大型项目获得长期债务融资的一种方法，它是基于项目本身产生的现金流进行借贷的。项目融资的关键是对项目建设、运营和收入等风险进行详细的评估，并通过合同或其他形式把这些风险分配给投资方、贷款方及其他相关方。2012年，全球至少有3750亿美元的项目投资是通过项目融资的方式进行融资或再融资的。

"项目融资"概念不同于"为项目融资"，因为给项目融资的方式多种多样。从传统意义上讲，发达国家的大型公共项目都是通过公共部门的债务进行融资的；而私营部门的项目都是大公司通过公司贷款的方式进行融资的。在发展中国家，项目融资是依靠政府从国际金融市场、多边机构，如世界银行或出口信贷等渠道筹集资金的。但是，随着私有化的发展和政府管制的放松，以及引入通过公私合作进行私人融资的模式，发展中国家的大型基础设施项目的融资方式发生了变化，私营部门因此承担起主要的融资责任。

与为项目融资的方法不同，项目融资像是一张网，影响着从项目开发到合同安排的方方面面，因此不能孤立地处理融资的问题。如果一个项目采用项目融资的方式，那么无论是融资主管、贷款方，还是参与项目的其他各方（如项目的开发商、工程师、承包商、设备供应商、燃料供应商、产品购买商以及利用项目融资为公共基础设施进行融资的公共部门），都需要对项目融资的运作以及其对项目融资所起的作用和受到的影响有基本的了解。构成一个项目合同之间的联系不能只是从商业的角度来考虑，也要从融资的角度来考虑，这样就不会在一些看似可行而实际不可行的项目上浪费时间和金钱。

本书是作者基于多年的银行从业背景和项目融资咨询专家的经验撰写而成的。作为项目融资的指南，本书不仅论述了项目融资的原理，同时也探讨了一些项目融资的实际问题，这些问题往往会给商业和融资谈判造成严重的困难。初学者可以通过本书系统地了解项目融资；对于从事项目融资工作的业内人士，本书可以作为一本实用手册。阅读本书的读者不一定非要有融资市场或融资术语方面的知识。

项目融资的专家常说"隐患藏于细节"。因此，要把一本项目融资的书写成一本实用指南就必须进行大量的、详细的阐述，而不只是一些笼统的研究或含糊其辞的总结。通过系统的方法详细了解项目融资原理，掌握项目融资就不会那么困难了。

本书是按照融资市场中某特定项目融资运作过程展开论述的。具体的内容如下。

◎ 项目融资市场的背景介绍和主要参与方在项目融资过程中的作用

　◇ 第2章介绍项目融资的最新发展、主要特点、与其他类型融资的差异以及使用项目融资的原因。

　◇ 第3章介绍投资人如何开发项目，以及通过项目融资购买公共部门项目的过程。

　◇ 第4章介绍私营项目融资借贷市场的信息。

　◇ 第5章介绍了私人贷款方融资的程序。

◎ 论述构建项目融资框架的商业合同

　◇ 第6章论述主要项目协议的特点，它们在项目融资结构中具有关键作用。

　◇ 第7章分析其他合同条款，这些条款适用于大部分项目协议。

　◇ 第8章分析了分包合同，它是典型项目融资结构的一个重要部分，包括项目建设、运营和维护，燃料供给，原料和其他供应以及保险。

◎ 项目融资的风险分析

◇ 第9章论述了贷款方对商业风险的分析，以及降低项目商业风险的途径。

◇ 第10章分析了宏观经济风险（通货膨胀、利率、汇率变动）对项目融资的影响，以及降低这些风险的策略。

◇ 第11章分析了政治风险的控制以及这些风险对项目的影响。

◎ 创建融资结构及文件的介绍

◇ 第12章介绍了基本的项目融资结构的创建方式。

◇ 第13章介绍了项目融资模型的信息输入，以及投资方和贷款方如何使用模型的结果。

◇ 第14章讨论了项目融资贷款谈判中贷款方的要求。

◎ 项目的外部融资支持

◇ 第15章解释了作为融资结构中的一个主体，公共部门如何提供融资支持。

◇ 第16章论述了开发金融机构和出口信贷机构的作用。

◇ 第17章介绍了项目融资市场发展，新的融资模式以及项目融资的未来发展趋势。

本书所使用的关于项目融资的专业术语都为大写，在词汇表中也作了简要的解释。其他融资术语和缩略用法也在词汇表中给出了解释。

本书中多种电子计算表格都可以从www.yescombe.com网站上下载。

书中标有"＊"号的参考文献可作为对项目融资感兴趣的读者的参考资料，并不能用作本书的理论支持，这些文献是在网上免费下载的。这些文献的链接以及其他类似资源都保存在www.yescombe.com网站上。

什么是项目融资

2.1 概述

本章描述了项目融资的主要特点、影响其发展的因素、项目融资结构的基础构件及案例，并站在项目各个参与方的角度分析项目融资给自己带来的利益。

2.2 项目融资定义及主要特点

项目融资在不同的行业和不同的项目中会有不同的结构安排，因为每一个项目都有各自不同的特点。但是，项目融资也有一些共同的原则。

美国进出口银行是这样定义项目融资的：项目融资是指通过项目现金流偿还借款的融资方式，是由项目内部的合同关系所决定的。从本质上讲，这类项目是靠大量统一协调的合同安排才能成功建设和运营的。为平衡合同关系，项目风险必须按照"最有能力承担相应风险"的原则分配给各方，同时应该能够反映出风险与回报的公平分配。所有的项目合同必须紧密衔接，合理分配风险，以确保融资可行并使项目获得成功。

标准普尔评级机构对项目融资的定义如下：项目融资是指为一项资产或资产组合提供无追索权的融资，为此贷款方只关注那些能够产生用于偿还固定债务现金流的特殊资产，债务主要包括支付利息和偿还本金。贷款方的担保和抵押通常只是项目的合同以及实物资产。贷款方一般对项目业主没有追索权，经常要通过项目的法律架构保护自己，避免受到项目业主财务问题的影响。项目融资的业务一般需要在贷款方、项目发起方以及由其他利益相关方之间签署一系列协议和合同，通过合作建立起一个商业组织，为项目启动发行有限数额的债务，并在一定期限内经营项目专属的业务。

根据《巴塞尔协议 II》，巴塞尔银行监督委员会对项目融资给出了"官方"定义：项目融资是获得资金的一种方法，贷款方主要关注单个项目产生的现金流作为还款来源和风险担保。这种类型的融资通常用于大型、复杂和昂贵的安装项目，如电厂、化工厂、采矿、交通设施、环境、通信设施等。从形式上，项目融资可以为新投资项目进行融资，也可以为现有的项目进行再融资，以提升项目的水平或维持现状。贷款方通常通过项目设施的产出所产生的现金流收回贷款，如电厂通过出售电力获得的收入偿还贷款。借款方通常是一个特定目的的实体（SPE），专门负责项目的开发、拥有和运营。因此，偿还贷款主要依赖于项目的现金流以及项目资产的抵押价值。

经济合作与发展组织（OECD）基于出口信贷以下共识对项目融资给出了另外一个官方定义：

◎ 为某个经济体进行的融资。在考虑这个经济体产生的现金流和收益能够作为偿还贷款的资金来源，以及这个经济体的资产可以作为贷款抵押时，贷款方会感到满意。

◎ 为一个独立的（法律地位和经济地位）项目公司的出口业务进行的融资，如特定目的的公司是通过投资项目获得收益的。

◎ 项目合作伙伴之间分担适当的风险，项目合作伙伴如私人或资信可靠的公众股东、出口商、债权人、购买方。

◎ 在整个还款期内，项目产生足够的现金流以支付运营成本和偿还外部债务。

◎ 从项目收入中优先扣除运营成本和还本付息。

◎ 不涉及主权的购买方/借用方不承担主权还款的担保（不包括履约担

保，如购买安排）。

◎ 为项目的收益/资产提供基于资产的担保，如转让、抵押、支付账户。

◎ 在项目完工后，对私人部门股东发起人或项目发起人保留有限追索权或无追索权。

因此，项目融资的原理总结如下：

◎ 项目通常涉及大型基础设施，其建设期和运营期比较长，所以融资期一定是长期的（通常为15～25年）。

◎ 贷款方通过预测项目所产生的现金流，让项目公司支付利息和费用，并偿还债务。因此，项目必须是"环围"的，即具有独立的法律地位和经济地位。项目通常是由一个专门目的的实体（有限公司）来实施，其唯一的业务就是项目（项目公司）。

◎ 债务与股本比率（杠杆比率）高。一般来说，项目融资债务占项目资本成本的70%～90%。高杠杆的效果就是降低债务与股本的混合成本，因此可以降低项目的总融资成本。

◎ 一旦出现融资方面的违约，如果出售项目公司的实体资产，其价值很可能大大低于债务，而对于涉及公共基础设施的项目是不能出售的。对于贷款方的主要担保就是项目公司的合同、许可或其他权益，这些构成了现金流的主要来源。因此，贷款方要对项目风险进行详细的分析，通过这些合同把风险分配给项目的相关各方。

◎ 项目的期限是有限的，主要取决于合同或许可的期限，或者自然资源的储量。因此，项目融资的债务必须在项目期限结束前还完。

◎ 项目公司的投资方对项目融资的债务不作担保，因此项目融资是"无追索权"的融资。

因此，项目融资与公司融资是有区别的。公司融资中的贷款有如下特点：

◎ 主要基于公司的资产负债表和根据过去的现金流和利润进行的财务预测获得。

◎ 以借款方所有业务的现金流作为担保，而不是以某个专门项目的有限现金流作为担保，这样一旦某一个项目失败，公司的贷款方仍然可以有理由期待债务获得偿还。

◎ 假设这个公司的业务永远持续下去，就可以不断地续借贷款，因此不需要安排长期贷款。

◎ 也可以用公司的有形资产作为担保，如办公室、厂房等。因此，一旦无法偿还债务，就可以卖掉这些资产以偿还债务。

2.3 项目融资的发展

长期以来，项目融资一直用于自然资源开发领域，通过开采自然资源产生的现金流获得融资。比如，19世纪80年代，法国里昂信贷银行以项目融资的方式为俄罗斯的巴库油田提供融资。20世纪30年代，这个贷款方法在得克萨斯油田得到了进一步的发展。20世纪70年代，由于石油价格上涨，基于自然资源的项目融资得到了巨大的推动，特别是在北海油田的早期开发、澳大利亚及发展中国家的天然气和其他自然资源项目中发挥了关键作用。21世纪前十年出现的大宗商品的繁荣则使项目融资经历了另一个高潮。

同样，用于公共基础设施项目的项目融资并不是一个新的概念，如英国在18世纪末至19世纪初使用了大量的私人资本对本国的道路进行改建，通过对道路收费获得收益。19世纪末至20世纪初，很多国家都允许私人部门通过发行债券获得投资资金，开发铁路、供水、污水处理、供气、电力和电信项目。到了20世纪上半叶许多国家的政府采取了这种做法。但是到了80年代，这种情况开始发生逆转。同样，在50年代和60年代发展中国家采取了对外商投资国有化的行动，使外国投资者逐渐撤出在一些关键行业的投资，如基础设施和自然资源项目，但到了80年代这一情况也开始发生逆转。

20世纪80年代以来，世界范围内的政府放松对公用事业的管制和公用事业的私有化，以及利用私人融资开发公共基础设施成为了项目融资发展的主要推动力量。作为能够为预测出现金流的资本密集型项目进行长期融资的方法，项目融资在为这一变化提供所需资金方面发挥了重要作用，项目融资现代化的发展和结构化形成于这一时期。项目融资的这种变化在发达国家和发展中国家都发生了。大型基础设施项目的投资国际化也促进了项目融资的发展：那些实力强大的项目开发商在世界范围内有各种各样的投资项目，它们会把从某一个国家获得的投资经验应用到其他国家的项目中。同样，银行和融资顾问也会照此而做。通常政府和公共部门在分享这些经验的过程中也获益匪浅。

项目融资现代化的发展经历了以下"浪潮"：

◎ 如前所述，从20世纪70年代开始，项目融资用于自然资源项目的开发。

◎ 1978年美国通过了私有公共设施管理政策法案（PURPA）后，首先在电力行业使用项目融资开发独立电厂项目（IPPs），由于法案允许热电厂以长期合同按照监管公用事业的边际成本价格出售电力，因此促进了热电厂的开发。电力行业采用的项目融资技术在20世纪80年代也开始用于发展中国家的电力项目，如菲律宾和智利。90年代初期，项目融资技术进入电力私有化的欧洲和英国，之后在世界的其他地方迅速展开。近年来，项目融资也被广泛应用于可再生能源的领域（如风力和太阳能发电）。

◎ 项目融资用于其他经济基础设施领域（特别在交通领域）始于20世纪80年代。首先使用私人融资的大项目是英法隧道（于1987年签署协议），之后是英国的两个收费大桥项目。与此同时，80年代末期的澳大利亚和90年代初期的智利都以私人融资的方式建造了特许经营的收费公路。

◎ 90年代初期，英国通过"私人融资计划"（PFI）对社会服务设施项目（学校、医院、监狱、公房以及其他公共建筑，如政府办公室或警察局等）进行融资。私人融资计划在世界其他地区也被广泛使用。

◎ 在90年代后半期，项目融资在移动通信网络行业大规模使用，但是从21世纪以来已进入尾声。

兴起于20世纪70年代初期的融资技术对项目融资的演进起到了推动作用。项目融资在这一过程中发生了以下变化：

◎ 商业银行为公司客户提供长期贷款（以前只是根据抵押提供短期贷款）；

◎ 银行利用出口信贷为大型项目融资；

◎ 造船融资项目中，银行为建造大型船舶提供贷款，以长期租船的协议为担保，即以合同现金流为造船提供贷款，借款方是独立的专门公司，拥有该船的所有权，这与后来的项目融资结构非常相似；

◎ 不动产融资也是以长期现金流（租金）预测为基础，为建造不动产提供贷款；

◎ 以税收为基础的融资租赁，使银行适应于复杂的现金流。

项目融资发展过程中最后一个重要的因素是在80年代中期出现的用户友好型电子数据软件，如果没有这个软件的应用，项目融资几乎是不可能的。

从表2-1可知近年来私人部门贷款方为不同行业提供的项目融资贷款的情况。从表中可以清楚地看到2008年国际金融危机造成的影响，但是也可以看到2010年以后市场复苏的情况（对于不同地区的详细分析，请参阅4.2节的内容）。尽管受到安然公司倒闭以及其对电力行业的影响，电力行业的贷款从2001年的650亿美元大幅下降到2002年的250亿美元（表2-1中没有显示这个数据），但是电力一直是市场上最重要的行业。基础设施特别是交通和自然资源行业的项目融资在20世纪前十年增长明显。相反，可以清楚地看到通信行业的项目融资却出现了下降趋势。这些统计数据不包括以下融资。

◎ 非银行私人部门贷款方的直接借贷（或通过项目融资债务基金进行借贷）；

◎ 公共部门为项目提供的融资；

◎ 出口信贷机构（ECAs），如出口信贷担保方、承保人或银行等提供的融资，以及双边或多边开发金融机构（DFIs）提供的融资。

粗略地讲，如果把这些数据加到表2-1中，2012年所涉及的项目融资总金额超过3000亿美元。假设债务占项目总成本的80%，那么2012年全球新投资项目通过项目融资方式就有约3750亿美元的融资或再融资。

表2-1　私人部门项目融资贷款数额（2000—2012年的某些年份）　　单位：百万美元

项目 \ 年份	2000	2007	2008	2009	2010	2011	2012
电力	56512	76518	90236	57642	78177	85947	73416
自然资源	16518	56432	67859	38005	50589	59756	75485
其中：							
矿产	629	4607	11486	4071	10858	11158	4745
石油与天然气	12552	34311	42960	31137	28425	43983	66139
石化	3337	17519	13413	2797	11306	4615	4601
基础设施	16755	67620	65212	40233	64998	56676	65610

项目 \ 年份	2000	2007	2008	2009	2010	2011	2012
其中：							
交通		44027	54789	25451	52315	43607	40467
其他基础设施		16423	6.940	8890	9838	11348	21060
废物与循环处理		2989	550	1194	1267	724	842
供水与污水处理		4181	2933	4.699	1578	997	3241
工业	3538	17473	11979	3454	6306	12155	6833
休闲与物业	1638	22759	20836		14424	15439	
电信	36735	5556	6260	8118	13383	5314	1529
农业		452	61		86	479	
总计	131696	246810	262443	147452	227963	235766	222873

资料来源：国际项目融资185期（2000年1月26日）、353期（2008年1月9日）、400期（2009年1月9日）、424期（2010年1月10日）、448期（2011年1月13日）、472期（2012年1月12日）、496期（2013年1月16日）。这些数据与商业银行贷款和债券有关。

　　但是，也应该看到，由于某些结构融资是否属于项目融资的范畴仍存在争议，而且项目融资和为项目融资的界限有时并不十分清楚，不同渠道提供的市场统计信息可能有很大的差异。

　　假设总投资额中的平均债务为80%，那么2007年就有大约3000亿美元的新投资项目是通过项目融资的方法从私人部门贷款方获得融资的。应该指出的是，上述的统计数据不包括从出口信贷机构、多边开发银行或其他公共部门机构获得的融资。另外，项目融资总的趋势和规模是显而易见的。

2.4　项目融资结构的要素

　　仔细分析项目融资结构，它通常包含以下两个要素：

◎　项目投资方提供的股本金；

◎　由一个或多个贷款方组成的银团为项目融资提供的贷款。

　　项目融资贷款方具有使用项目净现金流的优先权，因此股本金的投资方更要依靠项目成功获得回报。由于投资方承担更高的风险，其希望获得更高的投资收益，而贷款方则与此相反。

项目公司签订的一系列合同为项目融资提供了支持，"项目协议"经常是合同结构的核心，主要有以下两种形式：

◎ "购买合同"，根据这种合同，项目的产品长期以定价出售给购买方；

◎ 与中央政府、名级地方政府或其他公共部门（签约的公共部门）签订合同，签约的公共部门授权项目公司建造项目，并通过项目获取收入。

项目公司也可以在商品市场上出售其产品（如电力或自然资源项目），或者根据法律规定，获得经营某一个行业的许可（如私有化的港口或机场，或移动电话网络），这两种情况都不需要签订购买协议或项目协议，这将在以下的内容中进一步讨论。

项目公司通常要签署"子合同"，为项目融资提供支持，特别是把风险从项目公司转移到其他参与方，这也构成了贷款方担保组合的一部分。

项目协议和这些子合同统称为"项目合同"。第6章和第7章论述项目协议，第8章探讨子合同的问题。

2.5 项目融资结构的实例

本部分内容介绍一些简化的项目融资实例，如处理厂项目和基础设施项目，包括公共部门与私人部门合作模式，以进一步说明项目融资基本结构的原理。

2.5.1 处理厂项目

这类项目从原材料供应，到处理加工，再到生产出产品。

◎ 热力发电：原材料供应——煤炭或天然气；处理——燃烧/转化成蒸汽；产出——电力（有时为热力）。

◎ 水处理：原材料供应——未处理的水；处理——水处理；产出——可饮用的水。

◎ 垃圾处理：原材料供应——生活或商业垃圾；处理——垃圾处理：产出——电力（有时为热力）以及灰渣。

◎ 液体天然气输气站：原材料供应——通过海运的液化天然气；处

理——再气化；产出——把天然气输入管道中。

以天然气电厂为例，图2-1显示了这个类型项目的基本要素。

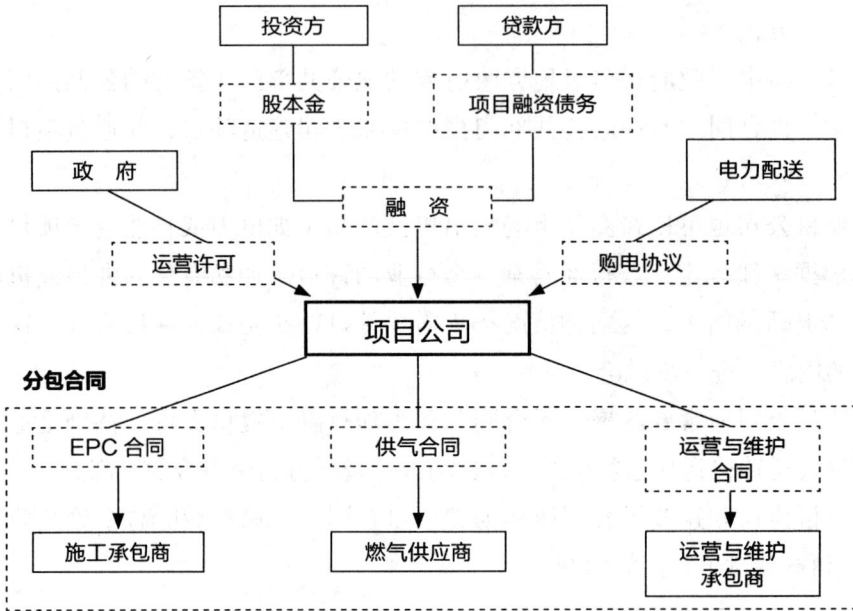

图2-1　天然气发电厂项目

在这个例子中，项目协议是以购买协议，即电力购买协议（PPA）形式签署的。根据这个协议，输电公司按照事先约定的电价购买项目的电力。购买方既可以是公共部门也可以是私人部门的实体，这取决于所在国的电力行业是否是私有化性质。主要包括以下子合同：

◎　为电厂设计和建造的设计—采购—建设合同（EPC合同）；

◎　原材料供应合同，对这个例子来说，就是为电厂燃料供应的供气合同；

◎　与业绩丰富的电厂运营方签订的运营与维护合同（O&M合同）。

2.5.2　基础设施项目

私有化或私人部门的基础设施项目。对于私有化或私人部门的基础设施项目如港口和机场，基础设施公司可以用公司融资的方式进行融资，贷款方根据公司总体业务的现金流提供贷款，并以公司资产作为担保，或以项目融资的方式为一个独立的新投资项目提供融资（比如，在现有的私有化的港口或机场建设一个新的码头或候机楼）。对于后者来说，虽然不需要签署项目协议，但是需要与设施的用户签署一个或多个子合同，如航空公司或船运公司。由于这些合同方同意支付设施使用费，所以与购买协议非常相似。

同样，一个纯私有的基础设施项目，如体育馆，可以根据与用户签订的中长期使用合同产生的现金流进行融资。

公共部门与私人部门合作项目。对于这类项目，私人部门的项目公司负责为公共基础设施进行融资、运营和维护，通过提供使用权获得收入。通常情况下，相关的资产在合同期结束时转移给公共部门管理或拥有。这种模式称为公共部门与私人部门合作，即PPPs或3Ps，是基于项目公司和公共部门签订的合同实现的。PPP项目主要有两种模式：

◎ 特许经营模式：建造或整修基础设施项目，如道路、桥梁、隧道、机场、港口、铁路等，通过用户缴纳过路费、运费或类似的费用获得收入（使用费）；

◎ 私人融资计划模式：建造或重修公共建筑（如学校、医院、监狱、公屋或政府办公室），或其他公共基础设施（如道路、铁路、水处理设施或污水处理厂），收入来自于签约的公共部门支付的费用（服务费）。

需要注意的是PPP这个术语使用的范围很广，而且PPP项目不一定都使用项目融资。

在某种程度上，特许经营与经济型的基础设施项目有关，而私人融资计划与社会型的基础设施相关，但是这不是划分两类项目的标准界限。所有使用特许经营结构的项目也都可以用私人融资计划模式进行融资。反过来则不可行。两者的区别主要是收入来源不同。

在2.5.1中介绍了处理厂项目，这些项目的购买方是签约的公共部门，经常会划归到PPP的范围内。但是，考虑到这些项目不同的融资结构，与私人购买方签署购买协议也不是罕见的现象，本书将单独对这类项目进行分析。相反，比照PPP项目合同与私人部门签署合同也是可能的，但这不太常见。

私有化的基础设施项目和PPP项目可以统称为基础设施项目的私人参与项目（PPI）。

收益债券。这种结构只在美国的市场上使用，拥有和管理项目的公共部门以项目融资的方式使用私人融资。

图2-2显示了一个典型的收费公路特许经营的基本结构。这里的项目协议是"特许经营"协议，规定了道路的使用者要付给项目公司通行费。主要包括的子合同如下：

◎ 设计和施工合同（D&B合同），用于设计和建造道路；

◎ 运营合同，运行收费系统；

◎ 维护合同，对道路持续维护。

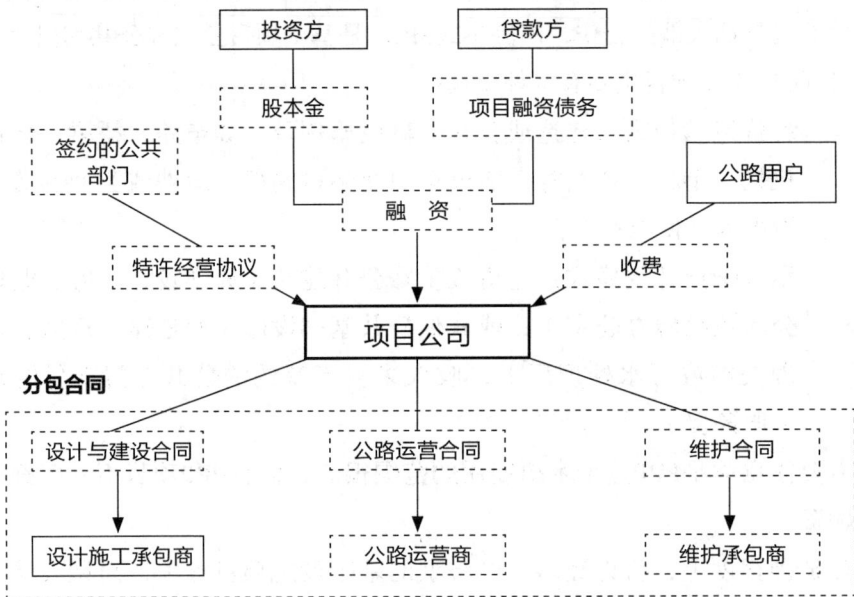

图2-2 公路特许经营

图2-3表明了用于社会基础设施项目的私人融资计划的基本结构，如学校或医院。项目协议通常是指与签约的公共部门签署的合同，根据这个合同公共部门向项目公司支付服务费。主要包括的子合同如下：

◎ 设计和施工合同（D&B合同），用于设计和建造楼房；

◎ 维护合同，对楼房和主要设备维护；

◎ 一个或多个建造—服务合同，用于提供如清洁、餐饮或安保的服务（这也可以作为维护和服务合同的一部分）。

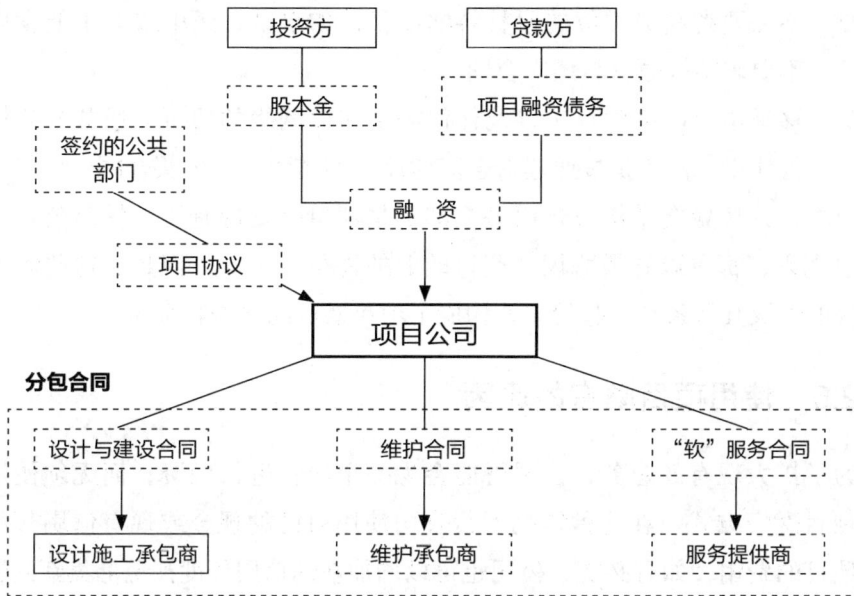

图2-3 私人融资计划模式

2.5.3 其他的融资结构

除了上述的融资结构外，还有很多其他的形式，但不是每一类项目融资结构都包括图2-1、图2-2、图2-3中的所有基本要素。

◎ 很多类型的项目的运营不需要签署项目协议，在大宗商品市场或竞争性市场上向私人购买方出售产品或服务的项目，如石油、天然气、矿产、通信项目，或商业性的电厂项目，这些项目通常是以项目许可的形式而不是以项目协议的形式运营的。

◎ 像港口和机场等私有化的基础设施项目也可以通过项目许可的方式运营，而不采用项目协议方式（但是如果是PPP项目，通常需要签署项目协议）。

◎ 项目公司可以不对运营和维护进行分包，而是自己运营，可能会与其股东签署协议以获得技术支持。

◎ 如果项目产品是具有很大市场的大宗商品（如石油），就没有必要签署购买合同（在图2-2中可以看到特许经营不需要签署购买合同）。

◎ 不需要燃料或类似的原材料的项目，如水电、风电或太阳能发电，不要求签订原材料供应合同。

◎ 移动电话网络项目（以及任何需要建设网络的项目）通常分阶段进行建设，而不是按照建造合同建设，不需要签订购买合同。

当然，这些融资结构或合同关系都不是项目融资特有的，任何公司都可以有投资方，都可以签署协议、获得政府的许可，等等。但是，这些问题的重要程度以及其联系在一起的方式构成了项目融资的显著特征。

2.6 使用项目融资的原因

为了扩大现有的业务，公司可能会为一个项目进行融资，而无须使用独立的项目融资方式。在这种情况下，公司使用自己的现金或现有信用额度支付该项目的费用，如有必要，公司也可以增加新的信用额度甚至募集新的股本进行投资，这是公司融资的方式。只要公司的资产负债表和收入记录能够满足公司融资的要求，一般情况下公司贷款的安排是比较简单、快捷和便宜的。

与现有公司作为借款方不同，项目公司由于没有业务记录，因此无法给借贷决定提供依据。尽管如此，贷款方对贷款的偿还要有足够的信心，对项目融资因其高比例债务所产生的额外风险要有充足的认识。这意味着它们需要对项目能按期完成并在预算范围内完工有充足的信心，并保证按设计的技术标准进行运营，同时使项目的运营能产生足够的净现金流以保证偿还债务。此外，项目要有足够的经济能力应对可能出现的任何临时性问题。

因此，贷款方需要对项目合同的条款进行评估。项目合同是项目建设成本、运营现金流和量化项目内在风险的基础。贷款方除了需要确保项目风险分摊给项目公司外，也要适当地分摊给其他各方。如果有困难，就需要寻求其他方式降低风险。这个过程被称为"尽职调查"。当贷款方直接或间接地参与项目合同谈判的时候，项目的发起人就会感到尽职调查是一个耗时费力的过程，但这在项目融资过程中是无法回避的（尽职调查期间涉及的问题在第9章至第13章讨论）。

此外，贷款方还需要对项目公司的活动进行监控，确保不会低估这些风险。这可能使投资方在项目管理上的独立性大大小于公司融资的情况（第14章介绍贷款方所采取的监控措施）。

除程序缓慢、复杂并失去部分对项目的控制权外，项目融资还是一个比较昂贵的融资方式。项目融资中，贷款方的资金成本可能会是公司融资的2～3倍，贷款方尽职调查和监控以及为此聘用顾问都会大大增加融资成本。

还需要强调的是，项目融资不能用于那些无法进行融资的项目。

2.6.1 投资人使用项目融资的原因

尽管存在上述这些不利的因素，为什么投资人还要使用项目融资呢？主要有以下多个原因。

高杠杆融资。使用项目融资的一个主要原因是这些大型项目的投资，如发电项目或修路项目一般期限比较长，本身回报率不高，通过高杠杆可以提高投资者的收益。

通过一个简单的例子说明杠杆为投资者带来的好处，见表2-2。从低杠杆和高杠杆两种情形中，可以看到两个项目投资额同为1000，产生的收入同为100。在低杠杆融资结构中债务占30%（对于一个信用良好的公司这是一个典型的债务水平），股本的回报率为12%。在高杠杆融资结构中债务占80%（项目融资的类型），尽管债务成本增加了（反映了贷款方承担更多的风险），但股本的回报率（较低的预测）却达到了22%。

表2-2 杠杆对投资方回报的作用

	低杠杆	高杠杆
项目成本	1000	1000
债务（a）	300	800
股本金（b）	700	200
项目收入（c）	100	100
贷款利率（d）	5%	7%
应付利息（$e = a \times b$）	15	56
利润（$f = c - e$）	85	44
股本回报率（$f \div b$）	12%	22%

因此，项目融资利用了债务比股本相对便宜的优势，债务水平（杠杆率）越高，股本回报率越高。

这是一个非常简化的例子，后面的内容将会谈到，杠杆率在很大程度上取决于贷款方对项目现金流的要求，这又会对项目的股本回报率产生实际的影响。另外，表2-2忽略了收入的时间要素。

根据公司融资的理论，公司的投资方期待高杠杆获得的收益要高于低杠杆的收益，其认为高杠杆意味着高风险。相反，贷款方更愿意通过低杠杆产生低收益，因为，无论债务与股本的比率如何，对于一个公司来讲融资的总成本应该总是一样的。但是，这种关联性在项目融资的投资中却不紧密，由于高杠杆率并不意味着高风险，即项目的风险程度是有限的，因此项目融资可以实现高杠杆率，比如，可以把风险分散给分包商。

较低的成本。如果项目公司出售大宗商品，如电力或液化天然气，其融资成本越低它的价格就越有竞争力，因此如果投资方资本（即资产负债表上的股本和债务）的加权成本较高的情况下，高杠杆率可能更有利（见表2-3）。

表2-3　杠杆率对购买方、签约公共部门成本的影响

	低杠杆	高杠杆
项目成本	1000	1000
债务 (a)	300	800
股本金 (b)	700	200
股本收益 (c=b×15%)	105	30
贷款利率 (d)	5%	7%
应付利息 (e=a×d)	15	56
所需收入 (c+e)	120	86

借款能力。项目融资是根据项目的情况进行融资的，因此可以提高债务比例。项目公司获得的无追索权的融资一般与公司的信用额度无关（在这个意义上讲它是表外融资），因此这可以增加投资人的总体借款能力，使其能同时实施几个大型项目。

风险有限。通过项目融资为项目融资的投资人一般不需要对债务偿还进行担保，因此这一风险只限于股本投资的金额范围内。如果项目运营良好，投资方就会获得较高的投资收益，但是如果项目出了问题投资方就可以一走了之，因此损失就限定在股本投资金额的范围内。实际上，为了获得数额较

小股本的回报，投资方已经设立了"期权价格"。如果项目成功，投资方就保留这项投资；如果项目的失败影响了其他的业务，投资方就会放弃这项投资。

风险分散/合资企业。大型项目投资很难由一个投资方承担，因此，需要与其他公司一起成立合资的项目公司共同承担风险。这种做法既可以把风险分散给各个投资方，也可以限制每个投资方所承担风险的程度，这是由项目公司债务融资无追索权的性质决定的。

项目开发阶段可能会产生很多的费用，如果项目无法顺利进行就会产生费用核销的重大风险，因此，项目的发起人也有可能在项目开发阶段邀请其他的合作伙伴共同开发，以分散风险。

这种方法也可用来把"有限的合伙人"引进项目中。比如，把项目公司的部分股权授予购买方，以促使其签署长期的购买合同，这样就不要求购买方进行实质性的现金投资了。

项目发起人的作用。项目的发起人通常擅长策划但缺乏资金，因此需要寻找投资人。项目融资需要的股本金较少，对于实力不强的发起人来说拥有平等的合作关系并不难，因为如果股本金占项目总投资的比例较小，实力较弱的合作方需要投资的数额也会较少。

不同优势的合作关系。由于使用了高杠杆，因此使用项目融资的大型项目所需要的股本投入相对较小，可以使不同财务状况的各方进行合作。例如，一般情况下，投资方包括金融部门的投资人（如基础设施的基金）、建设公司、维护公司，虽然其资产负债表的实力各不相同，但是每方都能把各自的优势带入合作中。这样，合资公司就可以通过专业的合作降低项目的风险。在这种情况下，相关的项目合同（如建设合同、运营与维护合同、服务合同）通常会分配给具有专业优势的合作伙伴。

长期融资。项目融资贷款的期限通常要比公司融资的期限长。由于项目的资产成本很高，如果不提高对项目终端产品的定价，短期内很难收回成本，因此需要长期融资。电力项目的贷款通常需要20年，基础设施项目的贷款更长一些（自然资源项目的期限通常较短，因为可开采的储量挖掘较快；电信项目的期限也比较短，因为技术更新较快）。

增强信用。通过项目融资结构把项目投资的风险控制好，项目公司的信用等级就不太可能被降级。而且，如果购买方的信用状况好于投资方（在与签约的公共部门签署的PPP项目合同中这种情况是可能的），就会有助于项目以优惠的条件获得贷款。

降低对外部投资方的需求。另一个促使项目公司采用高杠杆的因素是股本金的比例越高项目的管理就越复杂（特别是在招标和开发阶段），募集更多的股本金的结果就是让更多的投资方加入。而且，如果更多的投资方加入，就意味着最初的发起人可能失去对项目的控制。

税收优惠。高杠杆融资的另一个好处是在很多国家贷款的利息是可以抵税的，而股东的红利是不能抵税的，这就使债务成本比股本金更便宜，因此投资人更愿意使用高杠杆融资。在表2-2的例子中，如果税率为30%，在低杠杆的情况下，税后的利润为60（85×70%），税后的股本回报率为8.5%；而在高杠杆的情况下，税后的利润为31（44×70%），税后的股本回报率为15.4%。

但是在大型项目的初期阶段，由于固定投资成本的折旧，税收减免的幅度是比较大的，所以能够同时再进一步减少利息税的空间就很有限了。此外，如果股东把大部分的资金投资在次级债务中，而不是用于股本金，所得的利息通常也是可以免税的。

表外融资。当投资人把获得的贷款投入项目后，该笔债务会列示在投资人的资产负债表中。如果采用项目融资的结构，投资人可以把该笔债务在资产负债表外进行处理，但通常只有当投资人是项目公司（通过合资的项目公司）的小股东时才可以做到。公司把债务在资产负债表外进行处理有时会有利于公司在融资市场中占有一定的地位，但是一般情况下公司的股东和贷款方会考虑到表外融资所涉及的风险，即使这些表外融资的活动不包含在资产负债表中，也要在公司公开的账目中进行说明。因此，虽然合资公司采用项目融资经常是由于其他的原因（如上所述），不应该只是为了表外融资而使用项目融资。

在项目的建设期通过关联公司对项目进行投资可能很有用（与公司其他业务相比这是一个"重头戏"），这需要资产负债表中有大量的资本投资，但是这些投资在这个阶段不会产生收入。

2.6.2 项目融资给第三方带来的益处

项目融资同样也会给购买方或签约的公共部门带来益处。

降低产品或服务的成本。为了得到项目提供的产品或服务的最低价格，购买方或签约的公共部门就希望项目能最大限度地获得债务融资，所以项目融资的结构有利于达到这一目的。通过表2-2中的逆向计算可以说明这一问题：假设项目投资方要求最低回报率为15%，那么，从表2-3可知，如果采用低杠杆融资，获得这一回报率就需要产生120的收入，而采用高杠杆的项目融资只需要86的收入，因此项目成本也会相应降低。

因此，如果购买方或签约的公共部门希望把项目的长期成本降到最低，并且能够影响项目的融资方式，就应该鼓励使用项目融资，比如，同意签署能满足项目融资要求的项目协议。

增加对公共基础设施的投资。由于公共投资预算的限制，公共部门可能没有能力对一些公共基础设施进行投资，在这种情况下，就可以通过项目融资的方式为PPP性质的基础设施项目提供更多的投资。

当然，如果签约的公共部门通过长期的项目协议给项目付款，也可以认为这种融资的方式就是公共部门的表外融资，因此应该纳入公共部门的预算中。但是，如果对公共部门投资的预算有限制，那么与这些公共部门的会计问题就不太相关了。

转移风险。项目融资结构能够转移风险，比如，购买方或签约的公共部门把项目成本超支部分或长期维护成本转移给项目公司（第9章）。通常，只有完成特定的履约目标后才能得到付款，因此把履约的风险也转移给了项目公司。

在项目融资结构中的风险转移效果更明显，这是因为投资方和贷款方投入了大量的"风险资本"。在非项目融资中，负责项目建造或维护的主承包商对于从项目中获得利润的相关责任是很有限的，比如维护承包商最高的债务水平可能相当于两年的费用。因此，如果维护成本大大高于预测的水平，很有可能大部分的超支成本无法由维护承包商来弥补。在项目融资的项目中，这种超支仍然会首先出现在分包商一方，但是当分包商的债务用完，超支的问题就会转移到投资方，然后转到贷款方。如果超支过大，投资方和贷款方都认为再追加投资已没有意义时，双方就会放弃对项目的开发，因此会给投资方和贷款方造成巨大的损失。当然，这种情况对大部分项目来说出现的概率非常低。

降低项目成本。如上所述，以前由公共部门建造和运营的基础设施项目现在广泛地采用私人融资的方式进行。除了缓解公共部门的预算压力外，PPP项目还有其他的优势，因为私人部门在建造和运营这类投资项目时比公共部门的成本效益更高。

之所以能降低成本主要与以下因素有关：

◎ 公共部门总愿意实施那些"设计精良"或"金牌"的项目；

◎ 在项目建设、运营、控制和管理方面私人部门有更多的专业技能（因为私人部门能够给优秀的经理人更好的待遇）；

◎ 风险转移，如私人部门承担建设和运营成本超支的主要风险，但公共部门在这方面的表现却很不理想；

◎ 对项目长期维护的 "全过程" 管理依赖于公共部门提供更多的资金支持。

但是，由于会受很多因素的影响，这种成本的优势是否能抵销私人部门较高的融资成本很难计算。当然，这种低成本不是项目融资的作用，而是私人部门参与的结果。

第三方尽职调查。由于贷款方会进行尽职调查并对项目进行控制，以确保在项目协议的框架下各种责任得到履行，并通过其他的项目合同使项目风险得到有效管理。这对购买方或签约的公共部门是有益的。

透明度高。由于项目融资是基于某一项目独立运作的（它只是针对某一具体项目的资产和债务、成本和收入而言），可以很容易地计算出其产品或服务的真实成本并对其实施监控。此外，如果投资方处在一个管制的行业中（如输电行业），那么不受管制的业务就可以单独进行融资，通过项目融资结构使该项目获得融资。

吸引更多的国内投资。对于一个发展中国家来说，项目融资为基础设施的投资创造了新的机遇，因为项目融资可以促进国内的投资。此外，大型项目如电站项目融资获得成功，也会对其他经济领域中的投资活动起到示范作用。

　　促进融资市场的发展。项目融资还有助于促进发展中国家金融市场的发展。在这些国家，银行通常只提供短期借贷业务。开发金融机构和来自国外的其他参与方可以帮助当地的金融市场获得同步发展。

　　提供技术转移通道。对于发展中国家，项目融资能为当地缺乏资源和技术的基础设施提供市场化的投资渠道。

CHAPTER 3

项目开发和管理

3.1 概述

项目的生命周期可以分为三个阶段：

◎ 开发阶段。这个阶段主要是对项目进行规划，就项目合同进行谈判并签署、生效，把股本金和项目融资的贷款落实到位，并为项目实施做好支付准备，这一过程的完成通常被称为"融资关闭"。[①]该阶段的实际状况比其表面看着更为复杂，这一阶段很容易持续几年的时间。

◎ 建设阶段。这个阶段以项目融资的模式对项目开始进行建设，这一过程的结束标志着项目的完成。

◎ 运营阶段。在这段时期内，项目开始商业运营，所产生的现金流用来偿还贷款方的利息和本金以及投资人的股本回报。

在项目的开发阶段，发起人通过外聘顾问的支持来管理这一过程，起到重要的作用。如果发起人不只是一个，就需要建立一个合资的结构。在开发

---

① 也就是有效日期，即项目合同生效的日期。

阶段结束前通常要设立项目公司，融资关闭以后就开始对该项目进行管理。除了发起人之外，在项目开发的初期也可以由一些相关方通过招标（公共采购）的方式达成一个项目协议，招标的过程通常由签约的公共部门来组织。

3.2 发起人和其他投资方

为了获得项目融资的贷款，投资方要先于贷款方对项目进行投资，这就意味着投资方要在贷款方获得贷款偿还之后，才能收回股本回报。因此，投资方承担的风险最大，但如果项目进行顺利，其也会得到最大份额的利润（投入和承担的风险成比例）。

积极参与项目股本的投资方通常被称作"发起人"[①]（或主办方、开发商），这意味着其对项目起到促进、开发和管理的作用。尽管项目融资的贷款一般情况下是无追索权的（即发起人不向贷款方承诺担保），但是发起人的参与是非常重要的。贷款方最先考虑的问题是项目的发起人是否有适当的实力和资质。

贷款方希望发起人有以下资质：
◎ 有相关行业的经验，这样才有能力为项目提供技术和运营方面的支持；
◎ 与项目公司签订公平的分包合同（如果发起人也是其中一个分包商）；
◎ 对项目有一定数额的股本金投入，这样可以激励发起人在项目遇到困难时为项目提供支持，以保护它们的投资；[②]
◎ 对股本投资有比较合理的回报。如果回报比较低，发起人继续参与项目公司的兴趣就会降低，同时也会影响回报贷款方的现金流（参阅12.3）；
◎ 如果项目出现困难，有支持项目的经济实力（不承担责任）。

参与项目融资的项目包括以下发起人：
◎ 通过对某一项目进行投资而获得开发该项目合同的承包商；
◎ 同样利用投资的方式获得相应业务合同的设备供应商；

---

① 有时也会称为推广人或开发人。
② 在此语境下，如果发起人支付了一大笔开发费用（参阅 12.2.5），就会减少它的净股本金，甚至在该项目中它可能不会有真正的股本金利息。因此，贷款方会质疑发起人，虽发起了该项目但是却通过开发费用而规避了股本金的风险。

◎ 用投资获取业务的运营商或维修承包商；

◎ 通过项目可以出售产品的销售商（比如为电力项目提供天然气的公司）及燃料或其他原材料供应商；

◎ 项目产品（如电力）的签约的公共部门，其不愿意或没有能力，或受限于政府的政策，不能直接为项目建设提供资金，但其有能力对项目投入部分股本金（或者通过签订购买合同来获得股本金）；

◎ 希望提高股本回报率的公司，或希望通过在相关行业以更广泛的投资组合来分散风险的公司，这样就可避免通过资产负债表进行融资（参阅2.6.1）。

显然，项目发起人的双重身份——既是发起人又是与项目公司有合同关系的一方，难免会面对潜在的利益冲突。如果项目通过了贷款方的尽职调查，这些合同关系就需要建立在公平共赢的基础上。在项目公司与承包商股东签署施工承包合同时，如果该股东的价格或其他条件脱离了市场的正常范围（在定价或细节条款方面），项目公司就不可能得到融资。

对发起人有所顾虑的并不只是贷款方。在没有公司担保的情况下，与项目公司有合同关系的其他参与方可能会承担比正常情况更高的付款风险。例如，如果贷款方停止为项目公司提供贷款，那么按承包合同应支付的欠款很难得到支付，承包商对此非常清楚。如果承包商与发起人还可能有其他的项目合作，并履行了相关项目的合同，这就显然与发起人有关，而且发起人对项目投入的资金也会产生不同的影响。同样，签署了项目产品或服务合同的公共部门或最终用户也想确保项目能很好地开发、融资和运营。

总之，看起来可行的项目，尽管项目融资是无追索权的，但如果发起人的信誉不可靠也很可能无法得到融资。因为发起人需要提供有限追索的担保，以防范项目的风险，因此发起人的财务信用也是非常重要的，这会在9.13讨论。

3.2.1　被动和二级投资方

发起人也可以让其他被动投资方参与：

◎ 专门投资于项目融资股本金的基金，特别是基础设施建设方面；

◎ 机构投资者，如人寿保险公司[①]和养老保险公司[②]，它们有能力直接进入股本金投资，而非通过投资基金；

◎ 持有在本地或国际股票市场上项目公司所发行股票的持有人；

◎ 政府机构或其他公共事业机构；

◎ 如果发起人是外方，当地的合作方也会被邀请加入；

◎ 多边机构，如国际金融公司，它可能直接投资，也可能通过投资基金进行投资；

◎ 已在该行业投资的主权财富基金，直接或通过投资基金进行投资。

被动投资方通常在融资关闭时参与，而非在初期发起人在公共采购中投标该项目时加入，以避免投标成本风险或开发成本风险。

在融资关闭时进行投资的投资方被称为"初级投资方"，此外还有"二级投资方，"也就是在后期通过购买"初级投资方"的股权投资项目的投资方。

贷款方通常要求项目最初的发起人保留它们的股份，直到项目建设完成而且已经运营一段时期，不然具体项目发起人可预见的利益就会损失。像承包商或设备供应商这样的发起人可能不会有明显的长期利益，因此如果这些发起人和其他可以从该项目获得长期利益的发起人有合作关系，并且能够保证承包商和供应商与其签订合同并公平执行，贷款方会对项目更有信心。

3.2.2 公共部门作为股东的情况

如果公共部门（或公共事业单位）对某个项目感兴趣，它也可能会成为这个项目的股东，比如，PPP项目合同或签约的公共部门为公共部门的购买合同。公共部门拥有股权的动机是：

◎ 根据购买合同应付款项的金额抵销股本收益来降低项目成本（但是，如果是这种动机，公共部门必须要考虑到付款是固定的，而收益却存在不确定性，也就是说要为收益不确定的风险留出余量）；

---

① 有些人寿保险公司也自己管理基础设施建设基金。

② 一般来讲，这些大型的公共养老基金有美国的加州退休教师基金，加拿大的养老计划、安大略退休教师基金，还有一些欧洲国家如英国、丹麦、法国、荷兰、瑞典及世界其他地方如澳大利亚、巴西、智利的一些养老保险公司。规模小一点的基金经常通过第三方投资基金。参阅 Raffaele Della Croce, *Trends in Large Pension Fund Investment in Infrastructure* (关于法国的保险和私人养老金的工作文件)2012年巴黎，OECD, No.29.

◎ 分享由私营投资者卖出股本金所获得的意外收益；

◎ 确保公共部门掌握项目进展情况。

这种情况有可能出现利益冲突，如果项目遇到困难，购买项目的政府部门在PPP项目合同下实行它的权利，那么它可能就会失去股本金投资。但是，这种股权在一些市场上都是这样的，比如，阿拉伯湾的加工厂项目。英国财政部在2012年也宣布了一项对于政府部门在未来PPP项目中掌握股权的要求，这是对于PFI模式所做的多项改革内容中的一部分。政府部门不能拥有股份，但是财政部的一个单独部门可以拥有股份，这样就可以减少利益冲突。

3.3　项目的开发

像项目管理的其他工作一样，使用项目融资需要系统而又组织严密的方法来实施一系列复杂又相互关联的任务。项目融资中需要额外考虑的因素是发起人必须做好准备，使贷款方和顾问深入评估并参与其所做的或正在开展的工作，这一过程将会花费很多的时间和精力。因此，融资就变成了关键路径的任务。

对于新的投资项目，发起人通常在开始考虑投资时需要做可行性的研究。如果使用项目融资也需要在初期考虑融资结构的要求（项目合同的条款），因为这些要求会影响到商业运行方式和项目可行性。

一旦项目进入了开发阶段，发起人就需要建立一个由不同专业人员组成的开发团队。按照项目的不同性质，团队成员应具备下列专业背景：

◎ 设计，工程和施工；

◎ 运营和维修；

◎ 法律；

◎ 会计和税务；

◎ 融资模型；

◎ 融资结构。

团队具有很好的协调性是非常重要的：在项目开发期间最常见的错误之一是发起人认为从商业角度看项目合同是可行的，但是从项目融资的角度却是不能接受的。比如，燃料价格可能较低，但是供应合同却不能满足贷款的期限；或者，建设合同价格较低，但是对承包商不能按时完工或达不到要求所采取的财务惩罚并不适合贷款方的利益。在项目内部，发起人没有必要的专业知识完成这些任务，就需要从外部雇佣顾问。

项目开发可能持续几个月甚至几年的时间，发起人不可低估所发生的费用规模。由于发起人的开发人员要长期为一个项目工作，很可能涉及很多的工作或在当地设立办事处，因此会不可避免地产生很高的费用。聘请外部顾问的费用也要加到这笔费用上。开发费可能占到项目成本的5%～10%，而且还有一个风险，那就是项目无法进行下去，这样所有发生的费用就损失了[①]。因此需要建立成本控制系统（虽然存在规模经济，但是大型项目往往结构复杂，因此开发费用也相对较高）。

如果发起人在公共采购中投标，而不是自己开发项目，毫无疑问，其最多也只能获得投标项目的一部分，因此，投标花掉的费用只能在中标后得到补偿。

3.4 顾问的作用

在项目开发和融资过程中，发起人通常需要聘用各种顾问。顾问的作用非常重要，特别是当发起人以前没有做过这种项目的情况下，这些顾问在各类项目中获得的经验要比发起人内部人员的经验丰富得多。如果发起人不是连续开发几个项目，而只是为一个项目聘用专业顾问可能比较困难。聘用有良好业绩的顾问能增加贷款方对项目的信心。

发起人有时也会聘用其他项目中的同行做顾问，比如，即使运营和维护承包商不是发起人，其在项目设计方面也会给出建议，因为他们在运营类似的项目方面有丰富的经验。

贷款方和发起人聘用同类顾问（而非仅一名融资顾问）作为尽职调查的一部分。

3.4.1 融资顾问

除非发起人对项目开发有丰富的经验，否则在项目合同安排的谈判中（甚至签署时）就很可能出现问题，这些问题对于融资市场来说是无法接受

[①] 参阅 Gerti Dudkin & Timo Valia, "Transaction Costs in Public-Private Partnerships: A First Look At The Evidence", *Economic and Financial Report* (EIB, Luxemburg, 2005)*, 在 PPPs 公共采购的背景下。

的。因此，如果发起人没有自己内部的项目融资专家，就需要从外面聘请项目融资专家，以确保在项目开发阶段作出正确的决策和安排。

为发起人提供融资顾问服务的机构有：主要的一些银行，主要的国际会计师事务所或咨询公司。

融资顾问提供咨询一般有以下三种方式：

◎ 为开发项目的发起人提供咨询；

◎ 为组织公共采购的政府部门提供咨询；

◎ 为即将在公共采购中投标的发起人进行咨询。

表3-1列示的是2012年在项目融资市场已签订合同的排名前20的融资顾问，排名基于融资关闭时的项目规模。银行经常发挥组织安排融资及顾问的作用，因此，第4章表4-1中所列的一些大的贷款方的名称是重复的。从表3-1中可以看出，其他重要类型的融资顾问分别是会计师事务所、投资银行和咨询公司。

项目融资领域的融资顾问机构要比公司融资的顾问所发挥的作用大得多。整个项目结构必须达到项目融资的要求，所以融资顾问机构必须要看到贷款方在进行尽职调查期间所涉及的所有问题，以确保这些问题通过项目合同或其他安排得以解决。

表3-1　2012年已签订合同的排名前20的融资顾问

顾问	类型	国家	融资规模（百万美元）
法国农业信贷银行	银行	法国	41270
瑞惠银行	银行	日本	40000
苏格兰皇家银行	银行	英国	16625
麦格理银行	银行	澳大利亚	13392
汇丰银行	银行	英国	12053
毕马威	会计师事务所	英国	9830
罗斯柴尔德	投资银行	英国	9570
兴业银行	银行	法国	9470
安永	会计师事务所	英国	9915
普华永道	会计师事务所	英国	8439
住友银行集团	银行	日本	8065
法国巴黎银行	银行	法国	4696

顾问	类型	国家	融资规模（百万美元）
荷兰国际集团	银行	荷兰	4000
印度国家银行	银行	印度	3342
花旗银行	银行	美国	3109
法国外贸银行	银行	法国	2468
绿色长颈鹿能源银行家	咨询公司	法国	1745
三菱东京日联银行	银行	日本	1600
意大利联合信贷银行	银行	意大利	1238

发起人应和融资顾问机构签署一份融资顾问协议，确定融资顾问机构参与咨询的条件（在项目开发后期可以把这份协议转给项目公司）。按照融资顾问协议，融资顾问机构的工作范围一般包括：

◎ 为项目提供最优化的融资结构建议；

◎ 帮助准备融资方案；

◎ 为融资来源和可能的融资条件提供咨询；

◎ 帮助准备项目的财务模型；

◎ 为项目合同的融资结果提供咨询，并协助谈判；

◎ 为把项目介绍到融资市场，负责准备一份信息备忘录；

◎ 为融资计划的评估提供咨询；

◎ 为选择商业银行或发行债券提供建议；

◎ 协助融资文件的谈判。

支付融资顾问的费用通常由两部分组成：一是以固定费用或基于工作时间支付顾问的费用；二是以最终融资成功为标准支付的费用。一些主要的费用，如差旅费也由发起人支付。这些费用在适当的时候记入项目公司的账上，作为项目开发成本的一部分。

显然，融资顾问机构需要具有为同类项目成功融资的业绩，或在项目所在国有成功融资的记录。发起人也应该确认机构中从事融资工作的个人具有这方面的经验，而不仅仅是依靠融资顾问机构的总体声誉和记录。

融资顾问的咨询服务对项目的成功开发是非常重要的，但是它们的服务费也是非常昂贵的（对于普通规模的项目来说，它们的服务费大约需要贷款总额的1%。当然，大部分费用的支付要取决于融资是否最终成功）。聘用小型融资咨询公司或个人融资顾问可以节省融资顾问的费用，但是发起人往往又对这些小的咨询公司和个人不放心。融资总会有风险：不管融资顾问机构有多强的实力，它们认为可以为项目融到资金，但最后融资市场却不接受这个项目。

3.4.2　法律顾问

法律顾问不仅需要处理各种项目合同，而且还要处理这些合同和项目融资要求之间的关系，以及熟悉项目融资的各种文件。这项工作只有美国和英国的一些主要的律师事务所能够胜任，它们具有必备的综合专业技能。但是，除英国和美国之外，还有必要聘用熟悉东道国商务的当地法律事务所，因此需要协调这两类律师的工作。

因为项目融资的大部分工作是关于合同的结构，所以法律顾问起着很重要的作用。但是，由于法律顾问是按时间而不是固定价格[①]进行收费，因此需要有效地利用它们的时间。比如，律师不一定非要参与项目商务结构的决策过程，不应该在决定商务框架时才起草合同。另外，律师以前在商务解决方案中积累的经验对于发起人来说在谈判中也是非常有用的。

3.4.3　其他顾问

还需要聘请其他的一些顾问，其整体费用远低于法律顾问和融资顾问。

◎　工程顾问。关于业主工程师的作用参阅8.2.4。

◎　环境顾问。在大多数国家，项目开始之前都需要环境影响评估（环评）。为此，发起人可能需要聘用专业的顾问。对于许多的贷款方来说，环境问题是非常重要的。虽然贷款方不对环境承担法律责任，但其也不希望项目对环境造成危害。

◎　市场顾问。如果发起人在产品方面没有自己的专业人员，就需要聘用市场顾问以处理合同中没有涉及的项目内容（如燃料供应、产品

[①]　融资顾问和法律顾问很少有完全固定的费用。固定的费用通常是一种工作的费用上限，比如，如果融资关闭没有按期完成，那么就要继续支付之后工作的费用。由于项目开发的时间安排通常过于乐观，特别是在融资过程初期，所以这种超时的情况很普遍。

包销或交通风险）。这些顾问的专业知识和对项目的参与程度对贷款方进行尽职调查是非常重要的。

◎ 会计。项目公司和发起人经常需要聘用会计为项目的会计账目和纳税问题提供咨询（如果会计是融资顾问，那么会计的工作可纳入融资顾问的工作范围之中）。

◎ 融资模型师。如果发起人对其融资能力有足够的信心，可能不需要聘请融资顾问，但是仍需融资模型师，它们通常是会计师事务所或模型咨询公司。

◎ 保险顾问。保险经纪人的作用参阅8.6。

3.5 合资的问题

项目公司的股权投资经常由几个发起人共同分担，这被称为合伙投资，虽然这并没有严格的法律含义。

通过合资的形式开发项目会使这一过程变得更为复杂：合作一方对项目融资可能有深入的了解，而另一方却了解甚少；在对项目融资进行严格审查的情况下，文化的差异会变得更加突出；在所有合作方之间的问题得到彻底解决之前可能需要与贷款方进行谈判。实际上，项目融资的开发被叫停的情况并不少见，这并不是因为贷款方出现了什么问题，而是发起人之间就一些核心的问题没有达成一致。

因此，在运用项目融资的时候，发起人之间的良好沟通是非常重要的。发起人需要组成一个真正的团队以保证各自的作用和责任都能清楚地确定下来。例如，一个发起人主要负责融资，另一个发起人主要负责建设合同。如果一个发起人需要和项目公司签订一项分包合同，另一个发起人就应该站在项目公司的立场上控制对该合同的谈判，以避免那些明显的利益冲突。

项目的发起人通常会签署一项开发协议，主要包括以下内容：

◎ 项目的范围和结构；

◎ 专门为项目开发作出的承诺；

◎ 管理的权利和责任；

◎ 可行性研究方案，顾问的指定，与建设承包商和项目合同相关的其他方的谈判，寻找贷款方的途径；

◎ 决策的规则；

◎ 为筹措开发费用进行安排，即在项目开发阶段发起人的员工和外聘顾问的费用（这些成本只有在项目有进展的情况下才可收回）；按发起人投入股本金的数额作费用的安排，要考虑费用的数额和使用的时间；

◎ "职责保留"条款（如需要）（如果其中的一个发起人被指定为建设承包商，而又没有第三方的竞争），除非能同时对工作范围和价格达成协议，否则这项条款很难作出；

◎ 由一位或多位发起人给出完工、成本超支或其他内容的担保；

◎ 从项目撤出并出售到发起人利益的安排；

◎ 解决争端的条款。

对设计项目的重大决定应获得一致通过，如果其中合作的一方不接受项目的开发安排，就不会继续对开发提供资金支持。对于一些不太重要的问题，如顾问的指定等可以通过投票的方式，按少数服从多数的办法作出决定。如果一方发起人想退出，其他的发起人通常有权购买其股份。

当项目公司成立开始接管项目运作的时候，可以用股东协议取代开发协议。

3.6 项目公司

3.6.1 结构

项目公司处于项目融资所有合同和融资关系的中心[1]。这些关系都包含在一个项目融资的"盒子"里，这意味着项目公司不能从事与项目无关的商务活动（因为项目融资依赖于对项目进行独立评估的能力）。这样在大多数情况下，要为专门实施这个项目成立一个新的公司。出于担保和可控考虑，贷款方会让借款方成立一个项目公司。

项目公司一般建在东道国，有时在东道国之外设立公司也有益处。

发起人可能会使用中介控股公司，在可以享有税收优惠的第三国，如果其通过出售项目公司的股本金来获利，就可以避免缴纳资本收益税（只是出售控股公司），或者确保不从红利中扣除预扣税款。一个控股公司的结构作

---

[1] 也叫作"专门用途工具"（SPV，SPE），在PPP项目中称为承包商或私营方。

为贷款方保障的一部分，也是十分必要的。

除了有限公司外，有些项目也使用其他形式的公司。最常见的形式是有限责任合伙公司，因此，发起人的责任就和它们作为有限公司股东的责任一样，但是，项目收入可以直接根据发起人的情况进行扣税，或者其固定成本的税收折旧直接从发起人的其他收入中扣除，而不是从项目公司扣除。

在石油和天然气田开发中，发起人可以用非有限责任合资公司的形式进行融资。发起人签订一个运营协议，规定其中一方作为运营商，负责日常的管理工作，并向运营委员会负责。运营商签订项目合同（如建设一个钻井架），并按照协议向其他发起人要求提供现金。如果其中一个发起人违约，而其他发起人准备付款，此时该违约方如果不能采取补救措施，那么该违约方的利益就会被没收。在项目合同中应该明确运营方对第三方的责任：运营方是直接运营再要求现金报销，还是作为其他发起人的代理，代表其履行义务？在这种结构中，发起人通常通过成立专门独立的公司参与，并通过这些公司单独集资以分担其在项目成本中的份额，而不是共同为该项目融资。这种结构的好处是信用良好的发起人可以通过公司的方式进行融资，而财力较弱的合作方可以通过项目融资分担其份额（但是，在这种情况下贷款方的贷款资金的安全性就会有所下降）。

3.6.2 股东协议

如果发起人不只是一个，那么一旦项目公司设立并开始对项目实施管理后，发起人之前所签署的开发协议就需要由股东协议替代。股东协议包括的内容有：

◎ 股权的比例；

◎ 未来支付股本金的程序；

◎ 年度大会上投票权的分配；

◎ 董事会代表和投票；

◎ 处理利益冲突的条款（如果建设承包商是一方发起人，就不允许参加涉及建设承包问题的董事会讨论或投票）；

◎ 预算；

◎ 利润分配；

◎ 发起人的股权出售，通常其他发起人享有优先权，或有跟卖权，也就是说如果一个发起人同意把它的股份卖给第三方，其他发起人也可以按同样的价格卖给第三方；

◎ 保留事务，也就是说，决策都要经过所有股东的同意；

◎ 解决争端的条款。

上述条款有些可能包含在项目公司的公司章程中，而不是在单独的股东协议里。发起人还可以和项目公司签订单独的协议，规定所投入的股本金。在这种情况下，这份协议就可以提供给贷款方作为担保的一部分。

在项目融资中，双方各占50%的合资公司并不鲜见，显然这在决策过程中很容易出现问题。在有多个发起人参与的情况下，如果一个占少数的合作方在主要的问题上阻碍投票，也不可能达成一致的意见。在这种情况下很少使用仲裁或其他法律程序。显然，如果出现僵局，一方就需要收购另一方的股份，为此，需要设立适当的程序来解决这样的问题。一种途径就是要求双方来投标对方的股份，出价更高的一方可以购买对方的股份。

3.6.3 管理和运营

项目公司只能拥有与项目有直接关系的资产和负债，不应该拥有任何其他的资产和负债，这就是应该设立一个新的公司而不能使用有其他负债的现有公司的原因。项目公司也要向贷款方承诺在未来不会有其他的资产和负债。

项目公司通常会在项目开发阶段的后期成立（除非项目的许可证拿到得比较早或必须签订项目合同），因为如果项目融资不到位，公司就无法运行。发起人可以签署一些项目合同（如与建设承包商签订合同）并在适当的时候转移给项目公司。

同样，在发起人进行项目开发的时候，项目公司可能要等到开发工作的后期才能有一个正式的组织形式和管理结构。但是，在开发阶段和项目公司成立并运行阶段之间只有有限的重合，因此为保证两个阶段之间的顺利过渡必须做好相关的安排，比如，把后融资关闭的团队在适当的时候带入谈判过程，使其了解各种要求。另外，让开发团队撰写一本运营手册，给项目融资的各方面提供一个指南，并总结贷款方的要求。[①]

因为对从开发项目到融资关闭的过渡要进行有效管理，所以从建设阶段到运营阶段的过渡也需要在项目公司建立一个新的团队，需要类似的过渡管理。

关于如何组织一个项目公司在融资关闭后经营该项目，一般有两种模式：一种是用公司自己的员工经营该项目；另一种是把部分工作外包给发起人股东或其他第三方（付费用）。也可以同时使用这两种方法，一些工作用内部人员，另一些工作外包。究竟是自己完成还是外包主要取决于成本效率。如果项目发起人同时经营相似的项目，那么对几个项目进行集中管理则更为经济高效。

所以，在建设阶段项目公司的人员既包括自己的员工，也包括建设承包商的员工和外聘顾问，比如业主的工程师。一旦项目完成，项目公司或第三方运行与维修承包商就会对项目进行运行和维护。

如果一位发起人承担管理工作（不是运行与维修承包商身份的发起人，在8.3中另做讨论），那么就需要一份管理合同（最终要贷款方评估通过），确定此类工作的范围和成本，这其中也包括会计、税务和人员管理。

发起人一般会做到组织有序，确保所有的工程和施工管理的专业技术在融资关闭时到位。但是，发起人有时却忽略在项目公司中设立专门的部门负责融资工作。新建的项目公司需要配备人员，可以迅速地掌握融资文件的要求，而不仅仅是负责提款和付款，而且还要负责向贷款方进行汇报等事宜。

如果项目公司打算用自己的员工运营项目（也就是说，没有外部的运营和管理承包商），贷款方会要求工作人员有必要的专业经验。虽然运营人员在项目建设完工后才开始工作，但是关键的运营工作人员应该在项目建设之初到岗。首先，这些运营工作人员要用自己的专业技能确保项目设计符合运营要求；其次，这也是贷款方支付预付经费的条件。项目公司也要明确关于项目管理和结构的指南以及董事会在公司决策过程中的作用，这通常也是股东协议的一部分。

项目公司与一个或几个有相关运营经验的发起人签订支持服务协议，可

---

① 参阅 7.4 签约的公共部门或政府购买部门有相似的做法。

以为项目公司提供后备技术支持、备用部件等，而且也是对贷款方的承诺。不过，无论有没有这份协议，发起人都会提供技术和运营支持来保护自己的投资。如果项目公司不需要技术支持，那么支持服务协议就不会产生费用，因此如果贷款方认为必要，项目公司也就没有理由不签订这份协议。但是，发起人必须要当心，支持服务协议不要被贷款方利用，作为一种隐蔽的手段让发起人对项目的绩效负责，比如，加入多项条款使发起人承担项目中的失误。

3.7 公共采购

人们一般认为项目开发过程完全由发起人控制，但情况不一定总是这样。按照项目协议，为公共部门提供产品和服务的项目经常由政府或其他公共机构最先发起，然后进行竞标，为项目进行融资、建设并提供产品或服务（私营部门，比如，私营电力分销商要求建设电厂来供应电，或许也会用同样的方式发起一个项目）。当然，上面所讲的关于发起人开发项目过程也同样适用于投标政府部门开发的项目。

PPP项目的采购一定是很复杂的。在一个标准的公共采购过程中，项目是由采购方设计，由承包商建设的。PPP项目采购的范围更广：

◎ 设计和建设通常是整体安排的；

◎ 签约的公共部门负责项目的长期运营；

◎ 签约的公共部门需要理解项目融资的要求以及项目的可融资性。

签约的公共部门与发起人要使用最高效的项目管理过程来进行采购，同时还要聘用合适的顾问。项目开发过程的每一步都需要正式审批。

采购体系多种多样。一般来说，招标过程本身通常按以下几个步骤进行：

◎ 资格预审；

◎ 为符合预审资格的投标商提供招标书；

◎ 投标谈判；

◎ 标书评审。

在投标过程中会出现各种各样的问题。有些情况下，项目公司自己的分包商可能要经历同样的过程。采购方也要应对那些不请自来的投标者。未来的贷款方对投标方的支持也会在此过程中起到重要的作用。

一旦项目完成，采购方也需要一个有效的合同监督体系。

3.7.1 项目管理

政府采购方在PPP项目采购过程中，项目管理最好的做法是建立一个独立于项目组的项目董事会。

项目董事会。项目董事会包括采购方相关部门的负责人，以及公共部门的相关各方。它的作用是在重要政策领域进行项目采购的监督和审批，它通常服从政治方面或部长级批准。但是，项目董事会不能参与细节谈判。谈判工作要在尊重协商政策准则的情况下，交给项目组完成。项目董事会通常由采购方的高级官员做主席，也就是会计官员，主要负责确保项目进程合规。

项目组。项目组出项目经理或主管负责，是一个全职的职位，采购方不再兼有其他任何工作。项目主管应该定期对项目董事会进行汇报。其他项目组成员来自采购方的不同专业部门，比如技术部门和财务部门，这在常规的工作汇报方面就可省去一些环节。有些项目组成员可以同时兼任其他的常规工作，但是一些关键技术一定要保证专职。

把该工作在政府采购方内部进行外包并不容易。公共部门的官员没有PPP项目工作经验，实际上可能根本就没有涉及过PPP项目。所以一个PPP项目采购项目对他们来说会有很大的困难，他们不愿意做这项工作，因为PPP项目一旦失利所带来的损失远远大于它成功后所带来的利益。而且，一旦这些公共部门的官员有了PPP项目的工作经验，他们就会受到私营企业的青睐，而往往私营企业薪水又远高出公共部门，所以很容易造成有经验的官员被吸引到私营部门，使得公共部门处于劣势。或者，有PPP项目工作经验的官员也许会被调回原来的工作单位，再也不从事类似项目的工作，也就是说，公共部门在PPP项目方面有经验的官员很容易就流失了。

如果一个国家有PPP项目中心为PPP项目采购提供支持（或监控），这一问题可能会被克服。很多国家设立了这样的单位，它们通常隶属财政部。这些单位可以为项目董事会和项目组提供专业技能支持，同时也可以保证在政府部门内部PPP项目合同的一致性（但是，政府部门同样要解决工作人员流失到私营企业的问题）。

3.7.2 顾问

政府签约的公共部门也要从外部聘用顾问，这些顾问的作用与3.4节中提到的发起人顾问的作用很相似，组成项目组的一部分。一定要保证不会出现由于政府签约的公共部门项目管理不善而导致采购最终由顾问管理的问题。

咨询费用通常比较高（特别是法律顾问和金融顾问），政府签约的公共部门可能没有这部分预算。解决方式有以下几种：

◎ 由中标公司支付。中标公司支付政府签约的公共部门的咨询费用，把费用计入项目总成本，可以由合同付款来支付。此方案的问题是如果签约的公共部门决定不再继续交易，其将不得不自己支付咨询费。最糟糕的情况是，它们可能会为了避免自己支付咨询费，鼓励项目董事会推进本该放弃的项目。

◎ 由财政部支付。财政部提供顾问的咨询费，项目一旦签约后，它再收回这笔费用。这是最常采用的方式，不过它也有在项目并不十分看好的情况下依然签约的压力。

◎ 项目筹备组。在发展中国家，有些无须归还的基金可以作为项目开发的资金。

3.7.3 项目开发

PPP项目公共采购的最好做法是：在项目开发和项目采购过程中的不同阶段对其进行正规的审查和审批（如财政部PPP项目单位进行审批），这给项目推进提供了基础。对项目审查的几个关键阶段如下。

初期商业论证。政府高度审视该项目，确保其符合政府战略，考虑项目成功所需要的各方面因素，是否适合做PPP项目。这个阶段比较短也比较简单。如果初期商业论证审批通过，通常签约的公共部门在这个阶段就会聘用外部顾问。

商业论证概述。在成本与利润分析的基础上（这适用于任何一个大型公共投资项目）对项目的需求进行详细考虑。在此基础上，对PPP项目合同的范围和预估成本进行详细估算（影子报价模型），建立一个财务模型。影子报价模型将考虑估算的资本成本（施工），项目的终身运营，可能采用的结构，私营企业项目融资，这样就可以估算出项目总成本。这个模型就能够使政府签约的公共部门决定在私人融资计划模式下是否有足够的资金做这个项目，或是处理厂项目，或是特许经营的情况。

这些PPP项目的成本估算与同一项目公共部门采购的成本估算进行比较，后者就是公共部门的比价器（PSC）。显然，私人融资本身就比公共部门融资更为昂贵，所以这种比价体系可能会排除PPP项目。但是，公共部门融资的成本并不包括项目本身的风险（风险一般由纳税人承担），[①]而私人融资是会考虑项目本身风险的，因此，在进行PSC比价时，风险调整也应在考虑范围之内。另外，估算中过于乐观的倾向（比如，过高估计项目的使用而过低地估算项目的成本）也需要考虑到。风险以及乐观估算的量化很难精确，因此在PSC过程中如果出现详细的数字，容易受到指责。[②]所以，PSC是对一个PPP项目大致的成本比价，而不是成本比价的精准数据。而且，如果政府预算中没有该项目的资金，那么PSC就没有意义了，因为政府内部要么对花费采取限制，要么需要借钱为项目提供资金。[③]

准备就绪，进入市场。在公共部门对PPP项目进行采购阶段，经常犯的一个错误就是在进入市场前缺乏充分的准备，这也就是"项目准备阶段的空白"。[④]这不是项目组的错误，政府希望短时间内看到成果，这可能会增加项目组的压力，使准备工作做的不是十分充分。实际上，在整个政府采购过程中，政府的时间表与切合实际的、审慎的进程是冲突的。

作为准备过程的一部分，项目需要有好的设计，以吸引私人融资，也就是说，转移到私人部门的风险必须是银行部门能够接受的。这可能会涉及初期市场测试[⑤]（有时会邀请未来的竞标公司提供兴趣点），看看这项投资、融资是否有市场，同时也看看未来的有相关资质的承包商是否有兴趣来投标。

---

① 参阅 Michael Klein，"Risk, Taxpayer, and the Role of Government in Project Finance"，*Policy Research Working Paper No. 1688*(世界银行，华盛顿特区，1996).

② 风险转移可能会被交易缓慢破坏（参阅 3.7.7）。

③ 详见 E R Yescombe, *Public-Private Partnerships: Principles of Policy and Finance* (Butterworth-Heinemann, Oxford, 2007)，第 2 章和第 5 章；James Leigland and Chris Shugart, *Is the public sector comparator right for developing countries?* (Gridlines Note No. 4, PPLAF, Washington DC, 2006),Federal Highway Administration, *Value for Money: State of the Practice* (美国交通部，华盛顿特区，2011).

④ 详见 Edward Farquharson, Clemencia Torres de Mastle，E R Yescombe with Javier Encinas, *How to Engage with the Private Sector in Public－Private Partnerships in Emerging Markets* (世界银行 /PPLAF，华盛顿特区，2011)。

⑤ 这叫软市场测试。

为有兴趣投标的公司组织一些正式的说明会，还要跟它们进行非正式的讨论，让这些投标公司对所拟的PPP项目合同提些建议。政府部门可以根据反馈进行调整，准备招标书。

项目准备也需要利益相关方的加入——签约的公共部门和项目使用者以及市民的良好沟通可以使公众更好地理解PPP项目的情况。同时，人们对收费以及所购买产品的价值都十分关注。比如，因为PPP可提供一种有吸引力的新型服务或提升现有的服务，公众是否愿意付钱给项目是其中一个风险因素，如收费公路。

PPP项目很容易陷入政治争议。有时比价是不恰当的，比如，比较公共采购的成本和一个忽略风险转移的PPP项目，或者比较公共部门的初期建设成本和一个PPP项目的终身成本。反对者会说私营部门不应该从提供公共服务中获取利润，但是私营部门已经以各种方式介入提供公共服务中。初期良好的沟通是获得公众理解和支持的关键。

最终的商务论证。[①]在采购过程中只聚焦到一个投标公司（指比较中意的公司）时，就要进入这个准备阶段，考虑到项目结构中的一些变化、风险转移、成本，目的就是确认最初PPP项目批准时的情况目前依然适用。

3.7.4 采购系统

在很多提供公共资金（如私人融资计划模式合同）或者有为公众提供服务的项目（如特许经营）的国家，公共采购项目竞争性投标是一项法律要求；如果融资或担保是由多边开发金融机构提供的，比如世界银行，通常也有此项要求。公共采购程序是由世界贸易组织发布的，其成员大部分为发达国家。政府采购协议是1979年签署的，1994年修订的，其主要框架是由政府采购协议规定的。对于那些没有签订政府采购协议的国家，这些程序也会被认为是最好的做法。政府采购协议下的PPP项目采购系统见图3-1。

公开招标。该程序是指所有人都可以投标，也就是说，没有初期资格审查的过程（参阅3.7.5，考虑到PPP项目的复杂性，一般会对投标公司进行初期资格审查，这样就不会为一些明显不具备资质的公司浪费时间了）。

---

① 也称为投标报告或标书评估。

```
┌─────────────┐      ┌─────────────┐      ┌─────────────┐
│   公开招标   │      │  限制性招标  │      │   协议采购   │
└──────┬──────┘      └──────┬──────┘      └──────┬──────┘
       │                    │                    ┊
       │                    │            ┌─────────────────┐
       │                    │            │    竞争性对话    │
       │                    │            └────────┬────────┘
       │                    │                     │
       │            ┌───────────────────────────────────────┐
       │            │               资格预审                 │
       │            └───────┬──────────────┬──────────┬──────┘
       │                    │              │          │
┌──────────────┐    ┌──────────────┐  ┌─────────────────────┐
│    招标书    │    │   邀请谈判   │  │ 邀请介绍解决方案的概要│
└──────┬───────┘    └──────┬───────┘  └──────────┬──────────┘
       │                   │                     │
┌──────────────────────────────┐        ┌─────────────────┐
│           详细的标书          │        │    标书概要     │
└──────────────┬───────────────┘        └────────┬────────┘
               │                                  │
       ┌────────────────────────────────────────────────┐
       │                     谈判                        │
       └────────────────────────┬───────────────────────┘
                                │
                       ┌─────────────────┐
                       │ 邀请介绍详细方案 │
                       └────────┬────────┘
                                │
                       ┌─────────────────┐
                       │    详细的标书   │
                       └────────┬────────┘
                                │
                       ┌─────────────────┐
                       │      谈判       │
                       └────────┬────────┘
                                │
       ┌────────────────────────────────────────────────┐
       │          最佳与最终的报价（BAFO）               │
       └────────────────────────┬───────────────────────┘
       ┌────────────────────────────────────────────────────────┐
       │               指定优先的投标方                         │
       └────────────────────────┬───────────────────────────────┘
       ┌────────────────────────────────────────────────────────┐
       │                      澄清                              │
       └────────────────────────┬───────────────────────────────┘
       ┌────────────────────────────────────────────────────────┐
       │   签署 PPP 项目合同（协议采购的其他选择）              │
       └────────────────────────────────────────────────────────┘
```

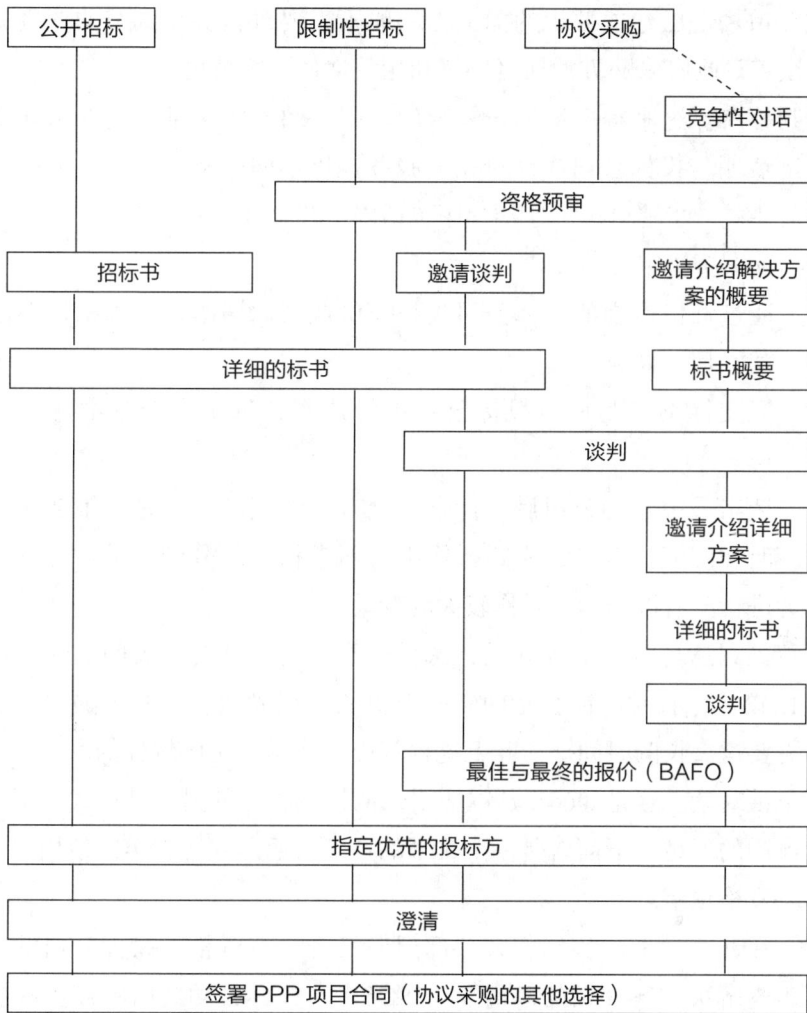

图3-1 政府采购协议下的PPP项目采购系统

限制性招标。在该程序中，有初期资格审查，与投标公司讨论投标的条件，然后提出"招标书"。此后还要进一步明确一些问题，但是一旦收到标书，这个过程就结束了——根据标书作出决定，除了一些细节问题，基本不会与投标公司有进一步的谈判，通常会按标书的内容签订PPP项目合同。

这种方式相对比较快捷，而且对于投标公司来说可能会降低成本。有些国家，由于担心投标结束后的进一步谈判可能会产生腐败问题，所以倾向于使用这种投标方式。但是，这种方式通常适用于那些就项目条件和PPP项目合同条款在市场上已达成共识的国家，一般不需要进行关于细节的谈判，投标公司只须签订政府采购方的项目协议和相关文件草案就可以。

谈判程序。这个程序适用于复杂的合同，政府购买部门的要求在前期不能够全部说明，投标公司或许对相关服务提供不同的解决方案，因此在收到标书后需要进一步地讨论。这种程序包括以下几个环节：

◎ 前期资格审查。

◎ 通过资格审查的投标公司收到一份谈判邀请函，它和招标书的要求基本是一致的。

◎ 提交标书，与所有投标公司进行谈判，选定一个最中意的投标公司。[①]

◎ 选出最中意的公司后，标书不会有大的变动，只是对细节作一些说明和澄清。但是，实际操作中，通常很难区分到底是对标书的条款进行澄清说明，还是作较大的变动。

在英国，这种体系的经验是：选择中意的公司和融资关闭之间的这段时间通常比较长，有时可能会是两年乃至更长。很显然，一些小的细节说明和澄清不需要这么长的时间。实际上这种"交易拖延"是区域性的。

竞争性对话。这是2006年从欧盟引入的谈判程序的另一种形式，用来解决谈判程序中的不足。下面就是一个典型的竞争对话形式（在英国使用）。

◎ 资格预审。

◎ 在此基础上，签约的公共部门向符合预审资格的投标公司发出"基本解决方案介绍的邀请"（ISOS）。投标公司此时不需要提供完整的建议书。这个阶段，投标公司只须提交一个大概的设计框架，指明大致的定价和基本的风险转移手段。

◎ 对ISOS的评估，基于投标公司的能力和满足项目要求的意愿，最后留两家投标公司。

◎ 签约的公共部门发出详细解决方案的邀请（ISDS），它基本上等同于招标书的要求（参阅3.7.6）。

---

① 或者要求投标公司在谈判后，基于所挑选的公司，让公司提交其最后和最合理的报价（BAFO）。

◎ 签约的公共部门与投标公司详细讨论项目要求以及PPP项目协议条款方面的问题。

◎ 最后，要求投标公司提交最佳和最终的报价（BAFO），考虑此项谈判并提交最后的条件和定价。[①]

◎ 提交后还可以对标的内容进一步澄清说明，但是只能是细枝末节，PPP项目合同应该马上签订。

这个体系对招投标双方来说都是十分昂贵的：签约的公共部门必须组织两次完整的谈判；同时，两个投标公司中不能中标的公司会在投标过程中浪费很多钱（比如设计成本、法律费用等）。但是，这种方法无疑对签约的公共部门很有利，因为自始至终投标公司之间都会有激烈竞争（参阅3.7.7）。

3.7.5　前期资格预审

首先，会在金融、贸易新闻发布会上发布关于此项目的官方消息。感兴趣的投标公司会得到投标资格要求（RfQ）及项目要求的摘要。潜在的投标公司会被邀请去介绍其建设该项目的资质[②]。这些资质包括：

◎ 建设该项目的技术；

◎ 工作人员的经验；

◎ 参与人员的经验和能力；

◎ 以前承担类似工程的业绩；

◎ 实施该项目的财务能力。

同时，还有提供未来贷款方的书面支持。

之后，就要召开投标公司的会议，会上签约的公共部门对感兴趣的公司介绍该项目，回答公司关于项目或采购程序的问题。

这个阶段达不到最低标准的公司就被淘汰了，其他公司准备邀请投标。

如果按照相关的采购规定，最初的短名单中一般为4～6家投标公司（但世界银行的采购规则一般不允许这样操作），通过预审资格的公司可以进入下一步的投标过程。之所以采取这样的程序，是因为如果参与投标

---

① 参阅（CFT）。

② 这也被称为 PQQ（前期资格预审问卷）。

的公司太多，就会减少那些有潜力公司的中标机会，同时也会占用大量的投标时间和费用。因此，少量投标公司的参与对于投标管理也相应容易一些。

3.7.6　招标

在这个阶段，招标机构把招标书（RFP）[1]提交给通过预审资格的投标公司或短名单上的投标公司。招标书包括以下的信息：

◎　内容提要。

◎　总体的法律背景。

◎　项目开发背景和理由。

◎　可供应的数量、服务或其他的产量要求。

◎　风险矩阵展示风险分配。

◎　市场、交通流量等信息（如一些基础设施项目信息）。

◎　拟定价的公式。

◎　PPP项目协议草案。

◎　澄清或要求更多信息的联系方式。

◎　采购的时间安排。

◎　标书提交指南。

　◇　共同的融资假设。如果投标公司不使用同样的基本假设，那就很难正确比较标价，比如市场利率、汇率、付款合同的通货膨胀指数；

　◇　融资建议书的模板中应该包括以下详细信息：建设和运营成本，融资结构（包括将来贷款方支持的书面材料）；付款合同的计算（这些内容应该写入签约的公共部门自己的融资模型模板中，这样就可以很容易地对这些标书进行比较）。

◎　所要求的投标有效期。

◎　标书评估标准。

◎　签约的公共部门取消投标过程的权利。

招标书对所要求的内容不作过于具体的说明，这一点很重要。对于项目

---

[1]　它也被称为邀请招标（ITT）或邀请谈判（ITN）。

的产品或服务可以尽量细化，但是关于设备投入或如何交付产品则不要作详细的说明。例如，如果为一个电站进行招标，招标书就应该具体提出装机容量，但不需要说明用于发电的涡轮机的型号。但对于某些项目，如果项目的资产有更长的使用寿命，按照PPP项目的结构，在合同期结束时需要移交的情况下，也需要对投入设备的规格作出一定的要求。

一般情况下，投标书要包括以下内容：

◎ 技术；

◎ 工程设计；

◎ 建设方案；

◎ 提供施工或服务的详细计划；

◎ 建设期和运营期的管理框架；

◎ 质量和安全保障程序；

◎ 商务的可行性（如交通流量或需求的预测）；

◎ 运营和维护措施的策略；

◎ 保险；

◎ 融资策略和融资结构；

◎ 签署招标合同的资质以及其他要求；

◎ 付款合同建议。

投标公司按要求在标书里要标明融资模型，尤其要说明标书是如何完成的。这里可能会涉及一些保密信息，但是签约的公共部门需要此信息。一方面，它们需要此信息来评估项目融资的可行性；另一方面，是因为这些信息可能会对处理日后出现的状况或提前终止的付款造成困难。

除了对招标书的具体要求作出回应外，投标书还应说明以下内容：

◎ 对项目要求的理解；

◎ 投标方将如何满足这些要求；

◎ 投标方所具备的竞争优势。

公平和透明是投标过程中的基本原则，如果投标方不理解或不相信这一过程，或虽然认为通过竞争有很大的机会，但又不相信这是一种真正的竞争，就很难取得好的结果。因此，对所有标书的评比应该给予完整详细的记录，并且要说明选择某个公司中标的原因。

3.7.7　谈判

标书递交后所采用的采购体系决定了谈判的形式，这在3.7.4中已作了说明。假定需要谈判，签约的公共部门应该让所有投标公司获得同样的信息。这可以通过以下两种方式来完成：

◎　通过和所有投标方召开会议并到现场参观，这通常会使投标公司发现一些和项目相关的问题。

◎　对于投标公司提出的问题给出书面答复，并抄送给所有投标公司，不需要指出是哪家公司提出的问题。当然，某投标公司的保密信息是绝对不可以透露给其他投标公司的。

无论使用何种采购体系，签约的公共部门的目的是使各投标公司激烈竞争。如果只有一个投标公司，那么签约的公共部门将十分被动。政治压力会对项目有很大的影响，那样的话，签约的公共部门将很难抵制投标公司对项目合同进行不合理的修改。如果项目一开始没有详尽的规定和要求，或者在制定了投标合同后又进行修改（这种情况在复杂的大项目中可能性更大），要求加价的风险会更大。如果这样的话，公共项目利用私人融资的益处就丧失了。最理想的方式是，要求所有投标公司把其标书公开，以防中标公司有不合规范的行为。不过，没有中标的公司一般不愿浪费时间和金钱公开投标团队的标书。如果启动竞争对话程序，这些情况就不会发生。

3.7.8　标书评估

政府购买部门显然需要比较标书。这意味着提交的标书应使用相同的合理假设（如燃料、原材料的成本、利息等）。由于在预审资格阶段已经排除了那些在财务能力和技术上有问题的企业，因此在这个阶段进行定性比较的范围是有限的。但是，融资模型和项目的整体融资计划（即项目融资债务的条件）需要认真评估。通常在评估标书时有以下两种主要方法：

◎　价格比较。如果以同样的标准和要求提交标书，那么就可以简单地比较投标价格并作出最终决定。如果不同的投标价格基础随着时间的变化出现波动（比如在长期项目协议下的付款），就需要把未来的付款折现成净现值进行比较。

◎　打分法。如果标书除了价格之外，模板都不一致，还可能需要一种更为复杂的体系。这种体系基于对标书的不同方面进行打分，比如价格、项目完工期限、可信度、提供的质量或数量、技术方面的设计书、投标方承担的风险（如把风险从签约的公共部门转移出去），以及任何对项目起重要作用的特点。对于项目预测过于乐观的投标、融资方案以及除了项目协议拟定的条款之外的成本因素，都要进一步调整，这样就可以确定既符合项目实际情况又在经济上可行的标书了。通常，一个标书的每个方面都需要达到及格的分数。

在价格比较和打分之间还有个方法，那就是把招标分为技术标和融资标两部分。先用打分法对技术标进行评估，只有达到75分（比如）的技术标才进行价格比较，产品或服务的销售价格最高者胜出。

有些采购不是基于产品或服务的价格而是基于公共部门所提供的补贴。如果该标和特许经营相关，使用者的购买价格不足以支付该项目所融资金，那么这个方法还是可以考虑的。

3.7.9　招标

在投标过程中，可能会遇到各种各样的问题。

"不一致性"投标。不对投标的要求作过细的规定会有一定的好处，这样可以使投标方能够充分发挥想象力，提出项目开发的创新方案，虽然之前没有考虑到，但这种做法可能对项目更有利。

标准的程序是投标方必须提交一份与招标书要求相符合的标书，还可以提交一份与要求不一致的标书，如果这份标书中提出了更好的解决方案，评标部门就会选择使用这份与要求不一致的标书。

修改。在与投标方沟通的过程中，可能会修改投标的要求，如果出现这种情况，投标期限就需要延长，给投标方足够的时间来处理这些变动。

投标联合体的变动。在一个投标联合体通过预审资格后，其中的一个成员可能想退出投标，因此联合体可能希望吸收新成员，而这个新的投标方可能来自以前没有通过资格预审的联合体。这种安排很可能会遭到其他投标方的反对，但是最好先不要完全排除这种变化，应慎重对待此事（如新成员可以证明它和先前退出的投标公司具有同样的资格）。一个解决方法就是在联合体中标后再进行调整。但是，同一个公司不能同时参加两个联合体的投标，因为这样会引起联合体之间的信息泄露或矛盾。

投标保函。投标方通常需要提供投标保函作为投标的保证。在合同文件签署后或项目建设开始时，该保函才会退还给投标方。保函的绝对金额可能比较大，约为项目投资额的1%~2%。这样做有助于处理履行承诺的问题（如投标方提交了雄心勃勃的标书后但不能融资，或一旦投标方处于有利的形势就希望提高要价）。但是，一些真正希望投标的公司可能会因为担心保函不公平，成本最后由政府购买部门承担。

招标取消，获得补偿。与投标方订立契约后，一旦公共权力部门在某一阶段取消招标，就应该同意对投标方为此所产生的费用进行补偿，补偿的数额可能有一定的限度。也会给予没有中标的投标公司一些补偿，鼓励其参与竞标复杂的项目，因为这些项目的投标成本很高。

符合法律规定。在采购过程中，没有得到公平对待的投标方基于所产生的损失，有权起诉政府签约的公共部门；或者在有些情况下，甚至可以取消PPP项目合同。比如，在采购过程的后期，政府签约的公共部门可能为了使项目可行，会给中标公司提供建设补助金（参阅15.10）。如果没有给其他投标公司提供这种支持，那么那些投标公司就会质疑合同授予，理由是如果它们获得同样的支持，它们也可以修改标书，而实际上它们没有这样的机会。所以，在这一法律风险期结束之前，借贷方可能不愿意放款。

一定要牢记，中标公司在中标后不能对标书做大的修改，不然就可能面临未中标的公司对投标结果进行法律上的质疑。

国家资助。这是在欧盟的公共采购中存在的一个问题。欧盟法律不允许成员国对私营公司给予金融支持，因为这会破坏竞争。比如，国家为项目公司提供低于市场水平的缺口融资，则该项目公司将和那些没有获得该项资助的公司进行竞争。如果同一家优先竞标公司进行谈判，这种情况容易发生。因此，借贷方要确定项目不会因为得到国家的资助而受到影响。

3.7.10 分包合同的竞标

对于项目公司的其他合同，按照欧盟的采购法，如果项目公司需要和控股股东签订服务合同，就不一定必须经过公开竞标的程序。但是，在其他情况下则不然。

按照世界银行的采购规定，如果项目公司本身（或项目发起人）已经通过竞标程序获得了项目协议，那么项目公司就不必把自己的合同（PPP项目合同）拿出来再进行招标了。但是，如果项目合同需要世界银行的融资，就必须进行招标程序。

3.7.11 主动发起的投标

有时，发起人没有收到邀请，而向政府签约的公共部门主动投标建设和运营一个PPP项目。一般来说，政府签约的公共部门不会把PPP项目合同授予主动发起的投标方，原因如下。

◎ 无法保证标书的定价是否有竞争力，所以政府签约的公共部门在采购中的花费可能会超出应有数量。

◎ PPP项目的采购应该是政府签约的公共部门整个基础设施投资规划的一部分，所以主动发起的投标公司的介入可能会打乱整体规划。

◎ 主动发起的投标会占用政府签约的公共部门有限的人力资源，从而也会影响整体规划。

◎ 主动发起的投标经常与腐败有关系。

这样的标书通常看上去很有吸引力，因为政府签约的公共部门不会产生开发项目本身的费用。但是实际上，这样的标书在评估时，也应以政府签约的公共部门采购项目的方式进行评估。

无论出于何种原因，如果这种项目被认为值得建设，也应该引入竞争。

◎ 最佳与最终报价。投标过程中包括最佳与最终报价，最初发起的投标公司自动拥有进行投标的资格。

◎ 开发费用。主动发起的投标公司和其他竞标公司进行竞争，但是如果它没有中标，将会得到一笔开发费来报销它们的花费，或者得到一些成本的收益。这笔费用也应该包括对主动发起投标方的标书中知识产权的保护。中标公司将支付开发费（但是，这些费用会被算作项目成本，所以，最终还是由政府签约的公共部门来支付）。

◎ 投标奖励。为主动发起的投标公司在评审过程中加分。

◎ "瑞士挑战"的竞标模式。在公布主动发起人的投标后，就要进行公开竞标。提供最佳条件的投标方，如果优于主动发起的投标方，那前者就会中标；或者在公开招标中给予主动发起该项目的投标方满足投标要求的权利。

以上内容中的一个关键问题是新的投标公司有多少时间做标书。显然，在这一方面，主动发起的投标公司是有优势的。

3.7.12　与借贷方的关系

显然，确保优先投标方能够筹集项目融资的贷款是另一个关键问题。这一问题在5.6中进行讨论。

3.7.13　合同管理

签约的公共部门的合同管理（即融资关闭之后）在7.4中进行讨论。

项目融资市场

4.1 概述

通过私营部门债务市场进行项目融资主要有两个渠道：商业银行和债券投资方。商业银行为项目公司提供长期贷款；债券持有人（典型长期投资人如保险公司和社保基金）购买项目公司发行的长期债券，这种债券是一种可以交易的债务工具。现在，这些非银行借贷方也开始直接给项目贷款，加入债务基金。其他的私人融资有时也会用于项目中。

尽管法律制度、程序和市场不同，但是在融资市场上进行债务融资的标准基本相同（在本书中"贷款方"指的是银行、债券持有人、非银行借贷方或债务基金）。

发展中国家的融资来源包括开发金融机构（如世界银行）、出口信贷机构（如美国进出口银行），这类市场融资的问题在第6章讨论。最近市场发展的趋势和项目融资的长期前景在第17章讨论。

4.2　商业银行

商业银行是项目融资的主要渠道。在2012年，项目融资债务约有90%来自于商业银行的贷款。在银行市场中融资的比例基本上反映了不同行业在私人部门资金市场的融资差异（见表2-1）。

4.2.1　区域分布

表4-1展示了银行参与项目融资的地区分布。[①]从这些数字，我们可以看出以下几种趋势。

◎　最明显的趋势特点是印度项目融资市场的快速发展。从2000年几乎可以忽略的市场到2010年，印度项目融资的总量几乎等同于其他两个最大的项目融资市场之和（澳大利亚和美国）。这是以基础设施PPP项目、电站和自然资源项目高水平的私人投资为基础的。2011—2012年的市场回落，主要是因为银行不能按规模要求继续投入资金。但是，印度项目融资市场是被完全无风险的特许经营权的债务扭曲了。

◎　在亚太地区，澳大利亚市场也表现了强劲的增长势头，它主要是以面向中国和日本市场的自然资源大项目为主。仅两个LNG（液态天然气）项目就占了2012年整个澳大利亚项目融资市场的主要份额。

◎　2012年，欧洲市场还没有完全走出2008年国际金融危机的阴影。美国市场略有回暖，但是仍低于2008年的最高点。

◎　在北美和中东，项目融资用于石油化学、LNG、发电站、海水淡化项目，市场每年略有浮动，但是相对缺少大项目。

◎　在撒哈拉以南的非洲地区，项目融资市场一直相对较小，而且主要集中于自然资源项目。

表4-1　商业银行项目融资贷款情况

单位：百万美元

年份 国家或地区	2000	2007	2008	2009	2010	2011	2012
美洲	52795	44476	42086	20058	25535	38383	39321
其中：							
美国	33573	25887	21602	9335	13424	18489	18427

---

① 市场大致反映了表 2-1 的情况，这其中包括银行和债券。

续表

国家或地区 \ 年份	2000	2007	2008	2009	2010	2011	2012
加拿大	2526	3799	4747	1540	4318	5134	4135
巴西	9217	3178	7257	5548	3059	8278	3505
智利	1618	810	2814	1619	120	1118	2861
墨西哥	2153	5078	2345	839	1710	1351	7167
亚太地区	12085	44842	70741	56614	98708	91764	91523
其中：							
澳大利亚	3806	13088	21170	12284	14592	24814	43042
中国		8381	865	88	154	240	1935
印度	129	10882	19246	29944	54802	44933	21219
印度尼西亚	303	913	2727	1652	2405	1886	1838
日本	131	589	2737	1226	682	1524	2366
菲律宾	1510	1538	819	377	1174	538	420
新加坡	1857	3041	5412	1322	2715	6479	7666
韩国	718	3041	5412	1322	2715	4612	6015
泰国	1718	665	1423	875	2818	2736	2593
欧洲	36123	73485	91317	38565	60726	51763	37838
其中：							
比利时		2966	2122	1314	2402	718	1106
英国	11490	17399	21582	8186	13021	10318	12019
法国	49	8372	5913	2013	5351	11290	9162
德国	12806	2859	6839	2340	2133	4039	4196
意大利	5310					7118	3409
希腊		6535	208	251	376	36	
荷兰	300	2176	4238	1113	1437	354	774
葡萄牙	1537	1603	11947	4117	4639	509	107
西班牙	567	12207	22152	10105	17376	10342	3069
独联体	2077	3498	11037	3121	2754	11962	8010
其中：							
俄罗斯	2077	2114	8877	3001	2754	11302	5096
乌兹别克斯坦							2914

续表

年份 国家或地区	2000	2007	2008	2009	2010	2011	2012
中东与北非	7255	44524	31399	15042	16774	13829	13142
其中：							
埃及		4051	2111		1013		2600
阿曼	513	3317	446	802	1361	1502	43
卡塔尔		9547	4396	949		4184	
沙特阿拉伯	852	8080	10310	1900	10000	3280	3647
土耳其	2834	4295	5673	2730	1720	2745	3110
阿联酋		11718	4214	5433	1650	987	269
撒哈拉以南地区	550	9161	4347	5787	3678	5786	8913
其中：							
加纳				2750	1002	3085	3830
尼日利亚		4405	915	355	777	749	
南非	127	959		1138	510	235	2706
总计	110885	219986	250927	139187	208175	213487	198747

4.2.2 项目融资市场中的银行

在全球范围内，大约有20家银行作为主要的牵头机构为项目融资业务提供服务，这些接受融资的大型项目都分布在世界的一些重点地区。每家主要的国际项目融资银行一般在美国（覆盖美洲）、欧洲（覆盖欧洲、中东和非洲）以及亚洲和澳大利亚都至少有一个分支机构，大约有50位专家在这些分支机构工作。这些银行与外国投资者关系密切、专业技能强大、经验丰富，所以它们的地位很重要。国际项目融资银行受欢迎的另一个因素是，在一些亚洲市场，银行用美元贷款兑换成当地货币的融资成本要低于直接用当地货币融资的成本。

但是，在过去十多年里，项目融资市场的主力银行有了变化。通过比较表4-2和表4-3可以看出，这两个表格中列出了2000—2012年排名前20位的项目融资银行。

现代项目融资大部分是由美国的银行开发的，但是出人意料的是2000年盛极一时的美国银行到2012年基本已经退出了融资市场。主要有两个原因：首先，项目融资聘用工作人员的成本过高，收入不稳定（一旦项目签约，虽然项目融资聘用工作人员就会有大笔收入，但是收入不稳定）；其次，是美国银行不倾向于长期借贷，而这却是项目融资的一个重要条件。

欧洲银行在2000年也是融资市场中的主力，到2012年其对融资的参与也大大减少。这表明在2008年以后，这些银行都有严重的资金问题。除了法国银行，这一时期在项目融资领域一直很活跃的国家是日本，其一直获益于强劲的亚洲市场。

另外，这一领域的生力军是印度银行。但是，应该注意，到目前为止，该领域最大的银行——印度国家银行是国有银行。所以，虽然它是商业银行，但是它是否应该被列入项目融资在国际上是有异议的，15.8中说明了关于国有银行借贷的问题。同样地，考虑到澳大利亚的市场规模，澳大利亚两家银行都入围前20强也就不足为奇了。

表4-2　2000年银行项目融资贷款排名前20的牵头银行

牵头银行	国家	金额 （百万美元）	贷款笔数 （笔）	平均贷款额 （百万美元）
花旗银行	美国	11927	51	234
兴业银行	法国	9616	30	321
美洲银行	美国	9370	33	284
荷兰银行	荷兰	7875	31	254
摩根大通	美国	7472	24	311
瑞士信贷第一波士顿	美国	6719	10	672
西德意志银行	德国	6716	37	182
德意志银行	德国	6487	22	295
法国巴黎银行	法国	3712	24	155
巴克莱银行	英国	3423	23	149
德利佳华	英国	3155	24	131
美林证券	美国	2631	4	658
丰业银行	加拿大	2165	6	361
瑞惠银行	日本	1976	14	141
高盛银行	美国	1832	3	611

续表

牵头银行	国家	金额 （百万美元）	贷款笔数 （笔）	平均贷款额 （百万美元）
汇丰银行	英国	1464	1	1464
里昂信贷银行	法国	1339	9	149
三菱东京银行	日本	1272	7	182
阿比国民银行	英国	1200	7	171
蒙特利尔银行	加拿大	1040	5	208

资料来源：国际项目融资185期（2000年1月26日）、353期（2008年1月9日）、400期（2009年1月9日）、424期（2010年1月10日）、448期（2011年1月13日）、472期（2012年1月12日）、496期（2013年1月16日）。这些数据与商业银行贷款和债券有关。

注：表中列示的是安排与承销贷款的银行，不包括分销和参与的银行；由两个以上牵头行提供的贷款按比例划分。

表4-3　2012年银行项目融资贷款排名前20的牵头银行

牵头银行	国家	金额 （百万美元）	贷款笔数 （笔）	平均贷款额 （百万美元）
三菱东京银行	日本	11618	96	121
印度国家银行	印度	10948	32	342
住友银行集团	日本	7576	68	111
瑞惠金融	日本	6234	51	122
韩国开发银行	韩国	5411	27	200
汇丰银行	英国	4394	34	129
法国农业信贷银行	法国	4159	36	116
兴业银行	法国	4084	35	117
法国巴黎银行	法国	3793	35	108
毕尔巴鄂比斯开银行	西班牙	3521	45	78
劳埃德银行	英国	3251	25	130
澳大利亚联邦银行	澳大利亚	3158	21	150
渣打银行	英国	3035	19	160
荷兰银行	荷兰	2946	29	102
澳大利亚国家银行	澳大利亚	2920	20	146
印度工业信贷银行	印度	2796	13	215

牵头银行	国家	金额 （百万美元）	贷款笔数 （笔）	平均贷款额 （百万美元）
联合信贷银行	意大利	2789	29	96
基础设施发展 金融公司	印度	2679	22	122
艾克赛斯银行	印度	2645	9	294
澳新银行	澳大利亚	2457	19	129

资料来源：国际项目融资185期（2000年1月26日）、353期（2008年1月9日）、400期（2009年1月9日）、424期（2010年1月10日）、448期（2011年1月13日）、472期（2012年1月12日）、496期（2013年1月16日）。这些数据与商业银行贷款和债券有关。

主要的国际项目融资银行（如表4-2中英国、法国、日本的银行）会涉及整个项目范围的产品并且作以下的安排：

◎ 为本国的项目融资提供贷款（如法国银行巴黎支行为一个法国的项目提供欧元贷款）；

◎ 通过在其他国家的分行为在那个国家的项目融资提供贷款（如法国银行在悉尼的分行，为澳大利亚的项目提供一定数额的澳元融资）；

◎ 跨境贷款（如法国银行巴黎支行为一个澳大利亚的项目提供美元贷款）。

通常情况下，最好是通过项目所在国的银行为一个项目进行融资。其原因之一是该银行对当地的情况比较熟悉；另一个原因是该银行可以用该国的货币提供贷款，避免出现外汇风险。因此，发达国家的项目通常通过当地的银行或国外银行在当地的分支机构进行融资。这种融资构成了项目融资市场的主要方式。

但在发展中国家，这种方式的使用经常受到限制。这些国家没有能够提供长期贷款的融资市场，或者国内的银行缺乏项目融资方面的经验。在一些发展中国家，如巴西或印度，如果当地的商业银行不能提供项目所需要的资金贷款，这些国家的公共部门银行就可以帮助其融资，但是这些银行的融资能力是有限的。因此，国际银行市场为发展中国家的项目融资起着非常重要的作用。发展中国家的项目融资方式在第15章和第16章中详细讨论。

其他一些银行也作为银团贷款的次级承销方或参与方加入项目融资市场。其中，有一些银行参与它们国内的项目融资业务，另一些银行则参与由一些大型银行安排的银团融资。但是，正如5.2.8中所讲的，银团贷款在美国和欧洲市场大大减少了。

第17章探讨最近的市场发展情况以及银行融资项目的未来。

4.3 债券

从借款方的角度来看，项目公司发行债券和从银行贷款基本是一样的，但是债券的发行主要是针对非银行市场并且采用可交易债务的形式，最初是书面形式证明，但是现在一般是电子注册。发行方（项目公司）同意在未来一定的时期内分期支付给债券持有者所持的债券数额和利息。购买债券的投资者希望获得长期固定的收益，投入的资金不会有风险，特别是保险公司和社保基金等机构对风险的防范更为严格。

项目融资债券市场比银行贷款市场业务范围要窄，但在某些国家发挥的作用非常大。其定价经常以同期政府债务收益为基准，另外附加上额外风险的收益。

债券或是经过公开发行（即在股票交易市场报价，从理论上讲可以大范围地进行交易），或是进行私人配售，不公开报价，仅售给数量有限的一些大投资者。私人配售可以在没有投资银行介入的情况下完成（如发起人直接和债券贷款方进行交易），不过这种做法并不常见。

项目融资债券适合保险公司以及社保基金，同时和一些通过债券基金进行投资的私人投资者也十分匹配，但这方面业务开发相对欠缺，确实有点不可思议。但是，项目融资债券对于这些投资者来说也有以下弊端：

◎ 20年的债券一般在20年末一次性偿还。20年的项目融资债券以不定期分期的形式在20年内偿还，始于项目建设期，比如前两年，这使得项目对于长期投资者来说缺少吸引力（由于不定期的现金流，所以很难对债券进行比较）。

◎ 分析项目融资债券的信用风险以及监控项目的绩效都十分复杂，而且如果项目融资债券只是投资组合中的一小部分，那么对于投资者来说雇佣有资质的专业人士做这份工作，成本效率很低。

◎ 项目融资债券一般处于投资评级的最低端，这对于很多债券基金来说风险过大。

◎ 在有些国家，后者风险的弊端可以通过发行债券来避免，但是正如4.3.2中讨论的，目前这种情况很难实现。

◎ 扩大项目融资债券市场的一些提议将在第15章中讨论。

4.3.1 美国债券市场

美国发行基础设施债券的历史十分悠久（比银行项目融资要久远得多），它的债券市场是目前项目融资债券市场发展的主要模型。美国是目前最大的项目融资债券市场。表4-4列出了市场上此类债券的发行商（值得注意的是，债券占美国53%的企业债务和47%的银行贷款，而在欧元区和英国，企业债务的85%来自于银行贷款）。

在美国有两类债券和项目融资相关：一类是市政债券市场，这将在4.3.2进一步讨论，该市场的投资者一直用债券保险防范信用风险；另一类是企业债券市场（此处也包括私人项目融资债券）。企业债券市场与其他国家的项目融资债券市场相似（参阅4.3.3）。

表4-4 美国债券市场发行情况

单位：十亿美元

发行商	2011 年	2012 年
美国财政部	2103	2309
联邦政府机构	839	677
企业	1012	1360
与抵押贷款相关	1660	2056
市政	295	379
资产支持	126	199
总和	6036	6979

资料来源：www.fifma.org 证券行业和金融市场协会网站。

美国市政债券已有一百多年的历史。在它的发展过程中，一个关键因素是1895年美国高级法院作出的一个宣判：州和当地政府实体发放的债券不能再征收联邦税。因此，这些购买免税债券的投资者经常是为了避税（主要是通过市政债券基金），而保险公司和社保基金则不需要这种方式来避税，因为它们的收入通常是免税的。

2012年，美国共发行了3760亿美元的市政长期债券，其中88%是免税的。只有一小部分可以算作项目融资基金，但这只是巨大市场的一小部分。

市政债券主要分为两种：

一种是一般责任债券（2012年为1360亿美元）。这些债券的发行者通常是州或者是当地政府，有充分的信用。显然，这种形式不能够以项目融资模式进行融资。

另一种是收益债券（2012年为2400亿美元）。这些债券只由发行单位的收益来支持，这些单位通常是教育董事会、供水和排水部门、交通部门等（即公共部门）。这与企业债券在风险方面很相似，但却不同于项目融资债券。因为发行债券的公司已有稳定的现金流，而项目融资公司未来才可能有现金流。对一个新项目（如收费公路）发行收益债券，那么购买债券就是在承担具体公共项目的项目融资类型的风险。

一种收益债券的次级债券叫作私人项目债券（PABs），它对于私人项目融资特别是PPP项目来说十分重要。这些收益债券是通过公共部门发行的，但是资金借给私人项目公司，用项目的现金流还款。根据IRS 141节规定，市政债券被列入私人项目债券：

◎ 超过10%的债券收益用于支持私人商业活动；

◎ 超过10%的债券债务是由私人商业收入来偿还的。

如果超过95%的债券收益用于IRS 142节中规定所提到的以下目的，那么私人项目债券就可免除联邦税，如机场、码头、公共交通、供水设备、污水处理、固体垃圾处理、符合条件的房屋出租项目、地方电力和天然气供给、地方供暖及制冷设备、危险垃圾处理、高速城际轨道交通、水力发电的环保设施、符合条件的公共教育设施。显然，这些项目都采用项目融资模式。

免税的私人项目债券规定上限来限制在管辖区里发行债券的数量，无论这些上限是否适用于免税政策，如机场、码头、公共交通、供水设备、污水处理、固体垃圾处理、符合条件的房屋出租项目、地方电力和天然气供给、地方供暖及制冷设备、危险垃圾处理、高速城际轨道交通（只有75%的债券收益；为了达到免税的标准，用于收购房地产的资金不能超过债券收益的25%）。

2005年安全、责任、灵活、高效交通股本金法案：到2015年，只能发放150亿美元的免税私人项目债券（PABs）用于交通设施项目，超出其数量上限。

在美国市场，还有其他一些准项目融资结构，特别是"63-20"债券（它是由非营利公司发放的，同时也是免税的）。"63-20"指的是内部收益服务规定，也可以用于项目融资。但是，这样的债券显然要由一个没有股本金投资的公司发行，这就在结构中出现了漏洞，需要由其他方式填补漏洞。比如，以低于现金流的要求进行借款，这样给现金流一个缓冲，这很有可能造成融资缺口，需要公共部门提供次级债务填补。

租税增额融资机制是另一种市政债券的分支，参阅17.6.4。

4.3.2 专门行业债券

最近，市政债券的重要一点是债券的大部分（包括PABs）是被担保的，或是投保单一产品保险公司。这些保险公司叫作单一产品保险公司，因为它们只做债券保险（也就是说，它们只有这一种业务）。

有了专门保险，债券持有者就不需要过多关注借款方的背景、借贷的风险或（如果没有需要）项目本身，至少从理论上来讲，可以参考保险公司做的信用评级。这就解决了私人投资者无法评估个人债券风险的问题。2007年以前，约50%的市政债券投保单一产品保险公司。

美国的单一产品保险公司也承保次级房贷债券，由于2008年该业务遭受巨大损失，大部分保险公司不再做此项业务。2012年只有一个单一产品保险公司做市政债券市场的新业务。因此，2012年只发行了130亿美元的债券，市场对这种保险的作用持有怀疑的态度。在某种程度上，大项目融资时发行PABs，因为没有单一产品保险公司，它们的业务就交给了商业银行担保（但是主要是欧洲国家的银行和日本的银行，而非美国的银行）。

4.3.3 国际债券市场

从表4-5可以看出，同商业银行市场相比，国际项目融资债券市场不是项目融资的主要来源，而是集中在几个国家。"国际"一词用在此处可能并不恰当，因为大多数项目债券在该项目所在国发行、交易，当然有些项目采取跨国融资方式（以美元融资），不过项目融资债券主要在美洲发行，欧洲、中东以及亚洲的市场份额很小。债券发行市场并不依靠债券发行国的免税。美国项目融资债券市场相对较小的原因是项目融资债券被项目融资免税债券挤出了市场，详见表4-5。

表4-5　项目融资债券发行状况

单位：百万美元

发行地	2000 年	2007 年	2008 年	2009 年	2010 年	2011 年	2012 年
美洲	16099	11710	7902	4462	9822	13220	17059
美国	11313	7055	5266	3385	4905	4264	7111
加拿大	489	3002	1738	877	4521	4131	2076
巴西	875					3324	3642
智利	430						
墨西哥	1831	259	700			552	2070
亚太	1384	4605	1015	327	6432	2628	2932
澳大利亚	1293	4359	300	188	4550	935	
马来西亚			473				2406
韩国			164	139			
西欧	2790	10508	2968		3536	5432	2642
英国	2498	4355	2968		3276	4732	2538
法国		5500					
中欧	363						
中东北非				3477		999	1300
卡特尔				1248			
阿联酋				2229			1300
南撒哈拉							174
非洲							
合计	20636	26823	11885	8266	19790	22279	23933

　　美国项目融资债券市场基于144A规则，该条款于1990年被证券交易委员会（SEC）采用。私人债券发行不需要通过证券交易委员会复杂的注册程序，但是要遵守它的规定，即两年内债券不可卖给第三方。对于美国的债券所有者来说，缺乏流动性是很难接受的。144A条款规定，如果买方是合格的机构买家（QIBs），那么私人债券就可以进行二级交易（即再出售）。债

券的买家为至少有1亿美元债券的机构。144A条款决定了美国哪些项目融资债券可以发行，哪些项目只限于私人债券，哪些债券可以在更大范围内进行交易。

美元债券也在美国之外的市场发行，特别是拉丁美洲。只要涉及的各方都不在美国而且债券不在美国交易，根据1933年证券交易法案规定，证券交易委员会对此就没有司法权或控制权。

基于美国的项目融资债券（见表4-5），只要是用于石油、天然气和可再生能源的产业，就不能归属于在市政债券市场发行的免税债券（参阅4.3.1）；需要纳税的基础设施债券也大都被"挤出"免税债券市场。

单一产品保险公司（参阅4.3.2）也在发展国际项目融资债券市场起到了主要作用，特别是在澳大利亚、英国和加拿大等国家，它们同银行竞争，对信用风险收费的定价是银行的半价。但是，其价格差异意味着它们当中有一个（保险公司或银行）对风险的定价是错误的，而且人们也一直质疑债券所有人是否应该依赖这种持续25年甚至更长时间的担保，而不去考虑项目是否有保障。现在，大多数对现有债券进行担保的专门公司都没有多少价值，投资者只能依靠基础项目来还款。但是，一个单一产品保险公司如果不受4.3.2中所探讨问题的影响，就可以继续为国际项目融资债券提供保险。

英国市场上发行的主要是有专门保险的PFI债券，一直到2008年，大部分PFI项目是通过这种方式融资的，因为债券市场有很大的流动性，而且成本较低，2005年英国是世界最大的项目融资债券市场（其规模为170亿美元，当时美国为130亿美元）。虽然PFI以外的部门仍然发行债券，但是单一产品保险公司的消失使该市场的繁荣戛然而止。从技术上来讲，项目融资类似于公司债券。2010—2011年发行的债券用于铁路车辆公司和私营的基础设施建设，2012年的债券用于港口和高速铁路项目（2008年以来，第一个有专门保险的PFI债券是在2013年发行的）。

2012年，加拿大债券主要用于PPP交通项目，而巴西债券则主要用于油气项目。

表4-6列出了项目融资债券的主要发行银行，这几乎包括了所有主要国际银行。比如，HSBC在马来西亚、墨西哥、巴西、巴拿马和美国发行债券，用于电力、基础设施建设和油气项目。

表4-6　2012年项目融资债券发行世界前10强

牵头银行	国家	规模（百万美元）	发行数量（只）
汇丰银行	英国	2584	9
美林证券	美国	1932	6
巴克莱	英国	1442	8
瑞士信贷	瑞士	1279	4
苏格兰皇家银行	英国	1130	5
蒙特利尔银行	加拿大	1058	6
摩根大通	美国	1023	3
巴黎银行	法国	1015	4
马来亚银行	马来西亚	1020	2
加拿大皇家银行	加拿大	1011	6

资料来源：国际项目融资。

4.4　其他非银行贷款方

非银行贷款方（主要是人寿保险公司或养老基金）开始成为重要的贷款来源，尤其在项目融资市场，特别是在澳大利亚、巴西、加拿大、法国等市场；在韩国PPP市场，美国人寿保险公司也是稳定可靠的贷款方。直接贷款和购买债券的根本区别在于直接贷款可以像银行一样行使控制和监视的作用。

项目融资债务基金可以使小型社会保障基金直接投资，由一些在项目融资方面有经验的基金经理对该项目进行监控，这类债务基金也开始发展。17.4探讨了这类项目融资债务方式的发展状况。

4.5　其他私人债务

4.5.1　次级债务或居间债务

次级债务的偿还力度不及银行债务或债券持有者（即高级贷款方，它们的融资被称为优先债务）。在投资者得到偿还的利润之前，如果项目违约并且要清理债务，那么要先全部还清银行或债券持有者的债务，然后再偿还次级债务。次级债务的利率是固定的，高于优先债务的成本。

次级债务有时也会是投资者作为股本金投资的一部分。次级债务居于贷款方和投资方之间，视同股本金。

其他次级债务会由第三方提供，它们一般也是非银行投资者，保险公司或特殊基金（如专门的基础设施债务基金）。由于高级贷款方提供的金额有时候不能保证整个项目的资金需求，或者为了使项目公司的产品或服务定价更有竞争力而需要资金来替代一部分股本金，或者为了提高投资者在股本金方面的收益，于是就产生了次级贷款。这种第三方的次级债务经常被认为是居间债务，更确切地说，它是来自于其他渠道而不是投资者。

如15.4中所讲的，居间债务有时也是由公共部门提供的。

把次级债务或居间债务引入项目融资的整体计划中，产生了优先偿还债务以及究竟由哪一级的贷款方来控制项目的问题（参阅14.14.5）。

4.5.2 租赁融资

在租赁融资结构中，所融资的设备归出租方而不是承租方所有。在这种方式下，承租方不支付利息和本金，只支付设备的租赁费用。但是，如果其他条件相同（假定租赁费用中隐含的融资利率等同于贷款利率），那么租赁支付的费用和贷款的费用应该是一样的。

应该注意，在租赁的情况下，出租方把设备租赁给项目公司作为一种融资方式，它和在BLT或BLOT结构中的地产租赁是有区别的，BLT或BLOT结构是赋予项目公司对项目的控制权而不是所有权，这并不表示其会提供任何的融资支持。

租赁经常用于车辆、工厂机械设备和类似的设备融资，它基于设备的价值为不能获得资金的客户提供融资担保（这也叫作融资租赁），或允许承租人短期使用设备后再归还，出租人承担剩余价值的风险（运营租赁）。与直接贷款相比，这两种融资方式都比较贵，而且它们通常和项目融资没有关系。下面要讲的供应方融资中也会用到租赁。

把租赁融资和项目融资联系起来有利于纳税。在有些国家，由于出租方对项目融资出租设备具有所有权，所以其可以享受加速税收折旧。加速税收折旧只有在设备的所有人有税收利润时才起作用，但在项目运营的初期，这种方法不适用（参阅13.7.1）。如果情况允许，最好让设备所有人通过抵销其他的课税收入，享受税收折旧，并把这部分好处转给项目公司（承租人），以降低融资成本。在决定是否使用租赁融资的时候，项目公司需要评估这种降低融资成本的好处是否大于税收折旧所带来的好处。但是在大多数国家，纳税收益与由于租赁而降低的成本要么大打折扣，要么全部抵销。因此，租赁在项目融资中的作用并不大。

尽管可以进行租赁融资，不过它对于融资市场只是一个补充，不会改变发起人或贷款方的主要融资模式。

4.5.3　供应商融资

在某些情况下，设备的供应方、建筑承包商或为项目服务的供应商可以提供融资。比如，设备的供应商对项目或行业的技术风险更为了解，所以愿意承担金融市场不愿承担的风险。因此供应商融资可以为供应商增加销售和开拓新的市场。

供应商融资可以以贷款（以信用为基础销售设备）、设备租赁或为银行融资提供担保的形式进行。如果供应商只把银行引进来为项目融资（没有任何担保），那么这并不是供应商融资，在这种情况下，提供的融资是由供应商承担风险，而不是由银行承担风险。

但是，有时候供应商为了拿到合同，在缺乏对实际风险和困难了解的情况下，也会把提供融资写进标书。当供应商对项目的结构和风险有更多的了解后，会发现它的融资方案并不可行，发起人会因此浪费很多的时间。

所以，在银行和债券市场为供应方提供融资时，担保安排和风险分析应该确保以下几个方面：

◎　融资结构合理一致；

◎　供应方不要承担过多或不可预测的风险，以免影响其履行合同；

◎　供应方融资可以在适当的时候、在常规的金融市场进行再融资，减轻融资方资产负债表的压力。

在发起人选择融资方式时，经常会考虑选择供应方融资的方式。但是在项目融资的市场上供应方融资所起的作用是有限的，它主要用于移动电话网络的建设项目中。

4.5.4 伊斯兰融资

伊斯兰融资的基本点是《古兰经》中的禁止收取利息（但是并没有反对通过投资获取利润）。伊斯兰融资在中东以及马来西亚的项目建设中都是十分重要的。总体来说，这个市场的主要结构如下：

◎ 项目合同。一般来说，贷款方和项目公司达成协议，项目公司根据协议来建设项目。协议允许项目公司把施工合同分包给D&B/EPC分包商。项目结束时，建设完成的项目用于出租。

◎ 租赁。与世界其他地方的租赁基本类似（如允许使用一段时间的设备，租金是固定的）。

◎ 利润分享（安装销售）。调高价格付给贷款方利润。

◎ 伊斯兰债券。购得该债券可以分享一部分所有权，债券所有人每年可以从项目收入中分得固定份额的收益。

这些种类繁多的融资模式是由伊斯兰银行和国际银行伊斯兰融资部门提供的，它们与其他传统银行业务一样，是项目融资组合的一部分。

与贷款方合作

5.1 概述

本章介绍私人部门的贷款方特别是商业银行和债券投资方进行融资的程序，以及两者之间的比较。贷款方的尽职调查以及它们作为外部顾问的作用也有介绍。5.6节介绍了签约的公共部门在公共采购过程中和投标公司的贷款方进行互动的方式。

5.2 商业银行

5.2.1 组织结构

在项目融资领域，大多数商业银行都设立专门提供项目融资业务的部门。这样的部门主要有以下三种设置方式。

项目融资部门。常规的方式就是设立项目融资部门专门负责项目融资业务。如果这个部门比较大，还可以按行业再分成不同的小组，如能源组、基础设施组、电信组等。这种模式可以把项目融资的专业资源集中到一个部门，有利于充分利用各种资源和跨行业合作，把项目融资的经验用到不同的行业中。但是，这种方式的不足之处是可能无法给客户提供最佳的服务。

结构融资部门。 5.2.2谈到，项目融资和其他类型的结构融资之间的区别变得越来越模糊了，因此有些银行就把项目融资的业务归到更为大型的结构融资的范围内。银行也可能会按照行业进行划分，不同的团队负责不同的行业。这种模式的好处在于银行可以提供更加丰富的金融产品。但是如果银行更为专注短期的项目，那么项目融资的业务安排可能就不会太容易，比如，如果LBO也由同一个部门来处理。

基于行业的部门。 另外一个方式就是设立一个部门，为某一具体行业提供所有的融资服务，比如电力、石油天然气、基础设施等。如果这个行业需要常规的项目融资业务，那么项目融资专家就组成一个专门的团队。这样银行就可以为这个行业的客户提供一站式服务。但这种做法显然会削弱在不同行业之间分享项目融资经验。

总之，银行内部的良好沟通和合作可能比设置正式的机构更为重要。

一般来说，在这些部门从事项目融资的雇员有银行和融资的工作背景，有些银行聘用具有相关行业工作经历的内部工程师或专家。尽管大多数雇员不是施工、设计或其他非融资专业方面的专家，但是通过一段时期对不同项目的运作，他们都会积累有关不同行业以及项目可行性和实际问题的专业知识和经验。尽管如此，银行也会聘用一些独立的专业顾问来参与项目融资的业务。

对于银行来说，项目融资业务是一个耗时的过程，而且需要高素质的专业人员，所以人力成本也非常高。因此，过去的一些主要银行都停办了项目融资业务，因为这些银行可以从其他的结构融资或零售业务中获得更高的回报。

项目需要达到一定的规模才能为银行带来足够的收益，银行才会认为在项目上所花的时间是值得的。银行认为，如果一个项目的贷款低于2500万美元，它就没有吸引力（除非以前做过类似的项目，可以在新项目中使用相同的模式；或者几个小的项目可以绑在一起做，同时为这几个项目融资），多数大型银行更希望做1亿美元以上的项目。

5.2.2 项目融资和结构融资

项目融资和其他几种类型的融资之间没有严格的界限，只是其他类型的融资杠杆债务水平相对较高；当一个新的项目已经启动，需要进行再融资业务时，它们之间的界限就更模糊了，因为再融资业务就像公司贷款。

银行把项目融资和其他类型的贷款区别开来，只是为了方便而已，项目融资中贷款人员所需要的专业技能同样可以用于其他融资模式。很多银行把项目融资看作其结构融资的一部分，做各种融资业务，在这种情况下就要成立SPV（即专门负责融资的公司）作为借款方进行融资，使本金和债务结构适合现金流。这与公司贷款不同，公司贷款是把钱贷给一个已经存在的公司。因此要谨慎对待项目融资市场的统计数据，对介于项目融资和其他类型融资之间的项目是否纳入项目融资对统计数据有很大的影响。

其他结构融资介绍如下：

应收账款融资。应收融资是指基于当前公司的现金流提供贷款，也包括通过类似项目公司的SPV进行融资（但一般是现金流真正受益方的表外融资）。现金流来自于一般业务（比如一个连锁酒店）或者某个承包合同（比如信用卡贷款、其他消费者贷款、销售合同等）。应收账款融资与项目融资的根本区别是后者建立在对未建成的项目现金流的预测上。应收账款投资组合可能通过银行销售，形式是贷款抵押债券。

网络开发。网络开发包括公共设施分布、有线电视、手机、互联网接口等项目，这种项目通常在建设之前没有市场需求，在整个体系建设完成并提供服务时才会有需求。这种类型的项目介于应收账款融资和真正的项目融资之间。所以，网络开发融资用于项目建设，而贷款要在公司有了营业收入之后才可使用。

这些项目融资的一般方法是建立初期的使用渠道，在开发项目的第一阶段，项目资金是投资者的股本金而不是债务；一旦进入市场，用户使用项目就会带来收入，进一步拓宽网络渠道，进一步增加收入，达到项目建设的目的。这就是借款模式。还有一种更为自由的方式，贷款方基于其他地方类似项目的进展、使用及收入的增长决定是否贷款。

融资收购（LBO）或管理收购融资（MBO）。高度杠杆融资通过投资组合为兼并一个现有企业提供资金，比如"私人股本金"收购或管理收购融资，或是两者的结合。这通常基于公司资产的价值和现金流。这种融资不包括新项目建设的融资，也不会像项目融资一样用合同做担保。该融资的风险比典型的项目融资风险高很多。

兼并融资。兼并融资可以使公司A利用高杠杆债务兼并公司B。在这个层面上，它跟LBO和MBO很相似，不过它是基于两个公司业务的合并。

资产融资。资产融资是基于容易在市场上销售的资产价值进行融资，比如船只、飞机或地产，而项目融资的贷款基于由资产产生的现金流，而资产本身在开发市场上没有多少价值（当然，这类资产的市场价值确实可以创造收入）。

租赁。租赁是资产融资的一种形式，用来融资的资产依然归贷款方所有。

5.2.3　牵头融资银行

项目融资贷款通常需要指定一家或多家银行作为牵头银行，由其最终承担债务的承销。对融资顾问来说，选择牵头融资银行的主要标准是融资银行是否有这类项目融资的经验以及是否在项目所在国做过项目融资业务。除此之外，发起人与融资银行是否有过其他业务合作也是应考虑的因素。牵头融资银行的费用主要取决于最终是否能达成融资协议，当然这个过程中可能产生一点律师费、咨询费、自掏腰包的开销（如差旅费）等，一般由发起人支付。

较大额的贷款要求由多个银行提供。这种做法在2008年以后尤为常见，这是因为银行对账单的压力以及财团贷款的衰落，所以发起人通常指定几个牵头融资银行，它们共同承担债务承销，这其实是一种准财团贷款。因此，最终由几家银行联合做牵头银行。

发起人首先要考虑的一个问题是什么时候使牵头融资银行开始介入融资过程。比较理想的情况是，为使各家银行之间在提供融资条件方面都有充分的竞争，在完成整个项目规划后（包括所有的项目合同达成以后），邀请几家银行投标，以牵头银行的身份保证债务的承销并为项目提供贷款。这就意味着发起人可聘用融资顾问或用自己内部有经验的专业人员把项目的总体规划准备好。

另外一种办法就是，在项目开发过程的初期就指定一家或几家银行作为融资顾问和牵头融资银行。这样可以降低融资顾问的费用和银行承销的费用，而且也可以确保银行是按照发起人的意愿给予建议，从而使该项目可以实现最终的融资。

这种方式的问题在于它不需要银行进行竞争（尽管开始阶段可能经过一些竞标的程序），因此发起人就有可能得不到最有利的最终融资条件。但是这种方式可以提高融资的效率和融资的确定性，因此所付出的代价还是值得的。当然，发起人和银行之间的关系以及发起人自己在金融市场的经验也会影响这一决策。

发起人也可以邀请其他银行参与竞标，以对最终的融资计划进行"市场测试"。如果发现最初的牵头融资银行不具有竞争力，就可以把融资的业务转到新的银行。但是，这样做很可能会耽误融资的最终安排，因此不太现实，除非发起人认为最初的融资银行确实脱离了市场的行情，在这种情况下才值得损失一些时间和额外的法律或其他的费用。

对于一些大型的项目，发起人在初期可以分别指定融资顾问和融资银行进行咨询，这样可以获得比较中立的融资建议，当然这也会增加项目的开发成本。

融资顾问（或融资银行）在项目合同谈判中起着重要的作用，以确保这些合同更有利于项目的融资。如果任何项目合同的变动对发起人有利，也同时会对银行有利。所以，发起人经常会利用银行以提高在商业谈判中的地位。

5.2.4　意向书

在项目开发的初期，银行一般会给发起人提交一份意向书（也称兴趣信），通常只有1～2页，表示银行有兴趣参与该项目的融资。如果该意向书中有融资安排的要求，那么就可能需要签署一份融资委托书。发起人也可以从不同的银行获得多个意向书，这些意向书表明融资市场对该项目有兴趣，因此有助于提高发起人的信用地位，带动项目合同其他方积极参与，如燃料供应方、产品购买方、政府等。

这样的意向书并不是银行方面的法律承诺，而是银行用意向书做敲门砖来参与项目。不过，银行并不会随意地提交意向书。

发起人会与选中的牵头融资银行签署一份委托书，表达其对银行承销债务的意愿。这一切的前提条件是尽职调查、信用调查并在细节条款上达成协议，给出指示性定价、债务条款，不过在交易初期完成这些工作也不容易。该委托书不会对银行承销债务或为项目贷款作出法律约束。如果牵头融资银行同时被指定为融资顾问，委托书中还要包括融资顾问所提供的服务。根据项目开发的进度，委托书和条款清单将共同使用。

5.2.5 银行作用

当几家银行参与融资的时候，它们通常会按照融资的具体情况承担不同的融资责任，最大限度地使用各自的资源。银行间的分工主要包括以下方面：

◎ 与银行的法律顾问一起参与项目文件的制定（有些银行把文件分成项目合同和融资文件）；

◎ 工程设计方面的工作（与贷款方的工程师合作）；

◎ 保险 （与保险顾问合作）；

◎ 财务模型同时与模型审计师打交道；

◎ 市场或交通流量的评估，与银行的市场或交通顾问合作；

◎ 准备信息备忘录；

◎ 银团组建；

◎ 贷款机构；

◎ 账户银行，经常与贷款机构一起管理项目账户。

在分担这些工作的过程中，不同的银行具有不同的优势，如果它们之间对所参与的工作意见不能达成一致，发起人就需要介入，以确定它们之间的分工。但是，在项目融资市场中，银行非常熟悉它们之间合作的方式，比起其他形式的融资，其合作程度更高。在一个项目中，与竞争对手合作的银行可能在另一个项目中需要一起合作，来自不同银行的专业人员在一个项目融资中经常需要较长时间的合作，因此他们之间彼此的了解可能会超过自己银行的同事。这样，银行间就能够合作顺利，不需要发起人干预。当然，发起人应该努力确保每家银行都能最大限度地发挥自己的优势。

5.2.6 金融模型

在尽职调查过程中，融资顾问或融资银行需要为项目开发财务模型。比较理想的是发起人和融资顾问或融资银行各派人员组成团队共同开发财务模型（如果财务模型是由融资顾问所开发，就需要转给银行使用）。第13章详细介绍了财务模型结构、输入数据以及输出数据的使用。

如果财务模型的开发由发起人和融资顾问或融资银行合作完成，双方各指定1~2人组成团队完成这项工作，这通常是最理想的方式。虽然发起人在项目开发的初期已经设计了财务模型，并用于评估项目的初步可行性。但是，项目最好还是有一个统一的财务模型，使项目的相关各方都能按照同一个基础开展工作。当银行开始介入的时候，停止使用以前的模型并开始设计新的模型，效果可能更好。

同样，签约的公共部门在进入融资投标市场前，要努力开发金融模型，从其自身角度评估项目融资的可行性。投标公司除了给出它们自己的金融模型，还需要给签约的公共部门提供一个模型。

5.2.7　条款清单、债务承销和文件

融资结构确定后，需要起草一份条款清单，概括地提出融资条件。条款清单可以写成更为详细的文件，如果银行的律师参与起草，就会给发起人增加更多的法律费用。因此，建议对于条款清单的讨论应该更注重商务问题而不是法律问题，尽管有时两者之间没有明显的区别。

最终的条款清单还可以为融资银行完成内部信贷计划并获得必需的贷款审批提供依据。银行项目融资团队的工作以及后续的融资计划通常需要一个独立的信贷部门进行评估，然后再提交给正式的信贷委员会获得最终批准。对于融资银行来说，在信贷部门和项目融资部门之间形成一个良好的工作界面是非常重要的，特别是对于牵头银行更是如此。一方面，由于完成一个项目融资的业务经常需要很长时间，如果贷款在最后的时刻被否决，会给发起人带来非常严重的后果（对银行的项目融资部门也没有益处）；另一方面，如果交易的结构无法确定，银行在项目开发的开始阶段就不能得到信用审核。因此，发起人应该找到有经验和信誉的融资银行，对内部的评估程序进行管理。

近些年，考虑到资产负债表和流动性的压力，在项目进行到信用审批阶段之前，很多银行增加了一个投资审批的条件——要考虑同其他非项目融资业务相比，该项目使用银行资产负债表的特点。

获得信用审核以后，融资银行通常要签署条款清单承销项目的债务贷

款。条款清单规定最终文件签署的日期，如果在该日期前未能签署，就需要重新申请信用审核。

条款清单上签署的一般只是一种道义上的责任，银行真正的承诺要取决于对项目文件进行详细的尽职调查及融资和担保文件的协议签署。银行的技术顾问或其他方面的顾问也要承担尽职调查工作。尽管如此，银行对待条款清单是非常严肃的，只有在情况发生重大变化时才会停止贷款的安排。总体上出现这种情况一般与项目本身、项目所在国家和市场有关。

如果项目融资市场信贷收缩，银行可能会要求增加"市场弹性"条款，这意味着，即使银行承销债务，但是如果市场紧缩，就要修改贷款条件。很显然，如果发起人没有其他实际的选择，也只能同意这么做。不过，在这种情况下，独立融资顾问的建议肯定比牵头银行的建议更有用。在进行公共采购时，额外的成本会由签约的公共部门来承担，而公共部门也不愿付这笔费用。

融资的下一个阶段将就融资文件进行谈判，该类谈判的典型条款将在第14章介绍，这些条款基于必要的尽职调查，这些条款还确保银行认可项目合同并为融资提供担保。在经过详细的谈判之后，贷款条件和风险预测方面很有可能发生变化，那就要再次申请信用审核。

即使融资文件和项目合同都签署了（最理想的是同时签署），也并不意味着发起人最终得到了对项目公司的融资承诺。在这个阶段，银行可能不会真正放款，因为在提款之前还需要满足很多条件。当项目进行到这个阶段，且所有前提条件都满足了，项目公司就可以提款用于施工，项目也最终完成了"融资关闭"。

显然，项目融资安排不是一个很快的过程。如果把一个项目交给一家牵头融资银行去做，并且所有的项目合同都已到位，牵头融资银行通常至少需要3个月才能签署好所需的融资文件。而且，准备好这些完整的文件也需要很长的时间，况且银行进行尽职调查过程中出现的各种问题也会减缓工作速度。因此，对于项目来说，融资经常是最主要的关键步骤。

5.2.8 信息备忘录和银团

在融资市场中，牵头融资银行（和它们邀请的下一级融资银行）通常为项目融资与其他银行共同合作。

牵头融资银行需要准备一整套的信息来帮助建立银团，这套信息的核心是一份信息备忘录。用于组成银团的最终信息备忘录（FIM）可能是基于发起人或其融资顾问所做的初步信息备忘录（PIM），该内容用来把项目推介给可能的牵头融资银行。负责建立银团的银行被称为"投资意愿建档人"。

最终的信息备忘录对整个项目融资给予详细的总结和归纳，主要内容包括：

◎ 项目的总体描述，包括基本背景和规模；

◎ 条款清单；

◎ 项目公司的介绍，所有权形式、组织机构和管理模式；

◎ 发起人和其他主要项目参与方的财务及相关信息，包括以前实施类似项目的业绩，以及参与项目的性质和支持力度；

◎ 对项目建设和运营的技术描述；

◎ 市场情况（项目的商业基础），包括市场的需求、竞争等因素；

◎ 项目合同总结；

◎ 项目成本和融资计划；

◎ 风险分析；

◎ 财务分析，包括基准财务模型和敏感性分析。

换句话说，信息备忘录对项目的结构和整个的尽职调查过程作出概括的说明，可以加快有意向的银行进行信用分析的速度（如果备忘录的内容条理清晰，表述清楚，项目公司的人员可以把它作为一本能够长期使用的参考手册，用于了解项目及其融资）。

除了最终的信息备忘录之外，还附有一些补充的报告和信息：

◎ 法律顾问会提供有关项目法律问题的说明；

◎ 贷款方工程师的技术报告，总结其对尽职调查的评估；

◎ 保险顾问提交的保险报告；

◎ 一份财务模型，并附有模型审计员的报告；

◎ 项目运营市场的咨询报告以及对运营收入的预测（如果长期的项目协议或购买合同不能保证产品或服务的销售额，那么关于市场的信息就非常有用）；

◎ 关于燃料或原材料供应的市场报告；

◎ 项目公司提供的环评报告；

◎ 项目相关各方的年度报告和其他信息。

在准备信息备忘录的过程中，发起人和项目公司都应积极地参与，信息的准确性越高，获得批准和确认的可能性越大。牵头的融资银行、发起人和与项目有关的其他各方需要给有意向的银行作出正式的讲解，有时还要在不同的金融中心进行"路演"。

有意向的银行通常需要3～4周的时间对这些信息进行消化，然后作出是否参与融资的决定。在原则上同意后，这些银行需要再对有关的文件进行评估，一般再需要2～3周的时间签署融资协议。牵头融资银行通常把部分牵头费用分配给其他参与银行。

在贷款协议正式签署，并且得到牵头银行保证安排贷款之前，项目公司一般不能轻易认为银团贷款肯定会获得最终成功。为了免除承担完全贷款承销的风险，牵头银行在确认得到整个银团成员贷款之前会避免签署融资文件，所以发起人应该拒绝牵头银行故意延迟的做法。

在2008年国际金融危机后，这种银团市场几乎消失了，特别是在欧洲和美洲。这就意味着，每一笔贷款都需要更多的承销银行，因为没有了银团，每一家银行必须独自承销债务，这就是所谓的"俱乐部"贷款方式。在这种贷款方式下，初期有一家牵头银行，它把其他银行组织起来建立一个"俱乐部"，然后所有加入的银行可能会共同成为牵头融资银行。

5.2.9 代理银行

如果需要银行提供贷款，无论是牵头融资银行还是"俱乐部"成员银行，一旦签署融资文件，其中的一家融资银行需要成为整个银团的代理，成为项目公司和银行间的沟通途径，否则项目公司就需要花费大量的时间与每一家银行进行沟通。代理银行需要承担不同的任务：

◎ 在提款时负责从整个银团提取资金并转移给项目公司；

◎ 代表贷款方保证项目的安全（可以委托一个单独的安全受托人，按照代理银行的指令行使相关的工作）；

◎ 计算利息的支付和本金的偿还；

◎ 从项目公司收取偿还的金额并分别把款项支付给各家银行；

◎ 收集项目进展情况，联络贷款方的顾问，定期把信息发送给银团；

◎ 监督项目公司是否遵守融资文件规定的要求，并把这些信息传达给各家银行；

◎ 组织各种会议和实地考察，必要时使项目公司和发起人对项目的进展进行正式的汇报；

◎ 如果项目公司需要对协议作出补充或删除一些融资条款，代理银行就要和银团进行讨论并投票决定；

◎ 项目公司出现违约，就需要采取强制措施或通过担保方进行解决。

代理银行基本上没有自主权力对项目融资作出决定（如认为项目公司违约），一般需要在多数银行的授权下行使权力。通过集体投票决定的方式可以确保代理银行不会要挟银团的其他成员（项目公司）同意它的决定。

5.2.10 抵押贷款契约

抵押贷款契约（CLOs）是把银行贷款分担给非银行贷款方（如人寿保险公司或养老金）的有效途径，该过程也是资产证券化的过程。银行将其项目融资贷款（通常是PPP项目）打包出售。抵押贷款契约有以下两种类型：

◎ 合成抵押贷款契约。银行把风险转给新的贷款方（它为银行提供证券投资组合担保），但是需继续资助并管理证券投资组合并分担一部分信用额度。

◎ 现金抵押贷款契约。银行（或多个银行）把证券投资组合销售给新的贷款方，但是银行会代表贷款方对投资组合进行管理并收取一定的费用。

合成抵押贷款契约不只是简单地转移风险，通常银行要在自己的账户保留部分风险。银行售出自己的贷款时，很显然有潜在的利益矛盾；而银行在自己的账户保留部分风险有助于减少利益矛盾。

在项目融资市场，抵押贷款契约并没有被广泛使用，但是有些银行通过这种途径避免直接介入项目融资投资组合。银行在售出应收账款如信用卡未偿贷款时经常使用抵押贷款契约。在将次级房贷售给投资者时，也会使用抵押贷款契约——它在2008年国际金融危机时处于核心地位，但之后很少有银行钟情于这种方式。

5.3 债券发行

在某些特定的市场中，特别是在发达国家和地区如美国、英国、澳大利亚以及拉丁美洲，发行债券也是项目融资的一个重要来源。贷款和债券的主要区别在于，债券可以进行交易，理论上讲它有一定的流动性，而贷款则不具备这样的性质。但是这种区别在实际融资市场上的表现却不明显，因为许多债券是不公开发行的，所以投资方（债券购买方）不希望在市场上对债券进行交易。而实际上银行之间却在特定的情况下对贷款进行交易。

购买债券的投资方如人寿保险公司和社保基金等机构，追求的是一种长期的、固定的收益（有些项目也发行与通货膨胀挂钩的债券）。与政府或企业的债券相比，项目融资债券收益更高，因此更有吸引力。

5.3.1 投资银行和评级机构

购买债券的投资者一般不会像银行那样进行大量的尽职调查，更多的是依靠项目的投资银行和评级机构的意见作出决定。

投资银行（负责安排融资贷款但是通常本身不提供融资资金，临时性的融资除外）往往由牵头融资银行指定，也像银行贷款的融资顾问一样帮助提供融资咨询。

投资银行要向信用评级机构（就项目融资债券来说，比较权威的机构有标准普尔和穆迪等投资评级机构）进行项目说明，评级机构再对项目的风险进行独立评估并对债券进行评级，评估的材料包括法律文件和独立的咨询报告。这种评估对风险问题的考虑和商业银行所做的评估是一样的。

表5-1表明了标准普尔和穆迪评级机构的最高级别AAA/Aaa到最低的投资级别的评级BBB-/Bbb3，低于这个级别的评级项目，债券投资方将不会购买该项目的债券。大多数的项目融资评级处于这一评级范围的底部水平（低于投资评级水平的级别可以从BB+/Ba1继续标注下去）。

有些银行贷款也要通过评级机构进行评级以帮助扩大银团融资，因为有些机构投资者也开始参与银行的银团贷款业务。但目前这一做法在项目融资市场上还不普遍。

表5-1 投资级别的评级

标准普尔评级	穆迪评级
AAA	Aaa
AA+	Aa1
AA	Aa2
AA-	Aa3
A+	A1
A	A2
A-	A3
BBB+	Baa1
BBB	Baa2
BBB-	Baa3

投资银行需要准备一份初步的债券说明书，内容和为银团所做的信息备忘录相似。由投资银行和评级机构所做的这项工作可以省去债券投资者的尽职调查工作，只要债券的评级处于投资者的最大风险可控范围内，投资者就无须做大量的工作直接决定购买即可。但是，主要的债券投资方除了依据信用评级外还需要对项目信息的说明进行评估，或参与银行投资，或做独立投资人。

在对市场进行必要的初步测试后（包括对投资方的路演），投资银行要通过预约协议发出最后的债券说明书和承销债券的发行。债券利率和其他主要条件在承销的时候按照市场情况确定下来，在之后的几天里再把债券收益付给项目公司。投资银行把债券配置（或转卖）给投资者，也可以通过债券交易保持市场的流动性。

5.3.2 付款代理人、托管人、控制债权人

各方分别被指定管理债券各个方面的工作（除非债券由私人配置给一个债券投资者），同银团中代理银行的作用相似。

◎ 付款代理人把债券的实收款项支付给借款方并收取债券投资人的收益。

◎ 债券托管人代表投资人管理证券。一般来说，如需要作决定，托管人会召开证券投资人会议，比如免除一个债券的条款。但是，考虑到项目债券的复杂性，债券托管人不是处理此类事务的最佳人选，

而且债券投资人通常不希望参与那些细微且复杂的事务。

◎ 所以，可能还需要指定一个控制债权人代表证券投资人来为上述事务作决策，并可以指导托管人。很显然，控制债权人需要具备项目融资的专业技能，所以从债券投资人的角度来看，理想的对象是项目融资银行。如果银行也是项目公司的贷款方，这种方式就不可行了。但是，如果那样的话，银行也就不可能承担这个角色。只要有单一险种保险，保险公司就会承担这个角色，因为无论如何它都是风险承担方。次一级贷款方也可以被指定为控制债权人，但是它的决策仅限于那些不会影响对债券投资人偿付债务的情况。如果这些都行不通，就会建立一个投票体系，这样债券投资人直接指导托管人来管理债券。

5.4 银行贷款或债券

假定债券融资是某项目的融资方式之一，那么影响该项目融资是否使用银行贷款或债券的因素就会是多种多样的。项目融资使用银行贷款或债券的因素见表5–2。

表5–2 项目融资使用银行贷款或债券的因素

银行贷款	债券
银行可以从初期参与该项目，以确保其可融资性	债券持有人只在后期阶段进入（但投资银行和评级机构的代表他们工作）
发起人的公司银行业务可能全部用于项目融资贷款	债券依靠不同的投资方，避免仅仅依赖银行的信用
提供给任何有信用价值的市场	只存在于某些市场
项目合同要保密	项目合同的条件在债券发行文件中要公布于众。出于商业机密考虑，发起人可能不太接受（比如，他们不希望透露所有关于燃料供给合同的细节）
在有些市场，银行不会提供长期的偿还期	可能提供较长的偿还期
虽然银行不提前正式承诺贷款条件，但有可能遵守初期提出的条件	债券的条件和市场对它的需求只有在最后认购时才能明了
只有在融资关闭时，才会固定潜在利率或通过对冲安排提供固定利率	固定利率
需要时会从贷款中取出资金	债券中的基金要一次取出，然后需要支付项目资本费用时再存入；重新存入可能会由于利率比较低而导致利息的损失

银行贷款	债券
贷款偿还日期安排比较灵活，银行还提供短期流动资金贷款	债券贷款偿还日期不灵活，不能提供短期资金
银行控制项目合同的所有变化，对项目公司严格控制	债券持有人只控制影响其现金流或抵押的情况；债券发行中，由于违约事件导致融资加速的情况更少
银行严格控制任何新的债务，不可能提前同意新的债务	债券融资中容易增加新的债务，因为债券所有人可以通过不同形式的债券，提前同意新债务的条件
预付款的罚金较低（比如，因为债务可以偿还，或以更优惠的条件再融资），但是存在潜在的利率交换提前终止的费用	预付款罚金很高
贷款的补充条件和豁免的决定不是固定的，取决于不同的银行和不同的情况，特别是在建设期，更加灵活	债券持有人不能轻易作复杂的决定，主要依据一些客观的测试。比如，对于偿还比率，如果要求对比率进行修订，那就更加严格了
如果项目有了困难，比较容易和银行进行沟通	如果条件发生变化，债券很难改变，因为很难和债券所有人直接对话，比银团贷款更加被动。因此，银行有时会同债券持有人共同贷款
如果项目遇到困难，和银行谈判应该是保密的	与债券持有人的谈判是公开的

一般来说，债券适用于成熟的市场和"达标"的项目，还特别适用于建成并成功运营一段时期后的再融资项目。相反，银行贷款的弹性决定了其更适合于建设期和初期运营的项目，以及需要长期财务弹性、更为复杂或较为棘手市场上的项目。

5.5 贷款方的尽职调查和外聘顾问

5.5.1 尽职调查

项目融资作为一种可靠的借贷方式（尽管有一些高杠杆项目有明显的风险），其成功的关键在于贷款方所作的尽职调查或投资银行和信用评级机构在债券市场代表贷款方所作的尽职调查。

贷款方的外聘顾问同发起人自己的外聘顾问所做的工作大部分是对等的，同时他们还会检查发起人的顾问所做的工作。所有顾问的费用都由发起人支付，这大大增加了项目开发成本——无论融资是否能够成功关闭，其费用都要部分或全部支付。因此，这些外聘顾问报酬的支付条款必须得到发起人的同意。

由贷款方指定的顾问包括法律顾问、贷款方的工程师、保险顾问、财务模型审计师等。

5.5.2 法律顾问

贷款方的法律顾问负责项目合同的尽职调查，在整个过程中他们协助银行进行融资文件的准备及谈判。为此，贷款方会聘用当地和国际律师参与到其项目中。

5.5.3 贷款方工程师

贷款方指定一家非常熟悉这类咨询的国际工程公司作为聘用的工程师，其工作分为以下三个阶段。

尽职调查。工程师需要评估并向贷款方汇报的工作有：

◎ 项目选址的合理性。

◎ 项目的技术和设计。

◎ 项目承包商的业绩和实力。

◎ 项目合同的技术要求和内容。

◎ 建设成本估算。

◎ 建设进度。

◎ 建设和运营许可证。

◎ 供应合同或项目协议的技术说明。

◎ 项目公司管理结构和建设运营的人员组成。

◎ 项目运营中任何具体的技术问题和风险。

◎ 对运营的预测（产量、可能的供应程度等）。

◎ 运营和维护成本的预测。

◎ 对于加工厂项目，比如炼油厂，工程公司需要为贷款方作"危险与运营"调查，研究它在运营过程中可能造成的危害以及其布局对安全性的影响。

施工监督作用。一旦项目开始建设，项目公司、业主工程师和建筑承包商就需要向贷款方工程师定期提供项目的进展情况，这些信息再由工程师汇报给贷款方，并说明存在的主要问题。此外，还要求工程师确认建筑承包商提出的付款要求是否合理以及项目完工后所要求的运营测试是否已经通过。但是，一般不对施工的过程进行监控，因为那是项目公司的责任。这种鉴定工作一般由独立工程师完成。

运营阶段。项目建设完工后开始运营，工程师需要继续对运营情况和维护给予监督和汇报。

5.5.4 保险顾问

保险顾问（通常为国际保险经纪人的一个部门，专门为贷款方提供这类服务）负责评估和汇报项目文件中的保险条款、项目建设期间保险计划的拟订和运营期间保险的续定。一旦出现索赔要求，保险顾问就要代表贷款方监督索赔的程序。

5.5.5 财务模型审计师

在财务模型设计完成后，就要指定一位审计师（通常是资质较高的会计师事务所）对模型进行评估，包括税务和会计假设，要确认模型恰当地反映项目合同和融资文件的内容，并计算各种敏感度分析。

5.5.6 其他方面的顾问

根据项目的需要，贷款方还可能聘用其他方面的顾问。

市场顾问。如果项目公司的产品不能按照一项长期的合同进行销售，或这种商品的销售价取决于市场的条件，就需要指定市场顾问对销售量和价格预测进行合理的评估。

燃料或原材料顾问。如果项目所需的燃料或原材料不能按长期的合同购买，或无法把某价格的变化传导给产品的包销商，就同样需要聘请顾问。

交通顾问。对于基础设施项目，其收入取决于交通的流量，也需要聘请交通顾问。

自然资源顾问。对于采掘自然资源的项目，无论是项目投入还是项目产出，贷款方都要求有一份储量报告（矿产项目）或蓄水量的报告（水利项目）以及一份技术报告，以确认采掘的可行性、时间安排和成本。同样，为风力发电项目提供融资的贷款方也需要对风力资源进行咨询，对于供水或电力项目，也要了解水量的供应。

环境顾问。如果环境问题可能造成某种后果，那么就需要环境顾问作环境影响评估。

5.5.7 预先指定贷款方的顾问

在确定贷款方之前，发起人就可以指定贷款方的顾问。也就是说，在项目合同谈判完毕并在项目结构基本完成以后，需要对潜在的融资银行进行公开招标的情况下，就可以做这项工作。在这种情况下，贷款方的顾问就要以挑剔的目光，仔细检查项目的规范和文件，以保证贷款方提出的问题都能涉及，并为意向银行提供尽职调查。一旦指定了贷款方，这些顾问就可以正常地与贷款方进行合作。这种做法的好处就是它有助于项目在开发阶段就可以保证其获得融资，减少了贷款方在为融资投标时需要进行尽职调查的时间。如果贷款方主要负责人对尽职调查不满意，要求进一步调查，就会增加发起人的开发费用。

5.5.8 顾问费用

贷款方的工作收取固定费用，而其咨询顾问则很可能按时间收费。因此，贷款方就会尽力把尽职调查的工作转给其顾问去做，这样参与项目的人员可以从其所花费的时间上获得更高的回报。典型的例子就是让律师作为秘书参加一些主要讨论商务或融资问题的会议（而不是法律问题的会议），或者起草条款清单。

因此发起人必须明确贷款方咨询顾问的工作范围，并认真监控他们所花的时间，以便对支付给咨询顾问的费用进行控制。

5.6 贷款方和公共采购过程

签约的公共部门实施的公共采购过程在3.7中已经讲过了。可能有人认为签约的公共部门项目团队不需要和贷款方有联系，因为私人投标方组织债务融资来开发项目。不过，债务融资是PPP项目或加工厂项目的关键因素，如果项目团队同私人投标方谈判并达成协议，而贷款方不同意该协议，那么债务融资就没有意义了。同样，如果没有融资部门参与就签署项目协议也是很糟糟的做法，因为这很有可能意味着当就融资进行谈判时，贷款方会要求改变项目协议中的条款。这种情况下，签约的公共部门所承担的风险水平就会大大提高，因为它几乎没有参与谈判。这也是加价情况的一种。

5.6.1 银行债务

在采购和谈判过程中，贷款方需要提供债务承诺，随着采购进程的不断发展，该承诺也不断加强。

使项目进入市场。在3.7.3中已经提到，项目进入市场之前，应该有足够的证据表明项目是银行承诺进行投资的。因此，与可能的贷款银行进行直接接洽可以使项目顺利进入市场。

预审资格。正如前面提到的，可能的贷款方发出的支持函是预审资格的一部分内容。因为贷款方对项目的信息了解不充分，不能够作出法律承诺，所以这些信函不能够证明贷款方的法律承诺。但是，有些贷款方如果相信该项目确实有融资前景，这样一封支持函就会代表法律承诺。

最初的投标书。基于招标书（RfP）作出的投标书会包括银行支持的证据，并列出详细条款（签约的政府部门的融资顾问应该对其进行评估，以确保没有不恰当的法律责任和要求，以免这些条件影响项目融资的可行性）。如果投标者使用的是单独的融资顾问，这个顾问通常提供支持函，确认该项目能够成功融到资金。

谈判。有时投标方以贷款方为借口不同意谈判中的某个条款，而实际上贷款方跟此毫无关系。这种情况下，签约的公共部门的融资顾问和法律顾问应该能够作出合理的判断，是否对投标方作出让步直接关系到它是否可以获得银行的贷款。但是，项目团队就可能要与贷款方、投标方共同谈判，以保证继续得到他们的支持。

最佳与最终报价（BAFO）。这个阶段，贷款方应该确认尽职调查是完整的，贷款的条件达成一致并且落实在贷款协议得到批准。这一条件的缺点是，贷款方完全的承诺可能需要更高的费用（和更高的法律成本），投标方在不确定自己中标的情况下，可能不情愿支付这笔费用。那么，在这种情况下，签约的公共部门也许会同意依据协议，补偿没有中标的投标方一部分费用。

债务融资竞争。项目标和融资标可能会分开。也就是说，投标过程按普通的财务假设进行，一旦确定中意的投标方而且是项目合同中同意的，那么项目融资的计划就会给贷款方，以争取有竞争力的投标。PPP项目合同下的付款则会根据投标价格进行调整，以顾及实际融资成本和结构。

这种做法的优点是，可以应对有好的技术标和融资标的投标方（签约的公共部门愿意接受的），但是投标者的融资状况可能不是市场上最好的。这种做法的风险是贷款方可能会要求再次开放项目合同，这可能对中意的投标方尤其是签约的公共部门不利。

5.6.2 债券

如果通过债券而非银行进行债务融资，那就很难确认其交付能力，因为债券不能够提前承销。不过，签约的公共部门可以采取一些方法确保债券融资的完成。

准备进入市场。在这个阶段，要认真考虑债券融资是否适合。签约的公共部门的融资顾问应该也开始进入信用评级的前期讨论阶段。

最初投标书。如果投标者考虑债券融资，那么它的融资顾问应该提供支持函，表明该项目的可行性。签约的公共部门自己的融资顾问也应该对此进行评估。

最佳与最终报价（BAFO）。到这个阶段，项目应该已经获得了信用评级。一般要求评级不能低于A级或A3级。可能会要求投资方承担风险，它的信用评级不能低于这个水平，不然就会提高成本（或者会威胁到融资）。如果投资方指定一个投资银行来牵头管理发行债券，那么投资银行就要提供证据来证明债券融资的可交付性和它可能的优惠。

债券安排方的竞争。为了获得债券安排方的角色，公司间是有竞争的，这同银行举债融资竞争相似。对未来可能的安排方要进行评估，评估时要看它的成本以及相关的配置能力。

项目合同的类型

6.1 概述

项目合同也称项目协议，是项目建设和运营的基础。在所有的合同中最重要的是项目合同，因为该合同为项目公司获得收入提供了框架。第8章将论述项目合同的其他分项合同。在此先做一个初步说明，一些表述如BOT、DBFO等非常容易混淆，并且相互间有交叉的内容。因此，没有必要使用这些术语。项目协议主要有以下三种模式。

- ◎ 购买合同（用于处理厂项目）。根据这类协议，项目公司生产产品并出售给购买方。

- ◎ 供应合同（用于私人融资计划的项目）。根据这类协议，签约的公共部门付款给项目公司，使项目可供使用。

- ◎ 特许经营协议。根据这类协议，项目公司提供公共服务，并向用户收取服务费。

这些模式的很多共同特点在第7章中进行分析。有些看似PPP项目的合同经常误用于PPP项目，但是大多数这样的项目不需要用项目融资，这将在6.6中进行论述。

虽然在这些章节中讨论了很多的法律问题，但是讨论的目的并不是要对项目合同和相关的融资文件涉及的所有法律问题进行评论，而是探讨在购买方与签约的公共部门、项目公司与贷款方之间在商务谈判中可能出现的重大问题。第9章至第11章也谈到各类风险对合同结构的影响。

6.2 BOT、BTO 等

有时候处理厂项目或公共部门与私人部门合作项目是按照项目生命周期不同阶段对项目的所有权进行分类的。

◎ 建设—运营—移交（BOT）项目。在这种类型的项目中，项目公司对项目资产从来没有拥有权，但是项目公司通过与签约的公共部门签署项目协议负责项目的建设、运营以获得收入。项目公司也可能在项目的期限内获得对工程场地、相关建筑和设备的租赁权，这种模式被称为建设—租赁—移交（BLT）或建设—租赁—运营—移交（BLOT）。当项目的属性不适合取得所有权时经常采用这种模式。例如，道路、桥梁或隧道等项目的拥有权一般保留在公共部门的手中，因此，这类项目主要用于PPPs。

◎ 建设—移交—运营（BTO）项目。这类项目与BOT项目相似，区别在于公共部门在项目建设完成后才能取得项目的所有权。

◎ 建设—拥有—运营—移交（BOOT）项目。项目公司负责项目的建设，在一定时期内拥有并运营该项目以获得收入，运行期结束时项目的所有权移交给购买方或公共部门。例如，某项目公司建设一家电厂，其拥有20年的所有权，在此期间把所发的电力出售给购买方（比如国有的输电公司），在20年运行期结束时把项目的所有权移交给购买方。

◎ 建设—拥有—运营（BOO）项目。这类项目的所有权始终由项目公司所有，因此项目公司可以得到项目残值的好处。比如，在私有化的电力行业中的电厂或移动电话网络。与私人部门签署项目协议的一般也属于这类项目。

对于不同的项目结构，这些缩略名称的含义会有一些变化。因此，在项目融资市场上对这些名称的使用并不是一成不变的。比如，"BOT"经常是指

"建设—拥有—移交"这种结构的项目，与"建设—运营—移交"项目结构相同。

从项目融资的角度来看，项目的所有权无论是短期或长期移交给购买方或公共部门，还是无限期地留在项目公司或项目公司从始至终没有所有权，几乎没有区别。这是因为项目融资真正的价值不在于项目资产的所有权，而在于得到项目产生现金流的权利。虽然这些不同的所有权结构对贷款方来讲并不重要，但项目的长期残值对购买方或公共部门显然是非常重要的，对投资方评估可能的收益来说也是很重要的。从担保的角度来说，这些残值对贷款方也可能是一个重要因素。

由于这些术语容易混淆，而且关键的问题是在项目协议到期时项目资产是否转移给购买方或签约的公共部门，归其所有和控制，因此后面的内容中将不再使用这些术语。在谈到与残值相关的内容时，使用"转移资产"合同来替代有关的术语（即在合同期结束时把设施转移给购买方或签约的公共部门）或"非转移资产"的合同（即在合同期结束时项目公司保留和控制项目的资产）。

6.3 购买合同

购买合同主要用于处理厂项目，即生产产品的项目。这种安排保证了购买方（如购电方）对所需产品的稳定供应，让项目公司能够按照预先的约定出售其产品。应该说明的是，购买合同也可以与签约的公共部门签订，如国家输电公司或私人电网公司。

如果项目融资的债务水平较高，项目公司在出售其产品时所承担的风险一定有限。签订购买合同是控制这些风险最容易的方法之一。

6.3.1 购买合同的类型

照付不议合同。这种合同要求购买方（项目产品购买方）必须购买项目产品，或者给项目公司付款以替代产品的购买。产品的价格按双方提前商定的价格执行。

应该指出，这种合同并不是在任何情况下都不折不扣地给项目公司付款，如果项目公司不能履行本身的承诺，比如不能正常提供产品，那么购买方有权拒绝付款。

出售产品的处理厂项目通常签订照付不议合同，如购电协议。

即取即付合同。按照这种合同，购买方只按照提前商定的价格对购买产品付款。显然，这在项目融资的购买合同中采用的不多，因为它不能保证产品可以长期稳定地进行销售。但是在燃料或原材料的供应协议中可以使用这种合同。

长期销售合同。按照这种合同，购买方同意从项目公司购买事先商定的产品数量，但是购买的价格要由购买时的市场价格或商定的市场价格指数来决定。这样，项目公司不需要承担项目产品的销售风险，但会承担价格变动的风险。矿产开发、石油天然气和石化项目经常采用这种合同形式，项目公司想保证其产品可以在国际市场上比较容易地销售，但是购买方可能不愿意承担商品价格的风险。

这种合同可以对产品设定一个最低的价格，就像在某些LNG项目中的做法一样，这样做的最终效果就是相当于在最低价位上的照付不议合同，这和对冲合同的效果相同。

对冲合同。对冲合同一般用在大宗商品市场上，项目公司可以和市场上的交易方签订各种形式的对冲合同。比如，可以签订固定价格的长期包销合同（这种合同和照付不议合同的效果是一样的）。合同中可设定产品的保底价格，如果商品的价格低于保底价格，协议规定产品的价格应按最低价格销售，如果产品的价格在保底价格以上应以市场的公开价格为准；还可以设定产品的上限价格，如果市场价格高于上限价格，产品就应按上限价格销售，如果低于上限价格，就要以市场价格为准。

这样，油田项目的开发可以签署这种协议，以降低价格风险。如果设定油价下限为100美元/桶，当市场油价低于100美元/桶，项目公司就可以按100美元/桶出售给对冲的购买方；如果设定上限为125美元/桶，那么市场油价高于125美元/桶时，购买方也会按125美元/桶购买。

应将这种对冲合同与第10章中介绍的金融对冲区别开来，尽管两者的原理是相似的。

差价合同。按照差价合同的规定，项目公司要把产品出售给市场而不是购买方。但是，如果市场价低于商定的价格，购买方要补足差价部分，相反，如果市场价高于商定的价格，项目公司就要把差价退还给购买方。这种合同可以使项目公司和购买方都能把销售和购买的价格与市场价进行对冲。但是，差价合同与对冲合同的区别在于，差价合同下的产品是在市场中销售而不是出售给对冲的相关方。因此，差价合同完全是一种融资合同。其最终的结果是与商定价格的照付不议合同的实际效果相似。

长期的差价合同特别适用于电力市场。实际上，更多的国家采用的是这种合同，而不是下面谈到的购电协议，因为所发的电力都要卖给国家的输电公司，而不是最终的用户。

运输合同。这种合同通常用于油气管道项目融资中。按照这种合同，管道的使用方（购买运输服务的公司）同意使用管道为其提供不少于一定数量的油、气运输，并为此支付最低的管输费。

废物（污水）处理合同。有些处理厂项目实际上是处理废物或污水，而不是生产产品。

◎ 垃圾焚烧项目。按签约的公共部门的要求把垃圾运来并焚烧；其产出的热量（通常与购买合同无关）可以用来发电，燃烧的灰烬需要进行处理。

◎ 污水处理厂项目。按签约公共部门的要求把污水排到处理厂，把污水处理成干净水，剩下的污泥可以用做肥料。

由此可以看出，这类项目中，签约的公共部门不是购买方，它只是提供待处理的垃圾或污水。

应该注意：人们对这些术语的理解比较模糊，特别是即取即付和照付不议合同的概念。

在6.3.2～6.3.6中讨论了照付不议合同的一些典型条款。例如，购电协议是项目融资中最常见的一种购买协议，其他合同也和购电协议的模式相似。购电合同模式也被用作私人融资计划项目协议的模式。

9.6.1中，从更为普通的风险分析的角度对即取即付或长期销售合同的效果进行了简要的评述，并且在9.6.2中对没有长期销售合同的项目进行了探讨。

6.3.2 购电协议的结构

购电协议是一种用于发电项目的购买合同。按照购电协议，项目公司要建设一个发电站，并在发电量（以兆瓦为单位）、热率（产生一定电量所需的燃料量）、排放量和其他环保指标方面达到要求。

购电协议要求电厂的建设要按照协议规定的时间进行，并按照协议的要求正常运营。电厂应按照一定的长期价格把电力出售给购电方，购电方可能是公共部门或私人部门的输电公司，地方的输电公司或直购的最终用户（比如工厂）。合同也规定了不能达到合同要求的惩罚措施。

需要满足购电方的以下要求：项目公司和其发起人应具有必要的技术和财务能力对电厂项目进行建设和运营；应找到合适的EPC承包商和稳定的燃料供应商；项目融资条款不能把不适当的风险间接地转嫁给购电方。因此，购电方会限制项目发起人出售其股份，以保证项目各方都能连续地参与项目。

6.3.3 建设期

一般情况下，项目公司要签署一份EPC总承包合同，这样就可以把工期延误、成本超支以及履约的风险转移给EPC承包商。

根据购电协议，项目的完工被称为"商业运营日"（COD）。在商业运营日到来之际，项目公司需要通过性能测试向购买方表明项目完工的情况。这些性能测试至少要证明处理厂能够实现实际的产出（这是因为产品的价格取决于生产能力）。对于资产移交的合同，作为项目最终所有者的购买方也可能关注其他的技术和性能的问题，以确保其能达到要求。购买方的代表可能会参与按照EPC合同进行的性能测试过程，或者单独进行购电协议的性能测试。显然，购电协议的测试不应该比EPC合同的性能测试更严格。

项目公司可能还需要满足其他条件以实现"商业运营日"。

◎ 获得运营许可；

◎ 确保排放标准达到要求；

◎ 保证运营阶段的保险到位；

◎ 证明燃料的储存到位。

6.3.4　电厂的运营

对于项目的详细运行程序，各方应达成一致的意见。购电方要提前通知项目公司关于电力的需求；项目公司也要通知购电方有关供电量的变化，比如在常规维护或出现紧急停运的时候会对发电量有影响，因此会尽量在电力需求低谷时进行维护。除非项目公司出现违约，否则购电方无权直接干预电厂的运营和维护。

发电风险（购电方是否直接或通过输电系统购买电站电力的风险）应该是购电方的责任。项目公司只能保证对所需的电力做好发电的准备和供应。无论电厂是否发电，购电方所付的电费都应为项目公司提供足够的回报。由于购电方承担发电的风险，因此购电方有权决定电厂实际发电的时间。

在差价合同下，项目公司可能无法得到付款，除非它在市场上出售其电力（项目公司承担发电的风险）。在这种情况下，项目公司必须在市场中竞标到合适的价格，确保能出售其所发电量。

6.3.5　电价

购电协议下的应付电价是由电厂最低发电的时间（去掉常规的维护和意外中断时间，电厂每年按照特定发电量发电的天数）决定的，如果电厂不能达到最低的发电量或满足发电的要求，就要降低电价或交罚金。

购电方通常按月向项目公司支付电费。电费主要由两部分组成：一是固定供应的价格，也称为装机容量费或固定费；二是能源价格，也称可变费用，它随着电厂的用量而变化。此外，可能还包括其他的一些费用。

固定价格部分。即使电厂不发电也要支付电价中的固定价格部分，因为这部分价格是项目公司建设电厂并为购电方提供电力所产生的固定成本。

因此，这部分电价应该包含以下费用：

◎　固定的运营成本。比如，土地租赁、人工成本、保险费用、计划中的维护和更换部件费、为燃料供应商支付的固定费用、税费等。由于电厂的会计折旧不是现金科目，因此它不是固定的运营成本，也不计入计算股本的收益中。但是，债务偿还和股本回报包括固定运营成本和项目的其他建设成本。

◎　应偿还的贷款。其包括本金的偿还和支付利息（通常按照项目公司预定的债务水平和债务所产生的利息）。

◎ 股本金收益。此即项目公司在偿还债务、固定运营成本和缴税后的自由现金流。同样须事先约定所需股本的金额。

供电价格可以分为上述三部分，也可以分成偿债和股本两部分。这样，项目公司就可以为该项目的融资安排最佳的融资结构，或者甚至合并成一项付款。构成价格的不同因素与通货膨胀指数的相关程度会影响电价构成的方式。

一般在供电协议签署时就需要把供电价格定下来。这意味着如果项目成本高于最初计算电价时所估计的成本，项目公司就要承担这个风险。有时也有例外，如项目公司在运营阶段会得到实际保险费用的补偿。

能源价格。这一电价要素包含项目的可变成本，其中最重要的是燃料。能源价格要考虑以下因素：

◎ 电厂实际发电所需的燃料数量（按协议中的热率计算）；

◎ 对项目公司来说，这些燃料产生的实际成本或基于燃料成本指数化的成本；

◎ 电厂运营的过程中产生的其他运营和维护成本。

能源价格要为电厂性能降低（燃料的消耗逐渐增加），这种情况往往发生在电厂进行大修期间而留有余地。

总之，如果电厂不发电，就不能收取能源价格。但是如果项目公司是以照付不议的合同购买燃料，而且由于电厂的发电量处于低位不需要预计的燃料数量，购电方可能需要补偿这部分成本（除非发电量低是由电厂的原因造成的）。

对于其他的加工厂项目，对原材料加工的成本也和处理能源费用的方式一样按可变成本计算。

其他价格要素。电价中可能包括各种其他的费用，如每年电厂的启动超过一定次数所产生的费用（会消耗更多的燃料和产生更高的维护成本），或部分负荷的额外运行成本。

热电厂项目，电厂还可以通过出售排出的蒸汽获得收入，这些蒸汽一般被用于附近的工业加工项目或为当地供热。在有些国家，电厂中排出的蒸汽越来越多地用于为水脱盐，从某种意义上讲，这也是建立电厂的主要原因。

电价的收取可以考虑购电方对电力的不同需求，因此，在北方冬季的晚上可以适当地增加电价。电厂的电表可以由双方共同控制，用于计量所发的电量。

如果使用这种"固定或可变"的电价结构，项目公司就可能要把所有的电量卖给购电方，尽管这些电量要比最初预计的电量多一些（如项目以超出其设计发电能力运行）。

这种电价结构会给项目公司带来各种风险。

项目成本超支。如果项目建设的实际成本超出了计划成本，结果会产生更多的债务和股本的融资，在计算电价时就却不能把这一因素考虑进去。

供电能力。如果电厂不能在计划的时间内生产所需的电量，就会造成收入不足（或支付罚金）。

运营成本。如果电厂不能达到预计的发电能力，如发电的过程中消耗更多的燃料，或维护成本超出预计成本，这都不能改变电价。

6.3.6　罚金

如果项目公司的电厂能够按照购电协议的要求发电，购电方就应按上述规定的电价支付电费。如果不能按要求发电，项目公司就要接受处罚，购电方可能减少电费的支付或要求项目公司单独赔付。

这些处罚是一种违约支付，也就是说，补偿购电方一定的损失，因此只是赔偿购电方遭受的损失（在某种程度上使用"处罚"这个词容易造成误解，因为很多的法律规定除了对实际损失进行补偿外，一般不能实施其他的合同处罚）。

典型的处罚包括以下几种情况：

延迟完工。购电方应该明白，无论是否有处罚规定，项目公司都会积极地按时使项目完工。持有高杠杆融资结构的项目公司一般不会延迟完工，因为延迟完工造成的收入损失是非常严重的（显然，如果项目不能按时完工就不会有电费收入）。如果购电方没有因为延迟完工遭受损失，那么就不适合对项目公司进行罚款或实施强制处罚措施。如果购电方想把这种额外的风险转移给EPC承包商，就只会增加项目的成本，因为承包商会把这部分风险转移到合同价和工期中。

但是，如果发电厂的建设完工日迟于预定的日期，购电方只能向其他电厂购买高价电，在这种情况下，项目公司就要接受处罚以补偿购电方的损失——按照延迟的天数和适当的比例给予补偿。当然，项目公司将会尽量把这一处罚按照违约支付的方式写到EPC合同中，而且也会在EPC合同中规定购电协议处罚的上限。

为了避免工期延误的不确定性，通常也要规定一个最终的终止日，按照该规定，如果商业运营日不能启动，购电方有权终止购电协议，这通常会发生在项目完工延误后的一年左右。

如果购电方也是输电电网的所有人，就必须确保电网与电厂的连接。如果连接不上，当电厂建设完工后，就无法进行性能测试，这种情况不能作为处罚延迟完工的理由，而且，购电方有义务支付电价的固定费用部分。

如果项目公司提前完工，而且能给购电方带来好处，也应该有奖励项目公司的规定。

初期发电量不足。如果电厂计划的发电量为X兆瓦，而当电厂完工时实际发电量为（X–Y）兆瓦，项目公司就要承担一次性赔付，或通过降低固定电价解决这个问题。同样，这项处罚要以违约支付的形式体现在EPC合同中。

初期的高热率。在性能测试期，如果电厂按既定的发电量所消耗的燃料比预计的多，可以采取两种方法解决：一种方法是在能源价格计算中忽略热率差异，额外的燃料成本由项目公司承担；另一种方法是调整燃料消耗所对应的电价部分，并为购电方支付先期的罚金以补偿损失。在这两种情况下，EPC合同中违约支付条款应该包括额外的燃料消耗成本或先期的罚金。

供电不足。如果电厂需要每年90%的天数（329天），每天供电100兆瓦时，就意味着每年需发电32900兆瓦时。因此，如果电厂不能达到这个发电量，无论是因为电厂能力不足，还是因为电厂的发电量低于预定的水平，项目公司都要承担支付罚金的责任（或降低电价）。

在设定最初可用电量和发电量的时候，需要考虑电厂每年常规的维护以及突发停运情况，在预留一定时间的基础上计算电厂发电的天数。此外，还要考虑在大修期间电厂发电量自然下降的情况。通常以年度为单位，提前把这些预留的情况写入详细的供电和发电进度中，在必要的时候进行短期调整。在用电高峰期（北方冬天的晚上），罚金可能要高一些，因此，项目公司应在用电低谷期进行常规的维护。

在某种程度上，也有可能把这些处罚转移给维护和运营商。

购买方可能会要求以银行担保的方式为罚金支付提供担保，这经常由贷款方来提供，作为项目提供整体融资的一部分。如果电厂的供电能力或发电量超过了一定水平，项目公司也可能会得到一部分奖励。

6.4　设施使用合同

本部分将探讨广泛用于私人融资计划项目的设施使用合同结构。图2-3显示了私人融资计划模式下一个项目协议的结构。

基于设施使用的私人融资项目的范例都与公共基础设施（公共与私人部门合作的形式）相关，包括以下两项。

◎　公共部门的建筑物，如学校、医院、监狱、公屋或政府办公室，根据合同签约的公共部门为使用这些建筑物支付费用；

◎　交通设施，如道路、隧道或桥梁，或系统的某些部分，如火车或铁路信号系统，由公共部门的系统运营商承担系统的使用费，而不是由签约的公共部门支付使用费。

设施使用的私人融资计划项目协议的主要内容直接来自于购电协议，自20世纪90年代首批私人融资计划项目实施以来，市场对购电协议非常熟悉，因此现有模型就具有很强的说服力。综上所述，典型的购电协议具有以下三个基本要求。

◎　发电量：电厂能发多少千瓦的电量；

◎　供电量：电厂能否按时按量生产足额的电量；

◎　能源消耗量：支付燃料使用的费用（通常情况下与此项内容无关）。

购电协议不会规定项目公司如何设计、建造或维护电厂，这些都是由项目公司和投资方来决定。就购买方而言，电厂的责任就是能够发电，并按照协议要求生产足够的电量。

这些原则适用于设施使用项目的协议，通过与服务费、产量要求、可供使用的要求以及履约处罚等相关的条款体现出来。一些服务费的成本可以按照市场的变化进行调整。

6.4.1 服务费

像处理厂那样把固定价格和可变价格分开的做法不适合服务费的定价，通常为支付设施使用的服务费是一个整体。但是，服务费的计算是按照分项进行的，包括固定成本（偿还债务和股本回报）和可变成本（如运营和维护成本）。当签署项目协议时，需要把计算结果固定下来，因此，如果实际成本发生了变化，服务费用通常保持不变。通常在项目完工时开始支付服务费。

如果设施不能使用，或提供的服务无法达到要求的标准，就要降低服务费。对于电厂来说很容易测量其发电量和供电的状况，但是对于私人融资计划的学校项目如何考量呢？评价产出不能使用单一的考量标准（比如发电采用千瓦数），可使用的情况也不能像电站一样按"发电—关闭"来判断。从下面的内容可以看到，调整或处罚服务费的计算远比购电协议的价格计算复杂得多。

6.4.2 服务能力的规范

服务能力的规范是私人融资计划项目协议中的一个复杂而又重要的内容。它可以分成以下两个基本要素。

◎ 设计和建造。比如，学校应该有一定面积的多间教室、餐厅、运动设施等。除了这些基本要求外，签约的公共部门通常不对学校的详细设计进行要求。项目公司要考虑采用什么样的方式能最大限度满足各项要求，因此对于这类合同的项目通常采用竞标方式。这意味着如果在设计上出现了问题，需要在学校建设完工后进行补救，项目公司就必须负责解决所产生的问题。

◎ 运行和服务。同样项目公司不会具体规定如何进行维护，或如何提供日常的服务，如安全、卫生和餐饮（如果这些是合同的内容）。项目公司要确保这些服务到位，并达到服务的要求。

服务能力的规范需要规定要达到哪些目标，但不需要规定如何实现这些目标。SMART（精明）这个词有助于记住服务能力规范必须达到的标准，即Specific（明确的），Measurable（可测量的），Achievable（可实现的），Realistic（实际的），Timely（及时的）。

表6-1举例说明了一个PPP学校项目下这些标准的做法。

表6-1　SMART 服务能力规范

	SMART	非 SMART
明确性	按教育部的标准建设学校	按高标准建设学校
可测量性	确保学校结构合理、充分的排风	确保学校适合教学照明、保温设施
可实现性	确保室外温度在 Y 摄氏度至 Z 摄氏度范围时，学校的室内温保持在 X 摄氏度	确保室内温度总保持在 X 摄氏度
实际性	确保供热系统的问题在上课时间 8 小时解决，课外时间 16 小时解决	确保供热系统的问题在 2 小时内解决
及时性	保持问题记录并每月上报	对服务问题提供年度报告

之所以使用这种"服务能力规范"的方法是因为如果签约的公共部门负责设施的设计，要求项目公司按照它的要求去做（提出要求的做法通常用于普通的公共采购，而不是PPP项目），但是一旦设计出现了瑕疵，或这些要求产生了额外的成本，项目公司就会向签约的公共部门进行索赔。显然，签约的公共部门没有有效地把这些风险转移给私人部门。

6.4.3　可使用性

相对来讲，如果提供特定的设备或服务，如交通系统、空中管制系统或飞行训练模拟系统，其可使用性比较容易测量。但是，对于公共服务，如监狱、医院、学校或提供住宿的多个建筑物等，则比较难以测量。造成建筑物全部或部分不能使用的原因是多方面的：

◎　缺少供热、照明、供水或其他公用设施；

◎　主要设备、通信系统或信息技术设施不能工作；

◎　无法提供其他必要的设施以使大楼或设施正常运转；

◎　不符合法律的责任（如健康和安全规定）；

◎　其他无法使用大楼或设施的原因。

如果建筑物或设施可部分使用，特别是建筑物或设施的某些部分比其他部分的功能更重要时，那么按比例计算无法使用的部分并为此支付罚金则是非常复杂的问题。

表6-2简要列举了一个私人融资计划学校的可用性权重。第一列列出了这所学校各种不同类型的设施；第二列列示了这些设施的数量（比如有20个标准教室）；第三列列示了每种设施的权重，比如教室的权重是员工房间的

两倍，比储藏室多4倍；数量与权重相乘就得出了整个项目服务单元的数量。罚金主要根据所受影响的服务单元的数量进行计算，应从服务费中扣除，因此，如果1间教室出现了1天不能使用的情况，扣除的罚金就是1/365的年度服务费除以147再乘以4。

改变上面的权重系统而建立一个新的服务单元系统也是有可能的，从理论上讲，服务单元系统有可能导致从服务费中扣除的比例超过100%。在表6-2中，1间教室的权重可能是5，但是服务单元的数量仍是147。同样，对于学校运行有重要影响的其他因素的权重也可以增加。这就会促使项目公司尽快解决问题。在学期中和假期中，对于学校的可使用性会规定不同的权重，显然在学期中教室的权重更大。

表6-2　一个私人融资计划学校的可用性权重

设施	数量	权重	服务单元数量
储藏室	5	1	5
员工用房	1	2	2
标准教室	20	4	80
实验室、艺术室	3	6	18
体育设施	2	6	12
会议厅	1	10	10
厨房、餐厅	2	10	20
总计			147

6.4.4 服务质量

除了这些基本的可使用性的要求外，对项目设施提供的服务质量也有一定的要求（即性能要求）。广义上来讲，可供应性与服务要求的核心问题相关，而对服务质量的评估主要涉及可使用性基本要求之外的问题。可使用性与服务质量之间可能有重叠的地方，重复计算显然是不合适的，因此只能把出现的故障划归到其中的一类问题中。

与可使用性一样，对服务质量的评价也非常复杂，需要对服务质量的标准作出详细的规定。这些标准经常被称为主要质量指标（KPI）。通常，主要质量指标是通过服务质量管理系统进行监控的，根据这个管理系统，项目公司需要定期按主要质量指标提交服务质量报告。与道路可使用性合同相关的主要质量指标包括以下几个方面：

◎ 安全（每公里车辆发生的交通事故数量）；

◎ 道路表面的结构深度、粗糙度、车辙、抗滑性、道路修补等；

◎ 公路上的土渣；

◎ 垃圾和碎片；

◎ 绿化；

◎ 事故管理和反应速度（例如发生事故后清理道路的速度）。

主要质量指标要求通常包括要达到一个可测量的标准，以建筑物为例。

◎ 在规定的时间内能够提供住宿条件；

◎ 在限定的时间内对维护或维修的要求作出回应；

◎ 在提供住宿期间保证电梯正常工作；

◎ 定期按照标准打扫卫生；

◎ 对消防和其他安全设备进行常规维护和测试。

通常，项目公司要提供"服务台"接待本楼的用户反映问题。服务质量差就会导致主要质量指标权重点数增加，而不像PPP项目合同中出现不可使用时立即扣除罚金的做法。为此，经常会设定一个"渐变"机制，根据这个机制：

◎ 问题出现的时间越长，或频率越高，未达服务质量的罚金就越有可能按比例增加；

◎ 未达服务质量的罚金累计最终会导致扣除服务费；

◎ 扣除的金额通常要以成本为基准，这个成本稍高于维持主要质量指标标准的成本；

◎ 如果持续出现问题，累计的点数超过了很高的程度，PPP项目合同可能就需要终止。

通常情况下要有一个自我报告制度，即项目公司需要把大楼服务的分包商出现的问题报告给签约的公共部门，在必要的时候签约的公共部门对这个报告系统进行审查。这是因为签约的公共部门安排人员到现场进行监督的费用非常大。

要记住，提供维护或物业服务的分包商很有可能是影响服务质量标准的主要实施者，但是它们的收入是有限的，无法承担数额巨大的罚金。比如，如果负责打扫卫生的分包商由于卫生没有打扫好而导致整个学校无法使用，它是无法承担这个罚金的，项目公司通常没有财务能力承担比分包商更大的责任。一般情况下，由于服务质量的问题所要承担的最高罚金上限应相当于分包商两年的费用。如果到达了上限，可能会要求项目公司换掉这个分包商，以避免项目协议的违约。

在某些情况下，要为达到服务质量目标按合同付款，而不是对未达到目标进行扣款。比如，为道路可使用合同支付拥挤管理费用。

6.4.5　物业服务成本的基准评估与市场测试

如果运营成本高于预期，通常不会导致服务费用的变化。但是，根据市场变化对物业服务成本的评估（基准评估），或通过竞标直接对成本进行"市场测试"可能要定期进行（每隔五年进行一次）。如果评估的结果发现成本高于或低于原定的基础成本，服务费用就要进行相应的调整。

赞同这个程序的主要观点认为，提供服务的主要成本可能与人员费用有关，而这些成本并不一定会随着通货膨胀指数的上升而上升，所以服务的提供方不愿意签署长期协议。相反，由于工作方式的变化，提供服务的效率可能会更高，成本也会降低。

按照这些评估程序，必须要提供足以进行基准评估的数据，或者市场上其他公司必须准备好投标，尽管现在运营的公司处于有利地位，甚至可能会把更多的风险或把其他的法律责任强加给分包商（与服务相关的成本也要在财务模型中单独列出）。

由于这个程序适合对短期资产项目的维护，因此不适合用于长期资产项目的维护。PPP项目的一个主要优点就是把长期的维护风险转移给私人部门（确保维护服务能够真正落到实处，这在公共部门的建筑物中很难做到）。这样，项目公司的投资方就能够作出选择，比如在建设中投入更多的资本成本以减少长期的维护成本，并激励私人部门创新。

获得物业服务的另一种方法是签约的公共部门在项目协议中排除服务的提供方，签署一份短期的外部合同。但是，这又可能产生"界面"的问题，比如，对设施进行日常清洁的方式也可能会影响其长期的维护要求。

6.5 影子通行费

除了可使用合同外，私人融资计划模型还包括由项目公司承担使用风险的项目，一个常见的例子就是签约的公共部门支付"影子"通行费（车费）。通行费用由签约的公共部门而不是最终用户支付（在这种情况下最终用户的付费被称为"真实"的通行费），这种结构用于以下情况：

◎ 直接收费可能太复杂，如交叉路口收费；

◎ 司机使用不合适的道路以避免缴费，造成车流量失真；

◎ 交通量太小无法产生足够的交通费；

◎ 公众反对收费；

◎ 项目是综合运输系统的一部分（大型运输系统），因此项目公司提供的这部分系统不能直接单独收费；

◎ 不适合把全部的使用（交通）风险转移给私人部门。

在这种情况下，就要按照使用量支付项目公司费用（按人或车公里数）。付款方式经常是规模逐渐减少（即最初的X辆汽车的公里数付费最高，后面Y辆汽车的公里数付费降低，最后使用的汽车可能不需要缴费）。这个结构有以下三个目的：

◎ 第一段的收费是基于使用量的风险较低，用来支付项目公司的运营成本和偿还债务（这可以分成两段付费）；

◎ 第二段的收费是为投资方提供股本回报（这也可以分成两段，一段为基本的回报，另一段为奖励回报）；

◎ 一旦使用量超过一定限度，所收费用可以支付运营成本、还债和股本回报，政府所应尽的责任就算结束（高于这一限度的成本为零）。

但是，这个方法的问题在于投资方和贷款方承担的交通风险很少，因此投标方就会把较高影子通行费的缴费与较低车辆通行量挂钩。为平衡这个问题，鉴于这种风险较低，合同付款也要低于特许经营收费公路的水平。但是由于风险转移有限，可使用性的合同通常更多地用于私人融资计划模式的交通项目。

注意，这个结构并不妨碍用户缴纳"真实"的通行费（也许用于包括其他道路总体收费的一部分）。在影子通行费项目协议范围内，由项目公司代表签约的公共部门进行收费。影子通行费项目协议经常规定签约的公共部门负责道路收费。

6.6 特许经营协议

特许经营协议是由项目公司和签约的公共部门签订的一种项目协议，用于项目设计、建设、融资和运营，以提供或提升公共基础设施。项目公司可能征收用户使用费，即项目使用者缴纳的通行费、车费或其他费用。项目的所有权归公共部门，项目公司在特许经营协议的期限内获得许可或租赁使用设施，特许经营期满后转移给签约的公共部门。

特许经营协议的实例包括以下项目的建设和运营：

◎ 公众付费的收费公路、桥梁或隧道；

◎ 公众付费的交通系统（比如铁路或地铁）；

◎ 通常由航空公司或船运公司付费使用的港口或机场。

特许经营协议与私人融资计划模型的主要区别在于在特许经营的框架下，项目公司承担使用风险。

6.6.1 用户使用费

用户使用费是按照项目的预计收入（涵盖固定成本和可变成本）确定的，这与私人融资计划项目的服务费非常相似。当然，主要的区别在于全部收入不是固定的，会随着使用量而变化。

通常要设定用户使用费的上限，与通货膨胀和货币的波动建立指数化联系。在这个范围内，项目公司可以灵活地设定用户使用费，但是要符合避免歧视某类用户使用的条款规定。但这并不排除对收费公路上卡车的收费高于小汽车的费用。这种收费差异也可以在特许经营协议中作出规定。同样，通行费用也可以在不同时间段内实行差异化收费，比如在交通高峰期可以提高通行费用的标准。

特许经营协议必须要对用户使用费的支付作出规定：可以要求警察拦截甚至逮捕没有缴纳通行费的司机，或授权项目公司起诉不缴纳费用的一方（提示，项目公司可能需要支付这些监管的费用）。

6.6.2 价格竞争

有些特许经营协议可能不提前确定固定的使用费用，根据竞争情况确保收取合理的使用费。显然，如果存在真正的竞争，就需要这样安排。例如，有一条平行的而且质量不错的免费公路或另一个可以使用的港口。

另外，如果通行费是固定的，来自于其他交通模式的竞争也会成为特许经营协议的一个问题。比如，如果签约的公共部门修建一条新的免费公路，把使用特许经营道路的车辆吸引走，公共部门就需要补偿项目公司的收入损失。这个问题会阻碍签约的公共部门对公路或其他交通网络进行长期规划，出现最坏的情况可能是签约的公共部门将回购特许经营的项目。

6.6.3 收入分享

如果交通情况好于最初的预测，签约的公共部门就会要求分享超额收入。如果签约的公共部门为项目提供了某些融资支持，这个要求就具有特别重要的意义了。

这种"增利"分享应该以毛收入为基础，而不是用其他的财务数据计算，如投资方的收益率，因为投资方很容易操纵这些数据，不利于签约的公共部门（例如通过做大成本以降低收益率）。

6.6.4 用户问题

"用户服务"对于特许经营项目来说更为重要，因为用户要支付设施使用费，对服务的期待更多。当然，服务的标准会写入特许经营协议中，如果达不到标准就会受到处罚。在用户和项目公司之间也需要建立争议（比如电子收费的问题）解决机制。通过调查数据或其他客观的数据（比如在短时间内接听电话的比例）获得用户满意度就是主要绩效指标之一。

6.6.5 其他条件

像服务启动、产品规格、可使用性以及质量要求等问题要按照可使用性项目协议的方式进行处理，唯一的例外是，不从签约的公共部门的付款中扣款，而是让项目公司用收取的使用费支付罚金。

6.7 其他类似"PPP项目"的合同

对于PPP项目来说还没有一个固定的定义。一般情况下，其狭义的定义与广义的定义有很多不同。本书中所使用的狭义定义为，PPP项目是私人部门设计、建造、融资以及运营某个项目所签署的一个长期合同；广义上讲，它包括公共部门与私人部门之间签署的其他类型的合同。狭义的定义可能包括特许经营项目和私人部门融资计划的项目，或许PPP项目这一术语只用于私人融资计划模式的合同，而特许经营可以用于所有用户付款的合同。

此处重点讨论广义PPP项目合同所包含的类型。

6.7.1 特许—授权—租赁

特许合同在很多方面与特许经营合同相似，两者主要的区别在于特许合同把现有的公共基础设施，如收费公路、停车场，移交给项目公司负责项目的运营和维护，并收取使用费用。因此，特许合同不涉及新项目的建设（有可能要求定期升级改造）。作为被特许方，项目公司通常预先支付给签约的公共部门一笔款，作为项目未来现金流的净现值，这笔款可以用项目融资贷款来支付。特许合同的一个例子是收费公路的私有化，即签约的公共部门允许项目公司运营某条公路，在一定年限内收取通行费，这一点与特许经营协议是一样的。

授权合同与特许合同相似。法国从19世纪开始使用这种合同，比如供水合同，合同的期限从7年至14年不等，这比PPP项目合同短很多，一般不涉及任何新的投资。

授权合同经常要求项目公司从收入中留出部分资金用于未来的投资，并把这些资金交给签约的公共部门。

租赁合同同样授权承租人从资产中获得一定期限的收入，但是在某些情况下收入不是向用户收取，而是由签约的公共部门按年度支付（这种情况与融资租赁不同）。

这些类型的项目由于没有建造阶段的风险，因此属于低风险的特许形式。但是这些项目有需求风险，项目公司需要达到产出的目标，比如，降低水管造成的损失。

6.7.2 福贵廷

这种结构用于一些欧洲国家，比如德国、意大利和西班牙。项目完工后全部的建造成本或者由签约的公共部门支付，或者在几年内分期支付，因此只是在建设期才需要融资。如果建设成本不能马上支付，施工承包商（作为独家发起人通常没有股本金，因为这类合同与普通的公共采购合同是相似的）可以把签约的公共部门应付的款项转向贷款方索要，以支付其成本和利润。显然，项目可以进入公共部门的资产负债表，而且没有长期的资本风险，尽管项目公司可能继续承担运营成本的风险。当政府希望在项目完工后再把它纳入公共账户的时候就会采用这种结构。

6.7.3 合资结构的 PPP 项目

这类合同用于现有公共基础设施的运营。签约的公共部门和私人部门投资方投资于项目公司的股权，后者积极参与项目公司的管理。私人部门的投资方通常从签约的公共部门手中购买项目公司的部分股权。这种情况经常出现在已经建好的项目上，因此与特许项目相似，区别在于签约的公共部门仍保留股东的身份，对债务可能不作要求，或者已经到位。

6.7.4 提供公共地产

一种形式当开发商建造新学校的情况下，作为回报允许在部分或全部的旧校址上修建公寓，就可能用到这种合同结构。一般不作长期的合同安排，施工一旦完成，合同就终止了。同样，也可能把公共的土地给予私人开发商用于建造旅游宾馆，所得收入由公共部门和私人部门进行分配。在这种情况下，开发商一般用不动产进行融资，而不是采用项目融资方式。另一种形式是开发商对公共设施进行改造升级，比如火车站，作为回报允许开发商在新火车站修建商店或其他的商业设施。

6.7.5 服务外包合同

当公共部门与私人部门签订合同，把服务功能外包给私人部门的时候使用这种合同安排。这可能包括原本是PPP项目合同一部分的物业服务或其他服务。

6.7.6 管理合同

这类合同用于对已建好的设施由私人部门进行管理的情况，一般是对社会基础设施的管理。在这类合同中通常没有私人部门的资本风险（尽管管理费用可能包括激励费用），因此不需要项目融资。

这类合同的一个升级版本叫作"GOCO"，即政府拥有、私人部门的承包商运营的项目公司。这不涉及项目融资或私人部门资产的风险，因为在这种情况下承包方获得的是管理费，尽管会有一些与管理效率挂钩的奖励费用。

6.7.7 设计与施工合同

由于合同把风险转移给了私人部门，因此设计与施工合同也可能被称为PPP项目合同。

"基于服务质量的合同"这一术语有时用来表述狭义的PPP项目定义，也有时用于上述部分或全部其他类型的合同。本书的主要观点认为，除了一些特许—授权—租赁合同外，其他合同不涉及项目融资（通常要比PPP项目期限短得多）。

项目协议的共同点

7.1　概述

第6章介绍了购买合同、可使用性合同、特许经营协议的特点，本章探讨这些项目协议的共性问题，包括以下内容：

◎　合同期限；

◎　支付机制；

◎　购买方或签约的公共部门对合同的监督；

◎　履约保函和其他担保；

◎　补偿事件；

◎　合理的借口；

◎　免责事件；

◎　购买方或签约的公共部门的介入；

◎　项目协议的终止；

◎　所有权变更；

◎　争议解决。

在一些民法国家，如西班牙、葡萄牙或拉美国家，一些项目协议的内容不需要写入与公共部门签署的项目协议中，因为普通法律已经对这些内容作出了规定，如适用于提前终止的条款。

7.2 协议期限

项目协议期限一般指项目签署之后的一段固定时间。项目公司要承担项目延迟完工所产生的收入损失的风险，但是也会享受项目提前完工带来的收益。但是，有时项目协议期限也从项目完工开始算起，即协议中的最后完工日期（即使项目延迟完工，也要按最后完工日期起计算）。下面是影响项目协议期限的一些因素。

7.2.1 项目的使用寿命

显然，如果项目不能再安全有效地运行，就没有继续购买项目产品或服务的价值了，因此，项目的使用寿命决定了项目协议的最长期限。比如，对于购电协议来讲，如果项目主要涉及提供发电设备，这就有可能成为一个限制因素。

但是，很多大型基础设施项目（如道路）与寿命有限的资产没有关系。

7.2.2 支付能力

如果项目协议期限相对较短，在此期间需要偿还债务，投资方需要获得盈利，就有可能迫使项目产品或服务成本提升到不经济的水平，也就是说，协议付款的支付能力会受到协议期限的影响。相反，如果项目协议期限较长，其产品或服务成本就会降低。例如，在15年内以7%的利率偿还1000的投资，每年需要偿还109.8，如果在25年内偿还，每年需要偿还85.8。

7.2.3 债务期限

债务期限首先是由贷款方愿意借贷的时间决定的。有些债务市场可能不提供长期贷款。

同样，如果项目协议期限比债务期限长很多，那么投资方就能从合同付款再融资债务中获得丰厚的利润，而再融资债务的费用则由购买方或签约的公共部门承担。因此，理想的期限可能要比债务的期限长1～2年，给贷款方留下一个"债务尾巴"。

7.2.4 股本回报

投资方收回投资的时间也是一个相关因素。通常情况下，投资方不仅要关注回报率，而且要重视收回投资的时间。显然，如果投资方想在15年内收回投资，签署一个25年的合同可能就没有太多的意义了。在项目的整个生命周期内需要不断地对投资方进行财务激励。如果在项目初期就能获得大部分的收益，这种激励在项目的后期显然就不存在了。

7.2.5 剩余价值

在资产移交的合同中，购买方或签约的公共部门可能会愿意签署期限较短的项目协议，因为在协议期结束时购买方或签约公共部门就可以把项目接管过来，分享项目的剩余价值（即项目有能力继续有效地运营并获得利润）。但是，仍然需要支付项目的成本，因此较短的期限可能造成支付能力不够。

相反，在非资产转移的合同中，购买方或签约的公共部门会失去这些剩余价值，因此可能希望签署期限较长的合同；或者项目公司可能把假定的剩余价值加入合同付款中，这样就能把合同付款降低到完全满足偿还债务和实现投资收益的水平之下，使合同付款达到一个较低的水平，但要承担在项目协议结束时项目资产无法重新调配或出售的风险。

7.2.6 灵活性

对项目协议进行重大变动是困难的，而且需要付出很大的代价。对于购买方或签约的公共部门来说，期限越长，确保协议不变就越困难。比如，由于未来技术上可能发生变化，因此对提供信息技术服务的某些项目协议来说就不适宜设定很长的期限，除非项目协议允许升级或更新相关的技术（这很难用文件证明）。同样，学校或医院未来可能需要扩建新楼，因此，有必要考虑与项目相关的长期灵活性。

7.2.7 "全生命周期"的利益

如果项目协议的期限太短，购买方或签约的公共部门就可能失去全生命周期的利益，把维护和更新的成本转移给项目公司。显然，在大修前或项目更新到期时终止项目协议不会带来任何益处。

7.2.8 税收效益

项目协议期限可能会受到项目公司（或投资方）享受税收折旧意愿的影响。在美国，公路的特许期限一直定在75年至99年之间，要比上面谈到的情况长得多，因此从税收的目的考虑，如果把公路的所有权交给项目公司，就能在15年内按照税收标准快速地实现项目成本的核销。这种效果可以在项目初期大大地降低税负，提高投资方的收益。

7.2.9 可变期限

把项目协议的最高期限固定下来是另外一个办法，但是如果偿还完了债务，投资方也达到了既定的收益率，项目协议就有可能在这个时候终止。比如，如果通行量的增加远高于当初的预测，这个结果可能不是一个项目本身带来的，而是整个区域或国家经济的发展带动的，投资方就不能从这个结果中获得超额利润。

7.3 付款机制

下面介绍几个适用于付款机制的主要原则。

7.3.1 项目完工付款

按照付款机制要求，在项目完工之前通常不付款，这符合项目协议的要求。但是，也有例外的情况，如果项目分期建设，在每期完工后要按比例进行合同付款。

7.3.2 均衡付款

在执行项目协议的初期，购买方或签约的公共部门可能有压低合同付款的倾向，在后期再提高合同付款的数额，特别是在其短期预算不足的情况下，容易出现这样的安排。这可能导致后一批人要不公平地承担大部分的项目成本，因此这种做法一般是不可取的。而且，这有可能与贷款方要求的还款进度不一致。

相反，发起人会希望尽早得到合同付款以尽快收回股本收益。这同样是不可取的，因为购买方或签约的公共部门对项目公司的投资方暴露了其在项目协议的后期降低了对项目运营的承诺，届时贷款方的参与也将减少。

同样，像合同付款特别能反映项目公司的债务情况一样，可以认为在合同后期合同付款的水平显著降低就说明了债务偿还的情况，但是长期的承诺以及投资方和贷款方的资本风险问题同样存在。

原则上，合同付款应保持相同的水平，即应该在整个项目协议期间保持均衡付款，同时也要考虑到通货膨胀指数的影响。

7.3.3 通货膨胀指数

但是，合同付款的一部分通常要进行指数化处理，即在一定时期内根据通货膨胀指数增加付款，因此，从这个角度来说，合同付款不是均衡付款。

比如，在购电协议中，对于付款要进行如下处理：

◎ 固定的运营成本。按照所在国产生相关费用的消费价格指数（CPI）或工业价格指数进行适当的指数化调整，或按照实际发生的费用进行有限度的调整（如为了投保的目的）。

◎ 贷款偿还。一般不进行指数化处理。

◎ 股本收益。可以固定或比照消费价格指数（CPI）进行调整。

如果一些固定运营成本是由外币计价的，或如果投入的股本金或债务是外币，那么合同付款就可以使用那种货币计算。在这种情况下，一般要继续使用当地的货币进行付款，但是要与相关的外币汇率进行指数化计算。

在PPP项目合同或其他类似的合同中会涉及能源价格的问题，这个价格是按照实际燃料成本计算的，不需要再用指数化的方法计算。在某些情况下，能源价格可以按照公布的指数对燃料成本计算，在这种情况下，项目公司就要承担按这种价格无法买到燃料的风险。

同样的原则也适用于其他类型的项目协议，合同付款的通货膨胀指数应该只与项目总成本中受通货膨胀影响的部分相关，即主要与运营成本相关。

实施指数化可能会存在时间上的问题，因为经济数据往往过一段时间以后才会发布，因此，有必要对合同付款作一些倒推式的调整，以保持与经济指数同步。如果需要对外币进行调整，也有必要考虑月度合同付款账单计算和实际支付之间所发生的汇率变化。

7.3.4　第三方收入

一些项目也可以从其他来源获得收入：

◎　热电厂项目可以把蒸汽（热能）出售给工业企业；

◎　垃圾处理厂项目除了从签约的公共部门收取垃圾处理费外，还可以出售其所发电力和热力；

◎　学校可以在课余或假期把教学设施出租给校外人员；

◎　医院可以对来访者收取停车费以及餐厅就餐费。

因为这些收入可以用来补贴合同付款，所以对购买方或签约的公共部门有好处，至少当来自第三方收入超过一定数额时，项目公司和购买方或签约的公共部门就可以分享超额收入的部分。

但是一般情况下，由于第三方收入来源的不可预测性，贷款方不愿意认可这种收入来源的价值，可能只是以保守的态度把这种收入纳入现金流的预测中，这意味着它们不会因现金流中存在这个因素而增加贷款的数额。

在热电厂的项目中，也存在着蒸汽购买方关闭工厂的风险，果真如此，那么就没有人购买蒸汽了。在这种情况下，贷款方一般认为这些浪费的蒸汽能够转换成电力，在长期电价的基础上考虑设定一个最低的收入水平。

在某些项目中，特别是特许经营项目中，当项目完工时可能会有一些剩余的土地，可以用以增值。例如，靠近一条新公路的物业。签约的公共部门通过把剩余土地纳入特许经营协议中提前实现这块土地的价值，因此允许项目公司在这块土地上建设加油站、饭店、商店、办公室等，从这些设施获得的收入可以补贴特许经营中需要支付的使用费。假设发起人愿意承担这些附属设施的风险，但是贷款方不太可能在现金流的预测中赋予这些设施很多的价值，因此，最好由签约的公共部门单独处理这些土地。

7.4　购买方或签约的公共部门对合同的监控

购买方或签约的公共部门在融资关闭后必须要对合同进行适当的监管，这是因为真正管理项目的是项目公司，随着项目的开发，监控显然也需要随着时间而变化。在建立监控系统的过程中需要考虑以下几个问题：

◎ 设计与建造；

◎ 运营；

◎ 与分包商的关系；

◎ 与贷款方的关系。

7.4.1 设计与建造

项目公司对按照要求标准进行项目设计、按照项目完工日期安排施工以及确保项目建设达到产出的要求负有全部责任。购买方或签约的公共部门必须提出产品或服务的详细要求以确保建设符合要求，但是建设方式的选择主要是项目公司的责任，购买方或签约的公共部门在项目协议签署前应对建设方式的可行性表示认可。

在考虑到详细设计或建造问题时购买方或签约的公共部门在其他项目上的经验就可能派上用场了，因此购买方或签约的公共部门有资格对设计进行评估以及到现场查看并了解工程的进展情况就显得合情合理了。显然，项目的购买方或签约的公共部门很希望确保项目的设计和建设能达到约定的规范。购买方或签约的公共部门以及项目公司的代表有可能成立一个项目委员会，作为讨论这些问题的一个论坛（这个委员会必须只是一个论坛，而不是决策机构）。但是，是否接受购买方或签约的公共部门提出的建议或意见要由项目公司来决定。如果这些意见或建议进入批准程序，或如果购买方或签约的公共部门坚持批准这些设计或建造的建议或意见，以后一旦出了问题，就不能对项目公司进行处罚了。购买方或签约的公共部门可能就要承担一部分建设风险了。

在某些情况下，项目公司和购买方或签约的公共部门会联合指定一个独立的工程师负责批准和审核每一阶段的设计和建造，这在特许经营项目中更为常见。在这种情况下，签约的公共部门本身不使用场地，但在完工验收的过程中有一定的发言权。

7.4.2 运营

在这个阶段进行监控的性质对不同类型的项目有很大的差异。对于处理厂项目来说，这个过程非常简单，而对于提供住宿服务合同的监控来说就非常复杂。购买方或签约的公共部门的购买团队需要为合同监控团队准备一份"运营手册"。

项目协议中需要规定好监控体系。因为使用性不足会直接影响签约的公共部门，所以对可使用性的监控应该简单明确。但是对服务质量的监控可能更复杂一些。一般情况下，复杂的服务质量系统由项目公司进行监控，并负责向签约的公共部门汇报。公共部门有权接收并评估全部的数据。服务质量监控的一个重要内容可能是项目用户的报告，而不是由项目公司所做的评价。项目公司有权对实际的服务质量进行现场检查，也可以对项目公司报告的方式进行检查。显然，不能对服务质量进行准确监控可能是由于服务质量关键指标本身。

7.4.3 分包合同

购买方或签约的公共部门应评估其他项目合同的条款以检验这些条款能够使项目公司按照项目协议进行交付，并监控其相关的活动，但是购买方或签约的公共部门却不能对分包商给予直接的指导。

在某些情况下项目协议需要提前终止，可能就需要给分包商一定的补偿。购买方或签约的公共部门需要确保这些补偿的合理性。

通常，购买方或签约的公共部门与所有的主要分包商签署直接的协议，如果项目公司违约，就可以把它们的合同和相关的担保接管过来。

7.4.4 融资

同样的原则也适用于融资的安排，购买方或授权的公共部门应确保安排好一个可信的融资方案以使项目能按时完工。否则，可能影响项目实施的一个问题就是为项目账户存入准备金，例如需要为维护储备账户存入准备金。

但是，有必要对融资的某些方面进行控制。比如，增加债务负担可能会损害融资的可行性或增加购买方或签约的公共部门终止合同所涉及的债务。

7.5 履约保函和其他担保

购买方或签约的公共部门可能要求项目公司提供履约保函作为项目完工的担保。这常与贷款方要求项目公司让建设承包商提供保函相重复。购买方或签约的公共部门通过相关的直接协议与承包商打交道，当然这些额外成本就会转移给购买方或签约的公共部门。此外，在多数情况下，项目公司是激励项目按时完工的主体，延期完工项目公司就会损失收入。在7.4.3中提到，如果项目协议提前终止而贷款方也不介入补救，购买方或签约的公共部门就要按照直接协议接管由建筑承包商向项目公司提供的担保。

同样的原则也适用于在项目运营阶段要求的履约保函。通常贷款方不要求项目运营阶段的履约保函。但是，有观点认为在项目协议的后几年购买方或签约的公共部门要求项目公司提供维护保函，届时贷款方一般已和项目没有关系了。

考虑到分包商不具有实质性的权力，购买方或签约的公共部门可能要求母公司为主要的分包商提供履约担保。但是，最好让贷款方通过项目公司进行操作，重复要求保函是不合理的。

7.6 补偿事件

补偿事件是指由于某些事件导致成本或损失增加，使项目公司有权让购买方或签约的公共部门给予补偿。购买方或签约的公共部门承担项目风险，按照这个逻辑，一旦出现了风险，购买方或签约的公共部门将必须对项目公司进行补偿。一般的补偿事件类型包括：

◎ 购买方或签约的公共部门违约；

◎ 施工延误；

◎ 合同变更；

◎ 法律变化。

在这些情况下按照"财务均衡"的原则计算补偿金额。应该注意的是，市场条件出现逆转（导致劳动力或设备成本远高于计划的成本）一般不作为补偿事件看待，但是在项目的运营阶段这些成本通常要根据通货膨胀情况进行指数化计算。

7.6.1 违约

如果购买方或签约的公共部门负责提供进入项目场地的入口或修建联通道路，而实际上没有做到，项目公司因此遭受了收入损失或产生了额外的成本，就需要对项目公司给予补偿。

同样，如果购买方或签约的公共部门做了影响项目公司收入的事情，如修建了一条与特许道路竞争的免费新路，同样也要给项目公司以补偿。

7.6.2 施工延误

如果由于授予许可的问题上诉到法院，导致未能按时获得关键的许可，特别是规划许可（即允许项目开工建设），致使项目延迟开工建设，就会被视为全部或部分的补偿事件。

同样，如果发现了考古或化石遗迹，导致建设停滞下来，也可被视作补偿事件。

7.6.3 合同变更

通常，购买方或签约的公共部门有权对项目的规划进行变更（合同变更）。有些项目协议专门授权进行合同变更，比如，把燃油电厂改成燃气电厂。但是，通常对各种变更只作一般性规定。

合同变更可能导致收入的损失、运营成本或资本支出的增加，为此需要给予补偿。合同变更也可以降低合同付款，比如，可以提高工作效率。

在探讨合同变更和其他补偿事件的过程中，会产生如下一些重要的问题。

对合同变更权力的限制。对变更合同的购买方或签约的公共部门的权力应进行合理的限制，因为项目公司和贷款方都会关注变更的内容。

◎ 合同变更会在某种程度上增加项目内在的风险，或减少使用量（特许经营情况下）。如果变更合同，需要得到项目公司（和贷款方）的同意。

◎ 合同变更必须在合理的范围内。比如，如果购买方或签约的公共部门要求电站的发电量翻一番就不太合理，这实际上需要建设一个新项目。因此，要限定合同变更的最高成本，如不超过项目最初成本的10%。

成本。由补偿事件导致的资本支出要确保购买方或签约的公共部门支付的成本应公平合理。如果项目公司的分包商是工程唯一的投标方，显而易见的问题是应确保价格具有竞争力。

有几种方法可以避免这个问题的发生。

◎ 可以通过与其他类似的项目进行比较，用相同的方法比较物业服务成本以设定价格，但是这种做法可能比较困难。

◎ 可以让项目公司对工程进行程序透明的招标，但是由于既有的分包商有对项目了解的优势，其他投标方可能就无意争取了。

也有可能让项目公司提前在项目协议中对成本利润给予说明，分包商再作一些调整。这就和成本的透明度有关，但是缺乏对工程的竞争仍然是一个问题。

融资。有时会产生额外的资本成本，这显然没有在最初的融资计划中考虑进去。解决的方案就是要求项目公司追加融资并对合同付款进行相应的调整。但这又产生了另外的一个问题：现有的贷款方需要同意追加融资的条件，并且同意新贷款方分享融资的担保，这就会产生贷款方之间的关系问题。因此，项目公司只能通过现有的贷款方获得新的融资。

如果贷款方不打算提供新的融资，或者购买方或签约的公共部门不满意融资条件对合同付款造成的影响，购买方或签约的公共部门就要在停止合同变更、更换贷款方或自身变更融资合同之间作出选择。

但是即使贷款方不提供追加的融资，对合同变更也要得到贷款方的同意（因为这会对风险造成影响），这会使购买方或签约的公共部门处于不利的地位。

如果使用债券融资，而且合同变更是可以预见的（比如，如果交通量增加就要增加车道），就有可能在融资条件中加入进一步发行"变更债券"的权利（这取决于项目是否达到了预定的融资目标）。如果发行，变更债券就要按照首次发行债券的条件发行，但是债券首先由项目公司持有，需要发行时再以最佳的条件在市场上发行（这意味着要以折扣价发行债券，因此需要发行超过100的债券来支付100的支出）。

"小工程"的变更。如果合同变更的工程很小，如在学校里设立一块新的布告牌，或在门上安一个衣服钩，那么上面所述的复杂合同变更程序就显得小题大做了。因此，如果需要做一些"小工程"的变更，建议采取简洁方便的变更程序。这个"小工程"的变更程序适用于成本在X美元以下的合同变更，其成本按照这项工程的成本计算，人工费按照协议中的标准计算，利润率按照项目公司利润的百分比计算。当合同变更时，购买方或签约的公共部门就只为这些变更付款。

在建设期间合同不宜变更，购买方或签约的公共部门应该表达其需求并坚持不变。但是如果在这个阶段进行合同变更，项目公司需要确保其有相应的权力对建设合同的标准进行变更。

从上面的论述可以看到，不容易让购买方或签约的公共部门做到以最节约成本的方式进行重要的合同变更和融资。这表明在决定最优合同期限时需要认真考虑长期项目协议缺乏的灵活性。

7.6.4 法律变化

与项目公司业务相关的法规变化可能会导致项目公司的资本或运营成本增加，这可能需要购买方或签约的公共部门为此给予补偿。

7.6.5 财务均衡

由于补偿事件的发生，购买方或签约的公共部门需要按照财务均衡的原则给项目公司支付补偿，即使项目公司及其投资方和贷款方的财务状况与补偿前的状况基本保持相同。

如果补偿事件影响收入或运营成本，就可以增加合同付款以弥补项目公司净收入的减少，或者延长项目协议的期限（虽然很难做到既保持财务均衡，又对双方公平）。

如果由于补偿事件导致增加资本投资，可以用以下几个方法解决：

◎ 可以由购买方或签约的公共部门通过给项目公司一次性付款提供直接融资。

◎ 可以由项目公司增加借款，并调整合同付款的支付。根据基础的融资模型调整合同付款进行计算，以确保投资方能够获得最初预计的收益，但这只涉及追加投资的部分，而且要留给贷款方同样的用于还款的现金流。

◎ 也可以考虑延长项目协议期限，但是这很难以维持财务平衡的方式进行量化。比如，如果贷款方不延长其贷款期限（通常不会这样做），就会使计算数据失真，并由于期限的延长而通过再融资获得暴利。

◎ 对于更多小额的资本成本（比"小工程"成本高一些），也可以同意按照年度通过合同付款给予偿付，在项目协议剩余的期限内按约定的利息支付。这样做的前提是不会造成项目公司和分包商之间大额付款的缺口或债务偿还。也许一次性付款是最简单的方法。

上述方法适用于资产移交的合同，对于非资产移交的合同，这个问题就变得更复杂了。上述全面财务均衡的付款方式要求购买方或签约的公共部门应是项目资产的最终所有者。如果不是这种情况，针对追加投资的付款就需要在项目协议剩余的期限和相关项目资产的剩余经济期限（可能更长）之间按比例进行调整。

7.7 合理的借口

根据项目协议，"合理的借口"可以保护项目公司免受罚金或扣款。这类情况一般不多，包括以下几种情况：

◎ 经购买方或签约的公共部门同意临时关闭项目设施；

◎ 合同变更或法律变化；

◎ 紧急情况下，服从购买方或签约的公共部门的指令。

7.8 免责事件

免责事件不是任何一方的错误，也不是能由任何一方控制的。实际上，它是一个临时不可抗力的事件。一旦把损坏的地方修好或把影响建设或运营的障碍去除，项目就应该继续工作。因此，把一个事件确定为免责事件可以让项目公司不会由于项目公司的违约而终止项目协议。比如未能按时完工，但是根据项目协议，这不能减轻项目公司的收入损失、罚金或扣款（注意：免责事件要比合理的借口更普遍）。

可以认为补偿事件给予了项目公司"时间和金钱"，即有更多解决问题的时间，并通过融资以保持财务均衡。而免责事件给予项目公司的是"时间而不是金钱"，即购买方或签约的公共部门不会给予补偿，如果不提供服务就没有合同付款，而且按照项目协议会继续支付罚金和扣除付款。但是这种情况下，项目公司并不违约，而且会给更多的时间解决问题。

但是，许多免责事件应该有保险承保，这样可以让项目公司保持财务均衡的状态。

在各类项目合同谈判时通常会谈到免责事件的问题，发起人自然愿意尽可能地把这些事件归为补偿事件。一般典型的免责事件包括以下几种：

◎ 由于大火、洪水、风暴对项目造成的损失；

◎ 对项目造成的意外损坏；

◎ 在施工过程中不可预测的地质条件或发现；

◎ 不可预测的天气条件；

◎ 延误获得许可证或执照；

◎ 由于公用设施供应商的问题造成无法开工；

◎ 电力供应或其他公用设施不足；

◎ 全国罢工或供应商公司罢工。

项目协议中的免责事件在分包合同中是否有所体现取决于整体风险的分配。如果免责事件延误了项目完工的日期，就需要同意给予延期。

各方最初同意保险是处理免责事件比较适合的方式，但是在考虑免责事件的时候会发现保险不可能解决这个问题，即使有这种可能性，解决的条件也非常苛刻。尽管可能性不大，但在某些专业领域这可能就是一个问题，比如PPP模式下的监狱项目。出现了免责事件，购买方或签约的公共部门通常要作出选择：或者充当最终报告的承保人（扣除合同付款应支付的保险费），或者终止协议。

这些影响购买方或签约的公共部门（比如购买方的输电线路减少）的临时性问题不能免除其支付产品费用或服务费用的责任，此时项目虽然没有运行但显然处在可供使用的状态。

7.9　购买方或签约的公共部门的介入

如果项目公司违约，作为临时性的措施，购买方或签约的公共部门有权介入并使项目运行，以确保供应或服务持续进行。即使项目公司没有违约，签约的公共部门也可以在国家处于紧急状态下或出于公共安全的考虑介入项目公司。

如果购买方或签约的公共部门运营项目，无论项目公司是否违约，一般情况下要继续履行合同进行付款（扣减产生的合理成本、罚金或扣款），而且购买方或签约的公共部门必须对项目公司的损失给予补偿。

显然，投资方和贷款方对"允许介入"的这一条款都会感到担心，因此需要协调好与贷款方的介入权利。

7.10 项目协议的终止

项目公司或购买方或签约的公共部门违约可能会导致项目协议提前终止。通常购买方或签约的公共部门也可以选择提前终止项目协议。由于不可抗力事件可能使项目无法完工或继续运营，提前终止协议也是有必要的。如果是和签约的公共部门签署的项目协议，因腐败或欺诈通常也会要求终止协议。如果项目提前终止，有可能得到税收方面的减免。此外，还需要在合同期结束时就移交的项目达成一致的意见。

上述所讨论的问题都涉及与移交资产合同相关的项目协议。在这类项目协议期结束时，项目要无偿地移交给购买方或签约的公共部门。如果项目协议提前终止，所有权的移交也要提前，因为购买方或签约的公共部门可能希望能接管项目的运营，并认为能解决好违约的问题。

因此，对于非资产移交合同的提前终止需要单独的考虑，这类项目到期时会出现各种情况的可能性。

7.10.1 项目提前终止：项目公司违约

项目公司违约的情形。如果项目公司违约，购买方或签约的公共部门有权终止项目协议，这种违约实质上就决定了项目不再能按照要求提供产品或服务。项目在短期内不能使用或达不到要求的标准可以采用处罚的方式解决，而不需要终止项目协议。造成项目本质上出现问题的情况包括：

◎ 项目开发失败或项目无法长期运营（放弃）。

◎ 贷款方停止放款。如果项目出现了严重问题，停止放贷就会促使购买方或签约的公共部门尽早解决问题，但是如果贷款方自己有能力解决问题，可能就会拒绝让购买方或签约的公共部门解决。

◎ 在约定的完工延期日期项目没能完工（一般为项目计划完工后的一年），或独立工程师判断在这个日期前项目不可能完工。

◎ 项目达不到最低的要求。

◎ 未能交付罚金。

◎ 项目无法使用导致的罚金或扣款超过了在数月期限内合同付款的一定比例。

◎ 累计的罚金超过了上限水平。

◎ 其他较小的违约（不会招致罚金）不断出现，尽管有签约的公共部门的警示，问题仍得不到解决。这被称为"持续违约"（一般难以谈判解决）。

◎ PPP项目其他条款的违约，如没有投保，或在纠正违约的合理宽限期内未能为设施的使用者提供健康和安全的条件（除非项目公司故意所为）。

◎ 运营能力达不到最低的标准。

◎ 项目公司破产。

◎ 未经签约的公共部门同意对项目公司的所有权或控制权进行变更。

除非项目公司分包商出现了上述违约行为，否则不应属于项目协议下的违约。这些问题基本上是项目公司（以及投资方和贷款方）的问题，它们应负责解决，这是它们拥有风险资本的责任。

项目违约而终止的处理措施。 在有关资产移交合同的项目协议谈判中，一个重要的问题是由于项目公司违约而提前终止协议后的安排，特别是补偿金（也称终止金）是否在任何情况下都应由购买方或签约公共部门支付（因为通常由它接管项目），如果这样，补偿金如何计算。毫无疑问，贷款方会对此事非常重视，甚至比发起人更加关注此事，发起人的观点可能是一旦项目公司违约，项目本身就没有任何股权价值了。因此，虽然贷款方不是项目协议的一方，但是与此事相关的谈判可能会变成它和购买方或签约的公共部门之间的对话，而发起人则成了旁观者。注意，根据直接协议，贷款方一般有介入和要求补救期的权利。

项目开始运营后，由于项目公司违约而终止项目，有以下处理措施：

◎ 支付给购买方或签约公共部门补偿金，以弥补其损失；

◎ 购买方或签约的公共部门停止购买；

◎ 把项目移交给购买方或签约公共部门，不支付终止金；

◎ 购买方或签约公共部门支付相当于未偿还债务的终止金；

◎ 在公开市场上出售该项目并连同其项目协议；

◎ 按照预估的市场价值，由购买方或签约公共部门支付终止金。

对以上措施作进一步说明。

对购买方或签约公共部门的损失进行补偿。如果项目公司违约，对购买方或签约的公共部门进行损失补偿似乎是一个理所当然的安排（参考7.10.8），对于非资产移交项目来说，这可能是个首选方案，但是考虑到项目公司可能用于支付的资金，通常这种做法并不实际。而且，怎么评估购买方或签约公共部门的损失也是一个问题。

购买方或签约公共部门停止购买。对于非资产移交的项目，购买方或签约的公共部门有权停止购买，因此将由项目公司及其贷款方实现项目的某些价值，但是如果项目提供的是基本的公共服务，这可能不是其选择。

不支付终止金。一旦项目开始运行，项目公司违约的情况是非常少见的。最可能的情形是由于收入较低投资方对股本收益失望，因此会停止投资项目。这种情况最可能发生在特许经营的项目上，因为对项目的使用预测过于乐观（比如，澳大利亚对于特许经营采用了这种方法，同时要求为公共部门进行补偿）。

把项目移交给购买方或签约公共部门而不支付终止金的观点认为，如果项目公司违约的问题严重到无法获得股本回报，因此使投资方失去解决问题的兴趣，那么贷款方可能会接管该项目（如按照直接协议可以行使置换权），并尽量解决问题以保护它们的贷款。这样，由于项目协议不会真正地终止，没有必要让购买方或签约的公共部门参与进来。

与之相反的观点认为，即使运营较差的项目也应该有些价值，因此违约后购买方或签约的公共部门得不到任何项目的价值似乎是不合理的，尽管可能性不大，这会以贷款方和投资方的代价获得意外的收获。

支付相当于未偿还债务的付款。简单的方式是把项目移交给购买方或签约的公共部门，并由其支付相当于未偿还债务的终止金，但是不会支付股本的投资资金。当然这会给投资方留下损失全部股本投资的风险。

如果项目违约，在所剩股本价值很小的情况下投资方可能会接受上述做法（这种债务担保应该只适用于项目按照要求完工的情况）。这种做法在发展中国家比较普遍。比如，土耳其第一代的BOT项目就是这样操作的（BOT这个术语是在20世纪80年代出现的）。

显然，如果项目公司违约而把剩余的债务自动偿还，贷款方的尽职调查和对项目的监控就非常有限了，因为贷款方不承担项目失败的风险。

应该偿还多少债务？包含债务偿还的终止金应该在多大程度上用于偿还债务？在违约时是按最初计划所发生的债务还是实际发生的债务？如果项目一直有问题，就可能无法按预定计划偿还债务，因此就会产生更多的债务。购买方或签约的公共部门应该对此负责吗？如果通过再融资产生了额外的债务，这个问题就变得更复杂了——或者由于项目运营不错，能够在其终止前借到更多的资金，或者由于项目经营不善，贷款方拒绝给它贷款。

投资方和贷款方期望购买方或签约公共部门有能力同意支付这笔额外的债务，因为它们能灵活处理这些问题的能力有限。妥协的方案是允许额外的债务不超过一个上限（比如原计划债务的110%），超过的部分需要得到购买方或签约的公共部门的批准（如果没有批准，债务就可能上升，但是购买方或签约的公共部门在项目协议提前终止的情况下没有义务支付额外的债务，除非购买方或签约的公共部门本身违约或选择终止）。

在购买方或签约的公共部门偿还剩余债务的时候，也需要加上或减去其他的付款。

累计的未付利息（但不是由于违约应付的额外惩罚性利息）。

加上 利率交易的损失成本，固定利率的债务或在利息日前偿还浮动利率的贷款（这些都是真实的成本，即不应支付预付费用或其他此类的罚金）。

减去 抵损款项的利润。

减去 包括保险收益在内的项目账户的金额（由于贷款方有担保因此可以直接收回这些金额）。

减去 贷款方持有其他担保的金额（移交给购买方或签约公共部门的除外）。

在购买方或签约的公共部门偿还债务的情况下，它可能希望选择在一定时期内偿还债务，以体现把风险从项目转移出去，这样可以避免对预算造成直接压力。

在市场上出售项目及协议。用"市场价值"的方法，可以把项目协议出售给新的投资方，让其接管项目，处理违约的问题，并按照协议的要求运营项目。出售获得的收益减去安排出售的成本后支付给项目公司。显然，这种做法的前提条件是新的项目所有人能够解决项目公司违约造成的所有问题。

这显然让贷款方和投资方承担了更多的风险，而且很有可能在项目公司违约时项目却无法出售。贷款方可能特别担心如果没有人购买项目它们就会一无所获。因此，出售项目及协议的办法可能会受到"流动性市场"的影响，即如果没有潜在的购买方（或少于3个），出售就无法实施。这样就需要用以下办法。

估算市场价值。一个替代出售项目的方法是使用一个能够测定项目市场价值的公式。

全部未来合同付款（假设没有扣款或罚金）。

减去 最初预测的现金流中的项目运营成本。

减去 解决违约问题的成本，或其他违约造成的损失（比如，需要从其他渠道获得产品或服务）。

再按照现金流量表中的内部收益率进行折现。

这样就可以从未来收入中去掉股本收益以及财务成本的部分，并得出未偿付的股本和债务。

总体上讲，作为市场出售的替代方式，这个公式更倾向于被贷款方使用，但是它并不能真正地反映项目的真实市场价值。主要的问题在于使用项目内部收益率作为折现率的话，当出现违约时购买方可能不会使用它对项目进行折现，因为它可能与真实的市场折现率不一致。有两种方法可以解决这个问题：

◎ 可以以周期相同的政府债券收益的变化按比例调整项目现金流的内部收益率以与当期市场的收益率保持同步。例如，如果政府债券最初设定收益率为6%，而现在降到4%，那么，项目内部收益率就应该按照1+（4÷6）计算。这样，如果现金流中的内部收益率为10%，按违约时计算的收益率就应该是6.7%。这个方法有以下两个问题：第一，如果以项目内部收益率对补偿违约或其他损失的成本进行折现，而且假设这些成本被分摊到未来的一段时间内，那么用于补偿违约的净现值可能不足，因为投资的收益率可能低于融资关闭时预测的内部收益率。第二，调整后项目内部收益率并不意味着就是实际的市场折现率，这还与其他问题相关，比如对这类失败项目的供求情况。实际上，市场上的竞买人很有可能提出比调整的项目内部收益率还高的折现率，这反映了项目存在重大的问题。

◎ 根据以上的观点可以进一步看出，如果不对补偿的成本进行调整（增加），就会为风险留有余地，那么在这种情况下出现超支成本的可能性就会更高。显然，为了避免风险，需要调整（提高）折现率。

因此，强烈建议对项目公司进行估值时应聘请独立的评估师确定适当的折现率（补偿违约的成本需要评估师的独立观点）。

有关各方可能不想把这项工作留给无法作出决策的评估师，而是坚持使用上述公式，这样至少可以提前知道将要使用的折现率。

如果项目完工前项目公司违约，一般可以选择以下的方法：

◎ 如果购买方或签约的公共部门选择不接管项目资产，就不需要付款。

◎ 支付到目前为止项目所产生的成本，减去这项成本和完工成本净现值之和超出融资关闭预算的金额部分。比如假设预测建设成本为100，至今已花去70，完工的成本还需要支付给项目公司50（100-50），因此项目损失20。

上面两种方法可选择之一。但是按预测的市场价值公式，把一个建设失败项目的未来现金流的净现值支付给项目公司似乎有些不合情理。

贷款方会尽可能要求对项目资产进行担保。但是，这不应该限制或妨碍按照违约终止的规定把项目资产转移给购买方或签约的公共部门。

7.10.2 提前终止：购买方或签约的公共部门违约

导致购买方或签约的公共部门违约最可能的原因是没有支付产品或服务费用的能力，因此可能认为就终止金支付的谈判是浪费时间。但是，终止金是经过担保的（比如，由政府担保的购买方或签约的公共部门的债务），即使没有担保，数额巨大的终止金也会让购买方或签约的公共部门尽量避免违约。要求支付终止金也会减少项目协议中其他基本责任的违约，这些违约会使项目无法按计划进行建设或运营（比如，提供进入工地的道路或路权）。如果签约的公共部门不提供补贴或其他融资，那么这可能是签约的公共部门在特许经营中违约的唯一方式。

购买方或签约的公共部门支付的终止金通常包括以下几个部分：

未偿还债务。显然在这种情况下如果未偿还债务不能偿还，贷款方就不可能提供贷款。例如，在澳大利亚特许经营协议中，虽然应偿还的债务水平（不包含提前终止的成本）是基础融资模型中未偿还债务预测的下限，而且也是终止日实际的未偿还债务，但是使用在7.10.1中提到的未偿还债务的支付方式是合理的。

分包合同债务。项目协议的提前终止一般也会导致分包合同的终止。这些合同提前终止会要求项目公司支付罚金，这些罚金最终会由购买方或签约的公共部门支付（对于运营或维护分包合同或者物业服务的分包合同来说，一般的终止罚金相当于两年的服务费用）。

项目公司的利润损失。如果不考虑未来利润的损失，购买方或签约的公共部门在项目完工后不久就以成本价购买项目的方式违约，使得投资方几乎无法获得货币的回报。对于第三方收入也要考虑进去（一般是基于融资关闭预测的下限和过去几年的实际收入）。

计算未偿还债务和分包合同的负债比较容易，但是计算利润的损失相对复杂，计算股本利润的损失则更为复杂。表7-1介绍了几种可能性，内容是基于一项为期20年的项目，股本内部收益率为15%，在第10年初终止的情况（项目收入为每年增加2.5%）。

方法1：支付足够的费用以确保投资方获得融资关闭时所达成的股本内部收益率（考虑到过去的股本现金流）。比如，在表7-1中，现金流达到了745。这个公式的危险在于它可能会鼓励在项目开始运行后不久就发生违约或选择终止项目，这样就使得购买方或签约的公共部门以成本价购买项目，而对投资方所承担的建设风险难以补偿。

方法2：按照融资关闭时的内部收益率对未来预测收入的现金流进行折现，在表7-1中显示为812.1，这种方法的问题与7.10.1中预计市场价值付款的问题相同。

方法3：就像没有出现违约的情况，对投资方股本的市场价值进行独立估值；一般是在按照次级股本收益率对未来现金流折现预测的基础上进行估值的；由于折现率较低，付款的数额为989.3，显然这是投资方更愿意选择的方法。

如果支付了这些款项，项目就可以移交给购买方或签约的公共部门了。

表7-1 利润损失的补偿

基本模式

年	0	1	2	3	4	5	6	7	8	9	10	20
现金流	-700.0	100.0	102.5	105.1	107.7	110.4	113.1	116.0	118.9	121.8	124.9	159.9
基本模式内部收益率	15%											

第 10 年终止

方法 1：终止日时股本内部收益率

年	0	1	2	3	4	5	6	7	8	9	10
现金流	-700.0	100.0	102.5	105.1	107.7	110.4	113.1	116.0	118.9	121.8	745.0

到第 10 年的内部收益率15%

方法 2：基于基本模式股本内部收益率折算计算的未来现金流

年	10	11	12	13	14	15	16	17	18	19	20
现金流	124.9	128.0	131.2	134.5	137.9	141.3	144.8	148.5	152.2	156.0	159.9
净现值	812.1										

方法 3：股本的市场价

二级股本回报率	10%										
年	10	11	12	13	14	15	16	17	18	19	20
现金流	124.9	128.0	131.2	134.5	137.9	141.3	144.8	148.5	152.2	156.0	159.9
净现值	989.3										

7.10.3 购买方或签约的公共部门选择终止

为方便起见，购买方或签约的公共部门也可以选择终止项目。由于政策的变化，其想要把项目接管过来。在这种情况下，购买方或签约的公共部门的违约可按照终止金公式支付终止金。

7.10.4　提前终止：不可抗力

不可抗力事件是无法预测的事件，让某一方无法执行合同，这并不是哪一方的错误所致。在大部分项目合同中都会找到不可抗力的条款，对待不可抗力的做法一般是各方自行承担损失。但在与购买方或签约的公共部门签订的合同中并不总是如此。在这方面对不同项目合同条款进行协调是非常重要的。

不可抗力事件可以分成两大类：

◎　自然不可抗力（也称为天灾），比如火灾、爆炸、洪水、极端天气等；

◎　政治不可抗力，比如战争、恐怖袭击或国内动乱，等等。

各种不可抗力可能会导致项目协议的终止，因为项目不再可能继续建设或运营。

自然不可抗力。自然不可抗力可能会破坏一个项目，但是它应该能得到保险的赔付。由于保险的赔付金可以用来重新建设项目，因此项目协议一般不会终止。但是，如果包括保险金在内的重建的资金不足，通常就会把它视作项目公司违约来处理。保险赔付金要用于偿还贷款方的贷款，以及投资方的损失，这取决于所获保险赔付的金额。

政治不可抗力。对于移交资产类型的项目，即购买方或签约的公共部门是项目最终的所有人，那么购买方或签约的公共部门理应承担长期的所有权风险。如果政治不可抗力使项目永远无法运营，那么最公平的做法就是让购买方或签约的公共部门支付用于偿还债务的终止金，减去保险收入，加上股本投资的一些补偿。

对于股本投资，在这种情况下由于要给予未来收益损失补偿的金额太多而难以兑现。一个方法是偿还净权益投资，即全部股本投资，减掉投资方在终止日收到的分配金额。另一个方法是支付项目公司在终止时账目上所示股本投资一定比例的金额（比如一半的金额）。

在发展中国家，解决的方法是把未偿还债务还清，并补偿未来收益的损失，这种处理方法与购买方或签约的公共部门违约的处理方法相同。

支付了上述相关的终止金后，购买方或签约的公共部门就自然地获得了该项目。

东道国政府的一些做法（比如项目国有化或禁止换汇或汇出）一般认为是公共部门购买方或签约公共部门的违约行为。

7.10.5 提前终止：腐败或欺诈

如果项目协议是与签约的公共部门签署的，即它是一个公共部门的合同，可能有必要包含在采购过程中出现腐败或欺诈的条款。最简单的方法就是终止项目协议，签约的公共部门通过偿还债务以获得项目，但是不需要给投资方支付任何款项（因为是投资方可能从腐败或欺诈中获益而不是贷款方）。

7.10.6 支付终止金纳税的问题

最后，需要考虑终止金的缴税问题。如果终止金需要纳税，投资方和贷款方收到的金额可能不足以补偿它们的损失，因此需要增加补偿的金额（有必要增加到税后所要求的净额）。这适用于终止金中用于偿还债务的任何要素（即由于购买方或签约的公共部门的违约选择终止，或由于不可抗力或腐败而终止）。但是，这种增加补偿的条款不适用于与项目公司违约相关的终止付款，因为这种情况下购买方或签约的公共部门没有义务偿还债务，或为了终止金目的按照税前现金流计算项目的价值。

关于股本金的补偿，投资方有义务按照收到的金额进行纳税，因此无须增加补偿费。但是，如果投资方提供的是次级债务而不是股本金，则需要增加补偿金。

7.10.7 移交资产项目协议最后到期

在移交资产项目协议中，要求有"交回"的条款，即在合同结束时需要把项目移交给购买方或签约的公共部门。因此，首先应进行资产注册（通常在项目完工时），列出运营项目所需要的所有资产，以及在项目协议结束时移交的资产。包括以下资产：
- ◎ 土地或建筑物；
- ◎ 厂房和设备；
- ◎ 账目和文件记录（包括运营、维护以及健康和安全手册）；
- ◎ 竣工图；

◎ 配件、工具和其他资产；

◎ 其他接续合同；

◎ 知识产权；

◎ 许可证。

在制定资产管理计划时可以规定项目维护、维修以及项目生命周期补充的要求。显然，项目公司会在项目运营的最后几年中不会重视项目的维护和更新。资产管理计划可能会包含在项目协议中，并在合同结束前适时受到监督。但是，在这期间项目公司可能已把所剩余的现金付给了股东，而停止将财务资金用于对项目的维护。

因此，如果购买方或签约的公共部门希望确保在项目协议最后的几年中做好项目的维护，可以采取以下措施：

◎ 有权调查项目的状况，并要求进行高标准的维护工作。

◎ 在最后几年把部分合同付款存入由项目公司和购买方或签约的公共部门共同控制的维护储备账户或保留账户，这笔资金用于项目的维护，剩余的部分返给项目公司。

◎ 如果在合同期的最后两年中项目公司停止对项目的维护，购买方或签约的公共部门有权接管项目的维护，通过停止合同付款将这部分资金用于支付维护费用。

◎ 项目公司提供担保（发起人或银行担保）或维护保函，以确保履行最后阶段的维护。

此外，还需要制定关于运营信息、手册等移交的条款。

7.10.8　非移交资产项目的提前终止

对于非移交资产合同也需要考虑上述所讨论的每一个提前终止的情形。对于移交资产合同，购买方或签约的公共部门会把项目资产收回，但是不希望支付超出资产价值的金额（尽管不一定总是这样）。因此，在缺乏投资方担保的情况下，购买方或签约的公共部门也应该得到合理的担保。显然，这个建议应该适用于任何有关公共基础设施的项目协议。

与非移交资产合同相关的项目协议内容并不是那么清晰。这类合同可能非常适用于加工厂项目，如电厂、垃圾焚烧厂，或污水处理厂，这类项目在私人部门市场上能继续运行，但也可能适用于公屋或政府办公楼项目，这些项目也有其他的用途。

7.10.9 非移交资产合同的最后到期

原则上，在非移交资产合同最后到期时项目公司继续最大限度地使用项目资产，购买方或签约的公共部门会逐渐撤出。但这只有在购买方或签约的公共部门没有按照合同付款全部支付整个项目成本的情况下才能接受，即合同付款已经减少到需要考虑项目残值的情况了。

如果合同付款已经反映了残值，仍然有可能在项目协议中列出选项让购买方或签约的公共部门以反映残值的方式获得项目，此时的残值属于项目公司。比如：

◎ 按照已商定的固定价格选择购买项目；

◎ 按照当时的市场价值选择购买项目；

◎ 根据当时的市场情况选择延长项目协议；

◎ 通过新的竞标选择续约合同（现有的项目公司也可以参加竞标），中标公司可以购买项目公司提供的设施（按照预先商定的价格公式）。

如果在最初的合同付款中没有考虑到残值的问题，购买方或签约的公共部门一般应尽量确保残值的商业利益归为己有，而不是归项目公司（因为到那时项目的全部资本成本可能已全部收回）。

◎ 选择用少量的资金购买项目（这实际上把项目合同变成了非移交资产合同，意味着移交资产合同最后到期的条款也必须在此适用）。

◎ 选择为项目资产的剩余经济寿命而延长项目协议的期限，前提是项目公司的投资方已获得了必要的回报。因此，延期是基于"成本加成"的原则，让项目公司只是在运营和维护成本的基础上获得商定的边际利润。

7.11 所有权变更

购买方或签约的公共部门可能会限制发起人把股份出售给另一方，以使发起人履行对项目的承诺，而不是迅速获得利润后离开。通常，这种限制用于项目的建设阶段，一旦项目完工就可能取消这个限制，因为此时项目开始进入运营阶段了。但是，如果项目需要某一个发起人为其提供特定的技术，就有可能要求其在更长的期限内保留股权。

7.12　争议解决

对于这种复杂的合同，如果产生了法律纠纷，一般建议首先通过专家仲裁或公认的仲裁庭进行解决。

在这种情况下可能出现的另外一个小问题是编制项目合同和融资文件所使用的语言。一般情况下，从国际市场上寻求融资的项目公司应该尽量使用英语准备项目合同，因为这可以更容易地接触更多潜在的贷款方；受英国或纽约法律管辖的项目合同或融资文件也应该用英语起草。

跨境投资和借贷的问题，以及涉及公共部门的购买方、签约的公共部门或其他项目合同方的问题在11.5.1论述。

分包合同及其他相关合同

8.1 概述

本章总结了主要分包合同中的重要条款，也就是说，除了上一章的项目协议外，项目公司还签署了其他项目合同，以及其他相关协议：

◎ 施工合同；

◎ 运营和维护合同；

◎ 建设服务合同；

◎ 燃料或其他原材料的供应合同；

◎ 保险；

◎ 场地出租；

◎ 各类许可，这些许可并不具有合同的性质，但对于所有的项目合同都是非常重要的；

◎ 分包商的母公司为其提供的担保；

◎ 贷款方和签约的公共部门及购买方签订的直接协议。

在2.5.3中已经谈到，并不是每一个项目融资都会涉及所有的这些合同，但是通常会涉及其中的一个或多个合同，了解这些合同的总体范围、目的和结构是非常重要的，因为它们通常是构成项目融资基础的主要因素。

任何项目合同中的变化都要得到贷款方的同意。

8.2 施工合同

按照承包大型项目的传统做法，项目的开发商或签约的公共部门首先请咨询工程师为项目做设计，提供详细的设计图、工程量清单等信息资料，在此基础上对项目施工进行招标，对所使用的设备要单独采购。但是对于项目融资来说，即使项目的发起人或签约的公共部门有执行各种合同的经验，以及协调各方工作的能力和责任，贷款方通常也不会接受上述做法，它们更希望通过"一站式"的方式把项目建好，以避免项目公司在这个过程中由于责任不清而产生各种问题。

因此，项目融资的施工合同通常采用设计、采购或生产所需的设备并实施项目建设的方式（这种"交钥匙"的责任能把设施完备的项目进行整体交付，并为运营做好准备）。这种合同被称为设计与施工合同（D&B）或设计、采购和施工总承包（EPC）合同。

另外一个承包大型项目的方式，是指定一个承包或设计公司作为施工管理方，负责项目施工的各个环节，并向管理方支付管理费。管理费可能会由于最终的施工成本而有所不同。虽然这种方式比较经济，但是贷款方一般不接受建设成本的变动，因为成本的超支会造成资金不足或增加成本，结果是项目运营无法获得经济效益（参阅9.5.4）。所以施工总承包合同可以使总承包商能够以固定的价格完成项目的建设。

最终项目要在项目协议规定的日期之前完成。所以，施工合同也会提供一个固定的项目完成日期。

这种以固定价格和固定期限的"交钥匙"式的施工合同会把大部分的责任（风险）转移给施工承包商。另外，施工承包商合同也包括分包商的施工（即担保），这就增加了这方面的风险。这些额外风险可能会使施工承包商把意外情况加到合同成本中，因此，施工合同价一般要高于成本加利润的合同价。通常来说，此类施工合同比非固定价格和固定日期的"交钥匙"式的施工合同高出20%的额外成本。但是，非固定价格、日期的"交钥匙"式的施工经常会超出预算成本20%，因此两种合同的最终结果是一样的。

在处理厂和基础设施项目中，一般采用标准的固定价格和固定期限的施工合同。如果发起人采用其他的合同形式，通常要向贷款方提供完工担保，这样就会削弱没有追索权性质的融资。某些类型的项目通常不用或不能使用这样的合同。例如，采矿和开采石油、天然气等，以及涉及投资网络工程的项目，如通信项目，这些项目的投资是渐进的，而且会受到市场需求的影响。

另一个不属于施工承包商的责任是，在建的项目使用的是由第三方许可的技术，这种情况经常出现在炼油和石化项目中。如果这项技术属于第三方许可的技术，那么施工承包商则不承担项目运营的责任。

应该注意的是，由国际咨询工程师联合会编制的标准施工合同通常不适用于项目融资，一是因为这些标准合同更有利于总承包商，二是因为标准合同与项目融资的要求相比，还有一些结构上的差异。

从项目融资的角度来看，施工合同包括以下主要内容：
◎ 合同范围；
◎ 项目工程的开工；
◎ 合同价格、付款和变更；
◎ 施工监理；
◎ 业主的风险（补偿情况）；
◎ 免责情况；
◎ 完工的定义；
◎ 清算损失和终止；
◎ 担保；
◎ 施工承包商的暂停和终止；
◎ 争议解决。

8.2.1 合同范围

施工合同对项目的设计、技术规范和性能标准都会作出具体规定，还给项目建设提供快速通道，签订合同后，无须等到所有具体详细的设计全部完成，就可以施工。不过，即使有些具体的规定没有很详细地表述出来，施工承包商也有责任按照标准把项目建设好，达到规定的性能标准（它的地位不同于购买方或签约的公共部门）。

施工总承包商负责选择分包商或设备供货商，但对于主要的分包商或设备供货商的选择，项目公司有权作出事先批准，这样就可以保证所选的分包商和供货商具有资质。

施工合同价一般不应包括施工保险。

考虑到税务的原因，与国际承包商签订的施工合同有时要拆成几个独立平行的合同。比如，提供服务（设计）和设备的合同，或为项目所在国以外的工程签订"离岸"合同，而剩下的工程则签为"在岸"合同（这些项目可能会由当地建设公司做施工总承包商的分包商）。只要这些合同能条理清晰地联系在一起，共同构成一个有机的整体，就可以接受。

8.2.2　工程建设的开工

施工合同签署和融资关闭之间经常会间隔一段时间，承包商一般在融资关闭确认时才会开工建设，因为这时可以确保融资到位。施工合同经常包含一个开工通知的内容（即开工的正式通知），这个开工通知由项目公司在融资关闭时正式发出。这样，计算项目完工的日期应该以开工通知发出后的某一日期为准，而不是从一个固定的日期算起。

如果融资关闭不能按计划完成，就有可能影响施工合同价格。因此很有可能对开工通知规定一个最终的日期，超过这一日期，总包商就有可能提高合同价格，甚至提出放弃该工程的承包。同样，推迟开工会导致延期完工，不利于项目的总体开发和建设。在这种情况下，发起人可能愿意通过提供担保，使总包商启动项目的施工，它们会认为融资关闭能赶上整体的进展，并在某一时间能够撤销这项担保。为此，施工合同中会包括一个"开工通知前"的可选程序：可能只包括（成本相对较低的）初步设计工作，或允许总承包商预定一些交货时间比较长（成本较高）的设备等。

如果项目公司决定停止该项目的进一步实施（称为因便利而终止合同），就有权终止施工合同，但需要按照约定的方式给予施工总包商一定的补偿。

8.2.3　合同价格、付款和变更

通常合同的付款是分阶段进行的，在首付押金后，就会按照施工承包商所完成计划的里程碑进行付款（如工程主要阶段的完工或大型设备的移

交），或者按完成的总投资的比例进行付款。

贷款方可能直接付款给承包商，而不是通过项目公司的账户支付资金。

如果使用出口信贷或其他关联性资金，承包商就不能对获得设备或服务的安排作任何改变（否则项目公司就可能无法获得足够的融资）。

原则上施工合同价格是固定的，但是也有以下的一些例外的情况，允许承包商提高其价格。

◎ 项目公司变更工程的设计或功能，或增加新的工程量；

◎ 业主风险导致成本增加（包括建设计划延迟的成本）；

◎ 发现化石或古迹造成施工推迟而导致成本增加；

◎ 法律变化使得项目的设计和施工发生变更。

虽然施工承包商可能不接受由于项目施工场地存在采矿和地下条件不确定问题的责任，但是通常施工承包商要承担地质条件所引致的额外成本。

原则上，施工合同价是一个总包价，它的构成与项目公司无关，但有时为了税务的目的，施工承包商有必要把价格分解。

8.2.4 施工监理

施工承包商按照合同负责完成对项目的施工，但项目公司仍要对施工的过程进行监理，确保项目的建设符合预定的标准。

项目公司（业主）经常从外部聘请工程公司为项目提出规范，在招投标过程中协助谈判施工合同，对施工承包商的施工进行监理，并证明对付款的要求是合理有序的（也可能要求贷款方的工程师对付款进行审核）。

施工合同也可能规定让一个独立的工程监理公司对工程在各个阶段的完成情况进行监理，按照项目协议，监理公司也起着相同的作用。

对于施工承包商的主要人事安排也要事先安排确定下来，没有项目公司的同意是不能调换的。

8.2.5 业主风险

除了按施工合同及时付款外，项目公司（在施工合同中常被称为"业主"）的责任主要限于以下几个方面：

◎ 为项目提供建设用地；

◎ 保证能进入施工场地；

◎ 获得项目施工许可证（那些应由项目公司而不是施工承包商负责办理的许可证）；

◎ 为施工所需的公用设施提供便利（如提供水、电）；

◎ 为项目测试提供燃料或其他材料；

◎ 确保第三方合同能按要求执行（比如铺设通向项目场地的燃料管道或道路等）；

◎ 清除建设用地上一些隐蔽的污染物或有害废物所需的额外成本，不包括施工总承包商留下的废物（这被称为"工地遗留物"风险）。

8.2.6　免责事件

在施工合同背景下的免责事件是：该事件没有在预料范围之内，而且即使是谨慎老练的施工承包商都无法控制的局面。因此，这种事件导致的项目延期，承包商是可以免责的。但是，由于免责事件而产生的额外费用需要施工承包商自己承担，得不到补偿。

施工合同背景下的免责事件应尽可能体现项目协议规定的免责事件。

8.2.7　项目完工

施工合同规定了项目公司接受的完工条件。项目完工有以下几个阶段：

◎ 机械完工，这标志着项目已经做好了启动和测试的准备，包括性能测试。这些测试包括确认项目达到性能和运营标准（或者已支付违约赔偿金）。

◎ 基本完工（也叫初期交工），表明项目达到了施工合同所规定的要求或合同的基本要求，此时可以把项目移交给项目公司开始运营。

◎ 最终交工（也称最后完工），表明项目的收尾工作完成。这也是施工项目合同范围的一部分，但不影响项目的运行（比如地貌的恢复）。贷款方聘用的工程师，通常也要参与项目完工的确认过程。

机械完工或基本完工（与项目协议中的日期相符）的最后日期在施工合同中确定后，只能在特定的情况下延期，比如，业主的风险导致施工承包商工程延期。

设备或工程交付或付款后，常由施工承包商转给项目公司。但是，在基本完工之前，承包商依然对设备或施工现场的任何损坏或损失负责。不过，这些损失一般由保险公司承担。

一般要求贷款方聘用的工程师确认完工，也就是说，在重要施工阶段，只有业主方工程师给出确认完工的证书是不够的。

8.2.8 违约赔偿和终止

违约赔偿是施工承包商按合同双方同意的固定金额支付给项目公司，以弥补其延期完工或项目未能达到要求造成的财务损失（施工承包商违约）。如果违约赔偿的具体金额不事先达成一致，就会对造成的损失争论不休：贷款方不能接受这个过程的不确定性，而对于项目公司来说，争议所花费的时间也会造成严重的财务损失。

违约赔偿的目的不是惩罚（实际上，很多的法律体系都不执行这种类型的罚款），而是对所造成的损失给予一种公正的补偿。

除了违约赔偿外，项目公司不能再要求承包商对所遭受的利润损失或额外成本进行补偿，除非出现了施工合同终止的情况。鉴于违约赔偿的重要性，贷款方对违约赔偿的要求高于非项目融资施工合同的规定。按照项目协议也可能需要用违约赔偿的方式支付罚金。所以，施工承包商在制定施工进度和合同报价的时候应考虑到高额违约赔偿带来的风险。

延迟完工的违约赔偿。承包商还需要为完工延误承担违约赔偿的责任，这在大多数施工合同中是非常普遍的。不过，受到不可抗力或业主风险的影响而导致完工延误的，承包商不需要违约赔偿。

完工延迟的违约赔偿是按天数计算的，赔付的比例需要谈判确定，但至少应支付项目公司的债务利息和固定管理费以及由于延期完工支付给包销商或授权机构的罚金（即延迟产生的成本）。理想的情况是能支付收入的全部损失（扣除可变成本，如燃料成本）。

完工延迟的违约赔偿总额应该设定一个上限，贷款方期望这个上限能够支付至少6个月完工延迟的违约赔付。一般情况下，完工延迟的违约赔偿上限大约是施工合同总额的15%～20%。

运营能力不足的违约赔偿。运营能力不足的违约赔偿适用于一些加工类型的项目（如发电站、炼油厂或化工厂）或某系统的性能。例如，一个发电站的合同规定最低发电量为X兆瓦，每发Z兆瓦的电量所消耗的单位燃料不能超过Y。

在这种情况下违约赔偿的计算是按照对收入损失的预测或在项目生命周期内无法达到运营能力要求而导致的运营成本增加。然后把这些预测的收入损失或成本折现成净现值（NPV），就相当于违约赔偿金额的水平。对于运营能力不足的违约赔偿也有上限的标准，占收入或成本的10%左右。

整体违约赔偿的封顶。 整体封顶是针对各种违约赔偿的管理安排，赔付的金额占合同总额的25%～30%，高于这一比例的规定通常出现在非项目融资的施工合同里。

因此，值得注意的是，对于施工承包商完全无力执行合同而导致的违约，不会得到赔偿，对于这种情况通常是通过终止合同进行进一步的赔偿。

环境担保。 承包商可能还需要为项目对环境造成的影响进行担保（如废物的排放）。如果法律规定排放要达到一定的标准，那么在排放达标的情况下，通常就不需要违约赔偿，否则施工合同就不能履行。

奖励。 如果承包商能够提前完工，就有可能得到奖励。提前完工所产生的项目运营收入，可以在项目公司和承包商之间进行分配。

项目公司作出合同终止决定后，违约赔偿本身可能无法弥补承包商在履约方面出现问题给项目公司造成的损失（特别是所赔金额有限），如果承包商无法在合同规定的日期前完成项目施工建设，项目公司就有权终止合同的执行。在这种情况下，如果没有达到最低的履约标准（即履约的违约赔偿金额用完）或环境要求，就视为项目没有完工。

在这种情况下，项目公司有权终止合同并聘用另一家承包商完成项目建设，由此所造成的成本超支应由原先的承包商支付（这也是由上限决定的。但是，上限水平很高，可能会达到合同价格的一倍）。或者，项目公司也可能要求承包商把作业带恢复原状，并把已付给承包商的款项追回。

承销商或签约的公共部门的立场：签约的公共部门或承销商可能会希望向项目公司收取延期完工的违约赔偿。但是，可能很难按贷款方所要求的赔偿金额来支付这部分费用。项目公司按时完工的动力是，它只能在项目完工后才能有收益。

8.2.9 担保

按照施工合同，承包商需要向项目公司提供各类担保，保证履行它的项目承包责任（一般称为承包商担保）。

保留金。保留金是项目公司在项目最终完工前按比例扣留的每项合同款（通常占合同额的5%～10%）。扣留保留金的目的是确保承包商尽快地完成项目在合同期结束时的收尾工作。另一种做法是项目公司把这笔款项支付给承包商，但要求承包商提供相同金额的保函。

履约保函。按照施工合同承包商通常要提供大约相当于合同额15%的履约保函。它也为支付违约金提供进一步的保证，因为保留金往往不足以支付违约金。

预付款担保。如果项目开工之前需要支付款项（比如10%的首付押金），承包商需要提交预付款担保，如果在工程完工前终止合同，所涉及的金额就需要按比例返回。

维修担保。项目完工后，承包商通常要提供维修担保，保证在未来几年内设备的正常运行（即缺陷责任期）。

这些责任应该通过银行开具的信用证或保险公司的保函进行担保，这样就使项目公司能及时提取现金，以避免在付款之前通过争议程序或法律程序解决。否则，一旦出现需要担保解决的问题，而项目公司无法尽快得到付款，就会产生财务危机。

8.2.10 施工承包商暂停和终止项目

如果项目公司没有按照合同的规定按时付款或出现了实质性的违约情况（如不能提供进入施工现场的通道），施工承包商有权终止合同并得到对所遭受损失的赔偿。

作为过渡措施，项目公司通常要求承包商在作出终止合同决定前，把项目建设暂停一段时间。比如，如果项目公司付款违约，施工承包商可以在付款到期后暂停项目建设30天，而不是终止合同。一般会按照与贷款方签订的直接合同再延长暂停的期限。

如果项目公司对违约行为采取了补救措施，使项目建设得以恢复，暂停的时间就会补加到完工的期限上，项目公司还需要支付在暂停时期内产生的成本（比如人员费用或设备的储存）。

8.2.11　争议的解决

在施工合同范围内产生的争议经常通过仲裁方式解决，而不是采取法律手段，否则项目建设就会被拖延。比较小的争议可以通过双方认可的专家帮助解决。在解决争议的过程中，施工承包商仍然要继续工程建设。

8.3　运营和维护合同

运营和维护合同有助于确保项目的运营和维护成本控制在预算范围内，使项目按照计划运行。在项目开始时，由于项目公司没有运营业绩记录，所以贷款方会倾向使用一个具有运营经验并有财务实力的专业运营公司来负责项目运营。

即使项目运营由其中一个发起人负责实施，也有必要签订一份独立的合同，以界定该发起人参与的程度和工作范围。

8.3.1　合同范围

某些类型的项目（如发电站项目），可以与同一个承包商签署一份对项目运营和维护的合同，或者把运营和维护的工作分开，分别签署合同（比如收费公路，收费的业务由一个专业公司负责，道路的维护由另一个公司负责）。另外的一个做法是，可以由施工承包商或设备供应商提供长期的主要维修工作，而一些小型的维修和常规运营由运营和维护承包商负责。维护通常由一个承包商负责，但是建设则由另一个承包商负责。

8.3.2　服务

运营和维护承包商的工作范围需要界定清楚，以确保与项目公司的责任划分。项目公司必须有足够的能力对运营和维护承包商的工作进行监督。公司一般应由项目公司而不是由运营和维护承包商掌控。总之，运营和维护承包商应该只负责项目的运营，而项目公司则要负责总体的管理、财务、保险和人力资源的问题（不包括运营和维护承包商的人员管理）。

按照标准的运营和维护合同，运营和维护承包商要负责安排关键岗位的人员（如电厂经理）。其他一般的工作人员可以由项目公司聘用也可以由承包商聘用。运营承包商的母公司也可能提供一些培训人员，帮助项目的运营启动（在这方面，施工承包商也可能承担一定的责任，所以需要和施工承包商进行联络），处理一些运行中的问题。一个居住项目的维护合同一般由分包商自己的工作人员来执行。

运营服务通常分为三个阶段：

计划阶段。运营和维护承包商就项目运营问题、运营参数，及成本方面的预测作出安排，纳入项目的设计中。

移交阶段。在项目建设完工后，运营和维护承包商负责从施工承包商手中接管项目并使其进入运营状态，因此在项目的启动和测试阶段需要提供一定的支持。

运营阶段。当项目做好运营准备后，运营和维护合同就正式进入全面实施阶段。主要的职责根据项目类型的不同而变化，一般包括以下几个方面：

- ◎ 获取运营许可；
- ◎ 项目的日常维护（比如每隔几年要刷漆）；
- ◎ 使项目的运营达到行业标准，按照项目协议保证每天的运营达到要求；
- ◎ 编制年度预算；
- ◎ 订购并处理原材料的供应；
- ◎ 负责零部件的仓储管理；
- ◎ 把运营成本控制在年度预算内；
- ◎ 保持健康和安全的标准；
- ◎ 记录运营、维护以及人员情况；
- ◎ 更新运营手册（原始的运营手册可能是施工承包商编制的）；
- ◎ 编制进度表并进行常规的检查和维护（注意：应考虑施工承包商的保修）；
- ◎ 替换使用寿命到期的设备；
- ◎ 实施紧急维修。

8.3.3 支付费用的方式

运营和维护承包商的费用可以按固定价格支付，也可以按成本加利润的方式支付。

按固定费用支付的方式适用于为建筑、道路或类似工程提供服务的运营和维护承包商，固定费用经常根据CPI指数或工业价格指数的变化作相应的调整。这样，维护承包商将会承担长期风险，这包括不可预测的维护保养任务以及项目公司不负责承担的项目生命周期成本。

成本加利润的方式适用于加工厂项目的运营和维护承包商，项目公司付给承包商固定费用来支付工作人员的工资，同时还要付给其利润，而其他的成本（包括维修材料或更换配件）也均由项目公司支付。

8.3.4　奖励和处罚

如果项目运行的效果好于双方最初设定的水平，运营和维护承包商通常会得到奖励；相反如果运营的效果达不到最初的要求，就会受到处罚（违约赔偿）。运营效果好而产生的额外收益，可以在项目公司和承包商之间进行分配，算作对运营商的奖励。该奖励通常不适用于维护或施工服务合同。

在维护承包合同中，对承包商的罚金一般限定为相当于一年或两年的运营费用。如果是由于不可抗力造成的损失，承包商就可免于罚款，这通常会在项目合同中规定。

8.3.5　主要的维护合同

在某些情况下，设备生产商愿意承担项目主要设备的运营和维护（如发电站使用的涡轮机），在此期间得到固定的维护费用。

这种安排的好处在于维护成本是固定的，对于长期预算有好处。但是，如果设备没有得到适当的维护而给项目公司造成一定的损失，生产商就不愿意对这些后续的损失（收入的损失或罚款）给予补偿（如果运营商不负责设备的维护或只对部分设备进行维护，一旦项目出现了问题，就很难分清到底是谁的责任）。

8.4　屋宇装备合同

屋宇装备合同适用于居住项目，主要用于PPP项目，包括以下服务：清洁、邮件、洗衣、餐饮、垃圾处理、停车、保安、电话等。这种分包合同一般与维护合同相伴而生，因此所有这些服务都由一个公司提供。合同中的服务说明条款一般会对这些要求有详细的陈述。

正如6.4.5中所讨论的，分包合同取决于定期的标杆管理或市场测试。通过项目协议中的KPIs来测量其绩效，同样，违约赔偿一般限于两年的费用。

或者，签约的公共部门认为VfM更好，而另外（独立于项目协议之外）为屋宇装备签短期合同（比如，每年一签或几年一签）。签约的公共部门也会对屋宇装备的某些方面负责，不过这些方面不会影响整个建筑的基本结构，比如，内装修、地板、擦玻璃和替换打碎的玻璃、地面等。如果签约的公共部门采取这种方式，那就可能需要签订一个短期协议，确定这些短期服务提供方如何与项目公司和分包商联系，并且清楚地规定，如果短期服务项目提供方的原因导致项目不能使用，这不能够影响合同付款（也就是说，这是免责的）。但是，如果短期服务提供方不能够执行工作，那么就要扣除一部分合同付款。这类问题有可能十分复杂。

8.5 燃料或其他原材料供应合同

对于加工厂，它们直接在公开市场上出售产品（不是服务），燃料或原材料费用恐怕就构成项目的主要运营成本了。因此，以适当的价格保证燃料或原材料供应对于这类项目融资成功是非常重要的。为此，通常要签署长期供应合同。

在有些情况下，原材料供应会给项目公司创造收入而不是增加成本，比如，市政固体垃圾焚烧和污水处理，项目公司通过焚烧垃圾和处理污水获得收入。

如果项目公司有一个购买合同，那么供应合同通常要尽量与购买合同的总体条款相一致，如定价基础、合同的期限、不可抗力等。如果没有购买合同，供应合同一般应至少与债务期限相同。

当然，项目公司的供应合同对于燃料或原材料供应商来讲就是一个购买合同，因此这份合同的特点在很多方面与购买合同的特点是相似的。

8.5.1 供应的方式

项目公司一般以专买方式购买所需的燃料或原材料。供应协议对所需燃料或原材料的技术规格作出规定，用仪表或其他方法计量供应数量或质量，如果供应的燃料或材料达不到要求，项目公司有权拒绝接收供应。

供应的开始日期通常从商业运营日算起。这个日期的确定应考虑到可能出现的完工延迟，因此需要灵活处理（在项目的商业运营日之前也可能需要一些燃料或材料供应，这主要是为了项目的测试之用。由于供应的数量和时间很难确定，因此所作的安排也需要灵活处理）。

项目公司需要的供应量和项目的产出量是相关的。项目公司对产品的需求往往无法控制，因为对产品的需求取决于长期购买合同，如购电协议。如果购电方不需要电力供应时就会告诉项目公司停止发电，并继续支付该部分的电价，在这种情况下，项目公司需要确保其购买燃料的义务也相应地减少。

如果供应方不能按照合同供应原材料就要接受处罚（由于不可抗力的原因可以免除责任），但是对于一个公平的供应合同来讲（即供应方与项目公司或包销商没有关系），这些处罚应仅限于从其他供应方购买了高价燃料或原材料造成的成本增加部分，而不包括项目公司的供应损失。

供应合同是包销商与供应商签订的，就像购买合同一样，会用到不同的合同方式，而项目公司在购买供应材料的时候，也根据不同情况，作出不同的购买承诺。

照付不议合同。照付不议合同也称为照付不议的供应合同，以区别于购买合同中的照付不议合同。

照付不议合同对项目公司购买的燃料或原材料规定了最低购买量。如果项目公司停止购买，那么项目公司或供应商就需要把供应的燃料或原材料在市场上出售。当然，如果项目公司支付的价格高于市场价，那就会造成损失。

或取或付合同。按照这种合同，项目公司只对实际购买的原材料或燃料支付货款。对于剩余燃料或原材料的处置风险由供应方承担。

免费供应协议。按照免费供应协议，原材料的供应是不花成本的。实际上，项目公司是通过把原材料加工成产品而收取费用（固定价格部分）的（无论原材料是否运到都要支付加工费用）。有两种免费供应协议：

◎ 拉动型免费供应。包销商愿意负责燃料或原材料的供应并对此承担责任（比如购电方为项目公司的电厂提供天然气）。在这种情况下，原材料的供应方和产品的包销方是一家，因此就没有必要像把钱从一个口袋装入另一个口袋一样，一方面购买产品，另一方面又为原材料支付货款。

◎ 推动型免费供应。当产品需要在竞争的市场上出售，燃料或原材料的供应方愿意承担价格风险的时候，就需要使用这种合同。在这种情况下，由供应方而不是包销方支付固定价格的费用，销售的收入直接由供应方获得（如石油公司让一个项目公司为其炼油而支付炼油费，或金属公司让一个炼铜的项目公司为其炼铜而支付费用）。

燃料或原材料供应方作出的承诺也会各有不同：

◎ 固定供应或可变供应。供应方同意按约定的进度为项目公司定量供应（时间上可能有些要灵活处理），或按照项目公司的要求在一个上限和下限之间的范围内供应。在这两种情况下，供应方负责确保足额供应，可以按照照付不议或或取或付的方式安排供应。

◎ 产量口头保证。供应方向项目公司说明，可以从某一渠道获得所需的全部燃料或原材料（通常从供应方自己的工厂或签约的公共部门把所有的城市固体垃圾提供给一个垃圾焚烧厂）。同样，也可以按照照付不议或或取或付的方式安排供应。应该注意的是：除非和项目公司另有约定，供应方没有责任（供应方应具有良好的信誉）生产所需的燃料或原材料。

◎ 储量口头承诺。这和产量口头承诺相似，比如，供应商拥有一个煤矿，向项目公司承诺提供挖出的所有煤。除了信誉保证外，供应方没有义务为项目公司生产，但是生产出来的燃料或材料如果没有项目公司的同意，是不能向第三方出售的。

◎ 中断性供应。供应方经常通过管道把有些燃料或原材料，如天然气，供应给其他的用户，中断对项目公司的供应，这样可以降低购买的成本。如果项目公司同意每年在某一段时期中断燃料或原材料的供应，就会降低其价格。只要这些安排能与购买合同对项目运营的要求保持一致，这就会对项目公司和包销商有利。

◎ 免费供应合同。按照免费供应合同，供应方不对供应作任何承诺，如果供应给其他方更有利可图，就可能停止为项目公司供应。但是，无论是否供应，供应方都要向项目公司支付固定价格和设备容量的建设费用。

8.5.2　实际的运送风险

燃料或原材料运送到项目现场后，其所有权以及损失的风险就转移到了项目公司。如果供应方必须建设连接到项目现场的设施（如管道），项目公司就需要支付建造这条管道的费用，这和承销合同中需要支付固定价格的情况相似（无论是否接受所需的供应）。这笔付款一般从预期的商业运营日开始，但也有可能由于不可抗力而延期。

如果连接设施不能按期完成，供应方就要补偿项目公司从其他渠道购买燃料或原材料超支的成本。由于不可抗力的原因一般会免除供应方的责任，包括运送到项目现场所使用的第三方连接的设施（铁路）问题。

8.5.3　定价

在使用购买合同的情况下，燃料或原材料供应的定价一般与以下情况相关。

◎　购买合同下的产品价格是以所供应的燃料或原材料成本为定价基础的（比如在购电协议下的燃料价格）。当供应的是大宗交易商品（如石油）的情况下更有可能采用这种定价方法。

◎　供应合同下的价格以按照购买合同出售的产品价格为基础定价。当供应的原材料或燃料是一些特殊商品时（如石化产品），或如果没有购买合同而风险转给供应方的时候，使用这种方法的可能性更大。

如果没有购买合同，燃料或原材料的价格就会和产品销售价格有关，通过议价或根据市场行情确定产品价格。显然，如果是免费供应合同的情况就不涉及价格问题了。

8.5.4　担保

供应方可能要求项目公司为以下情况提供担保。

项目的完工。如果供应方在建设连接设施（如管道）时产生费用，贷款方或发起人可能需要担保支付罚金，如果项目没有完成，这笔罚金就可以使供应方收回成本（显然在这种情况下，项目公司的担保没有什么价值）。

为燃料或原材料的供应付款。通常原材料或燃料是以赊销的方式出售，在每月末付款。同样，也可能要求贷款方担保付款的余额，或者对电厂的供应存货给予供应方担保（如果这些存货足以供应未来所需），或在贷款方之前以电厂本身作为抵押。虽然贷款方通常不允许其他方在其之前提供担保，但此做法就和贷款方提供担保的性质基本一样，因此原则上不应该反对。这种做法也省去项目公司为使贷款方提供担保所需要的费用。

8.5.5　免责事件和法律变化

免责事件（暂时的不可抗力）一般会免去供应方运送燃料或原材料的责任。而影响项目完工或运营的免责事件，也免去了项目公司接收燃料或原材料的责任。

法律变化可能会增加供应方的履约成本，或者运输成本的增加（比如产品运输方式的管理更加严格），或者法律变化（如新税法）会影响到供应合同下的利润空间。如果项目公司能够把这些风险转移给购买方，项目公司就可以接受这些风险。

8.5.6　违约和终止

对于影响供应方终止供应合同的因素必须加以限制，否则就会给项目融资带来太多的不确定性。导致供应方终止合同的典型违约因素包括：

- ◎　对于所供应的燃料或原材料项目公司没有支付货款；
- ◎　在协议规定的自动终止日期前，项目的放弃、项目资产被出售或项目未能完工（免责事件因素除外）；
- ◎　贷款方或债务的迅速增加。

项目公司终止合同的因素可能有：

- ◎　供应方未能把原材料或燃料运送到位（不可抗力除外）；
- ◎　供应方破产或债务迅速增加；
- ◎　供应合同的担保方违约。

影响燃料或原材料不能持续供应的永久性不可抗力也可能使双方终止合同。

对于未能运送燃料或原材料的供应和所受到的损失（无论是否能够挽回），项目公司不采取终止合同和提出索赔的手段，而是希望能执行具体的履约程序（即获得法院命令，要求按合同提供燃料或原材料的运送）。这种补救措施在不同国家有不同的做法。在供应合同中也可以作出规定，要求供应方从其他渠道获得所需的燃料或原材料。

8.6 保险

保险在多大程度上承保不可抗力，或如果在没有保险的情况下，项目协议在多大程度上能解决不可抗力的问题，在9.9中有详细的讨论。

保险合同不是严格意义上的二级合同，但是保险在项目融资的一系列合同中是一个关键因素。项目融资对保险的要求很高，因此保险的成本也会比较高，而这一点在项目开发时经常被忽略。由于对所需的保险考虑不全，经常导致项目成本低估的问题，或由于贷款方所要求的保险没有到位，导致融资无法正常进行。所以，在项目开发前期，发起人需要委托既有项目融资投保经验又熟悉相关国家大型项目保险规定的保险经纪人，对项目保险计划提出意见并最终落实这些计划。

在与保险公司沟通项目情况的过程中，保险经纪人起着重要的作用。因为保险是一种"善意的合同"，如果项目的某些信息没有向保险公司进行披露，那么保险公司在保单规定下就不会承担赔付的责任。因此，经纪人应该和项目公司、发起人合作避免此类情况发生。

保险经纪人的报酬经常按保费的一定比例支付，所以经纪人肯定不愿意压低保费，因此建议支付经纪人固定的报酬。

保险的安排分为两个阶段：第一阶段，项目整个建设阶段的保险（包括项目的启动和试运行）；第二阶段，项目运营阶段采用年度续保。需要注意的是，项目运营阶段的保险是不能提前安排或把保费固定下来的（可能第一年的保险需要提前安排）。

此外，按照法律要求，一些常规的保险，比如业主责任、车辆保险等也要作出适当安排，可以由项目公司承担也可以由施工承包商负责。

8.6.1 建设阶段的保险种类

对于非项目融资的施工合同，通常由承包商负责安排项目施工阶段的主要保险，保险费用包含在合同价中。这一安排是符合逻辑的，因为按照标准的施工合同，承包商要承担承保事件所造成的损失风险。如果部分项目由于失火遭到损失，不管是否投保，都需要承包商重新恢复损失的部分。

但是，对于项目融资来说，由承包商负责安排投保并不一定合适，主要有以下原因：

◎ 贷款方将会要求为项目的投产延迟投保，这对于施工承包商来说很难做到，因为施工承包商在这方面不承担损失的风险（尽管对延误造成的后果也有一定的责任，参阅8.2.8）。如果项目公司为此单独投保，也存在两个保险单不能很好衔接的风险。

◎ 一般项目融资会把运营第一年的保险作为整个建设阶段保险的一部分进行安排，保证在两个阶段的移交过程中不会出现问题。这同样不能以施工承包商的名义进行操作。

◎ 分期完成施工的项目（例如，有两条生产线的加工项目）要同时把施工和运营的保险安排到位，这需要一揽子的保险来处理，因此这只能由项目公司进行安排，因为施工承包商对运营阶段的保险没有兴趣。

◎ 为了对保险的条件和赔付进行有效控制，贷款方希望与项目公司进行合作，而不愿意与承包商合作。

◎ 贷款方对于投保有一系列的具体要求，如果不是以项目公司的名义进行投保，就会很难进行操作（参阅8.6.5）。

◎ 贷款方一般会控制保险收益的使用。

施工承包商负责的投保费用看起来并不高，主要是因为它们所投保的内容通常比贷款方要求投保的内容少。

不过贷款方控制的投保也可能给施工承包商造成麻烦。施工承包商在项目完工前承担项目损失的风险，因此要尽量把项目建设好。承包商不能以保险理赔为借口而延误工期，因为根据施工合同，这不属于免责事件的范畴，承包商还是要订购所需设备和材料并支付货款。不管未来的赔付是否能足额到位（施工承包商可能不直接了解保险理赔的进展），或贷款方是否支付保险收益（不用于提前偿还贷款），项目公司、施工承包商和贷款方之间的三方谈判都可能非常微妙。

在这种情况下，由于承包商不能直接跟踪赔付的进展，或贷款方使用了保费，因此承包商会陷入被动局面。

项目施工阶段需要的主要保险种类（通常覆盖整个建设期，而不是每年续保）包括：

施工和安装一切险（CEAR）。该险种包括对施工现场工程、物料、设备所遭受损失或损坏的保险。在有些情况下，它还包括机械和电力故障。保险的额度一般以恢复损失所需的成本为标准，包括额外的进口关税和建造成本等。所投保险包括大部分的不可抗力风险，比如，战争、火灾、自然灾害，以及由设计缺陷、材料、工艺及启动和试运行中采用不正确的工序所造成的损害。

要求为设备替换成本投保的例外是，无法预料整个施工现场可能会同时遭到破坏（例如道路或长输管道），在这种情况下，就会影响到"首要损失"的投保额度——足以支付可能出现的最大损失的保险额度。

海运货物险。这包括设备在运往施工现场的途中或交付前的仓储过程中造成的实际损失或损害。保险额度应该足够赔付一次运输中可能遭受的最大损失。这个保险的范围与施工和安装一切险的范围相似。

公共责任险（也叫第三方责任险）。这一险种通常与施工和安装一切险同时安排，它包括所有由第三方的过失给项目造成的损失。由于这种险种费用较低，所以保险的覆盖水平通常比较高。

雇主责任险。这是为员工在项目现场造成的伤害进行赔付的保险。

承包商污染责任险。如果承包商使现有的污染加剧或造成新的污染，如果适合，也需要投保已支付第三方的索赔。

环境。该保险的范围是在施工现场发现隐藏的污染或危险废弃物的风险。

延误启动险（也称为先期利润损失险DSU）。这一险种用来补偿由于项目投产延误对项目公司的利润造成损失或增加的成本（或至少是利息成本、固定运营成本加上因项目完工延误而支付的罚金）。启动延误险按每天延误产生的损失金额和双方约定的最长时间来计算。保险的范围应该足以包括项目关键因素在可能出现的最坏情况下造成的损失或破坏所引起的最长延误期限。例如，在电力项目中，通常要求为18个月左右的延误，这个时间通常是替换一个涡轮机的时间；而对于一个学校的施工来说，一年可能就够了。该类保险保费较高，基本上是建设阶段保险费用的两倍，而且保险的范围可能会成为发起人和贷款方之间争论的焦点。

海运启动延误险。这一险种涉及设备在运往项目现场途中遭受损失或损坏而造成的延误，它的保险范围与启动延误险的范围一样。

不可抗力险。该项保险可以使项目公司在遇到不可抗力事件引起的项目完工延迟时，能够履行偿还贷款的义务，而这些不可抗力事件对项目本身并不造成直接的损坏。这些不可抗力包括：

◎ 没有发生在施工现场的自然不可抗力事件，包括转移过程中或在供货商处发生的损失（在某种程度上这不属于启动延迟的保险范围）。

◎ 不是发生在项目公司内部的员工罢工。

◎ 项目参与方可控范围之外的其他原因（如影响第三方连接设施的损坏），但不包括由于财务违约或破产造成的损失。

实际上，对于启动延误险不能包含的风险，可以使用不可抗力险来解决。

违约赔偿金险。施工承包商可以购买违约赔偿险，以承保因延误或履约不善造成的违约赔偿责任。

8.6.2 运营阶段的保险种类

在运营阶段，保险的范围在性质上是相似的，但是需要每年续保，这会造成保费变化不可控制的风险。

一切险。该险种承保项目遭受的实际损失。保险的范围一般包括项目或相关设备修复的成本。这项保险可以分成财产（或材料）损失险和机械设备（锅炉和机械设备）故障险。

公共责任险或雇主责任险或污染责任险。该险种与建设阶段的第三方责任险相似。

业务干扰险。项目开始运营后，该险种就相当于投产延误险。同样，保险的范围应该足以覆盖业务最长中断期限所遭受的损失（至少包括利息、罚金和固定运营成本），业务的中断可能是由于更换项目的主要部件造成的。

不可抗力险。与施工阶段的不可抗力险相似，如果项目无法运营，该保险应能保证偿还债务。

环境险。该保险的范围是在施工现场发现隐藏的污染或危险废弃物的风险。

8.6.3 保险免赔额（垫底费）

所有这些保险都有免赔额（即在保险理赔前，项目公司需要承担的损失部分）。项目公司可能要尽力加大免赔的额度，这样可以削减保费的成本。施工承包商会尽力压低建筑工程和安装一切险和海运险的免赔额度，以限制这种未保损失的责任。贷款方也会尽量压低所有的免赔额度以减少风险。

8.6.4 供应商或买方扩展保险责任

一般来说，只有收入损失与保险公司的融资工具有关时，项目公司才可以得到赔偿，不过这一情况也有例外。供应商扩展的保险责任可以赔偿由于供应商没能按时交付所要求的产品而导致的项目公司的收入损失，因为在工厂的损失是可以承保的。同样，如果买方没有收到项目产品，其扩展保险责任也可以赔偿收入损失，因为这种损失是可以承保的。

这些保险在风险分配结构中可以填补空白，但是就像开工延迟险和商务中断险一样，这些保险十分昂贵。

8.6.5 贷款方的要求

由于保险构成了一揽子担保安排的重要内容，因此保险条款的详细内容和保险公司的信用状况必须能让贷款方接受。

贷款方要求保险单中也要包括很多具体的要求，以确保它们的利益能得到适当的保护（这被称为银行家的条款）。

附加被保险人。贷款方的代理行或抵押受托人在保单中被称为附加被保险人（或共同被保险人）。除了项目公司之外，与项目利益相关的各方，如施工承包商、运营和维护承包商和包销商也被称为附加被保险人。作为附加被保险人，贷款方在保单中会得到单独的处理，但是它们按保单的要求承担义务（如支付保费）。

可分割性。保单应说明能为被保的各方提供单独的保险。

保单的变更和取消。在保单拟注销之前或进行实质性变更之前，承包人应该提前通知贷款方，并达成一致，未经贷款方的同意不能修改保单。

保费未付。承保人同意通知贷款方有关保费未付的情况。如果项目公司不付保费，作为附加被保险人的贷款方可以选择支付保费，但这并不是必需的责任。

赔款受领人。保单规定，贷款方代理银行或抵押受托人作为唯一赔款受领人，接受对损失或损坏的赔付，或接受协议数额以上的赔款额，其中的一小部分付给项目公司。但是，第三方责任险的赔付直接付给受损失的一方。在司法权限内，贷款方也可以有权直接起诉保险公司。但是，在任何情况下，保单的分配都是贷款方担保整体安排的一部分。一般来说，如果赔款领受人在保单中不给贷款方起诉的权利，那就需要购买额外的保险。

代位追偿权的放弃。承保人放弃对贷款方代位追偿权的权利。按照保险法，负责保险赔偿的承包人有权得到一部分贷款方将来恢复的利益，但在债务完全偿还以前贷款方不会接受让保险公司分享这项利益的要求。

无损害条款。贷款方倾向在保单中加入违反担保条款的内容（也称为担保条款的违约）。它规定，即使另一方被保险人作出了损害保险的行为（如未能披露实质性的信息），也不妨碍对贷款方的保险。这一点在与承保人谈判的时候会非常困难，因为这可能会大大增加它们潜在的责任。实际上，在比较严格的保险市场条件下，承保人不太可能接受这一要求，如果贷款方的顾问认为不太可能，贷款方就不得不放弃这一要求。

有时可以通过其他保险产品为这一风险承保，在某些司法制度下，可以通过把贷款方看成附加的被保险人并注明可分割的条款加以解决，赋予贷款方直接权利，这样就不会受到其他方行为的影响。

"躲避责任"与恢复原貌。贷款方总愿意把保险收益用于偿还贷款，不愿意花在项目修复上，这就是所谓的"躲避责任"的做法。这是一种不太实际的做法。即使项目都建在一个地方（如制炼厂）也不太可能全部损坏，而如果一个项目分散到不同的地点，或者项目为直线式基础设施，比如道路，这就更不可能发生了，所以保险赔偿一般不足以偿还贷款，除非发生在项目生命周期的末期。而且，保险公司也会要求所赔款项用于项目的恢复。同样，施工承包商、包销商或签约的公共部门也会希望保险赔偿应自动用于项目的恢复，而不是用于偿还债务，因为项目协议中就是这样规定的。尽管如此，贷款方还是希望保留这一权利，以防在保险赔付的时候项目可能在经济上已不可行。这意味着经济可行性规定需要包含在项目协议的保险条款中：一般来说，这与一个修复后的项目偿付债务能力有关。至少，贷款方要对保险收益的支付方式进行控制。

任何赔偿收入损失的支付款项（也就是开工延迟险、商业中断险的赔付或不可抗力条款）都是由贷款方控制的。同样，贷款方还控制项目公司收入的使用。

购买方或签约的公共部门也会关注适当保险的问题，目的是保证项目的继续，并且尽可能赔付不可抗力导致的项目协议终止所产生的终止金赔付，所以那些对贷款方的要求在项目协议中同样适用。

8.6.6　再保险安排

大多数承保大型工程项目的保险公司会到再保险市场，对它们的部分责任进行再保险。通常对于贷款方来说，这不会造成问题，因为贷款方依靠最初的保险公司承担主要责任（和信用状况）。当然，承保方的信用对于贷款方来说应是可以接受的。

但是，在某些国家，法律要求保险安排都要通过当地国内的保险公司。在一些发展中国家，这些当地的保险公司既没有好的信用状况，也没有为大型项目提供保险的能力。

因此，这些当地的保险公司一般要到国际市场对其风险进行再保险。这种再保险公司可以和当地的保险公司一起解决投资方和贷款方的信用问题（即当地的保险公司通知再保险公司直接为项目公司或贷款方理赔），这样就可以降低当地信用风险的问题（虽然当地的保险公司是再保险的合法收益人，但如果当地的保险公司破产，还是会出现问题的）。这种情况下，当地保险公司可以通过法律手段来保证贷款方的保险收益。

8.6.7　对诉讼的控制

一般来说，保险公司希望控制所有诉讼，因为诉讼可能会改变保单规定的可支付金额。在有些情况下，购买方或签约的公共部门可能会由于普通保单或以前判例的原因进行诉讼，保险公司可能有通过法律途径解决索赔的意愿，但是购买方或签约的公共部门要支付额外的法律费用与索赔所得到的金额几乎是相当的，这种情况下还是不要通过诉讼来解决。

8.6.8　保险金和不能投保的风险

保险金在9.9.2中有详细介绍，不适合投保的情况在9.9.3中有详细解释。

8.6.9　直线式项目或多地项目

如果是"直线式"项目，比如建设一条路或某项目建在多个地址，那么就没有必要为整个项目全部重建的成本投保。这种情况下，整个项目全部损失的可能性几乎为零。因此，保险的总额可以基于能得到的最高合理金额。

8.6.10 组合保险和自我保险

如果发起人有类似项目，那么对各个项目进行组合保险比单个项目进行保险会更为经济。如果贷款者的利益得到很好的保护，那么它们也会接受这种保险方式。

或者，购买方或签约的公共部门可能倾向于自己对项目保险，以补偿项目公司可能的损失。这种情况下，可能是购买方或签约的公共部门有很多类似的资产，所以风险大范围地分散，当出现损失时，其损失额度与投保的成本差不多。同样地，道路和交通项目不会通过项目公司对其损害投运营保险。在这种情况下，公共部门传统上是进行自我保险（也就是说，不去保险公司投保而是自己承担所有风险，鉴于风险在较大范围内分摊，所以这种方法是合理的）。

同样，可能有些项目没有合适的保险。比如，PPP监狱项目就没有可购买的保险，还有一些防御项目也没有相对应的保险。这种情况下，购买方或签约的公共部门的自我保险就是唯一选择了。

8.7 场地出租和其他使用权

如果项目的购买方是公共部门或签约的公共部门，它们经常能够给项目提供场地，特别是移交资产项目。项目公司有权按照项目协议使用项目场地。这种使用权可以根据相关的法律环境，以出租或其他许可形式确定下来。

项目公司以及贷款方关心的主要问题是保证房产的法律结构不会增加项目公司的义务，也不会减少项目协议规定的权利。

购买方或签约的公共部门要保证项目公司不会把租用地与项目分开，然后在项目完成之前就把租用地出售。

8.8 许可以及其他权利

项目建设和运营所需的许可或其他权利不是单独的合同，但是获得项目许可和其他权利通常是项目合同生效和融资关闭的前提条件。

许可分为两种主要的类型：项目建设和运营所需的许可；项目投资和融

资所需的许可，与另一方使用共同设施的协议。此外，在某些国家，投资和项目公司的融资许可也是必需的。

8.8.1 项目许可

不同国家、不同项目所需要的许可也不一样。许可的发放可能由中央政府部门或地方政府部门管理。如果项目有特许经营协议或政府支持协议，就等于得到了一些必要的许可，或政府确保帮助获得所需的许可。

大型的工程项目很可能需要很多的许可，如果不能及时申请到这些许可就会严重影响到项目进展。发起人和项目公司应该有专人与当地的法律咨询机构紧密合作，确保获得项目所需的许可。

施工许可。项目的施工可能需要办理各种许可。因为施工承包商在办理这些许可方面经验丰富，所以办理这些许可应是它们的主要责任，而且它们应承担未能及时办理许可造成延误的风险。有些许可只能由项目公司申请，但是，在有些情况下，施工承包商也代表项目公司负责申请所需的许可。项目所需的设备进口和施工设备的临时进口也都需要办理相关的许可。

运营许可。运营项目也需要办理相关的许可。这些许可和某些特殊类型的工业项目运营有关，如项目的排放量和噪音程度、项目的健康和安全条件等。对燃料或原材料的进口也可能需要相关的许可。因为项目有必要证明实际的排放量或噪音程度等指标，所以只有在项目完工后才有可能得到这些许可。

8.8.2 通行权和地役权

除了官方的许可外，项目公司也需要从相邻土地的所有者获得通行权（如进入施工或运营现场的道路，或铺设管道输送燃料）或土役权（如排水权）。

8.8.3 共同使用的设施

有些项目的建设可能分两期进行，这就需要为每期的建设进行单独融资（如规划两期不同发电容量或发电线路的电站）。在这种情况下，项目的首期建设通常包括两期工程共用的设施，如进水管道和排水口。

同样，对于把蒸汽出售给工业用户的热电项目来说，也要和蒸汽的购买方共同使用一些设备，如非矿物水的供应设施、水处理设施和其他公用设施等。

在这种情况下，需要对各方的权利作出明确规定，包括：

◎ 参与新项目建设的权利；

◎ 使用共同设施的权利（包括使用的优先权）；

◎ 维护共同设施的责任；

◎ 如果其中一个项目遭弃或被收回，要为另一个项目提供保护。

8.8.4 投资和融资许可

项目的投资和融资许可在发达国家可能不需要办理，但是在发展中国家，项目公司可能就遇到投资和外汇管制的问题。

投资许可。对于外国投资者（包括发起人），它们投资于项目公司并把项目公司所分得的红利汇出境外是要办理许可证的。

免税。项目公司可以办理免税（比如从预提税中免除国外投资者的红利税和贷款方的利息税等）。

外汇管制。外汇管制的国家会限制公司进行外汇交易和用外汇付款。外汇管制可能使项目公司无法做到：

◎ 用外汇开立银行账户；

◎ 在东道国境外开立银行账户；

◎ 借用外汇或修订外汇贷款的条件；

◎ 向东道国境外的供货商付款。

在这种情况下，对于项目融资来说需要从东道国的中央银行或者财政部获得具体的审批，才可以实施。

8.9 修正和变更分包合同条款

购买方或签约的公共部门一般会希望控制分包合同的修正案，因为审查这些合同或分包合同，是项目协议中规定的尽职调查的一部分。从另一方面讲，项目公司想同自己的分包商单独沟通，不希望有外界干预，特别是在项目有问题的时候，它们更希望同分包商私下沟通。增补的条款或许会增加购买方或签约的公共部门的债务（如提前完工付款），或者会影响项目协议规定的义务，这里经常采取的折中方式是需要它的审批。其他问题可以按付款机制的规定进行处理。

同样，如果分包商不按要求施工，项目公司一般希望有权利替换分包商，因为是项目公司承担分包商建设项目的后果。一般来说购买方或签约的公共部门的权利是有限的（比如，其权利只是客观审查分包商的财务优势和技术能力），不足以把控这种局面。

8.10 母公司的担保

分包商通常是大公司的子公司，贷款方可能会要求子公司的母公司做担保。比如，如果运营、管理和维护由一个特殊目的公司来承担，这个公司是专门为该项目建立的，没有其他资金来源，那么项目公司的风险就转移了，比如项目公司维护超出的成本就会由母公司支付。对于特殊目的的公司来说，可以通过提供母公司的担保违约赔偿金或者其他债务。

8.11 直接协议

贷款方通常会要求与所有主要的项目合同参与方签订直接协议，如购买方或签约的公共部门、施工承包商、运营和维护承包商、物业承包商、供应商和其他主要项目合同的签订方。

购买方或签约的公共部门也会和各方签订类似的协议，这样，如果发生了提前终止，而在贷款方又不介入的情况下，购买方或签约的公共部门就有权利接管对项目合同的处理。

把直接协议归为项目合同还是融资文件仍存在争议，但是它们通常与项目合同同时进行谈判，而且直接协议的形式通常是按项目合同的附件形式出现的。

按照这些直接协议：

◎ 承认贷款方在主要项目合同中的抵押利益。

◎ 购买方或签约的公共部门按合同付款给指定的银行账户（贷款方担保的账户）或者贷款方通知的账户。

◎ 购买方或签约的公共部门同意，如果没有贷款方的认可，不能对合同进行修改。

◎ 如果项目公司在主要合同上违约，并在当时有权与相关协议方进行商讨，应该通知贷款方。

◎ 在合同终止前应给予贷款方一定治理期限（即除了给项目公司一定的时间外，还要给予贷款方额外的时间解决项目公司的违约问题）。如果项目公司不能按时付款，那么"治理期限"就很有限，一般为一周至两周，但是对于非融资方面的违约（如项目的运营没有达到最低的运营要求），如果贷款方采取积极的措施解决相关的问题，期限通常可以达到6个月左右。

◎ 在治理期，购买方或签约的公共部门有义务继续履行其责任，只要在此期间支付了到期的贷款（如运送的燃料款）。

◎ 贷款方有权"介入"合同。也就是说贷款方可以指定代理人与项目公司同时行使项目公司的权利；代理人对项目负责，但项目公司继续履行其各种责任。介入期由贷款方决定，并随时可以从项目中"撤出"。

◎ 或者，贷款方有权指定一个新的债务人替代项目公司，此时项目公司停止继续参与项目的任何活动（在偿还贷款后，项目公司也无权得到任何现金或重新获得相关的项目合同）。贷款方指定的代理人或债务人的技术和财务能力需要得到项目合同方的认可，并能承担应计的负债。

◎ 采用介入或替代的方式后，贷款方本身就不需要承担任何额外的责任了。

◎ 介入和替代都不能延长贷款方的治理期限，这两种方式应在治理期间实施。

◎ 只要出现融资违约，即使项目合同没有违约，贷款方也可能有权利介入。

◎ 按照融资文件，只要项目公司出现了违约的情况，就不能妨碍贷款方（通过直接协议或融资文件）行使介入或替代的权利（即使相关的项目合同没有违约，但因为是融资违约，贷款方可能希望采用介入的方式）。

◎ 项目公司违约，需要按项目协议支付终止金。包销商或授权机构可能同意如果贷款方行使抵押权项目协议就自动终止的条款，这样就可以保证终止金的赔付（反过来，如果贷款方停止为项目建设提供资金，包销商或授权机构也想有权终止项目协议）。

◎ 按照直接协议，还需要给贷款方其他保证，如东道国政府需要确定在贷款方终止贷款开始行使抵押权的时候，将允许贷款方带走项目的资产或项目资产出售后获得的收益。

◎ 总之，在直接协议中可以通过贷款方对附加的条款进行谈判，这样间接地影响项目公司改进相关项目合同的条款。

◎ 东道国政府可能要提供附加的融资担保，保证项目合同各方的履约效果。

◎ 东道国政府可以在影响项目的政策上给予更多的保证（如购买方的私有化）。公共部门的购买方或签约的公共部门也可以得到一些额外的保证或利益，如果贷款方实施抵押，项目合同方具有优先的购买权。

这些条款可以包括在政府支持协议中，通过与政府支持协议相关的直接协议把利益转移给贷款方。

人们可能认为直接协议中很多条款对于贷款方的实际价值值得怀疑（特别是公共部门的第三方经常不愿意签署这样的协议）。显然，项目公司对此没有什么兴趣（除非直接协议能间接地改进主要项目合同的条款），因为一旦项目公司违约，直接协议就会把项目公司排除在项目之外，而且会使贷款方与项目合同的其他各方产生直接的关系。实际上，如果项目出了问题，所有的各方都要坐下来共同寻找解决的办法，无论直接协议是否存在。但是，从贷款方的角度来看，可能最重要的一点是它们抵押的真正价值在于项目各项合同，直接协议有助于项目公司违约后它们能迅速介入其中保护这些合同，并找到另一方接管这些合同。

同样，贷款方可以从业主工程师或为项目公司服务的其他人那里获得与项目建设和运营相关的"抵押保证"，为了做好这项服务（按照与项目公司签署合同的要求），可以接受对贷款方的直接责任。

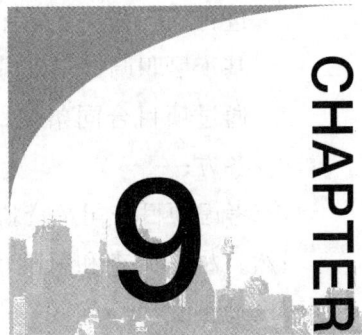

CHAPTER

9

商业风险

9.1 概述

项目融资风险主要分为以下几类（从贷款方的角度可以描述为不同的信用风险）。

商业风险（也叫项目风险）是项目本身固有的风险或项目运营的市场风险。本章分析讨论这类风险。

宏观经济风险（也叫金融风险）是外部经济影响而导致的风险，与项目本身没有直接的关系（包括通货膨胀、利率、汇率等），这类风险在第10章讨论。

规章制度及政治风险，这类风险与法律变化和政府行为或政治不可抗力的事件有关系，比如战争、国内的动乱，这类风险也称为国家风险，会涉及跨境融资或投资的项目，这类风险在第11章论述。

9.2 风险评估和分配

风险评估是项目融资的核心问题。项目融资风险分析基于以下几个方面：

◎ 进行尽职调查，确保获得有关项目的所有信息；

◎ 基于尽职调查识别风险；

◎ 通过项目合同条款，尽可能把风险分配给适宜承担相关风险的项目各方；

◎ 考虑项目公司及贷款方对剩余风险的可接受程度并将其量化。

当然，尽职调查和风险评估不是项目融资特有的程序，所有的融资都会不同程度地涉及风险问题。但是通过合同对风险进行分配，并依据它进行融资才是项目融资的特点。

从理论上讲，项目融资风险的分配原则是：风险应该由最能驾驭和管理它的一方承担。例如，项目完工延期和因此产生的财务后果的风险都应该由施工承包商承担。只有项目完工延期是由突发事件如不可抗力引起的，只有超出了施工承包商的掌控范围时才可以免责。这种情况下就需要保险。

9.2.1　风险与项目公司

项目合同的其他方必须认识到，如果项目公司希望能得到高杠杆的债务融资，那么它吸收风险的能力则是有限的。因为如果真的出现了风险，让没有能力承担财务后果的一方来承担这个风险是没有意义的。同样，如果购买方或授权机构希望尽可能压低收费价格，这通常意味着它必须承担更高的风险。在项目初期开发阶段和项目合同谈判期间，经常出现这样的错误，那就是让项目公司承担太多的风险，这就导致在以后的融资过程中会出现问题。但是，把风险都从项目公司转移给其他方也是不可行的。如果要求其他方承担太多的风险，它们就会希望得到更多的回报，结果是任何一个投资方都想获得更高的回报。

9.2.2　风险和物有所值

当购买方或签约的公共部门考虑从多大程度把风险转移给项目公司时，关键问题是这样的风险转移是否物有所值（VFM）。几乎任何风险都可以有价转让，但如果购买方或签约的公共部门试图把风险转移给项目公司，而项目公司又不能自如地管理该风险，那么项目公司就会建议在付款合同中加上一大笔风险准备金。对于购买方或签约的公共部门，支付风险准备金是开支浪费，所以购买方或签约的公共部门自己承担风险更加物有所值。

9.2.3 风险和贷款方

关于发起人和贷款方之间风险分配，必须牢记一个基本事实：发起人和其他投资方的结果可能好也可能坏。即如果项目进展顺利，它们会获得高投资回报；但如果项目不顺利，它们可能会赔钱。而贷款方只能承受不好的一面：如果项目进展顺利，贷款方不受益，因为其贷款条款是固定的；而如果项目进展不顺利，贷款方就会赔钱。从这一方面来看，风险最小化是贷款方的关键原则，正如俗话讲的，"银行家是一个在不下雨的时候借给你雨伞的人"。

尽管在激烈的谈判过程中，发起人经常会把贷款方称为投资人，但是项目的贷款方实际上并不是投资方。如果贷款方是投资人，它们应该得到股本回报，但实际上它们没有得到股本回报。对于成功的项目，股本金的毛收益率至少是贷款收益率的两倍，这也表现在投资人与贷款方所承担的风险不一样方面。鉴于项目公司本身吸收股本风险的能力有限，这可能就意味着在某些情况下，需要把项目公司的风险转移给发起人。

应该指出的是：贷款方的风险，指的是基于某一具体的风险可能对项目的可行性造成的财务影响。这种影响和实际发生风险的可能性对评估所起的作用是一样的，而贷款方一般考虑的风险是概率小或影响大的风险。因此，发起人可能感到贷款方重视那些不太可能出现的风险，但从商业角度来看这些风险并不重要。

虽然人们通常认为，尽职调查和风险评估主要是贷款方的工作，但很显然，如果发起人、购买方或签约的公共部门不先作尽职调查和风险评估，它们就不能开发一个可融资的项目。

9.3 商业风险分析

在商业风险分析的过程中，主要涉及以下问题：
- ◎ 商业可行性：项目是否对各方都是可行的；
- ◎ 施工风险：项目是否能按规定的时间和预算施工；
- ◎ 收入风险：项目的运营收入是否能达到预期的水平；

◎ 运营风险：项目是否能按设计能力和预计成本运行；

◎ 供应风险：原材料或其他材料是否能按预计的成本购买；

◎ 没有投保的风险：是否有一些比较重要的风险没有投保；

◎ 环境风险：项目在建设和运行方面是否受到环境的制约；

◎ 尾价值风险：项目协议到期后项目如何处理；

◎ 合同不符：项目所有的合同是否一致；

◎ 发起人支持：是否需要发起人更多的支持；

◎ 购买方或签约的公共部门风险：风险是否合理；

◎ 项目失败的原因：项目失败的原因是否是一般原因；

◎ 违约损失：如果项目违约，贷款方预计的损失程度是多大。

所以，尽职调查的过程就需要围绕这些问题，对项目自身存在的风险进行分析，通过合同安排确定对这些风险管理的程度，由项目公司承担的剩余风险对贷款方是合理的。

解决这个问题的标准做法是建立一个"风险矩阵"表，由以下几个内容组成：

◎ 风险是什么；

◎ 是否包含在项目合同里；

◎ 减少风险的其他措施是什么（比如，通过担保或保险）；

◎ 其余的风险对项目公司可能造成的影响（以及对贷款方的影响）。

项目合同风险分配的影响，最终将会体现在作为补偿事件的风险分类中。免责原因或免责事件没有包括在项目协议中，所以这两项风险由项目公司承担。然而，该项目公司可能会将这些风险转移给分包商，将风险影响写入分包合同中。例如，项目协议中未提到的风险，比如滞后完工，会向施工承包商提出索赔，即如果风险形成，施工承包商必须赔偿项目公司。在某些情况下，风险也可能由发起人承担。

9.4 商业的可行性

对任何项目进行尽职调查的第一步都是考虑其基本的商业可行性（比如，该项目公司的产品或服务是否有较好的市场）。这个首要问题和项目公司签署的合同条款没有关系，当然如果没有签订购买合同，就更需要考虑项目的商业可行性。因为项目融资通常是一个长期的业务，所以那些对一方有利的长期合同就容易受到批评。把影响项目未来的每一个因素都提前分析出来是不可能的，而且受害方显然会利用一些漏洞逃避过多的责任。因此，任何项目合同的根本协议都应符合双方长期的商业利益。

考虑商业可行性一般要涉及以下几个问题：

◎ 项目的产品或服务是否有成熟的市场；

◎ 未来市场上存在或可能存在什么样的竞争；

◎ 根据现有的市场行情，产品或服务的价格是否合理，定价是否考虑到了未来的竞争因素；

◎ 技术是否得到证实；

◎ 能否预见市场出现的重要结构变化（比如放松管制或新技术的出现）以及可能会引起怎样的后果；

◎ 购买方或签约的公共部门在其长期预算中是否能够支付得起项目的产品和服务，或未来潜在的最终用户是否能买得起项目的产品和服务（它们是否愿意购买）；

◎ 同一市场中的其他公司是否有困难；

◎ 施工承包商的报价或原材料的供货商的报价是否合理；

◎ 在项目结束后，有没有影响项目正常运行的因素（比如与发电站连接的电网、与桥梁连接的道路等）或有没有安排好具体的措施保证项目的正常运行。

下面的例子说明有些类型的项目合同结构看起来合理，但是却不具有商业可行性。

◎ 由于缺乏相关行业的经验，施工承包商的报价太低。如果承包商发现施工合同可能存有瑕疵，就会利用合同条款和规范的每一处漏洞进行索赔。这样的争执会严重延误工期从而影响项目整体的可行性。

◎ 与相同产品或服务的价格相比，如果项目公司的产品或服务的成本不具备竞争力，或最终用户的购买力很难买得起项目的产品或服务，夹在项目公司和最终用户之间的购买方或签约的公共部门将不可避免地出现违约。

◎ 国家电力公司作为发电站项目的购电方，负责把电站和国家的电网连接起来。即使电网没有连上，购电方也有责任支付部分固定电价。虽然这在购电协议中是一个合理的条款，但是如果购电方没有架设电网的资金或不能完成联网的工程，那么"造价昂贵"的电厂对购电方就失去了意义，此时购电方就不会再遵守购电协议了。

◎ 从公开市场上寻找燃料或原材料的供应方，会面临着自由市场中相关产品价格大幅提升的风险。因为合同价和市场价是脱节的，所以这一风险没有体现在供应合同中长期销售的价格中，这样就非常可能发生对供应合同的纠纷甚至违约。

◎ PFI模式下的医院要按项目协议的要求建设和经营，但签约的公共部门年度预算低于预期，服务费占实际预算的很大部分，所以其他健康服务都由签约的公共部门提供，这并没有包括在长期合同中。因此医院就必须减小规模（以及成本）来平衡预算，也就是说，项目协议不是"实惠"。这种情况可能会导致该项目的政治问题。

不完全契约。综上所述，存在一个高风险，那就是子项目协议期间可能会发生双方都没有想到的状况，这就是律师所称的不完全契约。不完全契约是有漏洞的，缺少规定而且存在需要再谈判或诉诸法律才能解决的纠纷。合同越复杂，出现这种情况的可能性越高。这可能会使项目协议难以维系。这个问题没有最佳答案，只能加强风险意识，并确保尽职调查和风险分析更详尽。

项目公司管理。贷款方会评估项目公司本身的治理结构，确保工程公司自己的员工具备或通过公司管理确保其具备工程所需的技能。

9.5 施工风险

尽职调查的第一个具体问题就是项目是否能在预定的日期和预算不变的情况下完工。显然这个问题和项目建设过程中存在的内在风险有着密切的关系。主要的完工风险包括：

◎ 项目用地的征用和使用；

◎ 现场的条件；

◎ 许可；

◎　与施工承包商有关的风险；

◎　建设成本超支；

◎　建设期间的其他成本超支；

◎　建设期间的收入；

◎　延期完工；

◎　第三方风险；

◎　项目完工后没有达到设计的能力。

施工承包商还需要考虑它与项目公司签订合同时需要承担的融资风险，也需要考虑价格不固定、日期不确定、不能签署交钥匙施工合同的情况。

9.5.1　项目用地的征用及使用

通常贷款方不承担此种风险，因此只有当项目公司在建设期间已经征到并能使用的项目用地和其他需要的土地后，贷款方才会给项目公司提供贷款。交通项目很可能出现这个问题，例如，为建设公路或铁路需要征地，但在项目开始建设后，建设用地还没有征下来。

在PPP项目中，一般情况下土地的征用都是按照特许经营协议由购买方或签约的公共部门负责。由于征用的土地经常涉及很大的面积和多方面的利益，因此可能需要公共权力部门进行强制购买。

9.5.2　现场的条件

在项目现场，有各种各样的情况可能会影响项目的建设，可能会造成建设成本增加或延误项目的完工（或两种情况都有）。

地质结构。一般来说，施工承包商应接受地质问题的风险（例如，影响地基或打桩成本）。在签订施工合同之前，项目公司、购买方或签约的公共部门会进行试验钻孔，这能够起到一定的风险预测作用，但是这不能提供百分百的保障，也可能会有疏漏。在线性项目中，这个问题尤其突出，项目不是在一个集中场地，而是在距离很长的土地上进行作业，如道路、管线、电网，不可能作过于详细的现场调查。

项目场地之前的使用。一个项目场地在过去使用过，可能会造成现场施工风险（参阅9.10.3）。银行肯定希望项目建在"绿色"土地上而不是"棕色"上。如果之前有重工业或工业使用过项目场地，就是一个警告标志。相反，用于耕种的土地、住宅物业、写字楼或仓库的场地，通常会被认为是低风险的土地。根据项目协议和施工合同，高风险事件会被视为补偿事件。

9.5.3 许可

为了不影响完工，贷款方通常在放款之前要求拿到施工许可。如果由于某种合理的原因，在这个阶段暂时不能得到，那也要给贷款方承诺一个确定的日期。如果可能，贷款方更愿意由施工承包商承担许可拖延的责任，这样承包商就要对未能得到许可而造成的工期延误承担责任。

如果供役地的一方和项目没有关系，那么获得地役权就更困难，施工承包商就不太可能承担获得地役权的责任，如果在融资关闭前不能得到地役权，贷款方就会很不满意。

投资和融资许可必须在融资生效前取得。在有些国家，只有在贷款协议签署并在中央银行备案后，才能获得中央银行的最终融资批准，这意味着贷款签署和融资关闭之间不可避免地存在着一个时间差。

项目最终完工的标志是项目获得运营许可，即项目达到排放或安全的标准。显然，一般情况下很难提前得到这些许可，但是获得这些许可（或为了获得这些许可，需要满足某种要求）应该由承包商负责。按照施工合同，如果这是商业运营日的一个前提条件，那么得不到运营许可的风险就转移给承包商承担。

政府支持的协议可以减少由申请许可带来的风险。尽管这并不能免除申请许可的要求，但是它也能表明政府会帮助项目公司从相关的中央部委或机构获得许可。因为中央政府对地方政府没有控制权，所以可能不愿意承诺肯定能从省级、州级或地方政府获得许可。对于发展中国家的项目，只要项目公司能证明自己已经尽力申请了许可，那么项目的购买方或签约的公共部门就要承担无法获得许可的风险。

9.5.4 施工承包商

项目中的"对手风险"需要进行识别和分析。这些风险主要与技术和财务能力有关，与项目公司的各方都有关——包括施工承包商和分包商。签约的公共部门（尤其是当它不属于中央政府的一部分）、供应商、运营和维护承包商（参阅9.7.2）。如果项目的另一方可以轻易地被替换，那么与对方相关的风险就比较少，运营和维护承包商就属于这类情况，但建筑承包商不属于此类情况。关于私人部门项目的合作方的债务，它们可能需要获得母公司担保。

施工承包商的对手风险分析包括：

◎ 胜任工作的能力；

◎ 技术风险；

◎ 作为发起人的角色（如果相关的话）；

◎ 直接参与施工合同的程度；

◎ 工作定价是否合适；

◎ 与施工承包商相关的施工合同的规模；

◎ 施工承包商的整体信誉。

在考虑施工合同中的风险分配之前，审查合作方是关键的第一步。

工程承包能力分析。在大多数项目中，施工承包商起着极为重要的作用，所以风险评估的第一步通常是考虑施工承包商是否有适当的资质、是否有经验丰富的专业人员来完成这个项目。如果施工承包商在同类项目中的业绩无法令贷款方信服，就不太可能为项目获得融资。显然，项目施工越复杂，这个问题就越复杂，建设学校时所需要的施工能力比建设电站需要的施工能力就低一些。

施工合同中所规定的违约支付索赔权、各种保函和其他抵押等不能代替对施工承包商能力的要求。即使终止赔付金能够把花到施工合同上的钱补偿回来，它也不能补偿项目无法建成给项目公司带来的损失，这是因为施工合同总额只相当于项目成本的60%~75%。

因此，如果发起人对施工承包商不了解，一般要通过资格预审证明其具有成功完成这类项目的能力和经验。资格预审包括提供已经完成的类似项目的资料，有些情况下还要提供这些项目所采用的技术资料等。贷款方的工程师除了对这些信息进行认真的分析外，还要在市场上调查施工承包商的总体信誉情况。主要的分包商也要提供类似的资料，施工承包商应该为项目公司提供一份认可的分包商名单，或授予对分包商的否决权（尽管分包的合同价通常不能透露，但可以授予分包合同条款的批准权）。

如果施工承包商承接的是海外项目，那么它们在项目所在国的经验和与当地实力雄厚的分包商的良好关系也都十分重要。

最后，应该对负责施工的承包商的主要人员的技术能力进行考察。业主工程师和项目公司的人员也可以通过监督施工承包商的工作来降低风险。尽管工程的建设是施工承包商的工作，但是贷款方也希望确保对工程的建设进行适当的监控，因此，可以凭借项目公司的人员和业主工程师的资格和经验共同完成这项任务。贷款方的工程师也可以进一步进行监控。

技术风险分析。这主要是针对施工合同的一个问题。

施工承包商也是发起人。如果一个公司既是发起人又是施工承包商，显然发起人和施工承包商在项目中所扮演的角色就会有冲突。显而易见的一个风险就是合同安排不当或对施工合同缺乏严格的监督。因此，与施工承包商建立正常的商业关系才能使贷款方满意。

可以通过以下几个方面来降低其风险：

◎ 与施工承包商没有关联的其他发起人负责制定对工程的具体要求和规范，并就施工承包合同进行谈判（假定它们都有相关的技术经验）；

◎ 在业主独立工程师的帮助下，与施工承包商没有关系的项目公司人员实施对施工合同的监督；

◎ 项目公司董事如果来自施工承包商，就应该回避参加施工承包合同的讨论；

◎ 贷款方的工程师也要做监督的工作。

但是如果施工承包商是项目的主要发起人（这在大型基础设施的项目中很常见），那么施工承包商讨论施工合同的过程就很难回避。在这种情况下，施工承包商至少要使贷款方确信，其承包的角色和投资的角色能够在内部分得清楚。

承包合同的有限参与。承包商通常把大部分的合同进行分包，比如，主要业务是提供设备的承包商通常会把土建工程分包出去（比照施工，主承包合同的条款向分包商收取违约支付金和要求抵押）。

但是，如施工承包商既不是重要设备的供应商又不是土建工程的承包商，那么这种做法可能会失去控制，就变成了施工承包商为分包商进行分配合同的过程。由于施工承包商本身可能没有经验丰富的专业人员，因此会形成对分包商过于依赖的局面。

在这种情况下，可以通过要求施工承包商和其他可能成为分包商的企业合资承担工程的建设，这样可以降低对整个工程监管不利的风险。

施工合同价格太高或太低。如果承包商报价过低，在初期可能会比较有吸引力，但其中是存在风险的（这方面的风险问题在9.4中已经谈到）。业主方的工程师和贷款方的工程师都要审查施工承包商报价的商业可行性。

相反，如果价格过高（即使项目收入能够支付较高的成本），至少说明与施工承包商的关系不正常，一旦项目出现问题，就很可能使项目公司的贷款方处于被动的局面，而腐败行为是交易中出现的最糟糕的情况。

施工合同的规模。与施工承包商的其他业务相比，施工的合同价不应该过大，因为项目合同一旦出现问题就会产生风险。施工承包商由于财务问题影响整个项目，可能就没有能力处理这些问题。因此，应该把施工合同的规模和施工承包商的年度收入进行比较，如果项目合同额超过承包商年收入的10%，施工承包商就没有能力单独承担这个项目，在这种情况下，承包商就应该和其他更有实力的承包商合作承担这个项目。

信用风险。如果承包商没有良好的信誉，把项目的风险分配给项目承包商是没有意义的。如果施工承包商总体的业务出现财务困难，项目就很可能受到影响。所以要对项目承包商的信用进行评估，确定是否会对项目产生风险。

如果施工承包商是一家大型集团公司的下属公司，就可能需要其母公司提供担保，用以支持其信用风险。

可以通过提供银行保函的方式降低无力支付违约或担保索赔的风险，但是，鉴于上述的原因，这种担保不能替代对良好信誉的要求。

9.5.5 建设成本超支

建设阶段成本超出融资结构中的预算会引起以下后果：

◎ 资金不足，项目无法完成，这会迫使发起人追加投资以避免它们前期投资遭受的损失，或者使它们处于十分不利的地位（为此要承担更高的借款成本，或贷款条件发生不利的变化），因为为了达成新的融资安排，它们必须向贷款方申请更多的贷款。

◎ 尽管有追加资金，但是由于贷款成本提高，造成项目成本提高，而项目的收入却不会得到相应的增加，结果是投资方的回报减少；最糟糕的情况是，可能造成发起人放弃项目，因为成本的增加使项目失去了可行性。

◎ 对于贷款方来说，贷款成本的增加会降低偿债能力比率，增大了贷款风险。

为控制建设成本，需要与贷款方就预算达成协议，在主要的成本项下，任何实际或预计超支的部分在实际发生时都要得到它们的批准，即使在有完工所需资金的情况下，也要坚持如此。贷款方尽量不要对预算的具体项目控制得过于严格，大部分的建设成本预算都是固定的或反映了融资的成本，因此应给予项目公司一定的灵活性，允许管理成本项下一些小的变更，特别是那些对项目整体成本没有重大影响的变更。

因此，风险分析需要确定施工预算中主要的成本，这些成本是如何控制的，以及每一项超支的可能性有多大。

一般情况下，施工合同是项目预算中最大的一部分成本（大约占总成本的60%~75%），所以控制这部分成本是很重要的，很明显这和固定价格的总包合同有很大的关系。如果没有签订固定价格合同，就会给项目带来严重的额外风险。

但是，所谓的固定价格合同并不是百分之百的固定，要考虑到施工承包商会根据各项合同条款索赔额外款项。这些索赔主要涉及以下几个方面：

项目开工延误。在施工合同签署后，项目可能会由于融资困难或难以满足贷款方的前提条件导致实际开工的延误。施工承包商对项目的价格不可能一成不变，所以一般要规定一个固定价格的截止日期。在截止日期后，施工承包商可能会按照一个公式并参考CPI或其他指数对最终的固定价格进行调整，这在融资方案中可以作出安排。如果没有一个认可的公式，贷款方可能就很难继续融资工作，因为这一主要的成本已经不再是固定的因素了。

建设场地的风险。在9.5.2中谈到过，如果场地风险不是施工承包商造成的，那么风险造成的额外成本就会由项目公司承担，最终成本由购买方、签约的公共部门或发起人承担。

设计风险。大多数项目会涉及这一风险：设计已经完成，再要进行更详细的设计或修改时，所需的资金不再计入项目成本中。施工单位通常在施工合同签订后进行详细的设计，但是这不应该导致施工价格变化。在整体设计和规格没有完全确定之前就签署施工合同，是一个高风险之举，这对于贷款方来说是不能接受的。

业主的风险。在8.2.5中谈到，按照施工合同，项目公司承担一定的责任，如果由于未能履行责任而导致施工承包商产生额外的成本，就要对项目公司进行索赔。降低这一风险的办法，是按照施工合同确保业主风险保持在最低水平。

合同规范的变更。除非是很小的变更，否则合同的所有变更都必须经过贷款方的同意，必须使贷款方确信，有足够的资金支付成本，而且变更产生的利益（降低运营成本）肯定能够超过资本成本，或者变更的成本由合同付款中增加的部分来支付。

法律改变。法律改变无疑会增加项目的建设成本。就施工承包商而言，这就像任何规范的变更一样，该风险需要由项目公司承担，但是可能需要在项目协议中作出相应的规定。

项目备件。如果项目要求首批备件的储备，而这可能不包括在施工合同价中，那么这部分备件的成本就会高出预算。不过这部分备件的数额相对较小。

经过这些讨论，尽管施工被认为是整个项目中风险最高的阶段，我们可以看出，其出现超支的可能性比较小。如果一份施工合同结构正确，并且达到了贷款方的要求，通常不会有什么问题。

9.5.6 建设阶段的其他成本

其他施工阶段的成本也会导致一些超支的情况：

◎ 开发成本；

◎ 动迁成本；

◎ 保险金额；

◎ 其他项目公司成本；

◎ 咨询成本；

◎ 应急储备资金；

◎ 融资成本（在施工合同付款后，这是第二大预算项目，项下成本增加会导致融资成本的提高）。

开发成本。项目的开发成本是在融资关闭前由发起人产生的，所以看起来这部分成本在建设期不应该超支。但是，由于与贷款方达成建设预算协议和融资关闭期有时间差，所以在这期间可能会产生法律的或类似成本超支的风险。

一般来说，在融资关闭的时候发起人应报销开发费用（如果开发费用不作为前期股本投资的部分），但是如果出现开发费用超出预算的情况，贷款方就会在建设完工前对超出的部分暂停报销。建设完工后，如果资金充足，再报销这部分超支费用。

动迁成本和运营与维护合同成本。动迁成本是对项目运营人员进行培训的成本，由施工承包商或运营和维护承包商以固定的价格支付，因此不会出现意外的风险。

保险金。建设初期的保险费是固定的（通常是已支付的）。如果最终预算和融资关闭之间存在时间差，就不可能出现成本超支的问题。即使出现这种情况，项目公司的保险经纪人也应该能够从市场上得到优惠价格以减少风险。如果延期完工，就会增加项目保险的时间，也就会产生额外的保险费用。在运营的第一年，也会有保险费的问题，因为这笔费用可能需要在建设期结束时支付，所以它被算作建设预算的一部分。最好能把这笔费用提前固定下来，作为整个一揽子保险方案的一部分。

咨询成本。项目公司的顾问（如业主的工程师）在施工阶段继续工作，其他顾问也可能被召回，给在这个时段内出现的具体问题提出解决方案。此外，银行顾问，特别是贷款方的工程师，也会继续工作。这些常规成本应该是固定的，对整体预算不会有实质性的影响。不过，如果项目合同的条款必须要作出改变，律师和融资顾问就要继续工作，这很可能会增加这个阶段的咨询成本。

项目公司的成本。有一些成本上面没有提到，该成本在融资关闭后仍在持续。主要是项目公司的办公成本：付给办公室、办公设备和工作人员以及咨询顾问的费用，比如业主工程师的顾问费用。对于整个项目成本来讲，这笔费用应该相对较小，不难控制在预算范围内。

应急储备资金。不管预算管理多么严格，仍会出现成本超支的情况。尽管上面提到了降低风险的方法，但贷款方也会要求建立相应的应急储备资金。一般来说，应急储备资金大概是施工成本的10%或整个项目成本的7%～8%。如果施工承包商不能够支付延期违约金，应急储备资金也可以用来支付这笔费用。

这笔应急资金应该包含在整个项目融资的安排中。注意，这笔应急资金主要用于支付成本超支和延期完工的赔付，不是用于与利率和汇率相关的融资风险，这些风险必须采用其他的方法解决。

9.5.7 建设期间的收入

对于有些项目，部分的建设资金不只是来自股本金和贷款，还来自项目部分已经投入运营而获得的收入。例如，现有收费大桥或隧道的运营中获得的收入，要付给正在扩建新桥或隧道的项目公司。同样，分期建设的工程，也要把前期建成投产的收入支付到后期建设的成本中。

如果这段建设期间获得的收入非常不稳定，也会有额外风险，即这部分项目投产运营的收入不足以支付所需的建设资金。所以在计算建设期的收入时要保守一些，并有必要增加应急资金为这种额外风险留有余地。此外，如果股本金的很大一部分来自建设过程中的收入，而不是来自新的投资，这样它们的实际投资风险很低，这显然会使贷款方很不安。为了解决这一问题，应该要求发起人保证部分建设过程中收入的水平。如果部分施工成本是由出售剩余土地来融资的，那么也会出现类似问题。

购买方或签约的公共部门都可以为PPP项目的资本成本提供各种方式的融资，参阅第15章。

9.5.8 延期完工

导致延期完工的原因有以下几种：
◎ 施工承包商没有履行合同；
◎ 影响施工承包商的补偿或免责事件；
◎ 第三方没有为项目提供必要的附属连接设施。
完工延期可能导致的几种后果：

◎ 提高融资成本，工程延期会导致贷款延期偿还，这样就会增加利息，实际这也是一种建设成本超支；

◎ 经营项目的收入被推迟支付或损失；

◎ 可能要支付购买方或原材料供应商的罚金。

延期的后果就是提高成本、减少投资者的回报和降低偿还债务能力的比率。

延误风险的详细分析

由施工承包商所导致的误工。避免项目延期完工风险的主要措施：在施工总承包合同中把完工期限固定下来；施工承包商负责对工期延误支付违约金，违约金应能给项目提供财务保证，而且能够持续一段时间。违约支付可以督促施工承包商对将来的问题积极采取解决措施。但是，如果项目完工延期超过6~12个月，此时延期的违约金可能会用完，那么施工承包商的压力就会大大降低。

一般情况下，如果不是突发的问题，项目是否能按期在商业运营日之前完工是可以预见的。如果项目有详细计划，那么工期延误显然就是关键路径的施工活动落后于进度（如果关键路径的工作延误，就会影响最终的完工）。项目公司和业主工程师都要严格监督工程的进度，保证能够及早发现关键路径可能出现的延误，协助（或督促）承包商赶上工期。贷款方的工程师也要对这一过程进行监督。

免责事件导致的误工。由于免责事件能够提供额外的时间，所以它们可能会导致项目完工的延期。

项目完工的具体确定方式。因为项目完工日期在融资文件中是一个具有里程碑意义的日期，所以项目完工概念会出现在各种合同中，比如施工合同、项目协议、原材料供应合同等。因此，从项目公司的角度来讲，确保项目完工的概念在不同的合同中相互统一，是十分重要的。如果项目公司由于工期延误被罚款（例如在购买合同中），那么项目完工日期的确定就要尽可能灵活一些，这样就比较容易地按期完工。另外，项目公司也可以给承包商设定更严格的完工要求。

贷款方不希望建设方匆忙地赶工期，比如，在有些问题还没有得到解决前，购买方和项目公司就认可了项目已经完工，这就很容易让施工承包商逃脱责任。因此，贷款方会要求在它们自己的工程师签字之前，项目公司不能确定项目的完工日期。另外，贷款方对于完工的定义，很可能比施工合同中的完工定义更加宽泛（比如，包括第三方连接设施的完成）。

9.5.9 第三方风险

与第三方工作相关的各种风险也可能导致项目延期。根据项目协议，这些风险经常被当作免责事件。

项目所需的附属连接设施和公用设施。施工承包商可能要依靠第三方，比如，公共部门、供应方或购买方为项目建设现场提供附属的连接设施以使项目能够完工。同样，在项目开始运营前也需要这样的连接设施。比如，需要把燃料管道或供水管道接到项目现场，或因供应燃料需要把轨道修到现场，或为发电站输出电力架设电网，或修建连接到收费公路或桥梁的道路。而提供附属连接设施的第三方本身也要依靠与其他方（比如，路权）的合作。

如果由项目合同的一方提供附属的连接设施，比如，签约的公共部门、供应方或购买方，由于它们的延误而使项目公司蒙受的损失，通常是由它们来负责或赔偿。

如果提供这些设施的第三方和项目没有直接关系，那么它们就没有动力遵守项目的时间表，甚至可能由于连接设施的误工而给项目工程造成更大的损失。在这种情况下，项目公司只能通过分析第三方的业绩记录评估风险的程度，通过和第三方的协调并对它们的工作进行监督来控制这类风险。施工承包商和第三方的关系以及和它们过去的经验也会对风险的控制起到重要的作用。

公用设施的搬迁。同样，在有些项目的施工中，如道路的修建，需要转移或搬迁某些公用设施（比如，燃气、水或地下排水管道需要搬迁）。相关的公用设施管理部门可能对这一搬迁的过程负责，所以需要它们的配合。因为它们没有特别的动力配合项目施工的时间表，这就可能导致项目的延期完工。这一风险可能会从项目公司转移给施工承包商，这在建设中是一种常规的要求。

项目遭到抗议。涉及公共基础设施建设的项目（比如，道路）经常会成为公众抗议的焦点，由此也会影响建设工期。这种抗议不仅仅会阻碍施工承包商的施工，最坏的情况还可能会演变成有政治目的的暴力行为。

一般来讲，如果项目涉及公共基础设施建设，那么公共部门应该为这种事件造成的工程延误负责。首先，它们应该提供警力保证承包商的施工继续进行；其次，应把这种事件造成的误工按不可抗力进行处理，即使无法补偿项目公司的收入损失，也应使项目公司免于因工程延期而承担罚款的责任。

依靠另一个项目的项目。第三方风险最大的一种，也经常是对项目开发具有毁灭性的一种就是一个项目的融资要依靠另外一个项目。比如，天然气火力发电站可能要依靠管道输送天然气，而该管道本身也采用项目融资的方式建设。如果管道的完工得不到保证，电站项目就不可能获得融资；相反，如果电站的完工得不到保证，那么天然气管道也可能得不到融资。把两个项目的融资合二为一可能是解决这个僵局的办法，但是这两个项目的发起人可能并不相同，而且双方对投资对方的项目或担保可能并没有兴趣。这种情况下，公共部门可能不得不身居其中，承担这些界面风险。

9.5.10 项目性能不达标

项目性能风险（比如由于设计缺陷或技术问题等原因）可能会在完工时影响项目，项目的性能达不到设计的能力。这主要与加工厂项目相关，建筑物或市政工程一般涉及不到，因为后者通常是在完工后相当长的时间内才会出现问题。

如果性能不达标，施工承包商就要兑现违约支付，这部分违约金应该能够抵销由于项目能力不足而对项目整个生命周期造成财务损失的净现值。一般情况下，这部分违约金的目的是减轻债务，使贷款方能够像项目正常运营一样获得同样的现金流，保持偿债能力的比率（盈余应该作为特别分配支付给投资方，以补偿股本金回报的减少）。

但是，最初计算违约金的假设条件也可能不正确，比如，项目实际使用的燃料或原材料超出最初的计划量，这笔额外的成本就应该在违约支付金中扣除。但是，由于某些原因对燃料或原材料的单位成本估计不准，造成实际的单位价格过高，那么单凭违约金是不够支付这笔经济损失的。

另外，对于项目在完工时进行的性能检测只是在有限的时间内所作的短时衡量，随着时间的推移，项目的性能仍可能有进一步的变化，这些变化不会再造成违约赔付。

所以对于项目违约支付的计算只是一个很粗略的预算，如果项目完工几年后出现产能降低的问题，就没有机会再去找承包商解决了（除非按照保修进行索赔）。项目公司应该意识到这些情况的不确定性，在和施工承包商协商违约金时，要为这些可能出现的问题留有余地。

最后，如果项目使用新技术，那么这些违约金是不够的，只有施工承包商提供比正常项目的违约金更多的金额来升级现有的技术，贷款方才可能接受，但这可能不适合全新概念的项目。

9.5.11 施工承包商的保证金

施工承包商会合理地要求项目公司支付其保证金，这对于它们来说是最大的风险。贷款方为项目资产提供担保，但是这些担保并不属于施工承包商。发起人和贷款方通常都不会为施工承包商提供担保（当然，施工承包商也可能就是发起人之一，所以不需要这样的担保）。

一般来说，施工承包商的唯一担保就是融资安排，一般情况下贷款方不会减少建设项目的资金，因为这对于贷款方是不利的。所以，施工承包商一般会等到以下条件成熟，才会开始施工：

◎ 所有其他项目和融资合同都到位了；
◎ 发起人和贷款方有足够的资金，保证依据施工合同按期支付，而且贷款方不会由仲裁决定撤回贷款；
◎ 融资关闭。

有时，发起人可能希望建筑承包商在融资关闭前动工，因此为建筑承包商提供临时担保，以确保工程能够在融资关闭结束前开工（参阅8.2.2）。

施工承包商还应确保施工合同的付款计划尽可能与它的融资额度和支付给其分包商以及设备供应商的付款紧密地联在一起，这样如果项目公司垮了，施工承包商的损失就可以受到一定的保护。

9.5.12 没有固定价格、固定完工期限的施工合同的项目

固定价格、固定完工期限的施工总承包合同是项目融资中主要降低风险的措施。有些项目无法采用这样的合同，或很难适用这样的合同。

矿产或其他发掘项目。由于天气恶劣、施工地区难以进入和地质、技术和劳动力的问题，矿产或油田的开发所面临的完工风险要高于普通项目的完工风险。即使有固定价格、固定完工期限的施工合同，违约金也难以应付这些风险，比较通行的做法是发起人与适当的分包商共同承担设施的建设工作。

炼油厂或石化工厂。这些项目经常取决于使用专利的过程（知识产权或IP），这些专利属于现有的运营商，项目公司要去购买这些专利进行加工。这就意味着施工承包商没有提供项目所需的知识产权的关键要素，所以不能提供完整的完工合同。这种情况下，一般是发起人进行建设施工。

系统安装。对于涉及在一定时期内安装系统的项目（如有线电视或移动电话网络），其系统安装的速度取决于市场的需求。贷款方可能规定，如果从用户获得的收入越快，那么它们拨付贷款的速度也就越快，项目建设的速度就越快，反之则相反。鉴于建设时间表的不确定性，施工承包商可能很难给出一个固定的价格，显然固定的完工期限也并不重要了。

在这种情况下，贷款方可能要求发起人提供完工担保，以降低它们的风险（即融资变成有限追索而不是无追索的融资，参阅9.13）。如果发起人担保项目的完工，就有必要遵循下面的原则：

◎ 发起人必须负责完工所需的资金；

◎ 如果项目没有完成，发起人必须偿还债务。

这样，如果没有支持项目融资的施工合同，发起人所承担的额外融资责任就可能非常大了。此外，在这种情况下需要对"完工"的界定进行认真的考虑。通常完工意味着项目不仅完成了施工任务，而且在未来可持续的一定期限内项目能按设计能力正常运行。

9.6 收入风险

项目融资的核心风险就是项目公司的收入不足以支付运营成本和偿还贷款，更不能为投资方带来合理的回报。

如果项目能按设计能力生产产品（这适用于加工厂或自然资源项目），它的风险就在于，一是项目公司是否能达到（假定项目能按预期进行运营）预计的产品或服务销售量（销售量的风险），二是项目公司能否达到预计的销售价格（价格风险）。

这些风险可以通过不同的合同进行管理，如购买合同或其他类似的安排。此外，项目公司可能要承担在竞争的市场上负责销售的风险（参阅9.6.2）。

在基础设施项目中，无论是私营还是PPP项目特许经营提供服务，涉及的风险就是项目公司的用户能否达到预测的使用量或预测的使用费，这也就是使用量的风险。

在服务类项目的协议中，使用量风险可能会按照特许经营协议由签约的公共部门承担，这样，主要的收入风险是签约的公共部门是否具有按照合同进行支付的能力。

与服务或性能相关的PPP项目合同收入罚金或扣除的风险在运营风险中讨论。

9.6.1 购买合同以及类似合同

这一部分探讨购买合同的风险，这类合同有三种，即对冲合同、差价合同和长期销售合同。这些合同有相似之处，但是风险却是不同的。

◎ 购买合同包括销量与价格的风险；

◎ 对冲合同包括销量和价格的风险，有时只是价格的风险；

◎ 差价合同包括价格风险；

◎ 长期销售合同包括销量风险而非价格风险。

销量和销售风险包括在合同中，它主要是运营风险（参阅9.7），主要由项目公司承担。

购买合同。 在照付不议的购买合同中，产量和价格的风险都转移给了购买方。原则上，项目公司不承担重大的收入风险。因此，具有照付不议合同的项目能够获得高杠杆融资，并能使产品价格更低。

签有购买合同的项目公司所承担的主要风险就是购买方对产品的支付能力。实际上，项目公司和其贷款方承担着对购买商的长期信用风险。尽管评估这一风险的第一步，就是进行基于常规的资产负债表的公司信用分析，但是仅凭这种分析，不能判断出购买方的信用风险是否在可接受的范围内。这一风险的期限（如15～20年）远远超出银行常规借贷的限度，因为不管公司现在多么强大，它的未来都是很难预测的（但是，应该注意的是，公司债券的期限比较长，信用评级机构会给这种债券一个长期评级）。

因此，进行风险评估就要回过头去重新看看项目基本的可行性。如果项目有长期的商业价值，那么即使购买方在其他方面有问题，项目也可以继续运营。有一种学派认为，项目不应该有长期的购买合同，因为这会降低对项目基本可行性评估的必要性，而可行性评估才是降低贷款方风险的最重要手段。不过，在可行的条件下，绝大多数贷款方还是希望有购买合同。

另一个问题是购买方本身（如果是私营公司）的商业运营环境是否稳定，它的业务是否很容易受到一些长期问题的影响。比如，向一家工业企业供电的项目，显然要承担市场对该企业产品需求的长期风险。

如果购买方是公共部门的实体，那么长期信用的风险问题可能就不同了。短期来看，贷款方更认可公有制的公司，它们认为，如果需要，政府就能够提供财政支持。如果政府对购买方拥有所有权而且又管理这个行业，就有理由认为政府也要担保购买方的长期信用风险（通过政府支持协议），这样贷款方就能很好地控制风险了。

但是，政府也有可能决定把公共部门的购买方或其部分业务进行私有化，这可能会严重影响它的信用。没有任何一个政府会用合同来要求下一届政府不能将公有的购买方私有化。不过，对于这个问题，也有以下几个解决的办法。

◎ 如果东道国政府为购买方作了担保，那么无论是否私有化或购买方是否重组都不应影响这项担保。

◎ 如果购买方在私有化时达不到约定的信用评级，东道国政府可能就要为私有化的做法提供担保。

◎ 贷款方或许认为，如果没有很强的资产负债表，公司私有化一般不会成功。因此，国有的公司在私有化之后，其真正的信用状况可能会因此得到改善而不是更差，因此只要项目基础牢固，贷款方一般不担心这样的私有化。

如果购买方的信用较差，就可以把它的收入进行抵押来增强项目公司的地位。比如，按照购电协议，购电方可以是一家当地的输电公司。如果这家输电公司出现了信用风险，就可以把它从用户收到的收入转到信托基金或第三方托管账户，确保按照购电协议进行付款，这就维护了项目公司的利益。

对冲合同。为减少产品价格的风险，项目公司通常会和市场上的中间商而不是最终用户签订对冲合同。在这种情况下，项目公司要承担的风险是：

◎ 中间商的信用风险，比如，商品贸易公司的信用风险；

◎ 这些合同通常是标准化的，它们不像差价合同那样可以灵活地对每一个合同进行单独谈判。

这类对冲合同的主要问题是在商品市场上使用的期限是有限的，所以在项目晚期公司将可能面临市场价格的波动。

有一种对冲安排，项目公司可以和贷款方直接作出，这种安排称为商品名义下的贷款。比如，用黄金贷款为金矿项目融资。在这种融资结构中，贷款方贷给项目公司的是黄金而不是货币，项目公司出售黄金的收益为金矿的开发进行融资，然后用所生产的黄金偿还黄金贷款。

对发起人来讲，它的缺点是，项目公司可能是在商品价格低谷时作出的以商品价格进行对冲安排，因此无法因日后商品价格上升而获益。

差价合同。差价合同普遍用于电力行业。之所以采用这种合同主要是因为电力不能直接卖给最终的用户，所涉及的风险和购买合同的风险非常类似。

在这种协议下，项目公司可能仍要承担把电力出售给电网公司或联营电力系统的额外风险。只要电网公司按微利的价格购电（即电网公司的购电价格与最高的投标价相同，这个投标价是能够满足电力需求时的供电价格），就不会出现大的问题。在这种情况下，项目公司只需要投标一个低价，能确保把全部电力出售给电网公司即可。如果电网公司按每一家投标方的报价购电，根据差价合同，投标的风险就会转移给项目公司，因为它们希望对项目公司的投标价给以更严格的控制，确保它们不会付给项目公司更多的费用补偿其过低的报价。

长期销售合同。长期销售合同使项目公司避免了销量的风险，但是却产生了价格风险。这样的合同可能只适合以下情况。

◎ 项目产品不是在大范围交易市场中销售，而是需要一个销售的机构负责销售其产品（如石化产品）；

◎ 如果最终用户愿意签订长期使用该产品的合同，但是希望按商品市场对产品的价格进行指数化调整（如对于LNG的长期销售合同，其价格经常会和石油的价格进行关联）。

在这种情况下，贷款方希望界定一个清晰的产品定价基础，这样就能够预测出价格风险的程度。因为商品市场的价格更容易预测，所以建议最好采用一些大宗商品的交易指数作为商品定价的基础，比如石油价格。但是，和其他购买合同相比，这样的合同显然会使项目公司承担更多的风险，所以当项目公司承担价格风险的情况下，项目获得高杠杆融资的可能性比较低。

如果项目公司承担价格风险，贷款方主要的担心就是项目公司偿债现金流的强度。显然偿还能力比率越高，由市场价格波动所带来的风险就越小。通过对项目公司保持盈亏平衡时（即用单位价格和销售量相乘正好能够支付公司的运营成本和偿付贷款，但是不算股东的回报）的产品价格进行分析，也可以测量这一风险的程度。与历史上的价格和项目预测的价格相比，这一盈亏平衡时的价格应该比较低，同时还要考虑价格的不稳定性。

9.6.2 无法降低价格或销量风险的项目

如果项目产品是市场上大宗交易的产品，那么贷款方可以接受把销量加到价格上的风险（如果项目没有签署任何形式的长期销售协议）。

传统上，贷款方一直愿意为两种主要类型的项目提供贷款，即使这两种类型的项目公司承担其产品的价格风险（以及销量风险）。一类是自然资源项目，另一类是电力市场上的商业电厂项目。

自然资源项目。由于所涉及的产品可以很容易地在大宗商品交易市场上出售，所以煤、天然气项目和矿产项目都不会有重大的销量风险。

但是，价格风险显然还是很大的，在这方面贷款方会采取谨慎的态度。商品的价格会受经济周期的影响，因此贷款方会为项目公司作出最低的预测，这样，可按照产品在长期的历史低位价格来评估项目的可行性。不仅要考虑到可能导致供应增长的因素（比如，在其他地方开采了新矿或开发出了新的采矿技术），也要考虑到未来可能导致需求下降情况（比如，用其他的产品替代，如塑料瓶子替代铝罐）。

贷款方和它们的顾问也会分析项目成本在整个市场中的竞争力，一般会希望项目的生产成本能控制在世界生产成本的最低四分位的范围内。它们认为，如果世界上75%的产量都在低于成本出售，从长期看这就不是一个可持续的成本水平。除非对商品价格作出平衡交易的安排，否则项目的融资杠杆将会比较低（即贷款方对债务偿还比率要求高）。

商业电厂项目。近些年来，在一些国家，如英国、澳大利亚和美国（一些州），电力的市场交易发展很快，贷款方为这些没有长期购电协议的商业电厂提供了融资服务。

同样，售电量的风险相对较小，只要传输设备或其他限制不禁止，联营电力系统或类似的市场交易系统应该能够保证所发电力可以按照市场的价格售出。

价格风险很难进行评估。由于这些市场的交易数据历史还不长，很难清楚地对影响电价的因素进行评估，而且在有些情况下（如在英国），一些大型的发电厂一直能操纵市场的电价，这样就无法用以前的电价作为预测的依据。尽管对电力的需求相对稳定（这与石油和矿产的市场不同），但是很难预测未来市场的电力供应，因为这会受到投资方决策的影响——是否继续使用设备陈旧、效率低下的电厂，并且新投资人对是否值得建设新电厂也是举棋不定。所以，大多数贷款方的风险分析会重点强调项目公司电厂的成本竞争力，以及与其他电厂相比达到盈亏平衡时的单价。它和以下因素有关：

◎ 资本费用（比如施工合同价格）；

◎ 资金结构（债务比例高，期限长就可以使项目的单价更具竞争性）；

◎ 效率（即发电量和燃料消耗比）；

◎ 燃料成本。

如果项目的成本比市场上其他项目更具有竞争力，贷款方就会认为在可持续的一段时间内项目运营就不可能出现亏损，因此即使有些临时的问题，从中期来看它应该能获得足够的收入偿还债务。但是，如果相似成本的项目建设过多，就无法解决产能过剩的问题。此外，不同的燃料会有不同的成本（比如煤与天然气的不同），这就会造成不同类型的电厂之间成本的构成有很大差异，或由于燃料价格的下降也会使签有长期燃料供应合同的项目无法和签有短期合同的项目进行竞争，这些影响也很难消除。

一般来说，贷款方很有可能在此类项目中要求降低风险，比如：

◎ 对冲安排或差价合同（也许不一定涵盖所有的发电量或整个的贷款

期限，但是要涉及这两个方面的大部分）；

◎ 与"大用户"签订购电协议（比如大型工业企业），保证购买大部分的电力；

◎ 燃料供应方承担一定的风险；

◎ 把燃料的成本与市场的电价进行指数化关联，这样可以降低价格风险；

◎ 把燃料费置于贷款方的控制之下，如果由于市场的问题导致现金流短缺，贷款方就可以先于燃料供应方得到付款；

◎ 免费供应合同，在这种安排下，供应方付给电厂的钱是加工费，供应方自己承担销售电力的风险；

◎ 为几个不同电厂共同融资，这样可以分散风险。

在这个风险范围和项目融资债务之间有着明显的关系。在天平的一端，差价合同或免费供应合同就像购电协议一样为贷款方提供几乎相同的保障，所融到的债务资金也会非常相近（即债务与股本金比率）；而在天平的另一端，把电力出售给电力联动系统，将会极大地降低项目的债务与股本金的比率。

9.6.3 特许经营协议和私有化基础设施

特许经营协议或私营部门的基础设施项目的主要风险是使用量，即用户是否会充分地使用项目，从而创造项目预计的收入。对于私有化的基础设施，如港口和机场，也遵循类似的原则。

这类项目最常见的是涉及道路的特许经营（包括桥梁和隧道，经常作为一个单独的项目进行融资，以改善现有的道路），因此这个问题将在收费公路一节进行探讨。

一般都是有明确需求的情况下，才会筹集资金建设收费项目。例如，一个项目可能包括建设一个收费桥梁，与现有的桥梁共同使用以增加其通行能力。那么现有的交通量使未来项目的收入比较有保障。如果一个收费公路建在其他免费道路的附近，那么风险评估就比较困难。而且，还有可能有其他的运输方式与收费公路竞争，比如铁路。然而，在这种情况下，如果目前道路上的交通堵塞严重，有修建道路的需求，而且收费与现有交通模式的成本相比，是公平合理的，那么贷款方也会同意承担使用风险。

交通项目使用的预测基于该项目公司的交通顾问提供的复杂的融资模型，贷款方的交通顾问也要审核的该融资模型。顾问在设计模型时要对项目进行预测，而预测时则要考虑以下几个因素：

◎ 总体人口增长、分布和流动；

◎ 整体和当地的经济活动；

◎ 项目区周围的土地使用情况；

◎ 不同时间或不同季节、不同时段的交通状况；

◎ 旅行路途的分布（即本地和长途旅行）；

◎ 旅行的出发地和目的地；

◎ 商业用车和私人用车之间的区别（前者更愿意支付通行费）；

◎ 不同的出行模式，公交车，汽车和火车；

◎ 相比于费用，用户所节省出时间的价值。

把这些因素和其他因素结合到一起就可以对现有交通模式构成一个模型，通过这个模型，可以预测出从过去的某一天起到现在的交通增长的幅度，并与实际增长的数字进行对比，就有可能使它成为一个有效的预测模型。

出于对项目融资的目的，对未来交通增长的预测要基于宏观经济的因素，如国家或区域经济增长会引起私人和商务用车的增长，通常不应包括项目建设本身引起的交通运输量增长的因素。

涉及公共基础设施使用量风险的项目也要考虑到政府政策对项目使用的影响。这些政策可能是地方性的（如与免费公路的竞争或修建其他公路会分流收费公路的使用），也可能是全国性的（例如，燃料价格的上升会减少道路交通的总体流量），都会对项目造成影响。贷款方经常要求对这类风险有保护措施的规定，并写进特许经营协议中。

转移交通量风险是否合理。风险分配的基本原则已在9.2进行了讨论，那就是，风险应该由更有能力控制和管理风险的一方来承担，这一方同时还要承担财务后果。不过，建设收费公路的项目公司，对于公路未来的使用不会有太大的影响（项目公司可以降低过路费，但是这可能会影响到项目的可行性）。比如，项目公司提高服务质量，也不太可能对交通流量产生大的影响。

交通质量预测。第一个问题是交通顾问对交通流量以及收入的预测不是十分准确，这可能是由以下原因造成的。

◎ 以前和目前的交通流量数据不完整。

◎ 支付意愿，即用户愿意使用较快的收费公路，还是愿意使用较慢的免费路线，这是很难预测的。这样的预测是基于对货币的"时间价值"的估计，即使用道路所节省的时间的价值大于通行的费用。但道路的用户对此往往不太理解，特别是卡车司机，由于卡车对道路表面的损害约为一辆普通汽车的10倍，所以它们的过路费比私家车高出很多。因此这些卡车司机，宁愿绕道而行也不想交过路费。

◎ 从公共部门的角度来看，积极地估计车流量（道路使用预测的上限）还是比较明智的，这样可以确保建设的道路更宽，可以在将来承担车流量的增长。交通顾问虽然会提出更保守一些的估测，但是不可避免地还是会受到签约的公共部门乐观预测的影响。

◎ 竞标使各投标方过于热情，对于车流量的增长估计过高。另外，投标方的工作人员如果能够赢得了该项目，他们就会获得奖金；如果得不到项目，他们可能会失去工作。但实际情况是，有些投标方中标后会后悔不已。

◎ 此类项目容易受到适应期的影响，即司机要花时间来了解新的路线，然后选择使用新路线，这样就可以保持长期稳定的车流量。如果该适应期是4年而不是2年，那么该项目公司很快就会陷入财务困难（参阅17.5.3使用备用融资来应对这种风险）。

网络风险。也有一些外部因素影响项目，这些影响在很大程度上是项目公司无法控制的，这些风险统称为"网络风险"。

◎ 交通的发展是经济和地方发展，以及国家道路网普遍发展的一个主要因素，它也会受到燃料价格和税收的影响。这些都不是项目公司可以控制的。

◎ 项目公司通常假定道路网络的其他地方也会建设新道路，由此推断自己所建道路的交通流量会增加，基于此，项目公司作出交通流量预测。但是，如果新道路建设的资金来自于公共部门的预算，那么这条道路可能无法建成，或被推迟，这将会严重影响项目公司的实际收入。

◎ 相反，公共部门可能会建设一条竞争性的免费道路。这可能乍一看没道理，不过这往往是不同的公共部门负责不同的道路造成的。例如，市政府建设一条免费的道路以解决当地的交通问题，但这可能会影响附近的一条国家收费公路，因为当地的车辆不再使用这条收费公路。

◎ 为避免竞争性免费道路的风险，特许经营协议会包括一条防止建设竞争性道路的条款，如果建设这条路也要对项目公司进行赔偿。从签约的公共部门的角度来看，如果赔偿项目公司或者"购买"特许经营权（这是十分昂贵的），就会抑制国家公路网作为一个整体的自然长期的发展。

结论。那么，这一切的结果怎么样呢？首先，收费公路的失败率明显高于其他基础设施项目。其次，在许多情况下，签约的公共部门认识到，转移道路使用风险也是不合适的，可以通过引进私人资本解决这个问题。

◎ 签约的公共部门可以提供部分融资或担保，以减少在15章中所讨论的使用风险。

◎ 项目中可以使用影子收费（参阅6.4.6），这虽然不能消除但却可以降低交通量风险。

◎ 更常见的解决方案是使用一个服务性合同。依然收取费用，但是签约的公共部门掌握这些收入，以帮助偿还服务性合同的付款。

收入现值。交通量风险还有另外一个解决方案，那就是起源于智利的"收入"制度，但是这种方案没有被广泛采用。在这种模式中，投标方为特许权竞标，该特许权不会在某个固定日期结束，而是要等到收费公路收入的净现值（NPV）达到一定数量的时候才能结束。这就意味着，如果交通流量低于预测，那么特许期就会延长，反之则相反。因此这种模式大大降低了交通量风险。不过还是存在一些风险，因为更大的交通量会导致更高的维护成本，如果项目提前终止的话，就不可能完全收回维修成本。虽然这种做法对投资方有益，但对于贷款方来说，合同延期没有吸引力，因为贷款方通常不想被迫延长债务期限。

9.6.4 服务性合同

签约的公共部门负责项目的使用量，因此这类项目就像购电协议项目一样，无论是否有电力需求，购买方都要为项目的生产能力买单。因此，如果学校的需求或监狱里的囚犯的数量比预计的要低，那么仍要付原计划的服务费，项目公司不承担损失。这种做法是合乎逻辑的，因为如果签约的公共部门能够直接或间接地控制PPP项目提供服务的使用量，就会顺理成章地按购买合同承担风险。

不过，长期的使用风险也会给签约的公共部门带来麻烦。如地方的人口流动会影响对一个PPP学校项目使用量的需求，或者医疗的变化可能会减少对一个PPP医院项目使用量的需求（如缩小医院规模，转而使用本地诊所或上门治疗）。项目不再有需求或者减少需求而导致项目协议终止，是非常昂贵的。在7.2.6中讨论过，在PPP项目的合同中，减少长期合同的灵活性是个问题。不过，我们也应该知道，即使一个签约的公共部门用自己的税收资源或债务建设了一个新的医院，它也不可能在几年后决定不要这个项目，一走了之。

从项目公司的角度来看，项目风险问题与购买合同的问题相似。然而在这种情况下，签约的公共部门就不太可能将来会被私有化，所以主要的问题可能还是签约的公共部门长期合同付款预算的问题，也就是说，用户是否付得起项目提供的服务。

9.7 运营风险

项目一旦完工，就意味着要按照要求进入长期运营阶段，那么也进入了一个新的风险阶段。即使通过项目协议项目公司已经规避了很多风险，但是项目公司还很可能面临相当多的运营风险，因此，贷款方会对这方面的风险进行详尽评估。

项目初期，贷款方关注的问题是项目公司的经营管理，管理人员的过往业绩和职业素养，以及他们在多大程度上能够得到发起人的技术或其他的支持。

虽然不同的项目会有一些共同的问题，但是往往不同类型的项目它们的核心运营风险还是有所不同的。比如，对处理厂和服务性的项目，我们就要分开考虑，因为这两类项目的建设动机不同（当然，其他类型的项目和这两种项目也会有很大的不同）。

处理厂项目的运营风险（不论是否有购买合同）包括：

◎　技术风险；

◎　项目的总体运营；

◎　运营能力的下降。

与基础设施相关的项目，比如PPP项目，包括使用性和性能。所以，有一些项目公司自身存在潜在的成本超支风险，也要考虑在内，这些风险要单独对待，因为它们不是普遍存在的风险：

◎　维护；

◎　公共设施；

◎　项目公司其他运营风险。

投保的风险在8.6.8进行了讨论。

9.7.1　处理厂项目——技术风险

贷款方不愿意给新技术项目贷款，因为项目的性能不可能用现有的参数进行预测。问题的关键是新技术的风险不能进行量化，而且不能从施工承包商支付的违约金中得到补偿，因为补偿金不能用于解决项目未来在性能方面下降的问题。在这种情况下，新技术有着宽泛的概念，它包括对现有技术的重大改进，比如，发电站采用燃气涡轮机所产生的效率应该比生产商现在的型号设备高出许多（值得注意的是，由于风险不确定性增加，保险公司会收取更高的保费）。

如果采用新技术，可以通过以下的方法降低运营的风险：

◎　施工承包商提供长期的项目性能担保，这不同于一般的定额和定期（2～3年）的担保。不过，这种方法的问题是：要分清项目在运营几年后所出现的问题是由设计或施工的缺陷造成的（施工承包商的责任），还是项目运行的方式造成的（项目公司的责任）。

◎　发起人可以提供一个长期的项目性能担保，也许还需要由项目施工承包商或设备生产商提供反担保。

总之，项目融资更适合使用在成熟的技术上。

与上述风险相反，有些项目使用了过时的技术，因此在市场上缺乏竞争力。在对项目进行基本的商业可行性的评估中应该给予考虑，对于有些项目也要给予特别的关注，如IT领域的项目。

9.7.2 处理厂项目——项目运营

如果由于管理不善导致项目不能达到设计的运营能力（比如操作失误、设备保养不善等），就会造成运营成本增加或收入减少。如果和经验丰富的运营商签订运营和维护合同，特别是与发起人签订这种合同，那么贷款方就会感到非常放心。

但是，运营和维护承包商不能保证项目的收入或成本，而且如果运营不善，罚金经常以1～2年的费用封顶。付给运营和维护承包商的总费用相对于项目的总收入或总成本（包括融资的成本）来说只是一小部分（因此运营和维护承包商可能愿意支付罚金），所以让运营和维护承包商支付远高于自己收入几倍的罚金以补偿项目公司的收入损失是不现实的。

解决运营和维护承包商运营不善的关键问题不是罚金，而是终止其运营和维护合同，如果项目的产能低于最低的要求标准，就应随时终止运营合同。在这一点上，运营和维护合同不同于其他的项目合同，因为其他项目合同的承包商在实际中是不容易替换的。

不过，贷款方希望运营和维护承包商同时也是项目的投资方，这样的话，如果项目运营不善，运营和维护承包商所受到的损失就会远远超过罚金。

9.7.3 处理厂项目——降级

在很多处理厂的项目中，要考虑到运营能力的下降（即在项目两次维护之间运营的效率会逐渐下降）。比如，电厂项目会产生发电量下降而热效率上升（燃料消耗）的问题，这个问题应该在每次大型检修后得到基本解决。同样，如果项目采用成熟的技术，就应该有可能对这个风险作出评估，按照其他相似项目的经验把这个评估的结果考虑进运营中，并作出财务预测。

同样，处理厂的运营方式会对项目的性能和维护周期产生不利的影响。例如，如果发电厂总是不停地停机和重启，或购电方总是让其处于待机状态，就会引起项目运营能力的迅速下降，需要更频繁的维护。因此，购电协议需要在购电价格成本中单独列出一项，把这一灵活性考虑进去（例如，如果在一年中电厂重启超过一定的次数，购电方就要为每次的重启付费）。

9.7.4 特许经营协议和服务性合同——项目服务的使用和性能

与PFI模式合同服务性相关的风险一般少于处理厂项目的风险，因为大多数这样的项目与建筑物或基础设施有关，这种项目通常不会像以机械技术为核心的处理厂一样，会突然不能使用。此外，还可以从6.4.3中看到，一个项目完全不可用，从而造成收入损失的可能性也很小。如果项目不可用，处罚可根据特许经营协议操作。

在履行这种合同的过程中，如果运营不善也要受到处罚，如施工服务的分包商造成的运营问题。

9.7.5 维护成本和生命周期成本

与其他项目运营成本相比，主要的维护成本很不固定，维护的周期很可能超出一年。从更广泛的意义上讲，有三种不同的维护类型：

常规维护。从名称也可以看出，这是常规的定期维修，由于是持续的，所以这项成本可能每年不会有太大的变化。如果是维护一条道路的话，也就是秋天清扫树叶，填补坑洞或重画道路标线。

主要维护。这种情况指的是项目的重要组成部分需要大整修。比如，一个发电站涡轮机必须完全关闭，进行维修几个星期，每5～7年一次。显然，进行这种维护时，项目可能会没有收入，不过损失的收入应该已计入现金流的预测中。

更新成本或生命周期成本。替换一部已经结束使用期的主要设备，或其他一些关键部件，都要耗费很大的成本。因此，如果是一座建筑物，可能就意味着15年后更换锅炉；如果是一条道路，可能就意味着15年或20年后重修路面。

这些维护总称为计划维护。计划维护会写入基本情况的预测中和任何项目协议中。与维护相关的主要风险是：

◎ 需要的时间比预期的要长，因此影响其使用。

◎ 可能成本会超过预期。

◎ 现金流不足，现金流可能会用来做维护成本。

◎ 使用量超出预期，会增加维护成本。

◎ 虽然按项目协议会有一些补贴，但是意外维修的需要还是会降低使用量。

通过购买合同，项目的收入是否肯定有保障，或是否要依靠销售其项目或服务进入市场，很明显，如果项目不能用来进行商业运营，就肯定失去收入（而且还可能产生罚金）。

有些项目使用成熟的技术，这再次显示了它的重要性；类似项目过去的业绩可以使项目公司对有计划和意外停机时间进行保守估计。这是项目风险的一方面，该项目的运营商（项目公司或运营和维护承包商）对于满足贷款方关于停机时间估计的可行性方面，会起到重要的作用。

维护的周期越长，主要维护费用超支的风险就越大。可以把主要维护费用超支的风险转移给运营和维护承包商，或与设备供货商签订协议，为设备提供保养和维护。

维护周期过长，会导致项目公司在支付维护费用时出现现金流不足的风险，这就需要开设一个维护储备账户，在维护期内项目公司（在贷款方的监控下）按等额的方式存入用于设备维护的现金。但是，如果这个周期很长，如道路项目，贷款方可能会同意在这个期限的后期再开立维护储备账户。

不过，对项目使用得越多（比如处理厂项目的运营或道路交通的使用），就有可能越需要频繁地对项目进行维护；如果加大项目的使用力度能给项目公司带来更多的收入，那么频繁的维护可能不会有什么问题，但事实上情况并不总是这样。例如，对于支付"影子收费"的道路项目，随着交通流量的增加，每辆车的通行收费就会减少。在达到最高的交通量以上时，道路收费就会降到零，以确保签约的公共部门支付的道路使用费有一个上限。在这种情况下，从贷款方和投资人的角度看，项目的使用率高并不是一件好事，因为这增加了道路的维护费用，而收入却没有相应地增加。在这种情况下，理论上风险就留给了项目公司，因此贷款方要对项目过于成功的效果进行评估。在提供服务型项目合同中，签约的公共部门有可能补偿对于项目超出预计的过度使用，比如，道路。

购买方或签约的公共部门接管项目后，在项目协议结束时会担心后期的维护，那时候贷款方已经收回了贷款而不再监控项目的运营（参阅7.10.7）。

9.7.6 公用设施成本

水、电、天然气可能是一个项目预算中的一个重要因素，因为处理厂的运营需要公用设施，另外，基础设施项目也会涉及一栋或多栋建筑物。这一成本涉及两个相关风险：首先，公用设施的消费是否会比预计的大；其次是公用设施的单位成本是否会比预计的高。

在PPP项目中，有一个特殊的问题，签约的公共部门占用一栋楼，比如一所学校或医院，其电力的使用在很大程度上取决于签约的公共部门自己的行为。当暖气打开时，工作人员还开着窗户，夜晚不关灯，没人使用的电脑仍在工作等。显然，项目公司可能无法控制这种浪费现象。

还有另外一种情况，比如维护，项目的使用在某种程度上影响了项目公司，即便项目公司不承担使用风险。这里很难平衡：项目公司设计建筑时要考虑节能，而签约的公共部门的工作人员的行为导致的能源浪费，不能说明项目公司没有达到这一要求。使用公用设施的一种方法就是想使其舒服地度过第一年，然后把这一年公用设施的使用作为基准，如有增加，签约的公共部门另外支付。公用设施的单位成本，显然不是项目公司可以控制的普通风险。如果项目公司承担此风险，贷款方则希望会有额外的合同支付作为储备，以支付波动成本，这就会增加项目所需的现金流，而签约的公共部门的成本就会增加，所以对于签约的公共部门来说，更值得承担这个风险。

从另一方面讲，在普通的处理厂项目中，如果公共设施成本风险对运营风险的影响不至于要使用物价指数来调整的话，公用设施成本风险一般由项目公司来承担（假设不存在长期的供给合同支付该成本）。

9.7.7 其他运营成本

对于任何项目来说，最大的持续的成本可能就是原材料供给费用、债务服务费用、运营或维护合同费用和建筑服务合同费用（如果有的话）。对于贷款方来说，不应该限制该项目公司在其项目合同中履行其义务的能力，所以该项付款（例如，购买供应合同的燃料——煤的费用）应该不受任何预算的控制。

然而，贷款方希望限制任何其他可变的运营成本，也就是说，正如项目公司控制施工成本预算一样，贷款方以相似的方式控制运营成本。

项目公司做项目预算控制的一种方法（例如，它自己的办公室和人力成本，建设阶段结束后的资本支出等）就是同意在融资期间，为这些成本做一个预算，作为融资关闭时基础方案的预测，包括用于一般通货膨胀率调整的条款。项目公司（或运营和维护承包商，或维护承包商，如果有的话）在每个运营年之前作出每一年的年度运营预算，如果预算的变动没有超出协议规定的范围，那么贷款方自动批准该项预算。如果项目公司希望在预算中作出更大的变化，必须经过贷款方的批准。

同样，要在一定程度上接受每年的预算和实际支出之间的差距，这样就不必要对项目公司的日常运营进行不必要的管制。贷款方通过控制运营现金流的申请来控制实际的支出。

9.8 原材料供应方风险

对于处理厂的项目，按照合适的价格获得稳定可靠的燃料或原材料供应是非常重要的。贷款方不太可能接受项目公司在主要燃料或原材料供应方面没有约束的风险。如果能在广泛供应的商品中清楚地表明所需的燃料或原材料，就需要签署长期供应合同，在项目没有签署购买合同的情况下也要如此（比如商业电厂项目）。

同样，考虑到燃料或原材料价格提高的风险，甚至可能造成项目无法运营，也需要安排一些平衡交易的合同或其他的保护措施。以下方法可以达到这个目的：

◎ 把风险转移给购买方（比如通过购电协议中的能源价格部分）；
◎ 把付给供应方的价格与项目产品的市场价格联系起来；
◎ 在商品市场上获得满足长期平衡交易供应的协议。

9.8.1中深入探讨供应合同所涉及的风险，9.8.2中谈到没有供应合同的情况。

有些特定的供应物资不需要花钱购买，但是仍然会给项目公司带来风险，如水电站项目使用的水，或风力电厂项目使用的风力。同样，有些项目还需要对"储量风险"进行评估，如开采石油、天然气或矿产的项目（油田、气田或矿产存在能否达到预测储量的风险）。9.8.5中谈到其他公用资源供应的风险。

9.8.1 供应合同

根据供应合同，项目公司可以按照约定的成本获得定量的燃料或原材料供应。因此，这份合同应该能使项目公司避免出现供应和价格的风险，但是在尽职调查过程中，仍要对一些遗留的风险问题进行分析。

供应商的信用。就像购买合同一样，也要考虑供应方的信用风险，不仅要对供应方的公司信用进行分析，也要考虑供应安排地点的问题。此外，还要考虑供应方的经验、能力和资源对管理项目供应的影响。

在有些市场上，供应方会出现直接或间接的政治风险问题（比如，欧洲的天然气市场上，大部分的天然气是由俄罗斯的一家供应商提供的）。

供应来源。如果供应的物资是交易的商品（如石油），项目公司一般不需要担心供应方获得这些物资的来源。如果供应方是一家大型的石油或天然气公司，它们一般愿意承担物资供应的风险。但是，如果供应物资来自某个油田或气田，那么谁将承担储量的风险？如果这个风险由项目公司承担，就可能掉进类似于"一个项目必须依靠另一个项目才能成功"的陷阱。但是，如果已经探明储量超出项目所需，那么贷款方就愿意承担这个风险。

价格的可行性。供应物资的价格就像所有的合同一样，必须使双方都能接受，价格必须使供应方能持续地得到合理的回报。项目公司所支付的价格也应该在其产品销售的市场上合情合理（即使购买方承担价格风险），这也是出于对项目公司商业可行性的考虑。

供应的数量和时间。供应的数量和时间必须和项目的需要相适应，可以有一些灵活性，比如，需要考虑到项目完工延误的可能性。在有些情况下，项目公司可能在供给量方面有一定的风险。例如，在市政垃圾焚烧工程承包经营中，供应量并不固定，而是给项目公司独家经营权，这意味着所有可用的废弃物都在这个项目公司处理。如果废弃物当前的和预计的数量与处理厂的处理能力是相当的，贷款方就可以接受（且废弃物也可由其他来源提供）。

供应物资质量。显然，大多数的供应合同会要求供应方承担供应物资质量的风险，但是有时也很复杂。比如，市政垃圾焚烧项目会要求签约的公共部门供应有一定特色的垃圾，比如有发热价值的垃圾。这可能就会给签约的公共部门造成问题，因为有更多的垃圾需要回收，这就意味着高热值的垃圾在送去焚烧之前都被分拣出去了。

照付不议的风险。除了以下情况外，贷款方不太可能接受项目公司就供应物资签署照付不议的合同。

◎ 项目公司按照项目协议把风险转移给了购买方；

◎ 项目公司能很容易地处理剩余的物资，而不需要承担过度的售价风险；

◎ 对于项目需求计划内的物资供应部分采用照付不议合同的安排，超过计划需求以外的部分按即取即付的合同安排。

未能供应的影响。如果供应方未能提供物资供应，项目公司就可能损失收入，因为从其他渠道获得供应就会产生额外的成本，或受到购买方的处罚（购买方承担这一风险的情况除外）。除非物资供应方和购买方同属于一个所有人（比如同时由政府所有）或购买方为这一收入损失作出赔偿，否则供应方一般只愿意对从其他渠道获得物资供应的成本作出赔偿（即只对不是项目公司收入损失的部分进行赔偿）。

可以通过以下方法解决这个问题：

◎ 在项目现场储存供应的物资，或使用替代的备用物资（比如用柴油替代天然气作为电厂的燃料）。这些物资一般能解决30天至60天的供应中断，但是不可能作为长期的供应替代。

◎ 在购买合同中作出规定，如果项目公司因物资供应中断而无法运营，但出于执行购买合同的目的又需要维持项目的运营，才能继续获得固定价格部分的收入。在这种情况下，项目公司有责任使用储备库存（在协议的范围内）执行购买合同或在可能的情况下从其他渠道获得供应。

◎ 如果涉及的连接设施损害，就应该通过不可抗力的保险解决。

连接设施未能完工。供应方未能按时完成对连接设施的建设（如天然气管道设施），导致项目公司无法开始正常运营，就会造成项目公司的收入损失或向购买方支付罚款。同样，如果物资供应方和购买方不同属于一个所有人，那供应方就不可能同意补偿项目公司所付的足额罚款。按照购买合同，可以把这种情况看作不可抗力使开工日期得以延长，这样项目公司至少不会因开工延误而受到处罚，或者也可以通过不可抗力的保险解决。

第三方运送的风险。如果物资的运送不是通过供应方自己的设施，而是通过供应方既无控制权又无责任的公路、铁路或港口运送，就会产生另外的一个问题。如果国有的铁路没有把物资按时运送，或附近的港口不能让载有物资的货船停泊或卸载，供应方可能就有理由提出索赔。这是一种不应该由供应方负责的不可抗力。

提供运输服务的第三方不太可能对供应失误的后果承担责任，因此应该向贷款方说明所委托的第三方在本地区内有着良好的运送类似物资的记录和经验，以此使贷款方相信项目公司可以接受这一风险。如果项目公司或贷款方对运送系统的能力或负荷不放心，而且对此没有适当的担保，这就可能成为项目融资的一大障碍。

物资的供应方可能要通过另一个国家运送物资（如管道运输），需要对供应中断的风险（可能由于政治的原因）给予考虑，也要对风险的分配作出安排。

原材料供应商的风险。从原材料供应商的角度降低风险在8.5.4有过讨论。

9.8.2 何时不需要供给合同

在某些情况下，贷款方同意项目公司无须通过物资供应合同获得燃料或原材料的供应，项目所需的物资很容易获取，而且不需要作特殊安排就可以运送到项目现场。比如，位于良好运输设施附近的燃煤电厂就属于这种情况，它通过这些运输设施可以从国际市场上购买所需的煤炭（电厂也可以在现场储存足够数量的煤炭以防临时中断供应）。

同样，以碎木为燃料的电厂如果位于林业发达的地区也不需要签署长期的碎木供应合同，因为这些林业的废料不太可能用于其他用途。如果从长期来看，当地的林业出现衰落，那么电厂可能就会出现危险，但是一旦出现这种情况，长期的供应合同对于贷款方来说也无济于事，因为供应方很可能会违约。

9.8.3 水量和风力

许多加工厂项目需要大量使用来自于河流、湖泊或运河中的水，比如，水电站被称为水资源供应的项目。水量的供应可能在每一年都会有很大的变化，为了使贷款方接受这种水量供应的风险，就需要为它们提供相关的长期统计信息，如水量、水质和水量供应的可靠性。

同样的原则也适用于风力发电的项目：发起人需要提供风力电场连续几

年的统计信息，如风力、风向等，作为预测的依据。

9.8.4 矿产储量

涉及资源采掘和自然资源销售的项目，以及依赖自然资源作为燃料或原材料供应的项目，都存在着这些资源的采掘量达不到计划量的风险。

贷款方一般会让它们的顾问把地下的煤、气或矿产估计储量分成探明储量和可能储量。探明储量应具有经济可行性，经济可行性还可以再分为"P90"和"P50"两类（即有90%经济可行性的储量和50%经济可行性的储量）。一般贷款只是针对探明储量的矿产资源，并主要用于P90类的储量部分，而且考虑项目的地质情况以及采掘的难度。

贷款方只会考虑探明储量的一部分，并要求还款期后的一段时期内有可供开采的剩余储量。即贷款方通常不会在储量周期末尾提供贷款，而是在最初探明储量还有25%~30%剩余时才会提供。随着储量的减少，贷款方还要考虑恢复储量的难度，以及关闭项目的最终成本。

9.8.5 其他公共设施

项目公司需要证明其需要的各种公用资源能得到可靠供应，如电力、通信、水和排水系统。

9.9 不能投保的风险和相关问题

在对项目合同谈判过程中，不可抗力是一个难点。按照不可抗力的定义，它不是任何一方造成的错误，但是一定有一方要承受其带来的后果。不可抗力导致项目不能完工或运营，从而使项目协议终止，这在7.10.4中的移交资产合同和7.10.9中的非移交资产合同讨论过。

至于临时的不可抗力，即免责事件（参阅7.8），有以下一系列风险：

◎ 保险可以涵盖大多数风险，但并不包括所有问题，还是要填补保险缺口。如有项目公司要承担临时不可抗力的风险，可能就会影响它偿还债务的能力。

◎ 保险成本大大超过预先的估计，而导致项目公司经营成本超支。

◎ 很可能没有可以使用的保险。

另外，项目协议中的免责事件也可能会对不同的项目合同有影响，因此，这些合同的规定需要在这方面的协调。

9.9.1 不可抗力和保险

保险的作用就是承保项目公司避免遭受一些无法预测的损失，因此一般认为项目公司和其贷款方应该不会有不可抗力事件造成的损失。但是，在保险承保的范围与不可抗力可能造成的损失之间可能会有"空白"。

第一，保险一般只承保那些由于项目实体损害造成的损失（维修或更换成本），或由于相同的实体损害引起的经济损失（项目运营启动延期或收入损失）。因此，造成项目无法完工或运营的不可抗力事件，就不能通过标准的延误启动险或业务中断险进行承保，如全国性的罢工。不可抗力的保险可能会承保这类的风险，但是又会产生承保成本和范围的问题。

第二，只要不涉及实体损害（由于战争的原因），政治的不可抗力事件就不能列入普通保险的范围。在某些情况下，有些保险在理论上可行，但是保险的费用却没有吸引力（如为恐怖事件进行的投保）。

第三，以下特定的实体损害造成的风险无法获得保险的承保：

◎ 所有的保险单都有免赔额（比如，在一定限额内的损失必须由被保险人承担，而不是由保险公司承担）。免赔额越高，保险费就越低。项目公司可能希望通过提高免赔额来降低成本，但是施工承包商（与建设阶段的保险有关）和贷款方则倾向有更大范围的承保。

◎ 如果紧邻项目公司的地方着火，那么项目就要关闭，但是保险公司不负责理赔，因为项目的设备没有受到损坏。

◎ 有些风险不能投保，比如核爆炸导致的损坏。贷款方接受这些公认的例外情况。

9.9.2 保险成本

该项目公司的保险费通常在整个建设阶段都是固定的，但此后的保险费通常是每年一缴，这意味着每年的保险费可能会有变化。事实上，保险费在几年里可能会发生巨大的变化，有时甚至增加一倍（或减半）。保险成本主要取决于两个因素，相关保险市场曾经的损失和证券市场的状况。之所以后面的因素重要，是保险公司投资在股票市场获得的保险费可以补贴保险成本。例如，"9·11"事件之后，保险成本急剧上升，但这主要是由于股市大降，而不是因为恐怖主义程度升级。

还有另一种情况，"物有所值"（VfM）建议在有购买方或签约的公共部门的项目中，不应该把没有充分保险的风险转移给项目公司。一种方法就是使用上限和下限系统：

◎ 基本运营阶段，保险费协议确定。

◎ 项目公司的保险经纪人，获得日益更新的竞争报价。

◎ 如果成本增加超过X%，购买方或签约的公共部门付超过部分的90%。

◎ 如果成本降低X%，购买方或签约的公共部门接收额外部分的90%。

◎ 注意这些成本的增加或减少与普通保险市场的成本有关：如果项目公司有不好的索赔记录，就会使保险成本增加，而这些成本的增加可能会被忽略。

◎ 贷款方要求保险，如DSU、BI和全险，可能不包括在这些计划中（但是，这可能就意味着银行要建立储备基金，对购买方或签约的公共部门再次提出了效益问题）。

对于其他类型的项目，运营保险的成本对贷款方和投资者是一个开放的风险；在施工的开始阶段，不可能获得长期的运营保险（尽管第一年的运营保险是可能的）。贷款方普遍允许项目公司承担此项风险，而不需要发起人的支持。

这样，即使项目合同和贷款方都要求项目公司通过保险尽可能承担不可抗力的风险，那么项目公司由于免责事件而增加成本、减少收入的风险，也不会减少。

9.9.3 没有可用的保险

最终，保险市场的变化可能使项目承受无保险的不可抗力。这涉及运营阶段的保险（如施工阶段的保险在融资关闭时是固定的）。这种保险费用的估算是贷款方提前做成本预算时的一部分，但市场波动可能会对实际成本有很大的影响。即便是成本提高，贷款方一般也希望协商的保险水平和保险范围条款能够保持不变，但是有时可能保险市场会发生很大的变化，在商业上没有吸引力，例如，免赔额远远高于预期。

还有可能根本没有能够用的保险，因为保险市场关于该行业或有关设备的近期索赔记录比较差，这种情况是最糟糕的。

因此，虽然融资文件可能会详细列出项目公司就运营保险应尽的义务，但是这些规定必须符合"市场退出"条款的规定。这里有以下两种方法：

◎ 如果没有可用的保险或在合理成本的条件下不能使用，就会让项目公司购买市场上可以使用的保险；

◎ 没有可用的保险（或条件极不合理）也被认为是一种类似于政治不可抗力的事件。在这种情况下，购买方或签约的公共部门可能会自愿充当保险人，并承担不可保的风险。如果不能这样做，项目协议就要终止，其终止的方式和由于政治不可抗力终止的方式是相同的（参阅7.10.4和7.10.8）。

9.10 环境风险

在施工过程和运营阶段，都需要考虑项目对周边环境的影响。环境影响评估（EIA）的目的即如此。

发起人不能只遵守环境法律法规，还需要考虑环境方面的问题，考虑项目在施工或运营阶段是否会遭到反对，从而会间接地影响贷款方对项目的参与热情。

即使项目公司已经得到了项目施工和运营的许可，但可能仍会面临法律变化带来的风险，如与项目相关的环境问题（排放量的标准），这些变化会增加资本的支出。

绝大多数的公共部门贷款方，比如世界银行和欧洲投资银行，都有成员（即政府股东）自己规定的环境标准。即使项目所在国没有要求，它们也会要求项目公司达到它们的标准。项目公司没能达到它们的标准，这在项目所在国看起来似乎没有违反法律，但是项目公司也可能被认为有违约的行为。

项目现场的前期环境污染可能会造成重大项目进展的障碍，项目的产品废料可能也需要处理，所以要对这些环境风险进行投保。有些项目也很容易受到环境法变化的影响。

9.10.1 环境影响评估

获得建设和经营许可的第一阶段，是准备项目的环境影响评估。环境影响评估调查项目对环境各个方面的影响，包括：

◎ 建设和运营的项目对周围自然环境的影响（植物、动物栖息地、景观等）；

◎ 施工对历史遗迹的影响；

◎ 施工对当地社区的影响，包括噪声、粉尘、其他污染和建筑交通；

◎ 项目运营造成的排放水平；

◎ 取水和排水；

◎ 处置产品废料（例如来自矿山或火电站残渣）；

◎ 项目对当地交通、运输和公用事业的长期影响；

◎ 项目对当地社区或自然环境的其他长期影响。

各项评估，在最低限度内必须清楚地表明该项目不存在这样的环境问题，达到环境的法律要求，可以获得许可。

根据此项评估，至少可以表明项目在环境方面符合法律要求，可以获得环境许可。

9.10.2 赤道原则

"赤道原则"是由一组项目融资牵头银行在2003年制定的（2006年修订，2012年再次修订）。遵守"赤道原则"的金融机构承诺，在项目融资贷款中，不资助不符合标准的项目。截至2013年，78家金融机构采用了"赤道原则"，共包括十项原则。

原则1：考查与分类。新项目申报书根据国际金融公司的环境和社会筛选标准进行分类。

◎ A类项目。具有潜在的重大不良社会或环境影响，其影响是多样的，不可逆转的或前所未有的。

◎ B类项目。具有潜在的少量不良社会或环境影响，其影响数量较小，地点有限，基本可以逆转，相对容易解决；

◎ C类项目。项目对社会或环境基本没有影响。

在非经济合作与发展组织国家或低收入国家，这些原则主要涉及A类或B

类项目。

原则2：环境与环境评估。所有A类和B类项目都要实施这项评估。

原则3：适合的社会和环境标准。项目必须遵守国际金融公司的标准。那些高收入的经合组织国家在这方面应该遵守国家法律。

原则4：环境和社会管理体系和赤道原则行动计划。项目发起人需要准备一套环境和社会管理体系，以及环境和社会管理计划，遵守适用的标准，或如果贷款方要求，还要准备符合赤道原则的行动计划。

原则5：利益相关者的参与。对于所有A类和B类项目，贷款方将要求客户证明有效的利益相关者能够持续地参与，并且遵守其结构和文化要求。

原则6：申诉机制。该机制保证借款人接受并帮助解决由于受到项目影响，附近社区所出现的社会问题、个人的担忧和不满。

原则7：独立审查。一名独立的社会或环境专家（专家与借款人没有关系）将审查以上过程中对"赤道原则"的遵守情况。

原则8：契约。融资文件将包括以下契约：

◎ 遵守A类与B类项目所有相关的社会和环境的法律、法规和许可证；

◎ 在施工和运营期间，遵守环境社会管理计划和赤道原则的行动计划；

◎ 关于以上要求，要定期汇报；

◎ 要按照事先协商的计划，完成项目退役。

原则9：独立的监测和报告。任命一个独立的环境和社会顾问完成检测和报告。

原则10：报告和透明度。机构每年要上报对这些原则的遵守情况。

9.10.3 先前场地的污染

作为环境影响评估过程的一部分，对项目现场可能会进行"环境审计"，检查场地潜在的污染，考虑其先前的使用情况。如果发现项目场地被污染了，就要实施控制和消除污染的计划，必须有一方对此承担责任，包括由于消除污染或从现场清理危险废物造成的额外成本。但是这不包括施工承包商在施工期间造成的污染（这称为"现场遗留"的风险）。

如果了解到项目场地有污染或危险废物，或曾经有过，那么这对于贷款方是一个重大的问题，即便清理场地的费用已经包括在项目预算中。

首先，很难估算清理成本，所以贷款方通常会要求项目公司以外的部门负责清理，这意味着负责清理的要么是购买方或签约的公共部门，要么是施工承包商。

其次，在一些国家（如美国），贷款方可能会对污染的场地负责，负责其安全性；即使不是这样，如果贷款方抵押项目场地，并取消该抵押品的赎回权，那就可能会成为场地的所有者，从而必须要承担责任。一般来说，贷款方会感到很棘手，因为作为资产方，它们发现该问题的难度比预期的要大，或者说解决长期破坏造成的场地污染十分困难。可以使用保险降低这些风险。

如果场地是由购买方或签约的公共部门提供，那么购买方或签约的公共部门就要为场地的情况负责，因此处理上述问题叫作补偿事件；如果施工承包商不愿意承担这样的风险，一种可能性就是由施工承包商和购买方或签约的公共部门分摊由于这类风险所增加的成本。因此前者假定风险耗资X，为购买方或签约的公共部门通过项目协议规定的补偿事件进行补偿，项目协议在施工合同中也有反映。

保险也有助于处理污染所产生的风险问题。

9.10.4　废物处理

废物处理显然是一个环境问题，如灰烬或矿物的尾料等，但是也可能是一个融资和合同问题。如有必要对这些废物在其他地方进行处理，项目公司一般要签订长期的废物处理合同。

另外，贷款方必须确保不对污染负责。

9.10.5　法律的改变

如果项目公司获得了必要的建设和经营项目的许可证，就可能会面临环境法变化的风险（如针对排放的法律），这需要额外的资本支出。

9.11　残值风险

在与购买方或签约的公共部门的项目协议中，无论是购买方还是项目公司投资方都有可能承担项目残值价值的风险。

9.12　合同不匹配

在进行尽职调查的过程中，很容易过于关注某一个项目合同的细节问题，而忽略了不同项目合同中一些条款不匹配的问题。每个项目合同都不是独立的，它必然要影响到其他合同的条款，所以项目的合同一定要按照一个整体来对待。

合同可能出现不匹配的情况如下：

◎　施工合同和项目协议可能对项目完工日的规定存在差异；

◎　物资供应合同和购买合同对物资运送的开始时间存在差异；

◎　由法律的改变而导致成本增加的类似问题；

◎　购买方或签约的公共部门按照项目协议确定变更成本的程序与施工合同规定的确定变更成本的程序存在差异，因此应付给施工承包商的变更费用可能无法获得购买方或签约的公共部门的全部认可；

◎　物资供应合同和购买合同的燃料或原材料的定价公式不相同；

◎　收入到账、给供货商付款和贷款偿还之间存在着时间差异；

◎　对不可抗力的界定存在差异。

通过下面对免责事件的分析，可以对项目协议与其他项目合同（包括项目合同、保险）的相互影响有个清晰的了解。

免责事件导致项目完工的延误。在交付过程中，项目场地或设备的实际损坏导致的项目完工延期风险，由建筑安装工程一切险（CEAR）承担或由海洋货物进行保险，除非事件本身不符合保险的要求。显然，如果项目公司得到保险赔付，它就不能得到额外的赔付或项目合同内的免责。

应当指出，列入项目预算的应急储备的主要目的之一，就是覆盖不可抗力导致的项目完工延迟或没有进行保险导致的额外成本。

免责事件的影响要通过各种不同的项目合同进行追踪。

◎　施工合同。免责事件可以减轻施工承包商项目完工延误而造成的违约金支付，但不能产生额外付款。不过，施工承包商可以争取把一些事件指定为项目所有者的风险而不是免责事件。例如，在项目现场或在供应商工厂的罢工，这对项目公司通常是不可以接受的，只有全国性的罢工应该包括在内，但是如果反映在项目协议（可以避免项目完工延迟的罚金）中或原材料供给合同（可以避免在需要购买燃料或原材料之前提前付款）中，项目公司可能会同意。

◎ 项目协议。同样，免责事件导致施工承包商延迟完工，也应该解除项目公司由于延迟而需要缴纳的罚金，但是由于该项目不能使用，它通常不会有任何收入；临时不可抗力使购买方或签约的公共部门不能完成连接到项目场地的建设任务，并不能免除它们应支付的生产能力费或服务费（或补偿关税损失），一般都遵照以上的原则。

◎ 原材料供应协议。遵循一般原则，如果不可抗力阻碍项目完成，项目公司仍应根据原料供应合同支付所需的最低额度；然而，这种风险可能会由原材料供应商承担或依照购买合同转移给购买方。

9.13　对发起人的追索

如果项目的各方不可信，贷款方就不可能对项目进行详细的尽职调查。一个看起来在商业上完全可行的项目，如果没有适当的发起人，并能与项目公司保持着正常的商业关系，也不可能获得融资的支持。

同样，贷款方希望发起人能够有合理的投资回报，这样可以使它们对项目有坚定的信心从而能够持续地参与。如果表面上看发起人的收益较低，就说明它在通过其他途径获得补偿（以贷款方的偿债现金流为代价）。比如，如果施工承包商也同时是发起人，它会通过提高施工承包合同报价来补偿其收益，或者通过为项目公司提供运营或维护服务获得补偿。

如果涉及项目的商业风险不能通过其他途径进行有效的控制，那么发起人可能就要介入这一问题。有时候发起人会给贷款方出具"安慰函"而不是正式的担保来降低风险。比如，发起人可能声明其持有项目公司的股份，愿意维持现在的所有权、保持项目公司健康的财务状况并提供管理支持。这种做法很少有法律效力，虽然在某些情况下有些帮助，但是对一些不可接受的风险，它也是无能为力。

在所有项目融资中，发起人唯一的融资义务就是要向项目公司中注入股本金（即贷款方向项目公司提供贷款，但发起人不会对还款作出担保，这样对于发起人来说，贷款是无追索权的）。发起人要在一段时间内持有股份，至少到项目完工，以确保它们对项目的义务和承诺。

虽然原则上发起人不给项目公司的贷款方提供担保，但是有时也可以向贷款方不能接受的风险提供有限担保。有限追索的担保有以下一些形式：

◎ 应急股本金的安排。发起人同意给项目公司注入追加的股本资金，以满足现金流的要求。

◎ 成本超支担保。发起人同意注入一定限额的追加股本金，以支付建设期间或运营期间的成本超支。

◎ 完工的担保。必要的情况下，发起人要注入额外的资金保证项目按时完工，这样就要承担为项目建设提供更多资金或首批偿还债务资金的风险。

◎ 完成融资的担保。发起人不仅要为项目按时完工提供担保，而且要保证项目能有最低的运营收入和现金流。

◎ 销售完成担保。该担保与完成融资担保相似，但是该担保只是保证项目具体完工后一定量的销售。

◎ 物资供应的保证。在无法通过其他渠道解决的情况下，发起人同意保证按固定价格或最高价格为项目供应所需的燃料或原材料。

◎ 让与支付。如果发起人是项目的燃料或原材料供应方时，当项目公司出现现金短缺时，发起人应优先偿还其他债务。

◎ 履约担保。如果运营能力不达标而导致现金流减少，那么发起人要提供额外的资金偿付债务。

◎ 产品价格担保。如果项目公司的产品销售价低于合同底价时，项目发起人要补偿其亏损部分或以低价购买其产品。

◎ 弥补性收入的担保。发起人同意弥补项目公司用于偿债现金流不足的部分，但是，不超过项目公司分配给发起人的利润额度。

◎ 利息担保。如果项目公司无力还贷，那么发起人就要同意支付贷款利息（实际上，这接近于全额贷款担保，如果项目公司不能偿贷，那么发起人要无限期偿还贷款利息）。

◎ 利息补偿担保。发起人同意支付的利息保持一定的比率。

◎ 现金不足的担保。如果项目公司缺少现金而无法全部偿还贷款，发起人就要同意补贴债务偿还的缺口。

◎ 亏空担保。在贷款终止和其他抵押变卖后，保证支付贷款方其他剩余的款项。

除了投入股本金以外，如果发起人和项目公司还有其他的合同关系，无追索项目融资很可能就会变为有限追索的融资。例如，作为燃料供应方的发起人，如果没有供应燃料，就很可能对相应的财务后果承担责任。

即使不提供有限追索的融资支持，项目发起人也可能会同意通过支持服务协议提供技术支持。

9.14　购买方或签约的公共部门的风险

项目公司达不到建设或运营预期目标，后果就是项目无法提供公共服务，购买方或签约的公共部门必然要承担此风险，可能就要从其他渠道购买高价的产品或服务。在这方面发起人是不会提供任何支持的，因为任何担保都可能损害项目融资的无追索结构。购买方或签约的公共部门可以通过对以下情况的确认，采取措施减少这类风险。

◎ 项目的发起人要有良好的信誉。

◎ 项目采用可靠的技术。

◎ 与有资质的分包商签订合同。购买方或签约的公共部门通常不应参与和分包商合同的谈判，但会谨慎地确保对违约支付和保函有合理的要求。

◎ 项目应该在财务上是健康的，成本控制是适当的，融资结构是合理的，发起人投资回报是可接受的。在这方面，对购买方或签约的公共部门的标书进行评估是非常重要的。

◎ 贷款方在项目融资方面应该经验丰富，能够进行合理而独立的尽职调查。

◎ 合同付款结构要保证有长期的资金风险。

◎ 对终止赔付作出安排，依据移交资产合同，确保购买方或签约的公共部门不会把履约不善的项目成本全部赔光，或者在非移交资产合同中，能够为其损失进行一定的补偿。

9.15 为什么有些项目失败了

评级机构标准普尔1991—2012年评出510个项目融资的债务问题，其中34个问题是拖欠债务。标普计算的每年违约率为1.5%，65%的违约得到"投机"的评级，即达不到投资的评级。2008—2010年每年有2次项目违约，2011年有3次项目违约，2012年有5次项目违约。近年来违约现象最多的市场出现在美国，这与一种情况相关：美国的投机级交易高于平均水平。8个违约项目中有7个是电力部门。根据标普的信息，发生违约是因为以下几个问题。

◎ 技术或设计失误导致的项目建设失败或运行效果长期不佳；

◎ 经营业绩持续低于预期；

◎ 对冲的套期保值合同和商品容易受到燃料和其原材料价格变化的影响；

◎ 项目产品（如电力）依赖在市场的销售；

◎ 结构和融资的弱点，再加上事故、法院的判决，或急需相当大的资本支出。通常一个事件可能就会使一个项目终结，因为项目本身已经很脆弱，它缺乏适用的保险或充足的流动性资金。

标准普尔评论说："一些评级较低的电力项目暴露于市场或燃料的风险，也是电力项目违约数量较多的原因之一。"项目技术复杂导致施工成本超支是另一个原因。运输部门的违约项目一般是基于使用量的项目（依赖于使用量的项目；如收费公路），这些项目失败是因为其需求低于预期。大部分违约现象发生在项目建设的初期。

标普还有更大的标普资本IQ项目融资银团数据库，包含大多数重大项目融资贷款方的投资表现的数据。在2012年，数据库中有6862个项目，其中512个项目违约。其他项目失败的原因（除了以上列出的原因外）包括：

◎ 发起人无力筹集资金（例如，项目协议条款或现金流使项目不能得到银行的投资）；

◎ 发起人招标价格偏低（特别是如果它们是施工承包商时），它们以为向购买方或签约的公共部门的额外费用索赔会使项目更可行；

◎ 政治干扰（比如，指定投标方、投标过程不透明或试图阻止项目公司使用其合同权利提高通行费）；

◎ 发起人、签约的公共部门或其他方缺乏经验，导致在起草项目合同时措辞不当；

◎ 在自然资源项目中，尤其是在发展中国家，存在着国有化的高风险，即东道国政府将项目收为国有。

1983—2011年，可以在数据库中发现4067个项目融资贷款的案例（由其他主要评级机构维护）。穆迪发现302个（7.4%）融资项目违约。与标准普尔的发现相似，穆迪也发现违约情况一般发生在施工或初期运行阶段。在前三年中，平均违约率为1.7%，此后有所下降，这说明建筑风险通常是违约的主要原因。

行业内的违约率，如以上所述平均为7.4%，这个数字可以进一步分解。这里可以看出，高风险行业是制造业（17%的贷款违约）、金属和矿业（12%）与传媒电信（12%）。风险最低的行业是基础设施（4%），其次是石油与天然气（8%）和电力（8%）。在基础设施建设中，有954个项目，分为私人融资计划（PFI）和公共与私人部门合作的融资计划（PPP）项目。它们的违约率（2.6%）低于基础设施的平均违约率，这说明项目融资贷款在该行业中是最安全的。

在电力行业，约1/3的项目在美国，平均违约率为11%，2/3的项目在世界其他地区，平均违约率为6%。这反映了美国的商业电厂需求很大。这类违约率2001—2004年达到了高峰期，反映了安然公司倒闭后电力工业的亏损。

9.16 违约造成的损失

事实上，一个项目有违约情况并不意味着贷款方的融资就全部损失了。因此，贷款方需要分析违约的概率和违约可能带来的损失。

标准普尔还计算了贷款方依照其债务利率在违约项目中的回收率。通常平均回收率为未偿还债务的75%。但应该注意的是，损失的回收率都集中在两端，即贷款方要么收回所有或几乎所有的债务，要么收回25%或低于25%的债务。低回收率的项目主要集中在自然资源部门。在项目融资联合体的数据中，结果也是类似的；数据库中，512个违约项目中，有356个项目完全收回了贷款。

穆迪数据库中的数据也十分相似：302个违约项目中，有102个项目仍然在工作阶段，所以没有最终贷方损失的数字；34个项目销售低迷（即银行行使抵押的时候，不会进行债务重组）；161个项目的贷款已经收回，项目由违约又恢复了建设。这161个项目中的105个项目从违约又恢复建设，没有给贷款方带来损失。其余项目的损失均匀分布在0～24%和75%～99%。

对施工阶段违约项目的平均回收率为65%，而在运营阶段违约项目的回收率为83%，前者很明显有较高的风险性。PPP项目或PFI项目的平均回收率为84%（在建设和运营两阶段）。这些数据证实，如果按市场最佳方式进行组织、构架，项目融资对于贷款方来说是一个低风险的商业活动。

宏观经济风险

10.1　概述

外部宏观经济风险（也称金融风险）包括利率风险、通货膨胀风险和汇率风险，这些因素和项目没有特别的关系，但是和它们所处的经济环境有密切的关系。因此有必要对这些风险进行分析，按照前一章谈到的对特定商业风险管理的方式，把这些风险减小到最低程度。短期贷款与长期项目之间的不协调也是一种宏观经济风险。

但是，在仔细了解这些风险之前，本章回顾了与计算这些风险影响有关的基本金融概念以及其他关于现金流的问题。总之，这些都涉及根据货币的时间价值来调整现金流的计算方式。

10.2　货币的时间价值

很显然，一年后的1美元不如今天的1美元更有价值。但是，用一年后的1.5美元换取今天的1美元是否有益？为解答这个问题，需要计算出一年后的1.5美元和现在的多少美元是等值的，由此来作出选择。这称为现金流贴现

（DCF）计算。

同样地，项目融资建立在当前的投资上，几年之后才能收到现金流。很显然，有必要计算投资方能从该投资中获得的回报。这称为内部收益率（IRR）计算。

但是，这些测量值也存在一些问题，因此需要谨慎对待计算结果。

10.2.1 现金流贴现

现金流贴现计算是把未来的预期现金流还原为现值，并将现金折现率考虑在内。由此得出的结果称为现金流的净现值（NPV）。

净现值表达式为：$\dfrac{C}{(1+i)^n}$。C 表示期末金额，i 表示折现率，n 表示投资期数（折现率可能是一年或半年的折现率，与投资期对应）。

因此，如果折现率是每年10%，一年后预期现金流总额为1000，那么现金流总合的净现值就是：$\dfrac{1000}{1+0.10}$，即909.1。也就是说，如果现在投资909.1，时间为一年，折现率为10%，那么在年末的时候就能获得1000（即 909.1 × 1.10）。同样地，如果未来两年的预期净现值是1000，每年的折现率为10%，折现率按每半年计算（即每半年的折现率为5%），那么现值为：$\dfrac{1000}{(1+0.05)^4}$，即822.7。

现金流的净现值计算的是未来预期现金流对应的现值。其计算表达式为：$\sum\limits_{n}\dfrac{C^n}{(1+i)^n}$，即未来每一时期（在项目融资中通常按每半年计算）的净现流总额（无须使用公式或表格来计算净现值，只需使用金融计算器或电子制表软件即可，简单快捷）。

表10-1中的两组差异较大的投资有助于理解现金流贴现的计算。这两组投资的初始投资额均为1000，且5年之后的现金流均为1350，产生的回报为350。按每一年计算现金流折现率为每年10%，b为折现系数。第零年即为投资开始的第一天，其他的是此后每隔一年的现金流变化。

表10-1　贴现现金流的计算

年 (a)	折现系数（b）[(1+10%)ª]	投资 A		投资 B	
		现金流 (c)	净现值 (c ÷ b)	现金流 (d)	净现值 (d ÷ b)
0	1.0000	−1000	−1000	−1000	−1000
1	1.1000	340	309	200	182
2	1.2100	305	252	235	194
3	1.3310	270	203	270	203
4	1.4641	235	161	305	208
5	1.6105	200	124	340	211
总计		350	49	350	−2

从表中可以看出，尽管5年后的现金流相同，但投资A的净现值为49（即在5年的时间里，贴现现金流为1049，超过初始投资的1000），而投资B的净现值为−2。

在考虑一项新的投资时，投资方使用的折现率即为该投资的最低预期回报率（即最低资本回报率），该值由包括投资方资金成本在内的多种系数推导得出。如果该折现率得出的净现值是正数，那么投资方就达到了最低要求；若净现值为负数，则不应进行该项投资。在表10-1中，如果投资方的最低预期回报率为10%，那么可以计算得出投资A的净现值为正数，达到了最低要求，而投资B没有达到要求。净现值的计算也可以用来确定不同现金流的两个项目（参阅10.2.3）中最佳的项目。很显然，在这种情况下，投资A更好。净现值计算的不同方法反映了不同时期的现金流对投资方的重要性。

贴现现金流计算用于不同情况下的项目融资中。

◎　作为发起人评估新项目财务可行性的最低预期回报率（参阅12.2.4）；

◎　签约的公共部门比较项目的不同标书（参阅3.7.8）；

◎　根据项目协议计算提前终止的付款（参阅7.10）；

◎　根据施工合同计算履约违约的付款（参阅10.3.1）；

◎　利率交换的提供方和固定利率贷款方计算提前终止的付款（参阅10.3.1）；

◎　贷款方计算偿债能力比率（参阅12.2.3）；

◎　投资方计算有待出售项目的价值（参阅14.17）。

10.2.2 内部收益率

内部收益率是用于测算项目期的投资收益，是现金流的净现值等于0的贴现率。因此，在表10-1中，投资A的内部收益率为12.08%，投资B的内部收益率为9.94%，这再一次表明投资A优于投资B。按照各自的折现率折现两种现金流可以计算出内部收益率（见表10-2）。

表10-2 内部收益率计算

终止年	投资 A		投资 B	
	现金流	折现率为 12.8% 的净现值	现金流	折现率为 9.94% 的净现值
0	−1000	−1000	−1000	−1000
1	340	303	200	182
2	305	243	235	194
3	270	192	270	203
4	235	149	305	209
5	200	113	340	212
总计	350	0	350	0

此外，内部收益率的计算可用于不同情况下的项目融资中。

◎ 在考虑融资结构之前，对项目的总体收益进行计算或估值，即项目的内部收益率；

◎ 计算项目投资方的投资回报；

◎ 根据项目协议计算补偿的金额；

◎ 根据项目协议计算提前终止的付款；

◎ 计算再融资的收益。

10.2.3 现金流贴现与内部收益率计算存在的问题

在使用这些数值时应谨慎对待，而且要理解计算的原理。在这方面上须注意以下问题。

贴现现金流与项目的不同规模。使用净现值的大小来比较两个初始投资不同的项目是不可取的，见表10-3。投资D的净现值大于投资C，但是这只是因为投资D的规模大于投资C。投资C的内部收益率越大，表明该项目越好

（除非投资C与投资D的初始投资一样，这样的话，投资D的现金流回报较大，更有吸引力）。

在进行这类比较时，需要把成本与收益的分析包含进去，如表10-3下半部分所示。需要计算出项目成本（初始投资）和收益（投资的回报）的净现值，并比较每个项目这两个值的比率。根据这个原则，投资C的成本与收益之比为1.27，投资D的成本与收益之比为1.18。两者的比值越大，项目就越好。因此，投资C是更好的选择。

若签约的公共部门需要比较两个不同PPP项目投标的净现值，如其初始投资均为0，那么就不存在这个问题。但是，投标于这个项目的发起人也在考虑其他投资机会的时候，就需要谨慎行事了。由于它们经常使用内部收益率来计算投资的回报，这样就应该能够解决这个问题了（12.2.4也讲到了利润与投资之比的类似计算）。

表10-3　贴现现金流与不同规模的项目

	投资 C	投资 D
初始投资	−1000	−2000
1 年后的现金流	1400	2600
折现率为 10% 的净现值	273	364
内部收益率	40%	30%
成本与收益分析		
收益的净现值 (a)	1273	2364
成本的净现值 (b)	1000	2000
成本与收益之比 (a ÷ b)	1.27	1.18

夸大的内部收益率回报。从表10-4两种现金流的相关数据可看出这一点。由投资E的净现值可知，该投资能获得较高的回报，但是两个投资项目的内部收益率是一样的。这是因为在进行标准的内部收益率计算时会假设认为：项目的现金会在计算期末按内部收益率进行再投资。这样，如表10-4第四列数据所示，如果投资F在第1年至第4年的现金流按每年15%的收益率进行再投资，那么第5年末获得总额为2011，这与投资E的结果一样，这就是两种投资的内部收益率相同的原因。显然，要考虑到投资F能够更快地产生现金流。但是，假设按每年15%的收益率对这些现金进行再投资，那么假设的结果

就是这项投资要比另一项投资的回报高一倍。那么，内部收益率的计算就会高估初期的现金流，现金流的期限越长，利用高收益的再投资所获得的内部收益率越被夸大，这对现金流长达25年甚至更长的项目融资来说影响很大。

从表10-4可以看出内部收益率被夸大：投资F获得的实际净收入是492。从表的最后一列可以看出，再投资使收入增加了520。比如，第1年的投资实际现金流是298，但是内部收益率计算假设第1年的现金流在项目整个期限中能够产生522的现金流，也就是说，比第1年的现金流多224（522–298）。因此，总回报率（51%）取决于对另一个项目的再投资。对于时间更长的项目融资来说，现金流的再投资可能高达总回报的80%。

表10-4　夸大的内部收益率

终止年份	投资 E 现金流	投资 F 现金流	投资 F——年度现金流量	
			按 IRR15% 对第5 年进行再投资	再投资的收入
0	–1000	–1000		
1	0	298	522	224
2	0	298	454	156
3	0	298	395	97
4	0	298	343	45
5	2011	298	298	0
总计	1011	492	2011	520
IRR	15%	15%		
折现率为 12% 的净现值	141	75		

解决这一问题的一个方法是修正内部收益率（MIRR）的计算，但这一方法在项目融资的投资方中并未得到广泛使用。MIRR的计算假设对项目现金进行再投资的收益较低（如投资方的资本边际成本，而非内部收益率，因为这是投资方对现金流再使用所节省的资金）。在现金流周期结束前以较低的收益率对周期性的现金流进行再投资，计算方式与IRR相同。MIRR显示获得的收益率要比内部收益率低（但更准确），这能更好地体现实际的情况。

表10-5假设再投资收益率为12%，从表中可以看出MIRR对投资F的影响。在表10-4中，投资E的MIRR与IRR一样，因为没有进行收益率为15%的再投资，鉴于此，可看出投资F的MIRR或"实际"内部收益率是13.6%，而不是15%。根据以上所述，投资方仍面临着现金流无法按12%的收益进行再投资的风险，这一风险与所评估的项目没有密切关系。

表10-5　内部收益率与修正的内部收益率

终止年份	投资 F 现金流	现金流再投资 15.0%	现金流再投资 12.0%	MIRR 计算
0	−1000			−1000
1	298	522	469	0
2	298	454	419	0
3	298	395	374	0
4	298	343	334	0
5	298	298	298	1895
总计	492	2011	1895	895
NPV	75			
IRR	15.0%			13.6%
MIRR	13.6%			

IRR与不同现金流周期。IRR不适合用在不同周期的项目的计算中，见表10-6所示。表中两种投资均为1000：投资G在8年的时间里，每年获得的现金流为200，而投资H在15年时间里，每年获得的现金流为145。两者的IRR相同，均为12%。但是，很显然投资H更佳（假设两种投资的风险一样，且与现金流的时间选择相关，参阅12.2.4）。投资G的IRR较好，因为其较早获得现金流。DCF按照折现率10%来计算，表明投资H更佳。

表10-6　内部收益率与不同的现金流周期

年份	投资 G	投资 H
0	−1000	−1000
1	200	145
2	200	145

续表

年份	投资 G	投资 H
3	200	145
4	200	145
5	200	145
6	200	145
7	200	145
8	200	145
9		145
10		145
11		145
12		145
13		145
14		145
15		145
总计	600	1180
IRR	12%	12%
NPV*	67	105

注：* 折现率为10%。

上述例子说明了内部收益率计算的一般性问题，就是它们注重快速取得成功，这并不利于项目融资。

现金流由负变为正，再变为负。 若现金流一开始为负，变为正，又变回负，那么内部收益率就不是一个可靠的计算回报的指标，这是内部收益率的另一个弊端。这种情况是可能发生的，例如，在有关工业加工的项目中，项目结束后需要清理项目场地。表10-7列出了相关问题。对同一现金流进行两种内部收益率的计算。一种按折现率为10%，另一种按折现率为20%。如果使用Excel电子表格进行计算，不能看到有两个答案。如果函数中包含不同的收益率的估值，那么可以得出不同的答案，见表10-7。如果不包含收益率的估值，则Excel表只显示10%的内部收益率。

表10-7 现金流为正/负/正

时期	现金流	折现率为10%		折现率为20%	
		系数	NPV	系数	NPV
0	−50000	1.0000	−50000	1.0000	−50000
1	115000	0.9091	104545	0.8333	95833
2	−66000	0.8264	−54545	0.6944	−45833
		NPV=	0		0
Excel 计算:					
预期利率估计值:		5%		15%	
IRR=		10%		20%	

10.3 利率风险

如果贷款方为项目提供的是固定利率的债券资金或贷款资金，原则上，项目公司不会有利率风险。

但是在很多市场上，由于银行的存款是短期的，所以贷款方不提供长期固定利率的贷款。因此，在市场上要么找不到长期固定利率的资金，要么费用很高。项目融资贷款的基准利率要经常定期进行调整（每6个月一次），调整的利率以贷款方募集资金时银行同业拆放利率为准，因此它是一种浮动利率而不是固定利率。在国际市场上，最重要的浮动利率基准是伦敦银行同业拆放利率（LIBOR）。[①]根据这一利率，银行可以使用主要的世界货币报出它们之间借贷的利率。在LIBOR贷款利率的基础上，银行加上一定的利润边际报出融资的利率，然后通常每3个月到6个月再按当时的LIBOR利率重新核定基本利率（这称为"利率核定日"或"利率日"）。[②]

施工阶段的利率风险。项目运营前利息不需要用现金支付。在施工期间通常把利息累加起来算作贷款的一部分（即计入贷款额中）或通过提取贷款偿还利息。这样，在施工期间的利息（IDC）就成了项目资金预算的一部分，如果施工期间的利率不固定，最终超出了最初的预算，就会造成施工费用超

[①] 还有其他的利率，如欧元银行间拆放利率、日元东京同业拆借利率。

[②] 2012年，许多银行因操控LIBOR和类似的市场利率而向管理机构缴纳罚款，由于2008年信贷危机后银行间市场的收缩，这已经越来越人为化。该体系可能会有所改变，但是由于没有可行的选择方案，金融监管机构可能进行改革，而不是废除LIBOR体系。

支。贷款方一般不允许使用施工应急费支付这一风险的损失，因为应急费主要用于"硬"费用方面的超支（主要是施工合同），或工期延误造成的总体利息费用的增加。

运营阶段的利率风险。 在运营期间，如果利率提高就会导致项目现金流的降低，由此也会降低贷款方的偿债能力比率（参阅12.3）和投资方的回报率。

运营阶段应对利率风险的一个简单方法，就是把合同付款改为项目公司债务变化的潜在市场利率，该方法可以用于签订承购合同（包括产能费用或有效性合同）的项目。当然，这意味着，购买方或签约的公共部门需要承担长期的利率风险。由于后者能够获得利率交换或其他规避风险的方法，具备比项目公司更优越的条件，因此可以更好地应对该风险。至于购买方或签约的公共部门，国库能够承担此风险，并将其作为政府债务的总体利率管理的一部分来处理。

还有一种观点，如果项目的收入与通货膨胀挂钩，融资的利率也应该按照与通货膨胀变化密切相关的短期利率计算（参阅13.4.3）。不过，这一观点没有得到项目融资贷款方的普遍支持。确实，总体趋势是这两个利率密切相关，要使融资的利率赶上通货膨胀率还需很长的时间。

因此，在使用浮动利率贷款的时候，需要对利率作出安排以规避利率的风险。在项目融资中，最常用的规避利率风险的方法就是利率交换。此外，利率封顶、利率上下限和其他工具也少量使用，有时不需要对所有的风险都控制。融资的利率应当固定，尤其是通过债券募集资金，但是在这种情况下会出现很多问题。发起人在融资关闭前还可能面临一些利率变动的具体问题。

10.3.1 利率交换

在利率交换协议（也称为息票互换"coupon swap"）下，一方把按浮动利率支付利息的义务交换成以固定利率支付利息的义务，另一方的做法正好相反。在资本市场上，银行在利率互换方面的业务很多。

在项目融资中，需要按浮动利率支付贷款利息的项目公司同意在浮动利率低于约定的固定利率时向银行（利率交换服务的供应方）支付两种利率之间的差额部分，当浮动利率高于固定利率时，项目公司也会得到利率交换服务供应方的差额补偿。

表10-8　利率交换

	6月期					
	1	2	3	4	5	6
名义本金额 (a)	1000	1000	1000	1000	1000	1000
LIBOR(b)	4%	5%	6%	7%	8%	9%
交换的固定利率 (c)	6%	6%	6%	6%	6%	6%
LIBOR 利息 (d)[(a×b)÷2]	20	25	30	35	40	45
固定利率利息 (e)[(a×c)÷2]	30	30	30	30	30	30
息差 (f) (d-e)	-10	-5	0	5	10	15
项目公司的情况						
贷款利息 (=d)	20	25	30	35	40	45
交换支出／（收入）(=-f)	10	5	0	-5	-10	-15
净利息费用 (=e)	30	30	30	30	30	30
交换服务提供方情况						
名义本金的利息 (=e)	30	30	30	30	30	30
交换支出／（收入）(=f)	-10	-5	0	5	10	15
净利息费用 (=d)	20	25	30	35	40	45

利率交换支付的计算。在项目公司和利率交换提供商之间的净支付额是按照每个阶段的"名义本金金额"进行计算的（即计算利息时的贷款总额）。利率交换协议规定，双方之间互不借款，只是支付两种利率间的差异部分。

表10-8显示了在6个月LIBOR利率和固定利率之间进行交换的实际操作方法。假设项目公司以6个月期的LIBOR利率贷款1000，把这一浮动利率和6%的固定利率进行交换，并在3年末一次性偿还贷款。这样，项目公司就可以把浮动的LIBOR利率交换成6%的固定利率，而利率交换提供商则按照相反的方向进行操作。

利率交换提前终止的费用和信用风险。如果项目公司偿还债务或在债务上违约，利率交换的安排就要取消（或终止）。利率交换服务的提供方就会在剩余的交换期内与其他方安排利率交换（即其他方接管项目公司的责任）。但是如果利率交换协议签署后长期的固定利率一直在下降，那么这个新的参与方就不会愿意支付与项目公司同样高的固定利率。最初的固定利率和新的固定利率之间存在差额，就会造成利率交换提供商的损失。这被称为"提前终止"费用（是指"解除"利率交换，即"解除"成本或利润）。所以，尽管利率交换提供商没有借款，仍需承担项目公司的信用风险，与提前终止费用一样。该风险不是固定的，只取决于提前终止的时间。因此，利率交换提供商所承担的信用风险在写入交换合同时不能准确定值。

表10-9　利率交换提前终止的费用

固定利率付款	年份												
	3	4	5	6	7	8	9	10	11	12	13	14	15
最初的金额	60	60	60	60	60	60	60	60	60	60	60	60	60
修改后的金额	30	30	30	30	30	30	30	30	30	30	30	30	30
交换服务方的损失	30	30	30	30	30	30	30	30	30	30	30	30	30
损失的净现值（折现率为 3%）=319													

当然，出现违约时，如果在交换期剩余的期限里长期固定的利率高于最初的利率，就不会给交换服务提供方造成损失；相反，这种情况还会给项目公司带来利润。

表10-9给出了关于计算后者提前终止交换费用的方法。假设：

◎　贷款为1000，一次性偿还；

◎　交换期限为15年；

◎　固定利率为6%；

◎　2年后出现违约；

◎　收益利率为3%。

因此，交换服务提供方因提前终止造成的损失和名义本金额是不一样的，而是在剩余的13年中每年损失达30。该现金流的净现值只是利率交换提前终止的费用——在这个例子中相当于名义本金的32%，这是项目公司在特定时间的特定情境中需承担的信用风险。但是，这一费用通常不高，因为不用支付贷款。表10-10列出了一个更加典型的项目贷款现金流的交换提前终止的费用情况，是在贷款期间以每年为单位进行计算的。假设：

◎　贷款为1000，分10年偿还，100/年；

◎　固定利率为6%；

◎　收益利率（违约后）为3%。

表10-10　利率交换提前终止的费用

年	1	2	3	4	5	6	7	8	9	10
名义本金 (a) 支付固定利率：	1000	900	800	700	600	500	400	300	200	100
最初收益 (b) (a×6%)	54	48	42	36	30	24	18	12	6	60
违约后收益 (c) (a×3%)	27	24	21	18	15	12	9	6	3	30
损失 (d) (b−c)	27	24	21	18	15	12	9	6	3	30
损失净现值 (e)	121	98	77	58	42	28	17	9	3	147
损失净现值与名义本金之比 (e÷a)	15%	13%	12%	11%	10%	8%	7%	6%	4%	3%

这样，如果项目在贷款和利率交换协议签署后就出现违约，长期的固定利率也从6%降到3%，那么利率交换提供商的损失就是121。如果违约发生在第二年末，损失就是98；第三年末，损失就是77；以此类推。

这一潜在的损失是利率交换提供商要对项目公司承担的信用风险，但是这和贷款的信用风险不同，它不是一个固定的数字，它取决于：

◎　利率交换剩余的期限；

◎　当违约发生的时候，市场利率变化的情况；

◎　最初的利率交换是处于历史高点还是低点（如果处于低点，由于长期利率不太可能再低，所以交换终止费用就可能较低；反之费用就可能较高）。

所以，与项目公司签订利率交换协议的服务提供方应该对信用风险进行初步的评估，而在这个阶段不能仅仅是猜测。由表10-10可以看出，信用风险最大值为初始贷款额的15%，且逐年递减。粗略地讲（因为有很多的变量），对于20年期分期偿还贷款进行利率交换，银行可能会按最高名义本金的15%承担最初的信用风险。

当然，根据表10-10，如果违约后的利率高于6%，对项目公司来说就意味着获取收益而不是终止损失。在利率交换协议终止时对利润或损失的计算，被称为"计算提前终止的费用"；在解除利率交换时获得了利润，则"期权履约价格高于市场价";而出现了损失则"期权履约价格低于市场价"。

对于提供利率交换服务的银行来说,在市场上安排匹配的利率交换远比为项目公司募集长期固定利率的资金容易得多,因为同行们在提供利率交换的服务过程中所承担的信用风险较低,而且为项目公司提供利率交换的银行,很容易得到浮动利率的资金,并且认为,这些资金总可以续借到。

如果项目公司两个利息确定日之间发生违约,浮动利率的贷款方也会产生少量额外的提前还贷的费用。

交换利率的确定。 利率交换市场都是按名义本金最终一次偿还的方式操作。即表10-9中显示的这种偿还贷款的进度,名义本金1000在15年期结束时才一次性全部偿还。但是,项目融资贷款的现金流,也就是名义本金的偿还(见表10-10)是在一定的期限内分期偿还,现金流需要与之匹配。为此市场在每一个偿还期限内报出一系列利息交换的平均加权利率(称为"分期利率交换")。这样,按照表10-10的进度安排,利率交换提供商会按一年后名义本金100报出交换的加权利率,两年后名义本金100的加权利率,三年后名义本金100的加权利率,以此类推。

利率交换报价也要考虑到名义本金不是全部一次提出的情况。大多数项目有两年至三年的提款期或是施工阶段的提款期。因此,在施工期间或提款期间应该为不断增加的名义本金额提前报出交换的利率(称为"分期提款的交换利率")。与项目运营阶段相反,后者的名义本金减少,这称为"分期利率交换"。

利率交换提供商基于三个要素报出固定的利率:

◎ 参考相关期限和相关货币的政府债券利率:这为利率交换提供了"基础利率"。例如,以美元安排一个7年的利率交换可以按同期美国政府债券的即期收益作为参考。

◎ 利率交换市场的溢价:这是政府债券利率和交换利率的不同之处,反映了利率交换市场和固定利率公司债券市场的供求关系,因为公司债券的发行人可以在固定利率市场和浮动利率市场之间通过利率交换进行套利(利率交换市场的利率—政府债券利率和交换市场的溢价总和,是通过财经媒体和交易大屏幕公布的)。

◎ 利率交换的信用风险保险费。

利率交换的信用风险保险费。利率交换的信用风险保险费是利率交换提供商为项目公司的信用风险支付的保证金。如果利率交换提供商认为风险的程度（与表10–10的计算方法类似）占最初名义本金金额的15%，项目公司贷款的信用盈余为1.5%，那么利率交换的信用风险保险费就应该为15%的1.5%（即每年0.225%）。

利率交换的结构安排。项目公司通过利率交换控制其利率风险最简单的方法就是让提供浮动利率贷款的银团也按照它们在贷款中的份额提供相应的利率交换。但是，这种方法的问题是：

◎ 在融资关闭后，银行可能还没有完成最后银团贷款安排，所以就需要在融资关闭（参阅5.2.8）时或之后才能安排利率交换，把项目利息成本固定下来。

◎ 银团中有些银行的交换价格可能不如其他银行的价格更有竞争力，所以项目公司最终可能会支付最贵的交换费用。

◎ 因为银团的银行没有竞争，因此项目公司可能无法获得最有利的利率交换价格。

一般情况下，项目公司不太可能直接去找市场上的其他银行，让它们为利率交换报价，因为没有参与贷款的银行不可能让它的项目融资部门去花时间分析相关的风险。此外，若利率交换提供商不是贷款方，那么在利率交换提供商与其他贷款方之间就会出现中间债权人的问题（参阅14.14.1）。

如果银团贷款涉及几家银行，可以在它们之间引入竞争性的利率交换，而不是按照各自的份额提供利率交换（银团中的每个银行就可以按比例向利率交换提供商提供担保，或后者愿意承担自己账上的全部风险）。但是，如果银团中只有一两家银行（这种情况可能出现在融资关闭前，贷款没有通过银团承销），那么这种竞争就不能奏效了。

项目公司要想得到最高的市场价格，就要指定银团中的一家或几家银行作为利率交换的"代理银行"。根据利率交换提供商与"代理银行"达成的协议，项目公司可以到利率交换市场进行询价；然后，项目公司可以和"代理银行"达成一个"背靠背"的利率交换协议（这个代理银行自己仍然可以为市场的利率交换进行竞价）。代理银行收取上述的信用风险保费或由银团银行提供反担保并少量收取保费。

从代理银行获得的另一个益处就是利率交换的信用风险保险费，若利率交换终止，则会出现问题。利率交换文件只是对毛费率报价，包括信用风险保费。在表10-10中，利率交换利率为6%，实际上是5.775%加上0.225%的保费后得出的值。表10-10的计算方法包括了利率交换终止的费用，也就是说，项目公司需要为剩下的债务期限支付整个利率交换信用保险费的净现值，尽管对利率交换提供商来说项目不再有任何风险。另一种解决方案就是根据附加协议而不是利率交换协议来支付利率交换信用风险保险费。但是，在某些市场中，利率交换提供方十分反对以这些方式放弃利率交换信用风险保险费。实际上，在某些市场中，银行在很大程度上依赖于利率交换的收入，这一收入来自没有竞争力利率和保留利率交换信用风险的保险费，以此资助其项目融资的贷款。

展期风险。理论上讲，重要利率交换时间是按照施工期间的提款时间和贷款偿还时间（从项目完工开始）进行安排的。但是这些时间节点的预估可能会出现误差。比如，工期的延误会影响提款的时间安排，或者项目完工的延迟也会影响还款计划，这是因为还款一般从项目完工日算起。

如果时间的变化相对较短（1个月左右），那么一个月的额外损失可以用另一个月的利润补上，所以利率交换可以按原计划进行（假设项目公司手头有资金支付到期的付款）。如果项目完工延迟使进度出现了重大的变化，如6个月，就需要对利率交换进行后移安排（即终止最初的利率交换安排，按照新的进度达成新的交换安排）。提前终止的费用可能主要由较低的长期固定利率的收益相抵，获得的利润可能要用于补偿较高的固定利率损失。

但是，项目公司与利率交换提供商之间可能会面临一些困难：

◎ 利率交换提供商可能不想再提供利率交换业务了，并以要求后移为由退出合作。

◎ 如果在延期的比率上没有竞争，项目公司可能就要为延期付出很大的代价。

如果使用上述代理银行的方式安排，利率交换的延期就不应出现大的问题。在有些情况下，也可以事先商定一个竞争的方法。如果没有，项目公司（及其贷款方）就只能承担这一风险了，这是完工延迟造成的不可避免的后果之一。

如果贷款额增加（比如由于完工延迟需要提取应急资金），就会出现同样的问题，也需要相应地增加利率交换的安排。

利率交换终止的费用与再投资。若项目公司想进行债务再投资，利率交换终止的费用就会增加（参阅14.16）。正常的程序是新的贷款方取代项目公司成为交易对手，接管原来的利率交换服务，然后与项目公司签署自己的利率交换协议（其还款计划也不同）。然而，这意味着项目公司两次终止支付利率交换保费，即尽管现在承担风险的是另一家银行而不是项目公司，但原来的利率交换提供商收取的保费保持不变，并且新的利率交换提供商为项目公司面临的风险收取它自己的利率交换保费。

文件。利率交换是以标准的格式进行记录处理的，它是以ISDA（国际利率交换与衍生品协会）提供的文件内容为基础的，因此谈判的余地有限。因为利率交换提供商们想按照统一的条款对它们的整体利率交换账目进行交易，所以有必要制定标准的格式。实际的交换现金流和费用附加在标准格式的文件中。

10.3.2 利率封顶和其他工具

按照利率封顶的要求，如果浮动利率超过了一定的限度，提供商（通常是银行）就需要给项目公司付款。比如，2012年的浮动利率为3%，封顶利率设定为5%。只要浮动利率保持在5%以下，项目公司就只付浮动利率。如果浮动利率超过5%，提供商就需要给项目公司支付利差，这一点和利率交换的做法是一样的。为了预算的目的，项目公司可以把5%定为利息成本，只要浮动利率低于这个限度，就会产生收益。

利率封顶是避免利率风险的短期解决方案。比如，施工期的浮动利率贷款需要在项目完工时按固定利率贷款进行再融资，可以通过利率封顶解决。这样做的好处是提供商不需要承担项目公司的信用风险，因此可以从市场上的提供商那里得到利率封顶的安排。但是，不利之处是需要为此支付前端费用，并计入项目的开发成本。因此，这种方法很少用于长期的利率避险工具。但是利率封顶可以用来限定利率交换中终止成本的程度，这对关注或有债务的一些项目来说是有益的。

另外一些更为复杂的工具可能对有些项目有用。"远期利率交换"（或

"应急交换")用于在未来的某个日期对利率进行交换，这在时间上有一定的灵活性。

"利率上下限"的安排把利率的上限和下限结合到一起（即最高利率封顶，如果浮动利率低于下限，比如3%，项目公司就要把利差付给提供商）。利率上下限的安排可能没有费用（前端费用），因为上限的费用可以用出售底线的费用抵销。但是，下限的接受方要承担项目公司的信用风险，尽管它的风险要低于利率交换提供商的风险。

10.3.3 利率风险规避的范围和时间

在进行融资安排时，发起人也许会认为利率更可能下降，所以更希望建立在浮动利率上的融资。这对于贷款方来说是不能接受的，无论风险多么小，它们都不支持项目公司承受不必要的融资风险。

但是，贷款方一般会接受项目公司不规避全部利率风险的做法。首先，项目公司需要灵活处理上述提款和还款时间的差异。其次，项目公司不需要在施工期开始时规避应急资金的利率风险。项目公司和贷款方可能会同意在开始阶段应规避不少于90%的利率风险，这不需要考虑应急资金的情况。由于上面所提到的展期风险的影响，如果需要提取应急资金或项目公司想提高规避比例，可以在融资文件中体现足够的灵活性，以规避可能出现的高利率风险。

一般在融资关闭之时或之后，要采取规避措施确保预算成本尽快固定下来。融资关闭后的一个月内应该完成利率交换的安排，确保项目公司不在价格较高的时候进入利率交换市场。

10.3.4 固定利率贷款或收益

贷款方提供固定利率贷款或购买债券，若项目公司违约，它们需要承担提前终止的费用，原因与利率交换提供商一样：当项目公司违约时，若再次借出的固定利率资金的利率下降，那么固定利率贷款方因以更低的利率再次贷款而遭受损失。但是，在一些市场中，提前终止债券的费用（或固定利率贷款）可能会高于利率交换提前终止的费用。

期货利润边际付款。 不论什么原因，若提前偿还贷款，浮动利率贷款方通常会损失期货利润边际（尽管需要支付一小部分还款费）。但是，浮动利率贷款方或债券持有方可能需要支付一些或全部的期货利润边际。这些是在终止日期时完成的，需根据政府债券（或其他约定的比较）当前的收益，计算未来贷款或债券偿还的费用。显然，政府债券比项目公司的信用风险更低，其收益也会更低，因此使用更低的折现率，会让项目公司欠下的不只是按固定利率贷款或债券未偿付的名义本金。最终，项目公司需要按固定利率贷款或债券支付部分或全部的期货信用盈余，同样需要支付提前终止利率交换的信用保险费（参阅10.3.1）。

"票面最低价值"。此外，债务的利率交换终止计算也许是一个办法。即若利率下降，则贷款方会补偿债券持有方；若利率上升，则债券持有方不用支付这笔利润给项目公司（与利率交换的情况一样）。这是因为提前终止的利润会抵销债券资金付款，这意味着债券持有方不能全部收回其投资的资金。尽管这对原始债券不会有任何损失，债券持有方不想遭受直接资金损失，这往往需要"票面最低价值"（也称为"以支付溢价为成本的条款"，在英国被称为"Spens Clause"）。也就是说，必须在截止日期支付债券未偿还部分总额，不扣除利率交换提前终止的收益。

表10–11列出了票面价值要求对债券付款的影响。该计算方法假设：

债券发行金额：1000；

政府债券利率：5.25%（按债券发出时计算）；

信用盈余：0.75%；

债券息票：6.00%（政府债券利率+信用盈余）；

期限：20年，年金付款（参阅12.5.3）；

政府债券利率：8.00%（终止时）。

从表中可以看出，与利率交换贷款相比，以支付溢价为成本的条款会导致大量额外的提前终止成本（一般地说，提前终止成本加上利率交换未偿付的贷款总额与表10–11中没有票面价值的终止费用一样）。

投资担保合同（GIC）。在5.4中谈到，和贷款相比，债券的不利因素之一就是资金不能按需提取，而是要一次性提取，而且需要把超出所需的临时资金存入银行。这笔存款的利息收入也要用于项目的施工。由于这笔存款可能是按浮动利率存入的，因此，在所融资金全部用于项目之前，项目公司在项目施工期就会面临着短期利率的风险。如果存入的资金利率低于预期，项目公司就可能出现项目建设资金短缺的问题。

表10-11 债券付款成本

年	0	1	2	3	4	5	15	16	17	18	19	20
利息支付 (a)		60	58	57	55	53	26	22	18	14	10	5
本金偿还 (b)		27	29	31	32	34	61	65	69	73	78	82
总计偿还贷款 (c)		87	87	87	87	87	87	87	87	87	87	87
债券本金 O/S (d= 上期余额 −b)	1000	973	944	913	881	847	367	302	233	160	82	0
终止付款												
没有票面价值（折现率为8%，利息支付的净现值）		837	817	795	772	746	348	289	225	155	81	
有票面价值（=d）		973	944	913	881	847	367	302	233	160	82	

这个问题也可以通过利率交换的方法解决，但是这次交换的方向正好相反。项目公司同意按存款的浮动利率支付相同的浮动利率，而得到的回报是固定的利息。银行也可以支付存款的固定利息，然后在内部进行利率交换，这种做法称为投资担保合同（GIC）。

在正常情况下，投资担保合同的短期固定利率要低于长期债券息票，即获取融资关闭时的所有资金会使项目公司遭受损失（称为负套利），在比较贷款成本和债券成本时需要考虑到这一点。

还有中间债权人问题（参阅14.14）：银行应为GIC的资金担保，若有银行平行贷款，它们为所有贷款方提供担保吗？还是它们只为债券持有方提供担保？第二种解决方案似乎更加公平。

10.3.5 融资关闭前的利率风险规避

在项目开发阶段如何处理利率的风险，是发起人面对的一个特别问题。最初，发起人可能通过合同付款对项目进行招标，协议中确定用于偿还固定利率贷款的价格。这样，利率的风险就由项目公司而不是由购买方或签约的公共部门来承担了，而且在开始招标和融资关闭之间可能还有相当长的一段时间间隔。如果在融资关闭之前利率上升，而且也没有利率风险的规避措施，那么投资人的收益和整个的融资就会出现危险。

解决这一问题的方法，就是发起人本身在融资关闭之前作出长期利率风险规避的安排，然后在融资关闭时把这一风险规避转移给项目公司。但是，如果项目没有达成融资关闭，不管什么原因，发起人都要承担额外的风险。如果长期利率下降，提前终止长期利率交换就会产生损失（当然，如果利率提高，发起人也要承担同样的责任）。在融资关闭前需要解决长期和短期之间的利差问题（即如果短期利率低于长期利率，发起人就需要用与GIC类似的方式在融资关闭前补上利差，反之亦然），否则这个利差可能会影响利率的计算。因此，在采用这一方式规避利率风险之前，发起人需要确信融资关闭能够完成并为此制订切实可行的计划。同样，也可以采用应急利率交换的方法（参阅10.3.2）。但是，如果招标失败，也可能造成成本损失。

在有些情况下，购买方或签约的公共部门可能愿意承担与发起人约定的利率和融资关闭时风险规避之间进行利率调整的风险（或收益），并且要对产品或服务的价格作相应的调整。如果是这种情况，购买方或签约的公共部门就希望用适当的方式控制调整确定利率的过程，而发起人并不期望在此情况下获得最佳定价（在利率固定时，购买方或签约的公共部门很可能会让融资顾问或专家顾问来核实定价）。

购买方或签约的公共部门承担此风险的理由，就是若公共部门负责采购项目，那么后者将会"有得有失"，即一些交易会在利率比预期更低的时候完成，而其他必须支付更多资金。总的来说，比起把风险留给投标商，公共部门也许会更受益，因为如果投标商确实需要承担此风险，它们会在假定的长期利率上建立安全裕度，这可能不必要，但购买方或签约的公共部门仍需进行付款——和其他的风险转移案例一样，这属于VFM案例（参阅9.2）。

若没有购买或基于使用权的合同，那发起人就别无选择，只能冒着利率变动的风险实施项目；但是，如果在非招标情况下，它们也许会像上面所讲的，更加情愿在融资关闭之前进行长期风险规避。

市场稳定。一般来说，签约的公共部门在融资关闭之前为规避利率风险承担责任，这并不是很明智的做法。任何PPP项目合同安排应该在签字和生效之前启动。但是，若把大笔债券投入市场中，可能会使市场汇率上升，合同付款也如此，这就有必要进行利率风险规避。因此，发行债券的投资银行可能会提前实施"市场稳定"操作,通过出售政府债券来避免利率上升。在债券投入市场时,若市场汇率上升,那么提前抛售政府债券所得的利润就可以与之抵销。若在市场中进行大型的利率交换,也需要进行类似的操作。在这种情况下,签约的公共部门承担这些操作造成的任何损失,即若利率下降,市场稳定仍然会使债券在发行之前有效地固定其价格。

10.3.6 利率风险是否应该成为项目公司的问题

至少在流程工厂或可信赖合同中,有人认为把利率风险转移给项目公司没有意义。可以使用上述方法管理风险,但这并不总是合算的,尤其是使用利率交换的时候。有人认为付款机制应该建立在浮动利率的基础上,购买方或签约的公共部门只能通过其自身的利率风险规避安排来应对利率风险。这一定会减少利率交换信用保险金,因为可以在完全竞争的基础上获得利率交换服务。利率交换提供商承担购买方或签约的公共部门的风险,但并不承担项目公司的风险。如果有贷款项目的话,购买方或签约的公共部门也能从规模效益中受益。对于购买方或签约的公共部门来说,它们要面对的风险就是如果项目出现违约,并且存在提前终止利率交换的费用,那么就不太可能应对这些风险(在任何情况下,任何补偿都应从属于债权人,而不是同等权益,参阅14.14.1)。

10.4 通货膨胀

根据不同的时机,通货膨胀对项目公司来讲既可能是风险又可能是机遇。

在项目建设期间,如果物价上涨高于预计的费用,就会造成费用超支的后果,在9.5.5中已经对费用超支的后果进行了分析(若物价上涨低于预计的费用,也如此)。施工期间的大部分费用不应该轻易地受到通货膨胀的影响:施工合同价格与融资费用应该是固定的。但是,在做施工期间的预算时,必须要考虑到施工期间通货膨胀对非固定费用的影响,比如,项目公司员工的总费用,购买不含在施工合同内的物品(如备件等)。

在运营期间,如果通货膨胀导致运营费用超出预算,那么贷款方的偿债能力比率(参阅12.3)和投资方的回报率都会减少,除非能够按照下文规避风险。但是如果只是把项目卖到商品市场中，商品价格就能够反映出通货膨胀的程度，从而"自然规避风险"。

在仔细研究通货膨胀风险前，需要了解相关术语——"名义"现金流和其他的计算，包括通货膨胀影响这一数据，而"真实"现金流不包括通货膨胀数据。换句话说，名义现金流是实际获得的资金，而真实现金流减去了当前通货膨胀的费用。

◎ 若一年需付100，通货膨胀率为5%，则名义上可以获得100，但是实际上为95.24[100×（1.00÷1.05）]。

◎ 同样地，若一年需付105，通货膨胀率为5%，则名义上可以获得105，但实际上为100[105×（1.00÷1.05）]。

10.4.1　合同付款的通货膨胀指数化

如果项目公司签有长期的项目协议，规定项目公司按照约定的合同付款获得收入，那么合同付款中的某些因素就可以和通货膨胀挂钩进行指数化调整（参阅7.3.3），这样就大大降低了通货膨胀风险造成的收入与费用之间的失衡问题。但是，看似矛盾的是，如果收入能和通货膨胀彻底进行指数化关联，那么项目公司依然可能面临通货膨胀风险，这是因为贷款偿还是运营费用的一个主要部分，且与通货膨胀没有关系。

假设有1000的贷款，按等额分五年还款，利率为6%。从表10-12的数据可以看出：

情形（A）假设通货膨胀率为零。

◎ 这就为投资方创造811的总收益。

◎ 鉴于通货膨胀率为零，现金流的折现率也为零，产生的真实净现值则为813。

情形（B）假设收入和费用的年通货膨胀率为5%。

可以看出，情形（B）给投资方带来了收益，所以净现金流变成了1023，而通货膨胀率为零的净现金流为813。这是因为尽管两者的收入增长率都为5%，可是由于贷款偿还是固定的，且不受通货膨胀的影响，所以只有72%的运营费用[237÷（600+237）]。

表10–12 通货膨胀对项目现金流的影响

年	1	2	3	4	5	总金额
(A) 通货膨胀率为 0%						
收入	1000	1000	1000	1000	1000	5000
运营费用	−600	−600	−600	−600	−600	−3000
贷款利息	−60	−49	−38	−26	−13	−187
偿还贷款	−177	−188	−199	−211	−224	−1000
净现金流	163	163	163	163	163	813
(B) 通货膨胀率为 5%						
收入	1000	1050	1103	1158	1216	5526
运营费用	−600	−630	−662	−695	−729	−3315
贷款利息	−60	−49	−38	−26	−13	−187
偿还贷款	−177	−188	−199	−211	−224	−1000
净现金流	163	183	204	226	249	1023
折现率为 5% 的净现值	877					
(C) 通货膨胀率为 2.5%						
收入	1000	1025	1051	1077	1104	5256
运营费用	−600	−615	−630	−646	−662	−3154
贷款利息	−60	−49	−38	−26	−13	−187
偿还贷款	−177	−188	−199	−211	−224	−1000
净现金流	163	173	183	193	204	916
折现率为 2.5% 的净现值	848					
(D) 通货膨胀率为 5%，收入指数化为 60%						
收入	1000	1030	1061	1093	1126	5309
运营费用	−600	−630	−662	−695	−729	−3315
贷款利息	−60	−49	−38	−26	−13	−187
偿还贷款	−177	−188	−199	−211	−224	−1000
净现金流	163	163	162	161	159	807
折现率为 5% 的净现值	699					
(E) 通货膨胀率为 2.5%，收入指数化为 60%						
收入	1000	1015	1030	1046	1061	5152
运营费用	−600	−615	−630	−646	−662	−3154
贷款利息	−60	−49	−38	−26	−13	−187

年	1	2	3	4	5	总金额
偿还贷款	−177	−188	−199	−211	−224	−1000
净现金流	163	163	162	162	162	811
折现率为2.5%的净现值	754					

为反映投资方的"真实"回报，通货膨胀率为5%时，可以折现净现金流，创造877的真实（通货膨胀净额）净现值，给投资方带来的收益将高于情形（A）。

情形（C）假设实际通货膨胀率为2.5%，而预计通货膨胀率为5%。

◎ 可以看出，若按通货膨胀率为5%进行计算，投资方和贷款方的情况会很糟——由于通货膨胀率只有2.5%，它们只能获得916的净现金流，而不是名义上1023的净现金流。

◎ 由于通货膨胀率越高，贷款偿还不受通货膨胀影响时的益处越大，因此投资方的真实情况也会更糟，获得的净现值为848。

因此，对于投资方和贷款方来说，通货膨胀是把双刃剑。随着合同付款进行指数化调整，通货膨胀率高于预计值时对投资方和贷款方有益，反之有害（对于购买方或签约的公共部门说来，情况则相反）。

从表10-12可以看出合同付款中合理的指数化级别对通货膨胀的影响：

情形（D）与情形（E）和情形（B）与情形（C）一样，但是，情形（D）与情形（E）均假设收入与通货膨胀指数化关联的程度是60%，与运营费用保持平衡。结果表明，两种情形的现金流几乎一样，因此，通货膨胀风险受到的影响很大（如果投资方也想要获得通货膨胀指数回报，就需要增加指数化的比例）。但是，不管是在名义上还是实际情况，投资方的境况都更糟，而购买方或签约的公共部门获得的收益高于收入与通货膨胀指数化关联程度为100%时的收益。

以上计算结果表明，使用真实数字（即忽略通货膨胀）建立财务模型是不可能的。为实现项目融资现金流，应该使用名义上的数字（把预计的通货膨胀考虑在内），并且如果需要的话，可以根据通货膨胀来调整这些数字。

基于上述讨论，购买方或签约的公共部门的最佳做法是让合同付款和通货膨胀进行指数化关联，与受通货膨胀影响的运营费用成比例。但是，由于表10-12中运营费用和收入的比例是固定的（60%），因此它们不能完全做到这一点（可以通过比较情形D和情形E看出来）。事实上，第一年的运营费用占收入的60%，但是这一比例随着时间的推移逐渐上升（通货膨胀率越高，上升越快）。改变每年的指数化百分比不太符合常规。

此外，运营费用因时期而异，比如维护产生的费用的增加会导致运营费用增加。并且，通货膨胀对税款的计算方法有影响（参阅13.6.8）。

因此，确定通货膨胀指数化的最佳水平的正确做法是：使用财务模型，通过设定不同的指数化比例和不同的通货膨胀率，来找到最不易受通货膨胀率变化影响的指数化水平。

10.4.2 "过于指数化"

然而这一理想的做法并不总是可行的，表10-12所示的结果在某一点上具有误导性——"过于指数化"，即收入的100%通货膨胀指数化其实会降低购买方或签约的公共部门的初始成本，见表10-13。这些计算假设合同付款已经被通货膨胀指数化，与运营费用成比例，见表10-12。所以表10-13专注于剩余合同付款通货膨胀指数化的影响，将涵盖贷款偿还和投资方的回报。表10-13的主要假设如下：

◎ 运营费用：零（即该表只计算贷款偿还和投资方的回报，假设运营费用已经受到通货膨胀指数化的合同付款的影响）；

◎ 贷款额：1000；

◎ 时间：25年（由于空间有限，表格中省略了第13年至第23年）；

◎ 利率：6%；

◎ 贷款方所需的存留率（参阅12.3.1）：1.2。

表10-13 "过于指数化"对合同付款的影响

年	1	2	3	4	10	11	12	24	25	总金额
（X）合同付款固定										
合同付款	94	94	94	94	94	94	94	94	94	2347
开放式贷款 O/S	1000	982	962	942	791	760	727	143	74	0
利息	60	59	58	57	47	46	44	9	4	956

年	1	2	3	4	10	11	12	24	25	总金额
偿还贷款	18	19	20	22	31	33	35	70	74	1000
贷款偿还总金额	78	78	78	78	78	78	78	78	78	1956
（Y）通货膨胀指数化合同付款（2.5%）										
合同付款	74	76	78	80	92	95	97	130	134	2526
开放式贷款 O/S	1000	998	995	990	914	892	866	202	105	0
利息	60	60	60	59	55	54	52	12	6	1105
偿还贷款	2	3	5	7	22	25	29	97	105	1000
贷款偿还总金额	62	63	65	66	77	79	81	109	111	2105
（Z）通货膨胀指数化合同付款（5%）										
合同付款	75	79	83	87	117	123	129	232	243	3597

表格结果显示：

◎ 情形（X）假设涵盖贷款偿还和权益回报的合同付款是固定的，不存在通货膨胀指数化。所以在整个项目协议中合同付款均为95。

◎ 情形（Y）假设合同付款全部指数化，在整个项目协议中的通货膨胀率为2.5%。贷款的成本是一样的，但是付款是根据偿债能力比率（参阅12.3）定的。可以看出，初始合同付款从94减少到74，这对于购买方或签约的公共部门来说是一个很大的变化。但是，随着时间的推移，合同付款增加，最后比情形（X）高27%。

◎ 情形（Z）假设实际通货膨胀率为5%，而贷款偿还与情形（Y）一致。可以看出，购买方或签约的公共部门需要承担大量的合同付款（并且这可能会给投资方带来意外之财）。

若购买方或签约的公共部门假设自己的预算会跟着通货膨胀率增加，使用者支付的意愿也会随通货膨胀率增加，那么选择合同付款100%通货膨胀指数化就是合理的，这是因为在真实的情况下它们的情况不会更糟，并且在一开始的几年这些付款是可以担负得起的（与情形X相比）。但是在公共财政中，最终都要减少预算，而不是增大通货膨胀指数化，所以作出此假设是很不谨慎的做法。

通货膨胀完全指数化是合同付款的一个不明智的做法，也是不值得的。

10.4.3　通货膨胀指数化融资

但是，尽管有这些理由，如果认为合同付款完全通货膨胀指数化对于减少初始合同付款和使项目更加实惠是必要的，那么至少在短期内，这会给贷款方带来一定的问题。从表10–13可知，若通货膨胀率低于预期值，那项目公司会面临资金短缺的局面。尽管有足够的现金流来应对贷款偿还，投资方的处境会更糟。

因此，贷款方会想要规避这一风险。可以通过把部分贷款与通货膨胀挂钩来规避风险，也就是说，若通货膨胀率低于预期值，贷款偿还率也会更低，那带来的净效益就会更小（若有效益的话）。在政府发行通货膨胀指数化债券的国家，可以增加通货膨胀指数化融资，为私营部门通货膨胀债券提供平台，与固定利率政府债券对私营部门固定利率债券的方式一样（参阅4.3）。

表10–14反映了通货膨胀指数化债券的原理。假设：

◎　贷款额为1000；

◎　期限为20年（表中未列出第5年至第16年的数据）；

◎　真实利率为2.00%；

◎　通货膨胀率为2.50%（整个贷款期间）。

表10–14　通货膨胀指数化债券

年	0	1	2	3	4	17	18	19	20	总计
真实现金流 (a)										
利息		20	19	18	17	5	4	2	1	223
本金偿还		41	42	43	44	56	58	59	60	1000
贷款偿还总额	–1000	61	61	61	61	61	61	61	61	1223
贷款余额	1000	959	917	874	830	176	119	60	0	
名义现金流 (b)										
通货膨胀指数	1.000	1.025	1.051	1.077	1.104	1.522	1.560	1.599	1.639	
利息		21	20	20	19	7	6	4	2	271
本金偿还		42	44	46	48	86	90	94	98	1330
贷款偿还总额	–1000	63	64	66	68	93	95	98	100	1601
贷款余额	1000	983	963	941	917	268	185	96	0	

续表

年	0	1	2	3	4	17	18	19	20	总计
通货膨胀率为 5% 的 名义现金流 (c)										
通货膨胀指数	1.000	1.050	1.103	1.158	1.216	2.292	2.407	2.527	2.653	
利息		21	21	21	21	11	8	6	3	332
本金偿还		43	46	50	53	129	139	149	159	1791
贷款偿还总额	−1000	64	67	71	74	140	147	155	162	2123
贷款余额	1000	1007	1011	1012	1009	404	286	152	0	

债券的付款是建立在真实现金流的计算上，即假设没有通货膨胀，如（A）。这表示1000的贷款按每年贷款偿还61，20年还清。（B）展示了现金流基于预期通货膨胀指数（即第1天对未来通货膨胀的估值）随通货膨胀进行调整，每年增加2.5%。本金和利息付款是根据（A）的真实数据与通货膨胀指数的乘积进行调整的。结果表明，1000的贷款在20年里增加至1330，名义利息付款总额从233增加至271。可以看出，提前终止的费用（假设真实利率没有变化，没有信用盈余），即未偿贷款，在贷款期间高于（B）。

假设通货膨胀率（c）增加到5%，且在贷款期间通货膨胀率不变。这对贷款偿还的影响可以通过与（b）比较看出。尽管项目公司每年在贷款偿还，但是它的贷款总额实际上在第3年从1000增加到1012，在第5年才降到1000以下。

在有些市场中，也可能进入通货膨胀互换（在英国被称为RPI交换，RPI是指零售物价指数），所以项目公司无须用浮动利率和固定利率交换，而是用变化的通货膨胀率与固定通货膨胀率交换，这会产生和通货膨胀指数化贷款一样的净效益。

但是必须重申的是，若合同付款把避免营业成本通货膨胀放在首位，那这种与通货膨胀挂钩的复杂融资就没有必要进行。

10.5 外汇风险

外汇风险是指货币间的汇率变动引起的风险。[①] 在考虑以下风险时需要进

---

① 飞利浦·格雷，蒂莫西·欧文.《汇率风险：私人基础设施项目中汇率风险的调配》，私营部门的公共政策，注释226（世界银行，华盛顿特区，2003）.

行多方面分析。

◎　管理外汇风险；

◎　规避外汇风险；

◎　当地货币债务；

◎　提供流动资金；

◎　灾难性贬值；

◎　用多种货币融资；

◎　以当地货币收入的兑换；

◎　确定以当地货币计价的抵押。

10.5.1　管理外汇风险

与处理利率风险一样，不管项目公司表示有多大把握，贷款方也不会同意项目公司承担融资中的汇率风险。贷款方希望尽可能地减小或避免这些风险。[①]

对于这个问题，可以采用两个相互关联的方法解决。

施工阶段。在施工阶段，如果成本支出使用一种货币，而提供的资金是另一种货币，那么项目公司在支付时就会面临所使用货币升值的风险。比如，如果施工合同价是100美元，为此所安排的融资资金是按汇率为1∶1的100欧元。后来，欧元贬值，汇率变为1.2∶1，那么用于支付给EPC项目费用的资金就只剩下83.3美元了（100欧元÷1.2），实际上项目产生了16.7美元的施工成本超支（或资金亏损）。

对于施工成本的汇率风险，可以把施工成本重新按融资资金的货币表示出来，或者改变融资资金的货币，选择两者中比较容易操作的一种方式，并符合下述长期（运营期）汇率风险控制方法的特点。

施工成本中最大的一项可能是施工合同。如果能说服施工承包商按贷款货币确定报价，就不会有什么问题了。施工期第二大成本就是融资成本（施工期的利息和费用），这些成本可以自动地以贷款货币来表示。

---

① 某个国家的收入用当地货币表示，但是不能申请到长期的当地货币贷款，使用离岸货币长期贷款在该国进行项目融资（例如使用美元在尼日利亚进行道路项目融资，通行费是按奈拉支付），有时候被称为"原罪"。

但是，这种做法会把外汇风险转嫁给施工承包商，如果没有一个以另一种货币表示的成本构成，承包商不愿意用那种货币报价。施工承包商可以采用远期外汇安排来控制这种风险，但是施工承包商可能不愿意在施工合同投标时采用这种方式报价，因为它们不确定是否能够中标，更不清楚施工的工期和付款。如果施工承包商采用了远期汇率，但却没有中标或工期发生改变，就会造成重大的损失。

在这种情况下，施工承包商可能先用当地货币报价，但是，在融资关闭时跟项目公司签订远期的汇率合同（即在签订施工合同并获得融资时，施工工期和付款就能确定），这样就可以在施工合同下（可能与施工承包商的银行签订背靠背的合同）规避付款的风险。但是，不管是哪种情况，在融资关闭之前这个风险就留给了发起人和项目公司。

运营阶段。在运营阶段，如果项目公司的收入用的是某种货币，而它的融资或其他用的是另一种货币，那么汇率的变化就会影响其净收入，进而影响其还款能力。比较理想的安排是用当地货币进行融资，这样就可以避免长期的货币风险。但是，实际上，发展中国家很难作出这种安排，因为当地的融资市场不能提供项目融资。因此，收入的货币就决定了融资的货币，反之亦然。

◎ 如果收入的货币也可以使用融资的货币（如美元或欧元），那么，就应该用这种货币融资。

◎ 如果给发展中国家的项目只能以美元融资，那么购买方或签约的公共部门就要按照项目协议用美元付款，或按当时美元汇率兑换成当地货币付款（参阅6.3.5和10.5.5）。

◎ 如果项目生产美元计价的商品（比如石油），那么融资也要用美元（参阅11.4.1）。[1]

同样，持续运营成本要尽量和收入的货币一致。

总之，如果用美元贷款，收入也是美元，那么施工成本特别是施工合同成本也要用美元结算。13.7.7讨论与纳税相关的内在汇率风险。

10.5.2 规避外汇风险

从理论上来讲，可以通过签订远期外汇合同（货币互换）来控制汇率

---

[1] 当地运营成本包括办公费和员工费，可能不包括在收入货币内，但是这里的货币风险通常不大。

的风险：在这种合同中，如果支付的施工费用以欧元计算而融到的资金用美元计算，项目公司可能会同意在融资关闭期间的预计提款日卖出美元买入欧元，这样就可以锁定汇率，按照这一汇率以欧元计算的费用就用美元资金支付了。

同样，以美元计算成本和收入而以欧元融资的项目公司也可能同意如下做法。

◎ 在预计提款日，卖出美元，买入欧元。

◎ 在预计还贷日，卖掉同样数量的欧元，买入美元。

以上做法可以保证偿还贷款时汇率是固定的。因此，一些发展中国家利用当地金融机构、DFI或其他贷款方（而不是项目公司）之间的货币交换按当地货币为前者提供长期项目融资资金，这可以使项目公司受益。但是，由于这些交易在发展中国家中没有市场，因此这些发展中国家不能安排这种长期的货币交换（如20年左右）。

如果项目公司参与货币交换，贷款方提供货币交换所要承担的信用风险远远大于利率交换的信用风险：20%的汇率变化会增加贷款本金的支付，这样会提高20%的风险。但是，如果利率有20%的变化，就只会影响到利息的支付，假设利率为10%，就只相当于每年增加偿还贷款余额的2%。但是，如4.2.2所述，一些亚洲国家采取了这些措施，且减少了当地项目的融资成本。

另一种方法就是东道国的中央银行同意与项目公司进行货币交换。这意味着把外汇风险作为外债的一部分来处理，且中央银行比个人项目更合适。当然，这也意味着中央银行承担项目公司的信用风险，上文已对此进行了讨论。

10.5.3 当地货币债务

尽管施工期间存在进口设备的问题，但如果当地货币贷款市场能够提供当地货币融资所需的金额和期限，就可以排除任何长期的货币风险。

如果当地的市场能够为债务作证，但并不愿意承担项目融资的风险，那么使用境外担保有助于完成这件不可能的事情。外商银行能够提供这样的担保，使项目融资摆脱信用风险。其他的机构，比如DFI，也能够提供此类担保，这被称为部分信用担保（参阅16.5.1）。

10.5.4 提供流动资金

DFI也能够提供备用的贷款来支持项目，该项目的收入按当地货币计算，但是融资成本按离岸货币（如美元）计算。由于贷款方会提供额外的流动性款项，因此可能会对贷款方采取周转性贷款[①]或担保的形式，排除当地货币贬值与通货膨胀增加的问题，从而弥补货币贬值对项目公司外币债务偿还能力造成的影响。因此，如果货币贬值导致项目公司无法拿出足够的外币来维持其贷款偿还，那么附加的次级债务（参阅4.5.1）对项目公司起的作用和项目公司的外币债务一样。付款需要建立在次级债务基础上（参阅14.14.5），但可能需要符合同等优先偿还要求。

10.5.5 灾难性贬值

"灾难性贬值"（即当地货币突然大幅度贬值）被认为是为发展中国家以外汇提供项目融资的最大风险之一，因为项目本身不会产生外汇收入。

在10.5.2中谈到的货币风险规避技巧，可以使项目公司应对正常的市场汇率变化所产生的风险。但是，如果东道国经济管理出现了问题，就会导致大幅度的货币贬值，这些技巧就不起作用了。由于购买方或签约的公共部门承担了把合同付款与外汇进行指数化关联的汇率风险，因此在当地货币大幅贬值后就会大量增加指数化的成本，它们不可能把这些成本转嫁给产品的最终用户。如果购买方或签约的公共部门通过当地的银行规避了这些风险，这些银行可能也无法承受相关的损失。

这种情况在1997年亚洲金融危机和2001年的土耳其危机中都有所表现，当时购电方按照购电协议把电价支付和外汇进行了挂钩。当购电方的当地货币出现大幅度的贬值时，它们就要按购电协议相应提高电费的支付。但是，为了给国外的贷款方和投资方付款，立即以相同的幅度提高最终用户的电价，无论从经济上还是政治上都不现实。实际上，原本想通过价格与外汇进行指数化关联以起到保护作用的做法并不成功，当然购电协议也就无法执行了。

有一种观点认为，在这种情况下，最好不要把项目公司的收入与外汇进行指数化关联，而是与东道国的通货膨胀率相关联。这样的话，如果货币贬

---

① 即可以偿还和再借的贷款。

值后产品（如电力）对于最终用户变得便宜了，这仅仅是暂时的现象，它会跟通货膨胀率一同上涨。所以40%的货币贬值会导致40%的通货膨胀，那么基于当地通货膨胀的合同付款也会增长40%以补偿货币的贬值损失（这是建立在13.4.4提到的购买力平价的基础上的）。

从政治角度上讲，这种方法在东道国很容易被接受，所以在经济危机期间比较可行。但是，主要的问题是即使在一个东道国完全不干预价格的自由市场，价格的调整也是需要时间的。同时，基于通货膨胀定价的项目公司，可能没有足够的收入偿还贷款。

10.5.6　用多种货币融资

如果债务资金或股本金使用不同的货币（涉及的货币不是分别按贷款和股本金的比例提供的），就要在融资关闭时按这些货币之间的汇率确定债务和股本金的计算（参阅12.4.1）。否则，就不可能提前提供所需数量的资金，见表10-15。

表10-15　债务：股本金比率与汇率变化

	融资关闭	商业运营日
现行汇率 (a)	$ 1 =€ 1.3	$1= € 1.5
股本金 (b)	€ 200	€ 200
债务 (c)	$615	$615
欧元债务 (d=c × a)	€ 800	€ 923
债务：股本金比率 [e=d ÷ (b+d)]	80 ：20	92 ：20

表10-15表明，如果要求项目公司保持债务：股本金比率不超过80：20，但是按项目完工日的汇率计算，那么项目就会出现违约。项目公司不可能预测未来的汇率，因为体现项目公司施工期间费用的资金使用了不同的货币，所以就没有合适的风险规避措施，因此，统一兑换成美元就可以消除这一风险。

解决这个问题也可以在英镑和欧元之间按比例确定股本金和债务（即在上述情形中，每20英镑的股本金确定80英镑的债务），要按融资关闭时的汇率确定每种货币的金额，见表10-16。但是，如果运营阶段的成本和收入不是按相同的比例进行拆分，货币的这种拆分仍会引起长期问题。

表10-16　混合资金与贷款：股本金比率

	融资关闭日（£1=1.3€）			项目完工日（£1=€1.5）		
	欧元	英镑	折合欧元	欧元	英镑	折合欧元
债务	€640	$208	€800	€640	$208	€952
股本金	€160	$52	€200	€160	$52	€238
债务：股本金比率			80：20			80：20

10.5.7　当地货币收入的兑换

按照项目协议，虽然项目公司的外币债务风险可以通过把本地货币收入与相关外币进行指数化关联而得到规避，但是由于兑换存在时间差，并不能使风险完全得到规避。

账单和支付之间的时间差。在项目公司计算购买方或签约的公共部门应该支付的金额时（包括货币的兑换），与实际支付之间肯定有一个时间差（1个月或更长）。在这一段时间，项目公司仍要面对汇率进一步变动的风险。这一风险一般是有限的，因为它只涉及1个月的付款。如果可能，这一风险可以通过当地金融市场的短期对冲得到解决，或者通过调整下个月的账单来反映上个月的实际汇率。

货币兑换的时间。东道国的外币管制可能会规定，只有在付款到期时才能把当地货币兑换成外币。在付款到期时，如果用以支付外币费用、偿还债务或红利的收入还不能兑换成外币，就可能产生一个相当长的风险期（长达6个月的债务偿还或支付红利）。如果当地市场没有远期汇率的业务（或贷款方不接受市场上的信用风险），那么就要说服东道国的中央银行或财政部必须同意能够灵活处理，给予及时兑换。

10.5.8　确定以当地货币计价的抵押

当贷款方在东道国登记项目资产抵押时，当地的法律可能要求确定抵押的金额，即使是外币（参阅14.7.1）的债务也要以当地的货币申报。这样，如果当地货币贬值，就会给贷款方带来风险，而且项目公司还有其他的债权人，可能会对未抵押的资产提出索赔。可以按照当时的汇率及按大于贷款的抵押金额进行登记，以留有操作的余地。如果不行，当地货币贷款额的增加就要定期加到抵押额中（这样的做法，不仅程序复杂，使项目公司产生一些额外的费用，而且并不能保证在一定时期内得到全部的抵押）。

10.6 再融资风险

在有些市场中，为项目安排长期贷款并不是国际惯例。例如，在美国，银行可能提供短期施工贷款，这是在项目完工时由来自保险公司或养老基金的长期（所谓的"永久性的"）贷款或债券发行进行再投资的。通常在项目完工后的2～3年一次性偿还贷款（称为短期融资），以满足再投资时间的灵活性。

这种方法看起来很不错，但是却伴随着宏观经济风险：

◎ 第一个宏观经济风险就是长期利率可能已经超过了当初用于财务模型的假设，使得项目无法承担需进行再投资的债务。显然，投资方在这种情况下会遭受巨大损失。若银行不提供长期贷款，那它们也不可能提供长期风险规避，这样的话，利率风险规避的方法（参阅10.3）在这种情况下就不再适用。

◎ 另一个宏观经济风险就是在再投资时，贷款或债券市场可能会缺少流动性（参阅17.2），从而在需要的时候无法获得长期融资。

贷款方也可能会担心在短期债务期间项目会很糟糕，即使上述风险没有出现也无法进行再投资。但是，一般来讲，项目情况要么会有所好转，能够进行再投资，要么会变得更糟，所以这种担忧还不及上述宏观经济风险的忧虑。

17.5.1结合项目融资新方法进一步讨论这个问题。

CHAPTER 11

监督管理与政治风险

11.1 概述

所有的大项目都受政治的影响。项目因其所在的国家,会受到政治风险以及与东道国关系的影响,这并非第9章和第10章中谈到的一般商业和宏观经济风险的影响。本章将详细地讲述政治风险。

与政府行为相关的两个主要风险:第一是监督管理或法律变化的风险,在某种程度上它会影响到所有的项目;第二是投资风险,它主要会影响到跨国界的项目投资,主要是发展中国家的投资。与后者相关的是准政治风险,因为政府有时会针对项目采取非直接的行动。本章还会讲到由次主权风险带来的一些问题,比如购买方或签约的公共部门是一个省或地方政府,而不是中央政府。

最后,政府支持协议的条款有助于解决这些问题(参阅11.3~11.6及11.7)。

保险也包括政治风险保险。

11.2 项目与政治

政府在项目融资中的作用很重要。这种融资模式的项目经常涉及大型长期的投资，因此它需要政治意愿和持续稳定的政治支持。融资的项目可能会成为政府私有化政策的一部分，或是通过PPP项目由政府与企业合作建设公共基础设施，因此它的成败会产生重大的政治影响。

实际上，没有政府的支持，大型项目的融资就无法进行。政府高层的支持经常是项目成功运作的必要条件。例如，一个购电协议项目和国有的电力公司就购电协议进行谈判，电力公司的管理层认为该项合同不符合公司的利益，更希望能像以前那样由公司自己开发这个电站。这样，购电方就没有动力去积极地谈判。打破这一僵局的唯一办法，就是东道国政府明确要求购电方不要采取消积的态度。

当项目开始运营后，同样需要政府的继续支持。如果项目成为政治筹码，比如，反对党利用该项目攻击政府或新政府试图解除前政府签订的协议，那么这个项目就会受到影响，或许政府会因招投标程序不透明或项目给投资方的回报过高或项目涉嫌腐败、不公正等遭到起诉（参阅3.7）。一旦项目建成，项目就要长期在所在国运营，那时和东道国政府开始吸引投资时相比，项目公司的地位不可避免地要下降。

这是一种"时过境迁的讨价还价"的概念，反映了一些外国投资方和东道国政府的关系，特别是在发展中国家，随着项目的推进，这种关系会产生很大的变化。最初阶段，东道国政府迫切地吸引外方投资，所以外方占上风，但是一旦投资落实，外方投资者就不会那么重要了，在东道国政府的压力下外方投资者就会很脆弱。因此，两者之间最初的讨价还价就随之时过境迁了。

同样，如果项目的收益没有达成共识，会给收费公路造成问题。比如，人们不愿意交费，可能会演变为政治问题，导致签约的公共部门给项目公司施压，使项目公司无法收取它们应得的费用。

融资项目的投资在这方面更加脆弱。如果项目公司使用了高杠杆，就没有能力调整适应东道国的短期宏观经济或其他问题的改变，无论东道国的经济状况多么差，它都要偿还一定量的外币债务；而如果项目的杠杆比较低，那么公司可能会减少自己的红利，从而释放一部分东道国政府的经济压力。显然，这可能会使得融资项目的投资方受到指责，因为它只给外方投资者带来了利益。

因此，项目不仅要商业上可行，而且政治上也要可行。关键的问题是这个项目是否被认为是"公平的"，是否能给用户带来利益。如果项目不能带来利益，比如，项目产品或服务的成本超出了当地用户的承受能力或价格高于其他类似的项目，投资方和贷款方就不能只看项目合同了，还要关注政治层面。为了减少风险，项目常把收益率定得很高，但在政治上如果不被接受，又可能会增加更多的风险。

这样的项目还要给东道国政府留有一定的余地，以便于对未来的运营市场进行调整。比如，国有输电公司想签订一个长期的购电合同，东道国政府就必须考虑项目是否会阻碍未来电力行业的私有化进程，如果有阻碍，就要考虑如何安排这个项目，给未来留有余地。同样，如果是一个收费公路的特许权，东道国政府应该考虑是否有条款规定排除竞争，这样可以防止公路网的正常变化。

11.3 法律的变化

一般来说，项目公司必须在稳定的法律、法规环境下运营，这就要求达到以下条件：

◎ 法律允许私人拥有项目的所有权以及给予私人投资适当的保护；
◎ 项目运营有一个清晰的法律、法规框架；
◎ 法律、法规的一致性；
◎ 获取建设、运营和融资许可的程序简单便捷；
◎ 贷款方有能力得到并实施抵押权。

如果项目的类型对于相关国家是首次实施，那么以上的条件未必全部可行，在这种情况下，特别是在发展中国家，可能需要签署政府支持协议。但是，无论法律框架多么稳定的国家，法律变化给项目带来的风险都不能忽略。而且，签约的公共部门或它的东道国政府不能自我约束不改变法律，也不可能约束它的下一任政府不改变法律。

11.3.1 法律变化的风险

不管在任何地点，任何项目都要考虑法律变化的风险（"法规风险"）。在这种情境下，法律包括所有具有法律效力的规章制度，所以它也包括行业规则。法庭作出不利的决定会影响项目公司的成本、权利或收入，但它不属于法律变化的范畴，因为法庭的判决不会改变法律，而是如何来诠释它所涉及的法律条款。实际上，大部分法庭会以这种方式宣布它们的决定。从这方面来讲，合同中规定对"法律变化的诠释"可以从某种程度上保护项目公司的利益。

此处的关键是货币价值：如果购买方或签约的公共部门不承担法律变化的成本，那么投标方在必要的情况下就只能从现金流中创建储备金来提供资金（虽然没人知道到底需要多少准备金，什么时候需要准备金）。即使从来不使用准备金，也会增加合同付款的成本，所以有人认为，如果购买方是公共部门，那么它显然比项目公司更适合评估和控制该风险。

对于法律的变化应该追踪，并在不同的项目合同中使其保持一致。这样，施工合同规定，如果施工承包商不得不为了适应法律的变化而修改项目的规格（比如，增加投资来减少排放），那么项目公司就需要承担额外的花费，且不能因为施工承包商由此导致的延期而对其进行处罚。这种风险因此就被项目公司转移到购买方或签约的公共部门，后者要承担法律变化而导致的额外的成本或收入额的损失。在特许经营业务中，可以把增加的额外成本通过直接提高用户的收费来解决。

11.3.2 法律变化的种类

法律变化有以下三种：

◎ 法律的一般变化。该种变化适用于一个国家而不是一个特定的行业或一类项目。比如，公司的税率增加；或者，建筑物中残疾人通道的规定发生改变，要求对已建成的建筑物进行改建；还有一种情况就是给员工增加养老金或带薪休病假的权利。

◎ 法律的具体变化。该变化指的是项目公司运营或者它所提供服务的行业。比如，电站排放税增加，包括具体某个项目或这一类项目；或者由于减排的需求而增加投资以达到标准。

◎ 针对性的法律变化。这种变化通常是针对与项目公司有关的法律法规，包括具体某个项目或一类项目（比如，PPP收费公路特许经营）。

法律的一般变化。这通常被认为是在相关国家做生意的一个常规的成本。根据项目合同，需要购买产品或服务的一方应该承担此风险，为法律的改变而买单。另外，法律的改变通常会影响整个国家也必然会影响各种类型的项目，无论是不是融资的项目，任何额外的成本最终都将转给产品或服务的终端用户，所以购买方或签约的公共部门如果不承担这部分费用而由项目公司来支付的话，那它们就会有一笔超出预期的利润。但是，通常来讲，法律一般的改变给购买方或签约的公共部门所带来的风险不常发生。

谈到税率的变化，不同的发展中国家市场惯例也不相同。发展中国家，税率提高，项目公司通常有补偿；在发达国家，税率提高的风险要由项目公司承担。在施工合同中，无论是在什么地方，施工承包商一般承担自身业务税率变化带来的风险（公司的税率），但是，增值税、商品服务税或营业税、进口税除外。同样，供应商一般会把额外的税款成本转移到它们所供应的商品上。

与税收相关的另一个问题就是扣缴付给外国投资方的红利税款，或者给外国贷款方付利息的税款，这些成本通常由项目公司承担，这同公司税率的增加是一样的。但是，如果外国投资方或贷款方所在国与东道国之间有双重税条约，那么情况就会变得十分复杂，这种情况下，投资方或贷款方就要用在国外缴纳的税款抵销应在国内缴纳的税款。

在资产移交的合同中，购买方或签约的公共部门在合同期结束时要接管项目，因此公司的任何资本支出都会为其带来收益。所以，在这种情况下，有人认为购买方或签约的公共部门至少应该支付法律变化所导致的资本支出。比如，项目协议初期可以支付较少的一部分，在协议接近尾声时，支付有所增加。或者，还可以由项目公司支付初期的费用，购买方或签约的公共部门支付其余的费用，这样会使项目公司（以及其贷款方）的财务风险有个清晰的上限。

歧视性的法律变化。从另外一个方面讲，没有足够的理由认定项目公司有义务支付歧视性的法律变化造成的损失，这个损失一般来说应该最终由购买方或签约的公共部门来承担，或由终端用户来承担。

法律的具体变化。 这种情况的一般做法是由购买方、签约的公共部门，或终端用户来承担。

如果法律变化的成本由购买方或签约的公共部门来承担，这会被当作一种补偿事件。如果这些变化的成本能够自动地由基准/市场测试的安排来承担，那就没有必要对建设—服务合同的法律条款进行改变。

如果项目协议没有涵盖法律条款中合理的变化，项目在这方面的风险就会很大。曾经有这方面的案例，2012年西班牙政府宣布，太阳能和风能项目发电所带来的关税不足，因此要给这些项目的利润设定上限。这种情况下，外国投资者和贷款方就需要从它们母国与东道国之间的双边投资保护条约中寻求保护。

11.4 投资风险

标准的投资风险包括：

◎ 货币的兑换和转移；

◎ 项目的国有化；

◎ 政治暴力（比如恐怖主义、内乱，也就是政治不可抗力）。

如果项目的东道国是一个政治不稳定、信用评级比较低的发展中国家，那么投资方和贷款方很可能会关注这些问题。

项目公司会按照项目协议或东道国支持协议把这些风险转移给购买方或签约的公共部门，要求它们补偿政治风险给项目公司造成的损失。但是，到时候如果东道国政府没有能力或不情愿承担这些风险，那么这些风险只能由为项目公司政治风险进行保险的保险公司或担保公司买单。

11.4.1 货币的兑换或转移

本节主要讲从宏观经济到汇率风险（参阅10.5），以及如何应对货币兑换或转移的风险。包括以下两个步骤：

◎ 收入要按投资方和贷款方要求的数量兑换成外币；

◎ 这一定数量的外币要被转移出东道国，付给贷款方和投资者（外币也会被要求支付燃料或其他运营费用）。

如果项目在发达国家的国际自由金融市场进行融资，唯一的货币风险就是按照汇率把东道国货币兑换成外币（即东道国货币的贬值）。但是，如果发展中国家经济不景气，外汇储备不足，该国政府或许会全面禁止本国货币兑换成外币，或不允许把外汇汇出国外；实际上东道国已经对其外汇债务构成了违约。标准的政府支持协议中常见的一个条款就是东道国政府或中央银行保证外汇的提供和汇出。但是，如果东道国缺乏外汇储备，那么这个协议就没有实际意义。

除了外汇储备不足，更糟糕的问题是东道国的货币出现灾难性贬值。在这种情况下，东道国政府为购买方或签约的公共部门的付款担保没有什么意义。

贷款方经常对东道国的宏观形势、收支平衡和外债情况进行研究，评估这些风险的水平。如果东道国管理有序、经济面良好，那么，贷款方就会接受这些风险，反之，就会采取措施以降低这些风险。

除了政治风险担保和保险之外，还可以采取其他措施来减少这些风险（但是很难把风险全部消除）：

◎ 产品或服务以外币结算的项目；

◎ 使用离岸储备账户；

◎ "安哥拉模式"。

产品或服务以外币结算的项目。如果项目的收入是在东道国以外的地方用外币结算，原则上这个项目就不存在货币兑换和转移的风险，因为，外币不需要汇入东道国也不能被限制汇出东道国，因此就可以把外币的收入用于偿还在国外融资的债务。对于生产出口商品的项目这种做法是可行的，如石油、天然气、矿产或跨境的电力销售项目。

一般情况下，对于贷款方来讲，在发展中国家的这类以外币结算的项目比不能从东道国以外获得外汇收入的项目更具有吸引力。从这类项目的名称就可以看出，这类项目有些特别，不存在贷款方认为的给发展中国家借贷可能存在无法用外汇偿还债务的风险。这种方式意味着发展中国家能够通过外币融资开发其资源。同样，债券评级机构还可以给这类项目的债券发行更高的评级，甚至超过项目所在国的主权债务评级。这种方式的另一个例子是世界银行对产品或服务以外币结算项目的担保。

影响这类项目可行性的因素包括：

- ◎ 产品或服务的销售对东道国的经济和收支平衡有重要影响；
- ◎ 东道国国内的市场对该产品或服务需求有限；
- ◎ 项目为外向型的基础设施，比如石油管道、港口等；
- ◎ 通过东道国以外的具有良好信用的第三方进行销售；
- ◎ 收入直接付给东道国以外的项目公司或托管账户；
- ◎ 转移付款困难。

从东道国的项目角度来看，这类项目也存在问题：它们失去了对最重要的出口收入的控制，因此就不能对它们的外汇储备和收支平衡进行有效的管理，这也被称为经济殖民。但是，这类项目也是信用评级比较低的国家吸引项目融资的一种有效策略。

使用离岸储备账户。即使项目公司的收入不是以外币结算并能存到东道国以外的地区，也可以使用离岸储备账户在一定期限内降低外汇兑换或支付的风险。14.4.1中谈到，贷款方通常会要求开立一个贷款偿还储备账户（DSRA），以应对贷款偿还中出现的临时还款问题。也就是说，如果在东道国以外的地区开立外币的贷款偿还储备账户，就可以利用它来解决临时出现的外币还款问题，也可以采用离岸账户的方式开立其他目的的储备账户。

因此对于信用评级较差的国家的项目，贷款方更希望设立海外储备账户。但是，这种做法在外汇管制比较严格的国家非常困难，因为东道国内的公司不允许开立这样的账户。

安哥拉模式。项目公司也可以达成一项安排，用它的产品或服务换取能够出口并获得外汇收入的产品或服务，这实际上就是通过两个阶段做成一个产品或服务以外币结算的项目。这一过程被称为"对等贸易"。

对等贸易之前在发展中国家项目中起到的作用是很有限的，但是，这一切在2004年中国进出口银行提出了"安哥拉模式"后便有了很大的改变。目前中国进出口银行在非洲多个国家采用此模式。这实际上就是对等贸易交易——银行提供资金进行基础设施的建设（比如道路由中国的开发商建设），建设费用由中国投资者开发的自然资源项目的收益来支付。这种模式会产生一些问题，特别是两个项目的衔接（万一其中一个项目失败怎么办），商品价格的变化会如何影响交易。不过，这种模式还是在一定程度上带动了非洲国家基础设施的发展，如果没有这种模式，可能就不会有这些投资。

11.4.2 国有化

出于对国家安全的需要（比如，在战争时期，国家征用船只或飞机等），政府总是有权利临时接管私有财产。很多国家的法律规定政府有权接管或管理私人控制的公用设施，或改变石油或其他燃料的供应，以维持基本供给。任何投资方或贷款方承担此风险，政府都要给予补贴。

国有化的风险还不止如此。项目公司的东道国政府没收项目或其有形资产，或金融资产，并不给予赔偿（这是违背国际法的）。这一风险在政治不稳定的国家尤其突出。这一风险在一些有影响的大型项目中程度最高，比如电厂或交通项目，或与该国的自然资源相关的项目，如石油或矿产项目，很容易被国有化（过去国有化的情况很多，但近些年这种情况较少）。从技术上讲，东道国政府甚至都不需要剥夺项目公司的资产或投资方的股份来达到目的。比如，它可以通过一项法律，授权政府任命项目公司的大多数董事，就可以实现对项目公司的控制。

由于政治原因，私有财产国有化不只是影响跨国的投资者和贷款方，它主要还给发展中国家贷款带来了跨境风险。

项目协议和政府支持协议应该把国有化看作购买方或签约的公共部门的违约，因此要作相应的补偿（通过终止金）。应该把国有化的范围界定得宽泛一些，不仅包括接管项目公司的资产，而且包括东道国政府控制项目公司的行为。这可以对东道国政府任意采取不利于项目的行为起到一定的约束作用。但是，这解决不了"逐渐国有化的问题"。

值得注意的是，国有化的风险和货币兑换与转移风险有可能是交叉的，如果项目公司无法兑换或转移其当地货币的收入，很可能就是它的账户已经被东道国政府国有化了（或被冻结了）。

另外一个相关风险是剥夺权利，也就是说，项目不能够出口产品。

11.4.3 战争和国内动乱

投资方或贷款方不得不面对国内政治不稳定的风险，包括内乱、恐怖袭击以及东道国的战争对项目造成的损坏，或影响项目的运营，从而导致额外成本的增加或收入的损失，这些风险被称为"政治不可抗力"。

还有一种可能就是对东道国的封锁或制裁，虽没有对项目造成实质的损坏，但是，由于设备无法进口而导致项目无法完工，或者由于其产品不能出口或物资不能进口而使项目无法运营。在东道国以外发生的战争也可能造成类似的影响。

这种政治不可抗力导致的项目损坏或收入的损失可以通过保险来解决。如果没有这种保险，项目协议或政府支持协议就要规定为项目公司进行补偿。但是，有一个显而易见的风险，那就是一旦出现不可抗力事件，购买方或签约的公共部门，或东道国政府可能没有能力履行这个责任。因此，贷款方可能要求使用政治风险担保或保险的方式来降低风险。

另外一个相关风险是被迫放弃，比如，项目自身并没有受到损坏，但是当地的状况使得项目不能够继续建设或运营。

11.5 更广泛意义的政治风险

这种风险包括政治原因或商业背景导致的合同纠纷，这也说明了政治风险和商业风险之间的界限有时不是十分明显。这就要求通过保险或担保来免于政治风险。如果风险的界限不能准确划定，那么就无法通过保险或担保使项目公司免于政治风险。

有人认为在东道国之外成立项目公司可以减少一些政治风险，但是这种方式通常很难操作。项目自身显然不能离开东道国，而大部分风险又都是与项目有关的，并不只是项目所有权的问题。而且，东道国的投资法可能不允许项目的所有权属于一个外国公司，而且即使是外国公司，它在东道国经营项目时，同东道国国内的公司一样要遵守当地的法律，承担同样的风险。

这一背景下存在的问题有以下两个：
◎ 合同毁约；
◎ 逐渐国有化。

11.5.1 合同毁约 / 法律过程

合同毁约是指购买方、签约的公共部门或其他项目合同方（比如，供应商）故意中止合同，不遵守相关项目合同，拒绝履行义务（特别是付款义务），或者东道国政府不遵守政府支持协议，不履行赔偿义务。

显然，一个真正的关于合同条款和义务的商业纠纷与东道国或其代理机构故意拒绝履行义务的情况是完全不同的，前者是商业风险而后者是政治风险。东道国政府如果声称有莫须有的腐败问题，那情况将更加复杂。

但是，即使给出的原因是虚假的，并有隐藏合同毁约这一事实的企图，那么认定事实的客观途径只有一条，那就是诉诸法律；如果东道国的法律体系不能解决此类纠纷，或迫于政治压力不能公正判决，那么项目公司与东道国政府或其他类似公共部门就不具备一个公平客观的法律依据。

如果担心东道国或其法庭可能作出仲裁行为，那就可以特别规定项目合同不受东道国法律约束，而是依据东道国之外国家的法律，这样，项目的纠纷就会在其他国家提出诉讼并进行仲裁（也就是说，政府法律和司法都不受东道国的约束）。使用另外国家的法庭或国际仲裁法官席，条款也是发展中国家项目合同的标准条款。

除了保护项目使其免于东道国法庭的仲裁，如果项目协议依据外国法律，就意味着东道国不能轻易改变法律来影响项目合同。这个问题在同政府部门签署的项目协议中比较突出，因为政府显然有能力为了其自身利益而改变法律条款。但是这种做法可能会遭到东道国政府的反对，项目公司被认为像是19世纪的强权国家，在东道国维护其在海外的利益。

如果东道国法庭声称项目协议或其他项目合同按照本国法律无效（比如，公共设施的所有权和控制权），项目公司就得不到保护，比如东道国不能支付给项目公司款项。造成这种情况的可能会是个人、非政府组织或其他相关利益方，但是也可能是东道国政府为了逃避责任而使用的挂名负责人（也可能是由于政治原因而介入的政府反对派人士）。

尽管项目协议中明确规定可以使用国际仲裁，当地法庭依然会阻止项目公司使用国际仲裁，因为依据当地法律，合同条款是无效的。

因为当地法庭对于项目协议没有执法权，所以当地法庭的决定也属于合同毁约的情况（这个问题也被称为"执法不公"）。

尽管项目合同要依据当地的法律和司法，尽管项目所在国是发展中国家，但与海外贷款方签署的融资合同（而不是担保文件，参阅14.7.1），仍要依照发达国家的法律条文（一般认为，英国和纽约的法律对债权方比较有利）。这也保证了即使修改法律不允许使用外币偿还贷款，也不会影响贷款方对这些贷款的索偿权。

11.5.2 逐渐国有化

政府有很多办法制裁项目公司，无须特意通过不履约合同来达到目的。这些行为积累到一起就可以剥夺项目公司以及投资者的实际项目利益，当然单独的一个问题一般不会产生这样的后果。这是"逐渐国有化"，是一个很难事先界定的问题，这或许是只有实际发生了才会识别出来的行为。即使政府支持协议中涉及了一些潜在的问题（如许可），也很难提前预测到。显然，项目协议条款中的法律条款歧视性修改的规定可能有助于解决这些问题，但不可能覆盖所有可能出现的后果。

复杂的项目必须依赖于这个国家的良好信誉和国家的公正。但是，有时某个国家的政府为了获得商业的特许经营权甚至项目的所有权，有可能使用不公正的手段、采取政治压力以达到目的。正当行使国家权利和故意破坏项目行为之间没有明确的界限，而且也很难证明，如果没有政府的干涉行为，项目就一定能够还清贷款，给投资人带来红利。政治风险保险中一个最难的问题就是逐步地国有化。滥用国家权力给项目公司施压的案例包括：

◎ 政府部门延缓签发许可证，包括外方主要工作人员的工作许可；
◎ 进出口货物积压在港口；
◎ 政治动机的罢工；
◎ 指控项目公司偷税漏税，并对其进行长期的调查，还可能冻结其银行账户；
◎ 项目公司人员被指控有犯罪行为，比如腐败行为等；
◎ 仲裁修正或撤销项目公司以及分包商的建设或运营许可。

那些没有项目协议的项目，比如开采自然资源，在这方面更加脆弱，因为它没有歧视性法律修改条文的保护（尽管投资方或贷款方的母国和东道国之间有投资保护条约，它或许能够给项目公司提供些支持）。强制性改变税率或某种资源型产品的生产也是时有发生的。

逐渐国有化是政治风险保险中最棘手的问题，为政治风险承保的保险公司在为精确划分该风险的问题上也是颇为头疼的。

11.6 次主权风险

通过对政治风险的分析，人们经常认为它们是一个国家的中央政府造成的。其实，项目合同的政治风险和政治行为的风险并不一定只是和中央政府有关系，地方政府或市政府同样有权利通过区域性的法律提高税率，并作为购买方或签约的公共部门与项目公司签署合同。如果它遇到财务困难，中央政府没有义务（或政治意愿）支持它，也不会同意履行政府支持协议，市政府的破产曾发生过。

国有企业（SOEs），无论是依据特别法还是普通的公司法成立的，都属于同一类。比如，根据特别法，东道国可以成立国家电力公用事业机构，其董事会的所有成员可能都由政府任命，但政府并不一定按照购电协议承担义务和责任，除非它专门签有政府的支持协议。显然，政府不会自动地对国有有限公司承担责任。

在项目合同下，对这次主权行为和国有企业责任人的风险预测比政府的风险预测更难，因为它们不会像政府一样顾及国家的整体信誉或者对外国投资者的吸引力，他们会更注重企业自身或本行业的问题。

所以，贷款方要严格区分国家的主权风险（即影响国家的"整体信誉"风险和低一级的公共部门的风险）或次主权风险。可能会有针对主权风险的政治风险担保或投保，但是不一定会有针对次主权风险管理的工具。贷款方因此可以要求中央政府担保，履行其支持地区或地方政府的责任。但是，这样也会出现一些问题，中央政府为了保证其担保的义务，势必要积极地介入项目建设，这样可能会干涉地区或地方政府的权利。如果没有中央政府的担保，那就需要从外界获取次主权风险的政治风险担保或保险。

11.7 政府支持协议

政府支持协议的目的是，通过提供政府支持，帮助项目顺利完工和运营，政府的支持会涉及项目的各个方面。

这种项目合同有不同的名称，如稳定协议、协调协议、实施协定、合作协定或容易引起误解的特许经营协议。它常是与购买项目产品的其他政府实体所签署的购买协议的补充（如与国家电力公司签署的购电协议）或与另外签约的公共部门签署的特许经营协议的补充（如果与中央政府签署协议，这些条款应该包含在特许经营协议中）。

对于许多项目来讲，不需要政府的支持协议，因为东道国的法律能够给项目提供一个完整的法律框架。比如，在电力完全私有化的国家，情况就是这样的。如果总体的许可条件都具备，就没有必要和公共部门为某一个发电站签订具体的合同。同样，对于一个需要有许可运营的项目（如电信网络工程），也不需要和政府签订其他涉及项目本身的合同。

但是如果项目没有清楚的法律框架，比如，某些经济部门第一次使用项目融资的模式开发项目，或考虑到一些当地特有的风险（在发展中国家），从降低风险的角度出发，往往需要与东道国政府签署支持协议，这样有助于鼓励项目的开发，否则就很困难。

依据不同项目，政府支持协议所涉及的内容也不一样，但是一些典型的条款应包括以下内容：该协议为项目设定一个总的框架，基于排他性原则，给予项目建设和运行的许可；具体说明项目公司的融资结构，比如，贷款和股本金的比例，或融资的来源和币种（通常适用于对外国投资有严格外汇管制或对外商投资有具体规定的国家）；可能要求发起人在一段时期内不能转让它们的股份；如果土地属于公共部门所有或在限制外国人对土地拥有所有权的国家，就需要给予项目公司使用（如通过租赁）项目场地的权利；与贷款方签订直接协议的形式要达成一致。

东道国政府需要承担的义务如下：对项目没有歧视；东道国政府保证按项目合同使供应商、购买方或签约的公共部门以及其他各方履行合同，包括按项目协议支付项目的终止金；东道国政府同意项目公司免去办理项目的设备进口、施工、运行的许可；或说明所需办理的许可证，并保证如果提交申请的材料就会得到许可证，没有正当的理由不会拒发；东道国政府保证进口的设备能及时通关；东道国政府保证为项目公司、建筑承包商、运营和维护承包商的外籍员工提供工作签证。

政府提供项目所需的公共设施服务，包括水、电、电话、公路、铁路以及其他的交通方式；政府担保为燃料或原材料的供应提供港口、铁路或其他运输条件，或在需要的时候购买项目的产品；东道国政府（或国家的中央银行）保证提供外汇用于债务偿还和红利的汇出；如果项目国有化，东道国政府给项目公司提供补偿（按照项目协议，计算的方法与购买方或签约的公共部门违约时所用的计算补偿的方法一样）；政府可能给项目提供减免税的支持（比如，减免进口税、销售税、增值税、公司税——包括对建筑承包商征收的税或对红利征收的预留税等）；如果按照支持协议所作出的赔偿涉及东道国主权的时候，东道国政府将以主权为重。

政府支持协议违约被认为等同于项目协议下的违约（允许索赔中止金）。东道国以外解决争议，应在双方同意的司法或仲裁法庭进行。显然，这类合同在性质上有很强的政治性。因此，发起人需要确保东道国政府遵守宪法程序，以使其具有效力。

11.8 政治风险保险和担保

由ECA或DFI提供的政治风险保险和担保在第16章讨论。

私人保险在政治风险保险市场起着越来越重要的作用[虽然没有具体数据，但是一般认为私人保险已经占据政治风险市场的50%，出口信贷机构（ECA）或开发金融机构（DFI）保险集中在高风险的国家]。它们一般和公共部门进行合作，比如通过多边投资担保机构（MIGA's）的项目，或者通过和海外私人投资公司（OPIC）合作共同承保。主要保险公司包括美亚保险公司（AIG）、劳合社（Lloyds）辛迪加、苏黎世；一共有20多家保险公司能够为一个项目的政治风险提供1.5亿美元的保额，有些情况下，时间长达15年。开发金融机构（DFI）和出口信贷机构（ECA）既给投资方又给贷款方提供保险。私人保险公司，比如出口信贷机构，会要求投资方购买10%的保险。

如果出口信贷机构（ECA）或开发金融机构（DFI）承保的时间太长，那么私人部门也会提供"补缺"服务；如果这两个机构的保险范围不包括该项业务，那么私人保险公司就会跟进。

应该注意的是，承保政治风险的公共部门的保险公司，不管是给股本金还是为债务承保，一般会被要求在交易中公开化（而且经常要求东道国政府为它们提供担保），而私人保险公司则提出，它们在承保有效期内不公开身份，这样就可以避免任何一方透露承保人的信息。

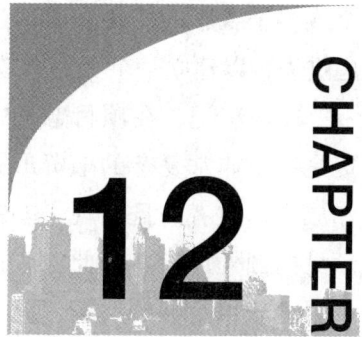

项目融资结构设计

12.1 概述

本章分析了一些融资结构的主要问题。前几章对项目的商务原理和风险进行了评估，在此基础上可能会出现一些关于融资结构的问题。本章的内容是以商业银行提供融资为研究对象的，但是大部分内容同样适用于债券市场以及在第15章和第16章的有关其他类型的私人和公共部门的借贷方或担保方。融资结构的设计一般与第13章中介绍的融资模型并列进行。

由于发起人是项目的推手，因此首先要讨论投资方的观点。其次，再对项目公司与贷款方之间有关整体融资结构和条件谈判中的主要内容进行评估。其要素包括：

◎ 债务偿还比率；

◎ 债务与股本的比率；

◎ 债务偿还状况；

◎ 利率与费用；

◎ 额外成本。

上述这些要素相互关联，因此一方面的要求出现变化通常会引起其他一个或多个要素的变化。要通过进一步优化融资模型把它们之间的相互影响考虑进去，以建立一个更加有效的融资模型。

应该牢记，在项目融资中为了创新而创新是没有益处的。显然，项目融资是一个非常复杂的融资形式，对融资结构的创新只会增加安排融资的时间和成本，或者一旦出现了差错就非常僵化，还可能在融资初期增加一些不可预见的额外风险。因此，应该使融资结构尽量保持简单，比如，如果能从一个渠道获得足够的融资，就不要再从其他不同的渠道融资了，因为与一组贷款方打交道要快得多，也容易得多（可以避免银团的问题，参阅14.14）。

12.2 投资方的分析与股权结构

最低的股本内部收益率是发起人和其他投资方判断项目投资可行性最常用的指标。但是，在这种情况下"股本金"通常包括股本和次级债务。股本投资的时间选择是很重要的，因为它会影响投资方收益的计算。其他投资收益指标可能也会与股本内部收益率一并使用。发起人在融资关闭时或关闭前可能会允许其他投资方参与。

12.2.1 股本内部收益率

股本内部收益率是在现金股本投资的现金收益的基础上计算出来的。因此，随着股权投资资金的投入，比如在两年的施工期内，投入的每一笔股权投资资金都要计入内部收益率中。

同样，当项目产生现金的时候，对于内部收益率的计算并不重要，但是当把现金支付给投资方的时候就变得重要了：这两个时间点之间存在一个很大的缺口，因为贷款方一般会要求把现金存入储备账户，根据现金流的情况把现金一年分两次支付给投资方。

项目融资投资方用投资于项目公司的股本投资回报率作为主要的指标。通常情况下，投资方都有预设的股本内部收益率，高于这个比率的投资是可接受的，低于此比率则不可接受。预设的股本内部收益率一般根据以下因素确定：

◎ 投资方自有资金的加权成本；

◎ 某些特定风险所需资金成本的额外回报（这会受到项目的类型、位置、项目协议对冲风险的程度、投资对增加和减少投资方投资组合的风险分散程度等因素影响）；

◎ 市场竞争，在公共采购中潜在发起人竞标项目的情况；

◎ 项目的可行性，即使项目不采用竞标，所提供的产品或服务本身也应该具有竞争性，如果股本内部收益率过高，情况就不一样了。

基于项目公司股本内部收益率的风险设定必要的收益具有相互的依赖性，因为股本内部收益率取决于杠杆的程度，杠杆本身又取决于风险的程度。实际上可以认为股本内部收益率就是一个贷款方债务偿还比率的算术结果。

多个行业已经采用了市场定价的股本内部收益率，政府部门或购买方经常通过竞标方式把项目推介给投资方，特别是处理厂项目和PPP项目。低风险国家的中等风险项目的股本内部收益率，比如签署购电协议的电厂项目或使用风险有限的基础设施项目（如服务类的PPP项目），一般在每年12%～15%（税前的名义收益率，即包括预测现金流中的通货膨胀率）。与新行业中其他股权投资的收益率相比，这类项目的收益率较低，反映了项目较低的风险水平；但是有观点认为，考虑到这类项目风险有限，其收益率还是很高的。至于在发展中国家的或在新兴项目融资市场中的一些高风险（如交通量的风险）项目，可以看到，它们的收益率是比较高的（可达每年20%）。

12.2.2 混合的股本内部收益率

在许多项目中，股东主要通过次级贷款而不是股本进行投资。实际上，项目公司的股本金可能非常少，比如100美元，其余的投资全部由次级债务承担，其利率接近于所要求的股本内部收益率。一般情况下，次级债务要与股本的份额相"挂钩"，即两者的比例不能变，如果出售其中之一，另一个也要按比例出售。这样做有以下两个原因：

◎ 避免"红利陷阱"；

◎ 因为对项目公司来说，支付给股东债务的利息是可以免税的，而分配给股东的红利则不能免税（在大多数国家）。

因此，对于投资方来说正常的指标其实不是简单的股本内部收益率，而是一个"混合的股本内部收益率"，即股本收益率与次级债务收益率相加的收益率。

如果使用这种结构，在项目初期投资方一般主要通过次级债务的偿还获得收益，只有在项目后期才会进行实质性的分红。

支付红利和偿还次级债务总称为"分红偿债"。贷款方一般不关心股本金是由股本还是由次级债务构成，所有的分红和偿债都是以同样的方式控制的。

由于次级债务在项目中使用普遍，因此贷款方经常被称为"高级贷款方"以区别作为次级贷款方的投资方。

混合的股本内部收益率一般按税后计算，即按项目公司缴纳税款后计算，但是这不考虑投资方个人的缴税情况。如果大部分的股本金由可免税的次级债务承担，那么税前和税后的内部收益率就会差不多。

如果能把现金用于支付红利和偿债，项目的融资模型就不应该假定存留现金。如果留存，就会影响混合内部收益率的计算以及相关的付款（如与财务平衡相关的计算）。同样，如果投资方选择把现金留给项目公司，而不是把现金支付红利和偿债，出于计算的目的也应该忽略这个问题。

12.2.3　股本投资的时间选择

关于股本投资的时间选择，即资金总额中投资方的出资额什么时候投入有以下几个可能性：

◎　在债务融资放款之前（即施工期开始阶段）；

◎　按与债务融资放款相同的比例投入（即在整个施工期内投入资金）；

◎　在债务融资放款以后（即在施工期末期）。

大多数投资方是在现金投资的基础上计算股本内部收益率的，而不是以现金投资并具有一定风险的资金为基础的。这意味着股本投资越晚，股本的内部收益率越高，因为这样会使投资的偿还期比较短，使施工期结束时的投资产生最具有吸引力的内部收益率。

在债务之前不投入股本唯一的缺点是项目成本的增加，这是由于在施工期需要支付更多的利息。如果为支付利息需要募集少量的债务资金有困难（比如，可用的资金总额有限，或可供使用的资金不能用于支付利息），那么发起人就需要首先投入资本金了。

显然贷款方更愿意先投入股本金，但并不反对首先使用贷款（或按比例）投入，前提是发起人要通过签署股本出资协议从法律上承诺投入股本，而且一旦项目违约就会立即投入股本金。可能需要提供银行担保或信用证为这种未缴股本做抵押。这样，无论股本金投入得早还是晚，投资方的风险是一样的。

但是，有些项目要求股本的投入必须先于债务的投入。

◎ 如果股本金是从公开发行的股票中获得，即使发行的股票已经得到认购，贷款方也不会认真地考虑要依赖未来的公开发行，因为这种认购的承诺很可能是不被认可的（如在某种市场条件下认购会被停止的规定）。

◎ 对于一边对系统进行投资一边收入在逐渐增加的项目（比如移动电话网络），贷款方在发放贷款前会设定用股本金建设系统目标，以及要达到的最低收入水平。这个方法适用于不需要建设厂房的项目，但是需要一个持续的投资过程。

对于想从现金股本投资期获得最大限度内部收益率的投资方，贷款方可以提供"过渡性股权贷款"。这种贷款是按股本的金额提供给项目公司，由发起人提供的公司担保作为抵押（提供过渡性股权贷款的借贷方不承担项目风险）。这笔贷款用于替代项目成本的股权投资，在施工期结束的时候再投入真正的股本金并偿还这笔过渡性股权贷款。如果能提过渡性股权贷款，通常要安排在高级贷款前提取（因为它比较便宜）。

例如，在表12-6年金偿还的结构融资中，假定在施工期结束时投入股本金，在一年以后开始偿还贷款并分配红利。实际上，如果使用了过渡性股权贷款，该表显示股本内部收益率可高达19%，而股本金本应在施工期结束前投资于项目成本。另外，如果对一个两年施工期的项目开始阶段投入股本金的50%，在施工一年后再投入另外的50%，股本内部收益率就会从19%降至14%。

未提取的股本金可以很容易地纳入股本内部收益率的计算中，在计算中假定股本是在项目的第一天开始提取，获得的现金收益相当于投资方的资本成本，直到项目公司实际提取。这种计算方法能准确地测出投资方真实风险的回报，一般情况下投资方并不使用这种方法，而使用更为准确的修正的内部收益率计算方法。

12.2.4　其他股本收益的指标

鉴于采用股本内部收益率的问题，许多投资方不会把它作为评估项目融资投资是否可行的唯一指标。通过使用其他指标以进一步确保内部收益率这个指标不会推荐一个不恰当的投资。

净现值。可以把投资方的预设回报率作为折现率用到现金流中，如果结果是正的净现值，投资就是可行的。

风险净现值。有观点认为因风险而调整净现值的折现率过于简单，因为很多因素会影响到投资方的风险，关注一系列的结果可能更实际一些。因此，不要使用因风险而提高的预设回报率，使用无风险的预设回报率可能更合理。投资方的资金成本，把这个比率应用到基于不同风险程度的项目现金流中，可以通过蒙特卡洛模拟的方法进行计算。这种方法被称为"风险净现值"，它能计算出一系列不同概率的净现值，如果最高概率的结果范围超过零，投资就是可行的。

回收期。对任何投资者来说，"现金为王"是一个重要的原则。因此，知道多快能把投资收回（回收期）是很重要的。投资方可能会要求股本投资也要有一个不超过一定年限的最长回收期（即收回最初现金投资的时间期限）。这是一个粗略的衡量指标，因为它不涉及回收期之后的收益情况。无论怎样，它仍然对高股本收益率的项目起到有益的审核作用，但是却无法产生充裕的现金进行长期分配。

"折现回收期"计算回收期的方法比较复杂。它把投资方的资金成本作为折现率计算未来现金流的净现值，在这个基础上计算收回最初投资的时间。计算时还要考虑货币的时间价值，而简单的算法则不需要考虑这些因素。

表12-1举例说明了这两种算法。对于回收期的计算，表中显示到第4年累积的现金流已经变成正数，因此回收期就是4.6年{4+[（450-200）÷450]=4.6年}（注意：按比例计算可以算出第4年的回收时间）。对于折现回收期的计算，现金流是以投资方资金成本进行折现的，在这个例子中为8%，然后用同样的方法计算回收期，得出的折现回收期为5.1年。

利润与投资比率。这个比率按照计算成本和收益比率的方法计算。它是把未来现金流的净现值与初始投资进行比较。所以在表12-1中，未来现金流的净现值为1617（折现率为8%），初始投资为1000，得出的利润与投资比为

1.6：1。因此投资方可以设定最低的利润与投资比作为另一个投资指标，这比前面讨论的净现值计算更为有用。

表12-1 回收期与折现回收期

	回收期		折现回收期	
年	现金流	累计	折现现金流	累计
0	−1000	−1000	−1000	−1000
1	150	−850	139	−861
2	250	−600	214	−647
3	350	−250	278	−369
4	450	200	331	−38
5	500	700	340	302
6	500	1200	315	617
	回收期为 4.6 年		折现回收期为 5.1 年	

运营净利润率。在13.7中谈到，公司也要关注项目投资将如何出现在公开账目和现金流的计算中。这里所介绍的一个标准指标是运营净利润率，即净利润所占收入的百分比。因此，投资方可能会要求达到年度最低运营净利润率（比如12%），以及最低的股本内部收益率。

项目内部收益率。项目内部收益率是根据债务偿还和分配红利之前的项目现金流计算的，用于测算所需现金投资的收益（无论是债务还是股本）。有时候在项目开发初期，在不考虑具体融资结构的情况下，测算、评估项目内部收益率的稳定性。

项目内部收益率对项目融资来说本来不太重要，因为给项目加杠杆的主要因素之一是提高股本收益，因此如果没有债务杠杆，评估项目的收益就没有太大意义了。但是，项目内部收益率可以用于项目估值的折现率，例如，对提前终止的项目进行估价。对于有公司融资和项目融资投资组合的投资方，它也可以用于比较不同项目的内部收益率。

12.2.5 在融资关闭时引入新的投资方

在融资关闭前引入其他投资方对所需的股本作出投资承诺的项目发起人，期望为所承担的最高风险获得补偿，因为它们已经承担了大量的开发成本或投标成本，但回收成本具有不确定性。要达此目的，就需要新的投资方认购更高的股价（高于发起人的认购股价，或高于票面价格），或对已投入到项目中的现金给予较高的名义利率为发起人提供信用，在计算发起人开发成本的时候把这个因素考虑进去，并且按此分配股份。这些溢价将由发起人持有。

另外的做法是发起人通过收取项目公司的开发费用从项目中把钱取出，通常在融资关闭时支付。这实际上是投资的初期收益。这样，开发费也可以用于一方发起人为承担开发风险的另一个发起人进行补偿。虽然开发费可能会引起贷款方的异议，但是只要初始发起人的实际现金投资没有减少到一个不可接受的低水平，而且项目能够支持债务的相应增加，这种做法是可以接受的。

对于PPP项目以及处理厂项目，签约的公共部门作为购买方在融资关闭前要进行"股本出资竞争"安排。新投资方要参与竞争就要认购一些股份，胜出方是支付票面价格之上最高价格的投资方。这种做法的好处是既可以将超过股份票面价格的金额累加到签约的公共部门，也可以在项目公司和签约的公共部门之间进行分配。

12.3 债务偿还比率

项目所能融到的债务量主要取决于项目预测的偿付利息和到期贷款本金的能力，并留有适当的安全边际。为了评估这个安全边际，贷款方需要计算以下一些"债务偿还比率"，即运营现金流与债务水平或债务偿还之间的各种比率：

◎ 年度债务偿还能力比率（ADSCR）；

◎ 贷款周期债务偿还能力比率（LLCR）；

◎ 债务期内年度债务偿还比率和贷款周期债务偿还比率的平均值；

◎ 项目周期债务偿还比率，或自然资源项目的储量债务偿还比率。

偿还比率越高，贷款方的安全边际越大。12.3.6将介绍典型项目的各种比率的计算方法。应该注意的是，这些比率在项目公司开始运营之前都是无法计算的，而且计算这些比率都是以现金流而不是以收益为基础的（比如缴税的计算）。

12.3.1 年度债务偿还能力比率

年度债务偿还能力比率可用来衡量项目公司依据其当年现金流偿还债务的能力，计算如下：

◎ 项目年度净运营现金流（即运营收入减去运营费用，要考虑到维护储备账户或除偿还债务之外的类似储备账户，不考虑如折旧等非现金款项）。

◎ 项目当年偿还的债务（即支付的利息和本金偿还，不包括转入或转出储备账户的偿还债务）。

这样，如果当年的运营现金流为120，支付的利息为55，贷款偿还为45，那么年度债务偿还能力比率为1.2∶1[即120÷（55+45）]。

年度债务偿还能力比率通常每半年计算一次，按年度循环确定。显然，这一比率只能在每年项目开始运营后才能计算。由于该比率可能会影响支付红利的能力，所以在项目开始运营后，计算前6个月的偿债能力比率作为首期的偿债比率。

在最初现金流的预测中，贷款方会关注贷款期内每年的预测偿债能力比率，检查这一比率是否能达到最低的要求。项目开始运营后再对实际的年度债务偿还能力比率进行评估（对预测的数值重新计算）。

不同类型的项目对最低的年度偿债能力比率有不同的要求，对于普通的项目所要求的比率如下：

◎ 签有项目协议又没有使用风险的基础设施项目（如公立医院或监狱），要求比率一般为1.20∶1；

◎ 签有购买合同的处理项目的比率一般为1.25∶1；

◎ 没有签署购买合同的自然资源项目一般为1.50∶1；

◎ 交通特许经营项目一般为1.75∶1；

◎ 没有购买合同或价格风险对冲的商业电厂项目，一般的比率为2.0∶1。

对于有非常规风险的项目或处于信用风险较高国家的项目，一般会要求较高的偿债能力比率。

12.3.2　贷款周期债务偿还比率

贷款周期债务偿还比率与年度债务偿还比率计算方法相似，不同之处在于它是以整个贷款周期为计算的依据。

◎　预测的净运营现金流（与ADSCR的计算一样，从项目预计开始运营的日期算起，到贷款偿还完毕之日为止，按照与债务利息相同的折现率计算其净现金流，需要考虑到利率交换或其他对冲安排）。

除以

◎　计算日的债务余额，然后减去与债务储备账户的余额（计算中一般不包括其他的储备账户）。

有观点认为，自由现金余额（即不在储备账户中的现金）应该既可以在计算贷款周期债务偿还比率时从债务中扣除，也可以加到现金流的净现值中（前者对项目公司有利，后者对贷款方有利）。但是，如果想把这些现金余额用于分配红利，是否再把现金余额纳入计算中就值得怀疑了。

对于"标准项目"现金流的预测，起始的最低贷款周期债务偿还比率要高于最低年度债务偿还比率的10%左右。除了项目完工计算最低的贷款周期债务偿还比率外，在项目生命周期内还可能要重新计算贷款周期债务偿还比率，对剩余贷款期内的预测现金流和计算日期时的剩余贷款余额进行比较。

对于初步评估项目的整体债务偿还能力和持续评估剩余期内的债务偿还能力来说，贷款周期债务偿还比率是一个非常有用的指标。但是，如果项目的现金流每年都出现较大幅度的波动，这种方法就不是那么有用了。在这种情况下，年度债务偿还比率就成了评估债务到期时项目公司还债能力的重要指标。

12.3.3　年度债务偿还平均比率和贷款周期偿还债务比率

如果预测的贷款周期偿还债务比率每年都一样，那么贷款周期偿还债务比率的均值就应该等同于年度债务偿还比率的均值。但是，如果项目初期的贷款周期偿还债务比率较高，贷款周期偿还比率的均值就会高于年度债务偿还比率，反之亦然。因此，与计算长期还贷能力的年度债务偿还比率方法相比，有时候贷款方更重视贷款周期偿还债务比率的均值。在这种情况下，对于贷款周期偿还债务比率的最低要求和年度债务偿还比率的最低要求有可能是相似的。

有些贷款方也使用年度债务偿还比率的均值（在剩余的贷款期内每6个月重新计算一次年度债务偿还比率，然后取这些数据的平均值），但是这种均值的有效性可能值得怀疑。

12.3.4 项目周期债务偿还比率

贷款方要核实的另一个问题是，如果全部按时偿还债务有困难，项目在全部债务到期后是否有能力继续偿还。这个额外的债务偿还能力被称为债务"尾款"，贷款方一般会要求至少用1～2年的现金流偿还剩余债务。做到这一点，需要确保项目协议在预定的最终债务偿还期后要执行若干年，在此期间提供债务"尾款"，同时现金流继续为贷款方提供额外抵押。

用债务尾款为贷款方提供的额外抵押可以通过项目周期债务偿还比率进行计算；把债务偿还前项目的整个净现金流折算成净现值，再除以债务余额就可以得出这一比率。显然，项目周期债务偿还比率要高于贷款周期偿还债务比率，贷款方希望看到项目周期债务偿还比率能比最低的年度债务偿还比率高出15%～20%。

12.3.5 储量债务偿还比率

对于自然资源项目来说，项目周期债务偿还比率（这里通常指储量债务偿还比率）更为重要，因为这类项目对于矿产的剩余储量（即在贷款期后的一段时期内可继续开采的探明储量）有特别的要求。

大概来讲，按照贷款方保守的商品价格预测，储量债务偿还比率应该为2∶1。显然，在价格下行趋势的预测中，这一比率不能低于1∶1。

12.3.6 债务偿还比率的计算

表12-2列出了一个典型项目的债务偿还比率计算过程，项目的具体情况如下：

◎ 每年债务偿还为220，债务偿还前平均每年的现金流为220；

◎ 贷款为1000，分10年按每年等额本金偿还；

◎ 贷款年利率为10%（净现值的折现率）。

假设在贷款偿还到期后的3年中（第11年至第13年），每年的现金收入为200，整个12年现金流的净现值则为1499。因此，最初的项目周期偿还比率为1.50：1（1499÷1000）。

表12-2　债务偿还比率计算

年	0	1	2	3	4	5	6	7	8	9	10
运营现金流 (a)		200	220	220	220	220	220	220	220	220	220
a 的净现值 10% 的折现率 (b)	1352	1267	1174	1071	958	834	697	547	382	200	
贷款偿还 (c)		100	100	100	100	100	100	100	100	100	100
贷款余额 (d)	1000	900	800	700	600	500	400	300	200	100	0
利息支付 (e)		100	90	80	70	60	50	40	30	20	10
贷款偿还总额 (f=c+e)		200	190	180	170	160	150	140	130	120	110
ADSCR(a÷f)		1.10	1.16	1.22	1.29	1.38	1.47	1.57	1.69	1.83	2.00
ADSCR 均值		1.47	1.51	1.56	1.60	1.66	1.71	1.77	1.84	1.92	
LLCR(b÷d)	1.35	1.41	1.47	1.53	1.60	1.67	1.74	1.82	1.91	2.00	
LLCR 均值	1.65	1.68	1.72	1.75	1.79	1.83	1.87	1.91	1.95	2.00	

纳税的影响。 在计算这些比率的时候，需要考虑的一个问题是，在债务偿还前是否应该从净现金流中扣除税款，特别是在计算年度债务偿还比率的情况下，更需要考虑这个问题，因为利息的变化也会影响税款额。如果每年所缴纳的税款有很大变化（如由于加速税收折旧的原因），就需要谨慎操作这个问题。反对这种做法的观点认为，在扣掉利息后才缴纳税款，它并不包含在运营现金流的数据中，而且如果每年的税款出现大幅变动，还可以通过把现金存入税款储备账户的方式加以解决。但是，只要在决定某一比率水平的时候考虑到税款的因素，无论是在计算中包括税款还是排除税款都不是太重要。

项目融资与公司融资。 应该注意的是，用现金流偿还年息的比率（与总债务偿还相反）一般认为不是一个重要的指标，因为公司贷款经常可以续借，而项目融资贷款由于项目期限有限必须偿还，因此项目公司每年都要按照计划减少债务，只是支付利息一般是不够的。同样，公司融资的"会计"比率（如流动比率）一般不在项目融资中使用，短期流动性是通过设立储备账户解决的。

12.3.7 最低的偿还比率和债务金额

偿还比率是项目所能融资金额的重要决定因素。表12-3说明了这一点。假定项目在偿还债务前每年产生的净现金流为1000，总期限为25年。如果贷款方要求的最低年度债务偿还比率为1.50∶1，这意味着债务偿还每年不能超过667（1000÷1.50）。假设债务偿还是以年度安排，利率为6%，那么根据项目的现金流，可以融到债务为8522（即债务8522按25年偿还，利率为6%，每年的偿还金额为667）。但是，如果把年度偿还比率降到1.25∶1，就需要把年度偿还债务的金额提高到800，这样在保持所要求的最低年度偿还比率的情况下债务也可以融到10227。

表12-3　最低的偿还比率对最多债务的影响

债务期限		25 年	
利率		6%	
项目年度现金流（偿还债务前）(a)		1000/ 年	
年度债务偿还比率 (b)		1.5	1.25
最多年度偿还金额	(a÷b)	667	800
最高融资额		8522	10227

12.4 债务与股本金的比率

项目融资的基本特征就是高比率负债。发起人希望能在谨慎设定的范围内降低投资于项目的股本金比率，而最大限度地提高债务比率。

如上所述，债务偿还比率特别是年度债务偿还比率是决定项目获得多少债务的重要因素（如果项目没有其他资金来源，也就决定了项目所需要的股本金的数额），因此贷款方就会从债务偿还比率的计算中设定债务与股本金的比率，而不是预先设定债务与股本金的比率。

通过计算债务偿还比率所得到的债务与股本比率反映了项目的风险（如表12-3所示，所要求的偿还比率越高，贷款方安全边际的程度越高，所能融到的债务资金越少）。因此，风险越高的项目其债务与股本金的比率越低。比如：

◎ 对于居住类的合同，债务与股本金比率可以达到90∶10；

◎ 对于购买合同的处理厂项目，其比率可以达到85∶15；

◎ 对于交通特许经营项目，比率可以达到80∶20；

◎ 对于没有购买协议或价格对冲安排的商业电厂项目，比率可以达到70∶30；

◎ 对于自然资源项目，一般比率为50∶50。

应该说明的是，债务与股本金的比率不是一个固定不变的数值。实际上，上面提到的这些比率只是适用于项目周期的某一个阶段，如项目完工。此后，债务要定期偿还（比股本金的偿还还要慢，债务偿还要跨越项目的整个生命周期，包括债务尾款期），因此债务的比率随着项目的周期逐渐减少，直至最后降为零，这个结果如果能出现在"债务尾款"期开始比较理想。

12.4.1　债务与股本金比率的计算

一旦债务与股本金比率定下来，贷款方就会要求遵守这个比率。一般情况下，项目公司要满足所需的债务与股本金比率（假设债务与股本金不是按比例提取）的日期应选项目完工日期或最后提取债务日（可能在项目完工后的6个月内）中较晚的一个日期。

这项计算要按照债务和股本金注入现金的数量为依据，而不是按资产负债表进行计算，如果使用的资金不只是一种货币，就要按融资关闭时的汇率进行计算。

12.4.2　应急融资

项目公司最好安排应急融资，以备在项目建设期间解决预算外的项目成本需求。应急融资通常是按照与融资关闭时的股本金和贷款比率安排追加的股本金和贷款。如果需要应急融资的安排，应该是在计划内的股本金和贷款提取完之后使用。

如果项目出现了问题，发起人除了提供应急股本金外，一般不会再投入其他资金了。对项目公司来说，这就是所谓的无追索权资金。

通常情况下，应急债务和股本资金的提取只能保留到项目建设完工后很短的时间内，运营期间的风险要通过储备账户给予解决。

12.4.3　100% 的应急股本金

如果按照股本过渡贷款的性质，建设期后的资金可以仍然只使用贷款，而只有在应急情况下才使用股本金（即在需要的时候才提取股本金）。应急股本金用于以下两种情况：

◎　降低项目公司的资金成本，前提是投资人愿意接受低于投入股本金所获得的内部收益率和净现值；

◎　避免应对可能最坏的情况时把项目公司股本资产化（当然这种情况几乎不可能发生），此外还可以使项目融资成本基础更有竞争力。

到目前为止，这种做法在融资市场上的使用有限。应该注意的是，在这种情况下，计算投资人的内部收益率和净现值是不合适的，因为尽管这部分股本金有风险但并没有提取使用，此外12.4.4中探讨的偿还比率问题与这种情况有关。同样，如果在成本超支或项目现金流不足的情况下投资方承诺提供股本的投资，这不会在内部收益率的计算中反映出来。一个关键的问题是，需要给贷款方提供什么样的担保来确保在需要的时候股本资金的投入，这可能需要银行出具信用证给予支持。

12.4.4　无股本金的项目

如果项目协议能把价格和需求的风险转移出去，使项目现金流达到非常稳定的程度，由此使年度债务偿还能力比率和贷款周期偿债能力比率较高，理论上项目就完全不需要股本的投入，其所产生的现金流足以支持获得100%的债务融资。但是，通常情况下，贷款方希望发起人对项目投入合理的股本金以承担一定的风险，按照偿债能力比率的要求，现金流总要比需要偿还的债务多一些，以备不时之需，一个明显的用途是支付股本的回报。而且，重要的是发起人要在施工期承担一定的投资风险，否则谁来管理项目呢？

有些项目融资使用了少量的股本投资（即象征性的股本金投入），但是这些融资只是一些特例。比如，使用美国63-20债券为非营利项目进行融资。这种融资方法通常出现在把现有项目的现金流使用到另外一个新PPP项目中，比如，在现有大桥旁边建设的一座新桥，在这种情况下，项目公司就可以从老桥产生的现金流中获得收益，同时对新桥收取过桥费。实际上，现有的现金流就是在这个新项目中投入的股本。在这种情况下，就可以用剩余的现金提前偿还债务，在债务偿清时项目就可以移交给签约的公共部门了。

12.5　债务偿还的问题

债务偿还（本金的偿还和贷款利息的支付）是融资结构最重要的因素之一，它直接影响投资人的回报率。

分配给项目公司投资方的红利和其他回报资金越快，它们的投资回报率就越高，所以投资人不愿意将项目运营的现金流优先用于债务偿还。而贷款方却希望能尽快收回贷款和利息。因此，在贷款协议谈判中双方会尽力在这两者之间取得平衡，这是非常重要的谈判内容之一。在关于债务偿还进度的谈判中，涉及的主要问题包括：

◎　融资期限；

◎　融资的平均期限；

◎　还款进度；

◎　还款的灵活性。

12.5.1　融资期限

通常项目融资的贷款和债券的期限（偿债期限）都要比普通的银行贷款长。比如，电力项目在建设期通常有1～2年的提款期，然后有15年的贷款偿还期，总体17～18年的期限；基础设施项目可以长达25年或更长时间。但是，自然资源项目和电信项目的生命周期较短，有些周期较短的项目，比如，采矿项目的贷款可能只有5年期限（但是，另一个因素是它的杠杆通常在50∶50，因此需要偿还的债务就比较少）。但是，这取决于融资市场有能力也有意愿提供必要期限的债务。

整体的融资期限主要取决于项目现金流的长期稳定性，考虑到偿还债务尾款的需要，一般拥有20年项目协议的项目公司希望能得到17～19年的贷款期限。

偿债比率当然会受到债务偿还进度的影响。融资期限越短，偿还的债务越高，年度偿债能力比率和贷款期偿债能力比率就越低，如果贷款期过短，项目的现金流就无法支撑债务的偿还。

另一个影响融资期限的因素是项目所在的国家。对于类似的项目，高风险国家的融资期限要比低风险国家的期限短。

融资的名义期限可能会因为"现金归集"的安排而延长。

12.5.2 融资平均期限

除了贷款的总体期限外，贷款方还要关注贷款偿还的进度以评估在还款期内降低其风险的程度。显然，对于一个10年期的数额为1000的贷款，如果分100次偿还与到期一次性偿还是有很大风险差异的。

贷款方对平均期限会设定一定的上限（即最高的平均期限）作为对项目融资贷款总体信贷政策的一部分，因此有必要把给投资方分配利益的节奏降下来，而加快债务偿还的速度，以保证所要求的平均期限。

贷款方通过对贷款的平均期限计算出还款进度，确保贷款偿还的进度不会拖延，这与投资人计算项目的投资回收期有些类似。可以用以下几个方法计算：

◎ 根据贷款已经还完一半所用的时间期限计算。如果贷款额为4，在4年中每年还款为1，那么平均期限为2年，因为到这个时间点贷款的一半已经还完；

◎ 把每年的贷款本金余额累加起来，然后除以初始贷款额，那么贷款的平均期限为2½年，［（4+3+2+1）÷4］；

◎ 把每期偿还的金额乘以还款剩余的年限，累加后再除以贷款额，对于同样的贷款计算式为［（1×1+1×2+1×3+1×4）÷4］，所得结果与前面的结果相同。

因为考虑了还款进度这个因素，因此累加计算的方法更适合。假设贷款额为4，在第2年末还款2，在第4年末还款2，那么简单的计算仍会算出平均期限为2年；如果每年还款为1，还款期为4年，会得到同样的结果。但是，累加的计算就会得出平均期限为3年［（2×2+2×4）÷4］，显然，累加的平均期限要比用年度平均还款的贷款偿还期要长。

但是，这种计算方法对于项目融资来说更为复杂，因为项目融资贷款是在一定期限内提取，即项目的施工期，那么在这种情况下，每次提取余额间隔多长时间呢？如何计算平均的期限呢？

解决这个问题有以下三种方法：

◎ 忽略提款期限，只计算还款的平均期限（根据OECD共识，出口信贷机构就是按这种方法计算的）。

◎ 把整个提款期加在还款平均期限的计算中，理由是贷款方在提款期内对贷款总额要承担风险。如果贷款额为4，每年还款为1，在2年内提取贷款，然后在随后的4年内进行等额分期还款，它的累计平均期限将会是4½年（2年的提取贷款加上2½年的累加平均期限用于还款）。

◎ 使用累加贷款本金余额的方法。在计算中，把最高的贷款本金余额作为计算平均期限的分母（当然，如果贷款本金余额出现循环变化时就会带来更多的问题，因为提取贷款后，从一些其他现金流的来源中偿还贷款，然后再提取，就造成贷款余额循环出现增加或减少的现象）。因此，如果贷款额为4，在2年的建设期内每年末分两次提取，然后按每年等额偿还为1，分4年偿还，那么平均期限就是3年，如表12-4所示（可以与上面计算的4½年比较，这个结果是基于整个提款期计算的）。

表12-4　施工期的平均期限

	提款	贷款余额
第1年	2.0	2.0
第2年	2.0	4.0
第3年	−1.0	3.0
第4年	−1.0	2.0
第5年	−1.0	1.0
第6年	−1.0	0.0
全部贷款余额		12.0
平均期限（12.0÷4）		3年

12.5.3　还款进度

贷款偿还通常在项目建设完工后6个月左右开始，而且按照每6个月的间隔进行还款。在使用债券融资的情况下，可能要建立一个偿债基金，在债券到期时一次性偿还，而不是分期偿还。但是这种做法显然增加了融资成本，在项目融资的债券市场并不常见。因此，偿还项目融资的债券采用与偿还贷款相似的方式。

对于还款安排，如果项目现金流比较平稳，就可以进行贷款本金等额还款，这对贷款方来说最为有利（如果债务是1000，在10年内还清）。但是这种还款方式对于项目投资人来说就不太有利。如果把利息加上，项目初期的还款就会占用大部分的现金流。因此，初期一般会把项目的年度偿债能力比率设定较低，因为在这期间项目刚刚开始运营，很容易出现问题，影响项目的现金流。因此，比较合理的还款方式就是使用年金还款的结构，在贷款期限内使本金和利息的偿还处于均匀分布的状态。按照以下同样的假设，表12–5和表12–6说明了两种还款方案的区别：

◎ 项目总成本：1250；

◎ 贷款与股本金比率：80：20；

◎ 贷款：1000；

◎ 偿还债务期限：10年，分年度偿还；

◎ 利率：10%；

◎ 股本金：250；

◎ 贷款偿还与支付红利前的现金流：每年220；

◎ 贷款偿还后用现金流支付给投资方的收益；

◎ 项目的残值：无；

◎ 投资人净现值的折现率（资本成本）：12%；

◎ 投资人再投资回报率（为计算改进型内部收益率）：每年12%；

◎ 该计算忽略项目的施工期。

等额本金偿还结构存在的一个明显问题是，第1年需偿还200，而第10年偿还额为110，第1年偿还额几乎是第10年的两倍，同样，第1年的年贷款偿还率为1.10：1（比率太低），而第10年为2.00：1（高于所需的水平）。

投资方所得到的收益前低后高，从第1年至第10年增长了5.5倍，需要近6年的时间收回最初的投资。

显然按照年金结构的方式进行还款是有利的：年贷款偿还能力比率始终为1.35：1，是一个比较适当的水平，由于债务偿还均衡，贷款期偿债能力比率也是比较适当的。

在整个项目周期中，尽管投资方获得的总收益从650减少到573（因为需要给贷款方支付更多的利息），但收益还是处于非常平稳均衡的水平。投资方的内部收益率也从16.6%提高到18.8%。但是改进型的内部收益率提高有限，从14.6%提高到14.9%，投资的回收期大幅降到了4.5年之内。

对于投资方来讲，还款结构要比贷款利息更为重要。在这个例子中，假如贷款方提出通过减少0.25%的利率为条件要求项目公司采用等额本金还款安排替代年金还款安排，投资方的内部收益率则可以多获得0.6%。而年金结构则会使内部收益率多出2.2%。同样，如果在项目后期有足够的现金流，支付较高的利息以获得更长时间的融资是值得的。

但是，采用年金偿还贷款结构会大幅增加债务的偿还，因此会在项目后期降低年贷款偿还能力比率，同时也会增加贷款方风险的平均期限。在表12-5中，贷款平均期限为5.5年，而在表12-6中，则会超过6.25年。

表12-5 本金等额还款的效果

年	0	1	2	3	4	5	6	7	8	9	10
项目现金流 (a)		220	220	220	220	220	220	220	220	220	220
贷款方的角度											
本金偿还 (b)		100	100	100	100	100	100	100	100	100	100
未偿还本金 (c)	1000	900	800	700	600	500	400	300	200	100	0
支付利息 (d)		100	90	80	70	60	50	40	30	20	10
债务偿还总额(e=b+d)		200	190	180	170	160	150	140	130	120	110
年度偿债覆盖率（a÷e）		1.10	1.16	1.22	1.29	1.38	1.47	1.57	1.69	1.83	2.00
平均年度偿债覆盖率		1.47	1.51	1.56	1.60	1.66	1.71	1.77	1.84	1.92	
贷款期偿债覆盖率（NPV(a÷c)）	1.35	1.41	1.47	1.53	1.60	1.67	1.74	1.82	1.91	2.00	
平均贷款期限	$5\frac{1}{2}$ 年										
投资方的角度											
股本投资额	250										
红利（a-e）		20	30	40	50	60	70	80	90	100	110
投资的净现值	66										
内部收益率	16.6%										
修正的内部收益率	14.6%										
投资回收期	6 年										

表12-6　年金还款的效果

年	0	1	2	3	4	5	6	7	8	9	10
项目现金流 (a)		220	220	220	220	220	220	220	220	220	220
贷款方的角度											
本金偿还 (b)		63	69	76	84	92	101	111	122	134	148
未偿还本金 (c)	1000	937	868	792	709	617	516	405	282	148	0
支付利息 (d)		100	94	87	79	71	62	52	40	28	15
债务偿还总额（e=b+d）		163	163	163	163	163	163	163	163	163	163
年度偿债覆盖率（a÷e）		1.35	1.35	1.35	1.35	1.35	1.35	1.35	1.35	1.35	1.35
平均年度偿债覆盖率		1.35	1.35	1.35	1.35	1.35	1.35	1.35	1.35	1.35	
贷款期偿债覆盖率（NPV(a÷c)）	1.35	1.35	1.35	1.35	1.35	1.35	1.35	1.35	1.35	1.35	
平均贷款期限	$6\frac{1}{4}$ 年										
投资方的角度											
股本投资额	250										
红利（a-e）		57	57	57	57	57	57	57	57	57	57
投资的净现值	74										
内部收益率	18.8%										
修正的内部收益率	14.9%										
投资回收期	$4\frac{1}{2}$ 年										

　　一方面，如果项目后期的现金流不稳定，贷款方就会要求更高的贷款偿还能力比率和更短的贷款平均期限。在这种情况下，就需要在这两种结构之间达成一个妥协的方式来解决问题。

　　另一方面，如果预测在项目后期会产生更多的现金流，分期偿还贷款的进度就有可能慢于年金偿还的进度，但是前者的年度偿还能力比率会保持适当的水平。当然贷款方会拒绝把太多的贷款安排到后期偿还，因为这会延长贷款期限。

　　如果预测的现金流不稳定，还款的进度也可以按照现金流情况进行安排，前提是年还款能力率应保持稳定一致（这被称为"雕饰"型还款进度）。比如，如果某一年的维护成本很高，或项目公司在项目运营前期享受了资产快速税收折旧后，到后期由于开始支付递延税款，造成税后现金流降低，就需要作出上述安排，这种做法的前提是使用储备账户中的预付款不能消除这些"波动"。

对于还款结构的考虑不仅和投资方相关，而且债务偿还的安排显然也会影响项目公司的产品或服务成本，并且这还可能是发起人在投标中一个重要因素。

12.5.4　灵活的还款方式

为了给项目公司在出现临时性现金流问题时留有一些回旋的余地（特别是项目刚开始运营时），贷款方可能会同意一个"最高要求和最低要求"的偿还贷款计划。这两种贷款偿还的计划包括：一种是在项目按预期运营的情况下贷款方希望得到的实际偿还水平；另一种是避免项目公司违约所要求的最低偿债水平。比如，如果一个10年期的贷款额为1000，那么目标贷款偿还就是按半年等额分期偿还20。最低还款计划可以按表12-7中所示进行计算。

表12-7　最高偿还贷款和最低偿还贷款比较

贷款偿还年限	目标偿还		最低偿债		差值
	偿还额	贷款余额	偿还额	贷款余额	
0	—	1000	—	1000	0
1	50	950	—	1000.0	50.0
2	50	900	52.6	947.4	47.4
3	50	850	52.6	894.7	47.7
4	50	800	52.6	842.1	42.1
5	50	750	52.6	789.5	39.5
……					
18	50	100	52.6	105.3	5.3
19	50	50	52.6	52.6	2.6
20	50	0	52.6	0	0

如果项目公司有可用的现金流，它就必须按照目标偿还计划足额偿还贷款；如果没有，它就必须至少按最低的计划偿还贷款。从表12-7中可以看出，两个计划从第一次贷款偿还（50）开始就不同了，这个贷款偿还的差异分散到剩余的19次最低计划的还款中。随着时间的推移，这两种计划中的还

款余额越来越接近了，最后是在同一时间偿还完贷款。因此，在第一个6月末，可以延期偿还全部的50，而在倒数第二个6月末只能延期2.6的贷款偿还。在项目运营开始的时候往往容易出现问题，所以项目公司可以有6个月的回旋余地。

12.6 利率与费用

项目公司应付的主要融资成本包括：

◎ 如果贷款基于浮动利率，需要支付基准利率（LIBOR）加上利息边际，以及利率掉期的净支出；

◎ 如果是固定利率的贷款（或债券），所付融资成本中包括利率本身；

◎ 咨询、安排和承销费；

◎ 代理和抵押受托费；

◎ 贷款方咨询费；

◎ 支付信用评级机构的债务评级费用。

12.6.1 利率

一般的国际项目融资贷款的浮动利率是在基准利率LIBOR的基础上加上2%～3.5%的利率边际，构成贷款的实际利率。在建设期内的贷款价格比较高，主要反映了这个期间的风险较大。随着风险的降低，贷款价格会回落，然后在一段时期内再逐渐升高。因此，如果项目的贷款期限包括2年的建设期和15年的运营期，利率可能在前1～2年为2.5%，3～7年为2%，8～13年为2.25%，14～17年为2.5%（这被称为"边际轮动"）。在使用浮动利率的情况下，也要安排利率对冲的机制。

现在很多银行会在内部把所报的利率分配给两个要素，一个是资产负债表或贷款的流动性效应，另一个是信用风险的费用。后者由项目融资部门留存，前者进入银行的财务部门（用于贷款组合的必要融资）。

如果出口信贷机构或国际货币基金组织提供固定利率的贷款，这类贷款享有补贴或属于非商业性质，对于AAA级借款方来说利率很可能就是资金成本加上很少的管理成本，以及控制风险的边际成本。

对于包括债券在内的其他类型的固定利率贷款，影响其票面利率的因素和影响利率交换成本的因素相似。债券票面价格通常是在与债务平均期限相似的政府债券利率的基础上加上一个边际利率，这反映了正在市场交易的类似债券的当前收益。

12.6.2　安排和承销费用

牵头银行收取的贷款安排与承销费用取决于以下因素：

◎　融资的规模和复杂程度。

◎　安排融资所需要的时间和投入。

◎　由于项目无法进行，因此存在融资费用可能无法收取的风险。因此，在某种程度上是成功的交易补贴失败的交易。

◎　银行所期望的回报，包括赚取的费用和贷款的收益。

◎　承销银行承担银团贷款风险的时间期限——由于各种原因，在签署贷款和承销文件及向其他参与银行进行贷款承销的过程之间可能存在着很大的时间差。

◎　介绍分销银行或参与银行参与融资所收取的费用（这与参与银行评估所花的时间、市场风险所要求的整体回报、利率边际和费用以及市场的竞争程度有关系）。

大致上，发生的总费用可能和利息差不多，如果牵头行还提供了融资顾问的服务，可能还要增加1%的费用。

影响债券安排和承销的费用大体与贷款的情况差不多，参与承销的投资银行不想把债券留在它们自己的投资组合中，因此在评估回报时不会把这个因素考虑进去。此外，由于债券承销的风险期可能比银团的风险期短得多，因此债券承销的费用要比相同金额贷款的承销费用低得多。

12.6.3　承诺费

在建设期间对于备好但未提取的贷款部分需要支付承诺费（即只要提取贷款就需要支付）。对于项目融资贷款来说，承诺费通常为利率边际的50%。由于多数项目融资的贷款提取都比较慢（经常为2～3年），银行在项目的建设期内需要收取承诺费以获得与风险相对应的合理回报率（承诺费并不适用于债券或贷款协议签署后立即提取的贷款）。

12.6.4 代理费

在使用代理银行或抵押受托人的情况下，还需要支付代理费用。银行可能花在代理工作上的时间很多，所以项目公司应该确保为这项代理工作支付合理的年度代理费。但是，费用应该在合理评估成本的基础上收取，它不应是代理机构赚取额外利润的主要来源。

12.7 额外成本

贷款方也面临着借贷成本增加的可能性，这种风险一般会转移给项目公司，包括：

◎ 利息支付的预提税；

◎ 额外的监管成本；

◎ 市场干扰。

12.7.1 利息支付的预提税

对于支付国外贷款方的利息，可能会要求项目公司扣除利息的本地所得税。在这种情况下，银行一般要求项目公司支付含税的利息（即增加付款金额，使扣税后的金额足够支付净利息，例如如果利息是100，预提税为10%，项目公司就要把支付的利息增加到111，然后扣除10%的预提税11，把100的净利息付给银行）。

如果银行能把这项税款与项目所在国的其他纳税义务进行抵销（如果与项目公司签署了相关的纳税条约），那么银行会同意把这笔预提税退还给项目公司。但是，银行并没有准备好讨论如何管理税务方面的事务（即它们可能使用其他税款抵销，所以无法使用预提税产生的税务信用），因此退还税款完全取决于银行的善意。

这个问题不只是针对项目融资市场，处理预提税的方法对所有类型的银行贷款来讲都是一样的。但是，增加支付的利息应该只是针对实际受影响的银行，而不是全部银团。同样的问题也适用于相关的债券。

13.7.6讨论关于投资方红利和次级贷款利息的预提税问题。

12.7.2 强制性成本

贷款时所产生的强制性成本经常是应付给商业银行贷款方的另外款项。这些付款是专门针对有关贷款方所在的特定市场的，以伦敦为例，这些成本包括：

◎ 英格兰银行成本。英格兰银行要求商业银行存入相当于"合格负债"0.18%的非计息存款（在2012年中），这包括银行间的净借贷成本。因此，在提取贷款的时候，需要按比例收取一笔贷款费用，相当于再存入一笔存款的机会成本（对于欧元区商业银行的借贷也有类似的规定，它们需要在欧洲中央银行存入相关的款项）。

◎ 金融管理局的费用。向商业银行收取一笔费用以支付金融管理局的管理成本（现在这个结构已经取消，部分并入了英格兰银行），这个成本按比例加到了利息成本中。

由于这些规定产生的额外应付金额应该很小，比如，在利率基础上再增加0.02%。如果影响贷款方的这些规定出现变化，导致未来的成本增加，这些规定也要支付增加的成本。

12.7.3 市场干扰

商业银行贷款方也会在它们长期浮动利率贷款中作出标准的"市场干扰"的规定。如果由于市场的干扰贷款方无法继续提供短期资金（如按Libor利率执行），那么就会出现这个问题。这意味着如果不再采用Libor利率而使用另外一个价格为依据，或如果贷款方根本无法提供资金，那么理论上就必须偿还贷款。

如果因为一两个贷款方自身的问题而不是普通市场问题使它们陷入困境，这些规定就不适用，但是债权人之间的文件可能会包括应对"违约贷款方"的规定，即在提款时银行无法为贷款提供资金。

12.8 优化融资结构

上述的各种融资结构活动都不是相互独立的。发起人的融资顾问会对融资模型进行优化，以找到最佳的融资结构组合，从而产生最好的股本内部收益率，或在公共采购中准备最好的标书。

表12-8介绍了一个简化的优化过程。

表12-8 优化过程

	案例 1	案例 2	案例 3	案例 4
	最高债务	低杠杆	低偿还率	高股本
项目成本	1000	1000	1000	1000
债务与股本比	95：5	82：18	86：14	75：25
债务利率	7%	7%	7%	6.5%
债务偿还期	25 年	25 年	25 年	25 年
贷款方的偿债率	1.35：1	1.35：1	1.25：1	1.35：1
投资方的收益率	13%	13%	13%	13%
年度付款				
债务偿还额	81	70	74	61
收益分配	7	25	18	30
合同付款（偿债和收益）	88	95	93	91
满足年度偿还率的合同付款额	109	95	93	77

案例1：假设项目成本为1000，贷款方将提供95%的成本（贷款），但是也要求年度债务偿还比率达到1.35：1。贷款利率为7%，偿还期为25年（按年度偿还）。

根据这些假设，年度债务偿还额为81，分配给投资方的收益为7，因此每年需要为贷款方和投资方支付的合同付款为88。但是项目还需要满足贷款方1.35：1的年度偿还比率。由于年度偿还额为81，合同付款应为109，（即81×1.35）。因此，即使贷款方和投资方收到偿还的贷款和分配的收益，即合同付款为88，但是由于偿债比率的要求，合同付款要提高到109。

案例2：假设把杠杆率降低到85%，其他的假设条件不变。直觉上，这会降低所要求的合同付款。年度偿债额和收益现在为95。满足年度偿还债务的比率要求的合同付款也是95（即70×1.35）。目前的偿还比率并未超过要求，能够满足年度偿债和股本收益的付款。

案例3：假设贷款方想要把年度债务偿还比率降到1.25：1，使得杠杆率提高到86%，年度债务偿还和收益分配的总金额是93，达到年度债务偿还比率要求的合同付款也是93（即70×1.25）。这样，降低偿还比率可以减少合同付款，实际上，就降低偿还比率进行谈判要比降低债务利率的谈判对发起人更为有利。

案例4：假设投资方想提供更多的股本金（25%），也愿意减少它们所要求的股本内部收益率。同样，债务利率降低到6.5%，这反映出目前项目股本投资较多而风险较低（这是符合逻辑的，因为和较高杠杆的情况比较，目前投入的资金所面临的风险较低）。现在，年度偿还债务和收益分配的总额为91，低于前面的案例金额（在这种情况下，按照年度债务偿还比率的要求，年度合同付款只有77，但这并不影响案例的结果）。因此，大幅降低杠杆可能会减少合同的付款，这一点非常矛盾。在2.6中介绍的一些观点认为：高杠杆率一定会降低项目的产品或服务成本。但是这种方法会给购买方或签约的公共部门带来一个问题，就是这种结构很容易让投资方在项目周期的初期阶段用高杠杆为项目安排再融资。

总之，优化融资结构的目标不一定是为了降低项目公司的债务融资成本，而是最大限度地降低加权平均资金成本（WACC），即债务融资的成本和股本回报的要求所产生的总融资成本。

这些模型优化的例子非常简化。这些计算忽略了运营收入和成本（假设在所有上述案例中是相同的）、通货膨胀率和税款以及贷款方对项目"尾款"要求的因素，而且对于影响现金流的其他因素，如项目的大修，也没有纳入计算中。

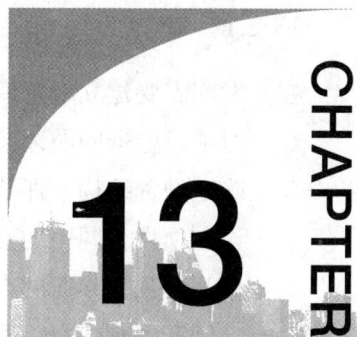

融资模型

13.1 概述

本章评述融资模型的主要功能，以及项目预测所需的主要信息和假设条件，通过汇总为项目融资模型提供输入的信息，包括：

◎ 宏观经济的假设信息；

◎ 项目成本与资金；

◎ 运营收入与成本；

◎ 会计和税务假设。

投资方（对于处理厂项目或基础设施项目来说，购买方或签约的公共部门或用户的成本）会用最终模型的结果确认项目的可行性（或不可行）。贷款方使用模型对项目的敏感性进行计算，以确保贷款在项目不景气的情况下也不会有过度的风险。融资模型的最终版本一般是在融资关闭时确定，但是此后也会继续使用。

13.2 融资模型的功能

融资模型是项目融资的基本工具，它在不同阶段发挥不同的作用。

13.2.1 融资关闭前

在开发期需要建立融资模型的原因是：

◎ 对项目融资问题以及发起人的回报进行初步评估和再评估；

◎ 确定融资结构，评估不同的融资条件对发起人利益的影响；

◎ 设立项目合同中的融资条款，包括违约赔偿金的计算；

◎ 作为贷款方尽职调查方法的一部分；

◎ 在融资谈判中对一些重大问题进行量化。

购买方或签约的公共部门也需要在项目开发期建立融资模型，其目的是：

◎ 确认项目财务的可行性和支付能力；

◎ 对潜在发起人的投标进行比较和评估。

13.2.2 融资关闭后

◎ 在融资关闭后，融资模型继续发挥作用：

◎ 作为预算工具（尽管项目公司有可能为此建立另一个模型）；

◎ 使贷款方评估项目长期前景的变化以及它们持续支持的力度；

◎ 使投资方计算它们投资的价值。

对于购买方或签约的公共部门来说，融资模型也可以用于：

◎ 计算补偿事件的赔付；

◎ 计算再融资的收益；

◎ 计算提前终止情况下的终止金。

5.2.6中谈到了发起人和贷款方可能会同时使用各自设计的财务模型，但是如果双方能合作开发，共同使用一个财务模型会更有效。这就需要发起人先开发出一个模型，然后再根据贷款方参与项目的时间，合作完成最终的模型。在考虑项目公司所有权结构的基础上，发起人就可以使用这个模型计算它们的投资回报了，计算的结果和贷款方没有关系。但是，为了达到上述目的，在融资关闭时需要项目公司和贷款方就一个模型达成一致。

5.2.6中也谈到为了项目的评估和投标，购买方或签约的公共部门会开发自己的模型，但是到融资关闭时也需要和项目公司使用一个模型，这意味着项目公司、购买方或签约的公共部门和贷款方通常使用一个模型，尽管各方使用的输入信息可能有所不同。

13.3 模型的输入信息

项目公司财务模型需要输入的假设信息可以分成五类：

◎ 宏观经济的假设信息；

◎ 项目成本和资金结构；

◎ 运营收入和成本；

◎ 贷款提取和债务偿还；

◎ 税务和会计。

这些输入的信息需要考虑到项目合同的条件，包括预计的建设完工，付款和收款的进度以及罚金或奖金的计算。

对于这些信息的依据要有清晰的记录，要做好这项工作通常需要编制一本"假设条件记录簿"。这本记录簿需要记录下财务模型的每行信息，说明信息的来源或每行计算的依据，并把文件的副本（支撑信息）附上。

这些信息的主要内容通常要输入不同的表格中（比如有专门输入项目成本的表格、专门输入长期宏观经济和运营假设信息的表格等）。不应该把输入的信息分散到整个模型中，否则不熟悉模型的人就很难理解模型的内容。

为了准确地计算投资人的回报，财务模型应该包括从产生最初的项目开发费用到项目结束时的整个过程，但是对于贷款方来说，这个模型只需要从融资关闭开始，之前的项目开发费用要归零。项目周期要么是项目协议的期限，要么是预计的项目经济周期（对于没有这类合同的项目）。除非有充足的理由，一般会假设项目的残值为零，即在项目生命周期结束时发起人的股本能全部收回。

财务模型通常以每6个月为一个期限进行预测。在建设期，模型的信息可能不够详细（如利息的计算、给施工承包商付款的准确时间等），因此可能需要按月进行单独的预测并把结果合并到主财务模型中。

13.4 宏观经济的假设

宏观经济输入的假设信息和项目本身没有直接关系，但是它们会影响到项目的财务结果。这些假设信息包括：

◎ 通货膨胀；

◎　商品价格；

◎　利率；

◎　汇率；

◎　经济增长率。

如果这些用于模型预测的宏观经济信息是从客观的渠道获得的，效果就比较理想。例如，大多数的大银行会对总体的经济作出预测，这些预测的信息就可以用于项目的财务模型，当然它不可能在整个模型的期限内使用。

13.4.1　通货膨胀

财务模型应该考虑到通货膨胀的因素，因为通货膨胀可能会误导在"真实"基础上的预测。

对于不同类型收入或费用的预测，可能需要使用不同的通货膨胀指数，例如：

◎　东道国消费者物价指数通常用于总体运营费用的预测；

◎　为项目提供服务的供应商所在国的用工成本指数和这些运营成本有关；

◎　工业品价格通货膨胀指数用于预测零部件的成本；

◎　一些特别的价格指数用于预测项目生产的产品或为项目供应的产品价格（商品市场的供求关系对商品价格的影响可能比一般的通货膨胀更大）。

应该注意的是，要确保人工的结果不是为计算收入而采用较高的通货膨胀率造成的。

如果项目公司在项目协议中把收入与通货膨胀进行指数化关联，那么财务模型也应该对此作出反应。

13.4.2　大宗商品价格

按处理通货膨胀的方式（即认为商品价格会不断地上涨）处理大宗商品的价格是不合适的。一般情况下，大多数商品的价格有周期性的变动，因此在财务模型中需要分析商品价格的波动对项目的影响。

自然资源领域项目融资的主要问题之一是项目在开发的时候项目产品的

价格往往处于高位，并认为这种高位的价格还会持续下去，这样就低估了这个项目的开发以及市场上其他类似的项目对商品价格的影响（相反，如果项目开发时，燃料或原材料价格处于低位，就会认为这种低位的价格还会保持下去）。

大宗商品价格的波动可能在短期内非常剧烈，而项目融资是一种长期的商业活动。因此，必须要证明项目本身对于大宗商品价格的大幅波动有很强的抵抗性。

13.4.3 利率

如果在贷款期内贷款的利率是固定的，就可以用这个利率进行预测。但即便如此，也可能要对另一种浮动（短期）利率进行预测，以对项目公司掌握的剩余资金的收益作出预估，这部分收益可以作为贷款方的抵押也可以给投资人分配收益。

预测短期利息的方法有两种：对利率本身进行假定；采用"真实"的利率（考虑通货膨胀后的利率），这种实际的利率是根据假设的消费者价格指数决定的。如表13–1所示，如果采用4%的实际利率，那么预测的名义利率就是在调整实际利率时要把通货膨胀率的因素考虑进去，这种公式被称为"开链公式"。

表13–1 利率的预测—开链公式

	第一年	第二年	第三年
预测的实际利率（a）	4.00%	4.00%	4.00%
实际的通货膨胀率（b）	5.00%	4.00%	3.00%
名义利率 [(1+a)(1+b)−1]	9.20%	8.16%	7.12%

同样，如果用折现率评估净现值，比如对PPP项目的投标，就要以预测的实际利率加上通货膨胀率为基础。开链公式也可以用于计算折现率。

13.4.4 模型中的汇率和货币问题

如果项目公司是用东道国的货币获得债务和股本资金，并且项目建设和运营的成本和收入也全部用同样的货币，那么汇率的问题就不重要了。

如果不是这种情况，财务模型就应该使用东道国的货币，这样能够对用于项目成本或资金的这种货币和其他货币之间的长期汇率变化作出假设。外国的投资人和贷款方更愿意在财务模型中使用它们本国的货币，但是这很可能会产生不准确的结果或误导的信息（比如汇率的变化对纳税造成的影响，有些成本必须要用东道国的货币支付等）。按照假设的汇率，把用东道国货币预测的结果转换成相关外币表示的预测结果并不难，这样就可以保持计算的准确性。

与预测利率的方法类似，预测汇率也有两种方法：一是对未来的汇率进行具体的预测；采用购买力比价。二是要计算两种货币之间预测通货膨胀率的差异，并作出相应的调整，调整的依据是假设未来两种货币的汇率与通货膨胀率的差异是一致的。这可以从表13-2中看到：第一年两种货币之间的通货膨胀率相差6%，有利于货币B，货币A对货币B贬值6%，以此类推。

表13-2 购买力平价

	现在	第一年	第二年	第三年
通货膨胀率预测				
货币 A		9%	10%	9%
货币 B		3%	4%	3%
汇率预测				
货币 A/ 货币 B	10.00	10.60	11.24	11.80

13.4.5 经济增长

基础设施项目可能会受到总体经济增长的影响，比如经济的增长可以通过交通项目的使用量反映出来。例如，航空客流的增长率一直与GDP的增长率之间有着相当一致的关系，一般航空客流的增长率是GDP增长率的两倍。因此GDP增长率的预测对于机场相关的项目至关重要。同样，对于其他形式的交通运输项目也是如此。

13.5 项目成本和融资

从项目公司的角度看，建立详细模型的下一个阶段是建设成本的预算，并确定如何为这些成本进行融资以及如何提取这些资金。

13.5.1 施工期的成本

项目成本预算要考虑从项目开发一直到项目完工并为运营做好准备为止所产生的费用。处理厂或基础设施项目预算经常包括以下内容。

开发成本。这些成本是在融资关闭前由发起人产生的（再转给项目公司）或项目公司本身产生的。发起人之间就各自给项目分摊成本的方法要达成一致，比如人员成本、旅行成本等，在项目开发期间这些成本的数额可能很大。发起人或贷款方顾问的成本也要考虑进去。如果开发成本包含在项目成本内，这些成本可以被看作初始股本投资的一部分，或者在最后注入股本金时通过债务再融资。

开发费用。项目的经济状况可能允许一个或多个发起人从项目公司提取用于项目开发的费用（不包括项目成本），这样就会产生前期的利润。随着对项目财务的评价，证明项目有能力提供这种费用，这一数额可能会有波动（或完全被去掉）。

项目公司成本。这些是融资关闭后由项目公司产生的直接成本（不是用于支付分包商、顾问、保险公司或贷款方的成本），如：

◎ 人员费用；
◎ 办公设备费用；
◎ 办理许可的费用；
◎ 业主工程师的监理费用；
◎ 培训和派遣成本（包括支付给运营和维护承包商提供的培训和派遣费用）；
◎ 施工合同费用；
◎ 施工阶段的保险金。

试车费用。这些是项目完工之前施工承包商在对项目测试和试车期间购买燃料或原材料的费用。对于有些项目，也可能在这个期间从项目的产出中获得一些收入，用于抵销这些费用。

初期的库存成本。这些是一些备件初期库存的费用（如果施工合同不包括这些费用）。

初期的流动资金。项目运营所需的流动资金是用于项目公司开具发票的周期内，即在支付运营成本和收到现金收入之间使用的资金。实际上，这是一个短期的项目现金流（通常30~60天），由于项目运营阶段的财务模型是按6个月为一个周期，所以不可能在财务模型中把它直接算出来。在项目公司收到第一笔收入之前，可以把最初的流动资金算成项目公司产生的非施工成本。这些成本包括：

◎ 燃料或其他原材料的初期库存；

◎ 首次的运营保险费；

◎ 物资供应付款和产品生产之间所需的成本。

此后，所需流动资金的变化通常会和销售产品和购买供应的物资有关，这应该在总现金流量表中体现出来。

纳税。这包括为在施工期各种项目成本所缴纳的税款，如增值税、消费税或销售税以及进口关税。

融资成本。这些包括：

◎ 建设期的利息；

◎ 贷款安排与承销费用；

◎ 承诺费；

◎ 贷款代理费；

◎ 与债务相关的额外成本；

◎ 储备账户资金；

◎ 抵押登记费；

◎ 贷款方的顾问费用。

应急储备金。应急储备金需要加到项目成本中。

13.5.2　施工期的融资

在成本预算的基础上制定融资计划，它包括项目所需的全部资金，分为债务和股本金两部分（第12章涉及这方面需要考虑的一些具体问题，包括计算所能融到的债务金额以及其他的融资渠道）。

在施工期，融资模型应该显示提取资金以满足所需的成本，但是也要考虑以下因素：

◎ 所要求的股本与债务比率。

◎ 提取股本与债务的优先顺序。

◎ 使用债务的限制（比如，出口信贷机构的贷款只能用于出口的设备和有限的当地成本。如果项目成本为100，包括出口合同中规定的出口设备为70，那么让出口信贷机构融资80并从其他渠道融资20的融资方案就不可行）。

◎ 要求使用一种货币为其成本进行融资。

在此基础上计算股本金和债务提款的进度。提取债务会产生施工期的利息支付，这也需要资金的支持。

项目公司不应该使用短期贷款作为流动资本，应该使用长期的项目融资满足这一持续性的资金要求。当然，可以把项目融资的一部分用周转信贷的形式作为初始流动资金（即当项目公司有现金结余时就可以偿还一部分融资债务，当现金出现短缺时再重新借回资金）。这样就可以减少发起人的股本投入，使其处于有利的地位。

在施工期间可以使用不同的短期资金缴纳增值税、消费税或其他的税款，一旦项目开始运营，它们就可以用于抵免项目的营业税。

13.6 运营收入和成本

在融资模型中，预测运营收入和成本的第一阶段就是明确主要的运营假设，以处理厂项目为例：

◎ 初始的产出是多少？

◎ 随着时间的推移，产出的变化如何？

◎ 维护需要多长时间？

◎ 意外停产的时间应该定为多长？

◎ 燃料或原材料的消耗率是多少？

◎ 消耗量随时间如何变化？

通过这些运营的假设、项目协议的价格以及相关分包合同的价格（如购买价）就可以计算出运营净收入（如果没有这些合同就要估计市场价格）。

基于以上考虑因素，运营现金流的主要内容包括：

◎ 出售产品获得的运营收入。

减去

◎ 燃料或原材料的成本；

◎　项目公司的管理成本（人员、办公成本等）；

◎　维修和更新成本；

◎　运营和维护合同成本；

◎　保险费。

在确定上述运营净现金流以后，融资模型就可以计算所付的利息和应付给贷款方其他金额，要考虑安排一些对冲的合同。

13.7　会计和纳税的问题

尽管对一个项目投资的决定应主要取决于项目现金流的评估，但是会计核算结果对于发起人来说也是非常重要的，它们不愿意看到所投资的项目公司出现会计核算损失。

因此，尽管项目融资的财务模型更注重现金流而不是会计结果，但通常要把会计报表加进模型中（比如每个计算期的损益表和资产负债表）。

除了要评估对发起人账面收益的影响外，把会计核算结果加到项目公司的财务模型中还有其他的原因：

◎　会计核算结果是纳税的依据，而不是项目的现金流；

◎　会计核算的结果可能影响公司支付红利的能力，甚至会影响项目的经营能力；

◎　加入资产负债表有助于检查财务模型中的错误，如果资产负债表不平衡，就说明有的地方出现了错误。

与纳税相关的其他问题包括：

◎　纳税的时间问题；

◎　增值税；

◎　预提税；

◎　汇率和纳税；

◎　通货膨胀与纳税。

13.7.1　资本总额和项目成本的折旧

项目的会计核算和现金流计算之间最重要的区别与资本总额和项目成本的折旧有关。

如果项目公司要为产生的项目成本销账，就可能会在项目的建设期出现巨大的亏损而在之后的运营期内获得巨大的利润。这显然不能反映项目的真实情况。

在大多数国家，项目的资本成本要进行资本化处理（即加到资产负债表的资产一侧），而不是立即销账。这里的"成本"不仅包括EPC的施工成本（或"硬"成本）还包括项目运营前产生的"软"成本（即开发成本，包括建设期的利息在内的融资成本、顾问费等）。

此后，资本化的成本就会随着收入的增加而开始折旧（账面价值降低）。假设项目的生命周期为20年，那么项目公司就可能按标准直线式的会计折旧把项目的资产在20年内进行折旧。这样，如果项目成本为1000，那么成本的折旧就是每年最初成本的5%（50）。如果这项折旧能抵销应纳税的所得，假设税率为50%，那么折旧提存就可以在20年中每年减少25的税款。

由于固定资产投资可以享受加速税收折旧，因此项目公司能从初期更多的递延税款中受益。例如：如果项目成本的税收折旧是25%，按余额递减法进行折旧（"加速"折旧是典型的吸引投资的方法），这就意味着投资1000，每年的折旧为：

◎ 第一年：成本的25%，即250；

◎ 第二年：750（成本—第一年的折旧）的25%，即188，累计438；

◎ 第三年：562（成本—第一年至第二年的折旧）的25%，即141，累计579；

◎ 第四年：421（成本—第一年至第三年的折旧）的25%，即105，累计684；

◎ 第五年：319（成本—第一年至第四年的折旧）的25%，即80，累计764；

◎ ⋯⋯⋯⋯

◎ 以此类推。

这样，与前面提到的20年每年25%的直线式折旧的方法相比，加速折旧的方法在前5年中就可以使项目成本的折旧达到75%。在项目享受了加速折旧的情况下，项目剩余的年份中纳税的金额会随着项目成本的税务核销而随之增加。这样在20年结束时，通过加速折旧（假设税率不变）获得的减税总额与直线税务折旧是一样的。

另外一种常用的税收折旧方法叫"双倍折旧法"——如果资产的正常直线折旧率为每年10%，那么假设在前三年中双倍的折旧率为每年20%，之后变为每年10%，与前面的余额递减法相比，到第五年末这种方法就可以使80%的成本得到税务核销。

在有些国家（如美国和英国），不同的会计和税务目的会采用不同的折旧方法：为了会计核算的目的，会在项目的有用期限内把项目的资产进行折旧，这样就可以按照项目收益把资产成本分散并在项目初期提高账面利润；但如果为了税务的目的会使用加速折旧的方法。两者之间的差额会直接计入资产负债表中负债一侧的纳税准备金中（或以后从纳税准备金中扣除）。在另外一些国家（如法国和德国），会计核算和税收折旧必须一致。

项目的不同资产可以采用不同的折旧率（如建筑物和设备）。在这种情况下，施工承包商必须要把施工总包合同价进行分解，以达到分类纳税的目的。在有些情况下，建筑物（特别是非工业建筑物）可能无法享受税务折旧（因为这些物业是保值的）。由于无法根据建筑物的收入确定其费用，因此建筑物的应税利润比较高，这会使得项目实际税率很高。

PPP项目可能会出现同样的问题。在这种情况下，项目公司在法律上可能没有项目的所有权，这就意味着项目的大部分资金成本不能抵税。有几种解决这个问题的方法。比如，英国有一种"融资债务人"会计制度，把合同付款分成运营收入和名义贷款偿还两部分，前者需要缴税而后者则不需要。在西班牙，设立与资产的资本成本等同的储备金，比如，在特许经营期内修建特许经营的道路，每年用储备金抵扣应缴税额，在特许经营期结束后按照资本成本核销储备金，把两者清零。

13.7.2　红利陷阱

如12.2.2所述，发起人提供的"股本金"不一定要用普通股本资金的形式，而是股本资金和次级债务的组合。鉴于税务和会计核算的原因，发起人经常更愿意用次级债务的形式提供部分的股本金。原因之一是股东次级债务的利息是可以免税的，而普通股的红利是不能免税的。

股东经常采用股本金和股东次级贷款的组合形式的另一个原因是避免可能会出现的所谓"红利陷阱"，就是说，即使项目公司有现金流，但由于利润表的累计余额为负值，投资人就无法分到红利。在很多国家，如果公司的利润表的累计余额为负值，公司是不能分红的（因此，如果在第一年亏损为

50，第二年的利润为25，由于累计后亏损为25，因此第2年公司不能分红。如果公司在第3年盈利30，公司就可以分配红利5，这样累计的利润为0）。

用于计算的假设如下（见表13-3）：

◎ 项目成本为1500，债务资金为1200，股本资金为300；

◎ 每年的收入和费用不变，分别为475和175；

◎ 项目成本的税务折旧为25%，按余额递减法计算；

◎ 会计折旧和税收折旧相同；

◎ 税率为30%；

◎ 如果项目公司出现了纳税损失，那么损失的30%可以作为税收抵免结转到未来的应缴税款中；

◎ 每年偿还贷款本金200；

◎ 尽管项目生命周期超过6年，这里的数据按6年计算。

表13-3 红利陷阱

年	1	2	3	4	5	6	总计
收入 (a)	475	475	475	475	475	475	2850
费用（包括利息）(b)	−175	−175	−175	−175	−175	−175	−1050
税收折旧 (c)	−375	−281	−211	−158	−119	−89	−1233
应税收入 / 损失 (d=a+b+c)	−75	19	89	142	181	211	567
税收抵免 / 应付 (e=d×30%)	23	−6	−27	−43	−54	−63	
使用的税收抵免 (f)		6	17	0	0	0	
结转的税收抵免	23	17	0	0	0	0	
应缴纳税款 (g=e+f)			−10	−43	−54	−63	−170
净收入（h=d–g）	−75	19	79	99	127	148	397
贷款偿还 (i)	−200	−200	−200	−200	−200	−200	−1200
支付的红利 (j)			−23	−99	−127	−148	−397
现金流 (k=h–c+i+j)	100	100	67	−42	−81	−111	33
现金余额	100	200	267	225	144	33	
期初损益账目	0	−75	−56	0	0	0	
期末损益（l）	−75	−56	0	0	0	0	0

上述的计算表明项目公司从第一年起有为投资人支付的正现金流，但是却仍然不能支付红利。因为加速折旧的原因，其资产负债表显示损益账目为累计亏损额75，造成了第一年的会计核算损失。一直到第三年余额负值才结束，所以项目公司在前三年无法支付红利。即使在第六年，现金余额仍不足以支付投资人的红利，因此付款的延迟会大大降低他们的投资回报率。

实际上，税收折旧和债务本金偿还之间的差额对红利有很大的影响。如果折旧远高于偿还的本金，就会产生这种陷阱；只有两者之间出现逆转之后，这种陷阱才会消失（在会计折旧与税收折旧不同的国家，这个问题就不明显了）。

如果投资人的股本一部分按次级贷款投入，剩余的部分按普通股本投入，那么在项目运营初期无法支付红利的情况下就可以先偿还投资人的次级债务。这样，项目公司付出全部的现金余额应该是可能的。

关于这些数据的另一问题是加速折旧的部分好处并没有得到利用，第一年的税收抵免直到第三年才完全抵销了应缴税款。在这种情况下，项目公司可能会考虑：

◎ 不是最大限度地使用加速折旧备抵（即以较慢的速度进行项目成本折旧），这在许多国家是允许的，这样就不会产生负利润，还能够在初期支付红利；

◎ 使用基于税收目的租赁，把税收抵扣转给租赁公司，这样租赁公司就能立即享受这个好处并以此为项目公司提供较低成本的资金。

使用股东次级债务为项目公司股本融资的另一个好处：如果项目进行再融资或高级债务增资就很容易把这些资金返还给投资人；在项目的后期，如果投资人想逐渐收回股本投资也会很容易拿到这些资金（从资本收益税的角度，这可能也是有益的）。

13.7.3 负股本金

但是项目公司要确保在避免陷入红利陷阱的同时不要跌入失去全部资产的境地。如果项目公司大部分资金是次级债务，在项目初期公司又出现了巨大的会计亏损，那么最终的结果就可能要失去全部的资产。在大多数国家，负股本的公司（即股本资金低于损益账目上的负余额）必须要停止所有的交易进入破产清算的程序。

在表13-3中，如果项目成本1500中有20%的股本（即300），其中267是次级债务，那么股本资本就是33。如果有可能先偿还次级债务，则在前3年中偿还267的次级债务，之后开始支付红利。在第一年中，项目公司出现了75的会计损失（暂且忽略次级债务的利息），这就已经超过了33的股本资本，显然这不可能分摊到股本资本和次级债务中（在这种情况下，项目公司可能会考虑慢速税收折旧的可能性）。

使用直线式税收折旧的方法也可能会产生类似的结果，但是在项目初期其盈利能力较低（比如利息费用较高，包括次级债务的利息费用）。

因此，鉴于项目融资股本金比例较低这一固有的特点，需要对财务模型中的项目公司的会计结果进行认真核查，即使有可用的现金流也要确保它能合法地支付投资人的股本收益，并且项目公司要保持正股本金。

13.7.4 纳税时间安排

公司税的缴纳经常是期末支付的，就是说税款累计和缴纳之间有一个时间差。因此，在这些不同的时间段内财务模型的利润表必须显示出税款的计算信息，现金流量表必须显示实际支付税款的信息。

13.7.5 增值税

在有些国家（如欧盟），项目公司需要缴纳项目建设成本的增值税。但是项目一旦开始运营，项目公司就可以以适当的方式抵销应缴的销售增值税。贷款方经常提供单独的增值税贷款以解决这一短期融资的需求。

13.7.6 预提税

如果把支付给贷款方的利息提高到纳税前的最高程度，如12.7.1所述，那么融资模型就必须要显示出来。

预提税也可以用于支付离岸投资方红利或次级贷款的收入。双重税负可以使其他国内收入的税负扣抵预提税。但是如果不能抵扣，投资方通常会把预提税纳入股本内部收益率的计算中，当然这不会出现在项目公司的财务报表或现金流中。

13.7.7 汇率和税务

如果项目公司借有外币的债务，那么其母国与东道国货币汇率的变动就会影响缴纳的税款以及投资人获得的项目回报。即使项目收入和运营成本都与外币进行指数化关联，也会有影响。

表13-4　汇率变化和税务

年份	0	1	2	3	4	5	总计
以美元计算							
起初成本（a）	$1000						
折旧（b=a×10%）		$100	$100	$100	$100	$100	$500
扣税（c=b×30%）		$30	$30	$30	$30	$30	$150
以欧元计算							
起初成本（d）	€ 1100						
折旧（e=d×10%）		€ 110	€ 110	€ 110	€ 110	€ 110	€ 550
扣税（f=e×30%）		€ 33	€ 33	€ 33	€ 33	€ 33	€ 165
汇率（g）	€ 1.10	€ 1.16	€ 1.21	€ 1.27	€ 1.34	€ 1.40	
美元计价的折旧值（h=e÷g）		$95	$91	$86	$82	$78	$433
美元计价的扣税值（j=f÷g）		$29	$27	$26	$25	$24	$130

从表13-4中可以看出，财务模型必须要用东道国的货币而不使用国外投资人或贷款方的货币进行计算。

通过这些数据的计算，可以看出投资人以美元投资于位于欧洲的项目公司所获得的回报，以及用欧元计算的账目和纳税结果。两种计算分别为：一种是用美元计算的财务模型；另一种是以欧元计算的财务模型。计算中的假设如下：

◎　所有的项目成本、收入和费用（包括债务利息和本金偿还）或以美元计价或与美元进行指数化关联，这样，从理论上看项目就没有汇率的风险。

◎　欧元与美元最初的汇率为1.10欧元兑换1.00美元。

◎　从项目开始起，欧元对美元每年贬值5%。

◎　项目成本为1000美元，在费用产生的时候相当于1100欧元。

◎　项目成本按直线式税收折旧计算，每年为10%。

◎ 税率为50%。

◎ 该表显示项目前5年的现金流。

可以看到，以美元计价的财务模型中扣税总额为150，而如果考虑到汇率贬值，在美元的模型中扣税的总额就变成了130。由此看来，美元的模型无法把这个问题很好地反映出来，而且会高估模型中的现金流。

因此，对于外币融资的项目，即使有全部的对冲安排，也要考虑到项目在不同阶段的汇率变化所造成的影响。

13.7.8 通货膨胀和税务

除了通货膨胀对项目现金流有一定的影响外，在高通货膨胀率环境运营的项目，即使项目的收入和成本全部与通货膨胀进行指数化关联，产生的回报也不能完全随着通货膨胀的上升而增加，这是因为项目成本的税收折旧是按最初没有通货膨胀因素的成本计算的，这一点和13.7.7的道理非常相似（在有些国家，公司资产负债表中的项目成本可以在计算税收折旧之前按照通货膨胀指数进行重新估值）。

这又一次说明了要按照项目融资现金流中的"名义"数据而不是"实际"数据计算的重要性。

13.8 模型的计算结果

根据模型不同的用途（投资方、贷款方、购买方或签约的公共部门）和项目类型，融资模型的目的也不同。显然，投资方想要确保模型产生所要求的股本内部收益率，贷款方要求达到一系列的偿还比率，购买方或签约的公共部门想要了解合同付款的金额。

融资模型应计算出下面一系列的结果：

◎ 建设阶段的费用；

◎ 股本金的提款；

◎ 债务的提款和偿还；

◎ 利息的计算；

◎ 运营收入和费用；

◎ 税；

◎ 利润表；

◎ 资产负债表；

◎ 现金流（资金的来源与使用）；

◎ 各种贷款方偿还比率；

◎ 合同付款（如果有）。

通常需要把关键的结果汇总在一页纸上，如：

◎ 项目成本和资金的汇总；

◎ 现金流的总体情况；

◎ 贷款方的偿债能力比率；

◎ 融资关闭时的股本内部收益率；

◎ 项目内部收益率；

◎ 第一年的合同付款（如果有）；

◎ 合同付款的净现值。

13.9　敏感性分析

融资模型也需要有足够的灵活性，可以使投资人和贷款方在最初评估项目时能够进行一系列敏感性的计算，以显示在所使用的一些关键假设要素发生变化时所产生的不同影响。这些敏感性的计算可能包括对偿债比率和回报率的影响因素：

◎ 建设成本超支（通常以把应急资金全部取出为标志）。

◎ 在施工合同下违约赔偿金，用于支付项目延期或无法达到规定的运营能力。

◎ 无法从施工承包商得到违约支付的工期延误（6个月）。

◎ 无法从施工承包商得到违约支付的情况下，履约能力的下降。

◎ 较长的停产时间或较低的利用率。

◎ 项目产品销售量的下降或使用量的降低，考虑到使用风险或市场风险，这是个关键的问题。在收费公路敏感性分析中，如果交通量下降了30%，要看看年度债务偿还比率是否可以保持1：1，即债务仍可以得到偿还。

◎ 销售价格的下降。

◎ 达到盈亏平衡的销售价格或使用量，即项目不能再按时偿还债务时的最低销售量或使用量。

◎ 较高的物资供应成本。

◎ 较高的运营成本。

◎ 较高的利率（利率不固定的情况下）。

◎ 较高或较低的通货膨胀。

◎ 汇率的波动。

总之，通过敏感性的分析就可以了解如果项目不能按预期运行时项目的商业风险和融资风险所产生的财务影响。

贷款方通常还使用"综合性下行趋势"分析法，以检验当几个不利情况同时发生时所产生的影响（如3个月的工期延误、销售价降10%以及停产时间超过预计的10%）。这种把同时发生的几个不同因素一起计算的方法也称为"情景分析法"。

13.10 银行方案、基础方案和融资关闭

如果贷款方、发起人和购买方或签约的公共部门（如果有）以及模型的审核人员一致认为融资模型的结构和计算公式能正确反映项目的情况和合同，基本的输入假设能够确定下来，同时融资结构和条件也得到各方同意并纳入模型中，在这个基础上最终运行的模型被项目公司称为"银行方案"，或在项目公司与购买方或签约的公共部门间被称为"基础方案"。贷款方有可能要求用不同的假设计算合同付款，这意味着基础方案和银行方案会有所不同。

最终的计算通常在融资关闭协议签署之时或之前进行，以使贷款方能检验到利用全新的假设和最终的项目合同项目仍然能有足够的贷款偿还能力。在这个阶段，固定的利率和掉期利率也可以输入模型中，从而把合同付款的计算确定下来。

13.11 融资关闭后模型的使用

但是，融资关闭以后项目不是一成不变的，贷款方会继续评估它们的风

险敞口。未来预测的年度债务偿还比率或贷款期偿还比率的不利变化可能会影响项目公司给投资方支付收益的能力，或使得项目公司偿还贷款违约。无论如何，一旦项目开始而需要对新的银行方案预测进行计算，就要有人来决定之前所用的输入假设应该如何调整。如果让项目公司决定这些假设，贷款方可能不会同意，反之亦然。

　　对这个问题没有简单的解决方案，但是通常要尽可能地使用客观而非主观的信息对预测进行修改。

◎ 宏观经济假设（包括大宗商品的价格）可以参考贷款方之一或外部渠道所发表的经济评论，只要它是普通的出版信息而不是专门针对项目的信息即可（但是这种出版物一般不会提供项目所要求的长期预测）；

◎ 运营成本或收入假设的变化一般应该按照项目公司的实际绩效进行调整；

◎ 贷款方通常在确定最终的假设变化方面起着决定性作用，但是投资方应该确保这些决定是在贷款方工程师的意见、市场情况、保险要求或其他咨询顾问意见的基础上作出的，因为它们对相关问题有着专业的意见和看法，不要让贷款方随意作出决定。

　　在有购买方或签约的公共部门的情况下，基础方案可以用其他的方式继续使用。

◎ 用于补偿事件的付款计算；

◎ 用于标杆服务或市场测试服务的变化；

◎ 用于一部分的终止金计算；

◎ 用于再融资的计算。

项目融资贷款文件编制

14.1 引言

除了在第12章和第13章论述的财务结构和模型问题以外，贷款文件还涉及贷款方对项目公司更多的控制和其他要求，具体内容见表14-1。最终结果是项目公司与贷款方之间签署贷款协议以及附带的担保文件。

"样板合同"的条款（即在不同贷款协议之间存在很小的差异）是根据贷款市场协会（LMA）的标准贷款文件格式进行起草的。贷款市场协会是1996年成立的，旨在使银行贷款文件尽量标准化，这样就更容易获得银团贷款或在市场中进行转移。协会有500多个成员，包括商业和投资银行、机构投资者、律师事务所、服务提供商和评级机构，这些成员主要集中在欧洲。尽管贷款市场协会还没有开发出标准格式的项目融资贷款文件，但是很多标准的公司贷款条款也被使用到项目融资贷款中，因此贷款市场协会文件为项目融资贷款提供了一个有益的基础，因为它提出了人们公认的市场化起草方式，这样就避免对贷款协议中的"样板合同"条款进行商议了。

本章还谈到了其他两个有关项目公司投资方的重要话题，其一般出现在项目完工并投入运营后，即项目公司的债务再融资和把股权出售给二级市场的投资者。

14.2　贷款方的条款清单

贷款方的条款清单列出了贷款方提出的主要商务和财务的条款和结构，并为融资文件提供了适当的模板。表14-1列出了条款清单通常包括的条款和条件；表中的引述表示相关问题论述的出处。

表14-1　债务条款清单—主要条款

借款方	3.6	可使用的期限	14.3.1
发起人	3.2	提款程序	14.3.2、12.2.3
贷款目的	2.5	项目账户	14.3、14.4
贷款安排方或贷款方	第 5 章	储备账户	14.4.1
合格的项目成本	13.5.1	现金流阶梯分配	14.4.2
贷款条件及数额	第 12 章	收益分配锁定	14.4.2
偿还比率要求	12.3	报告要求	14.5
最高债务与股本比率	12.4	取消与预付	14.6
还款	12.5	抵押	14.7
基准利率与边际	12.6.1	先决条件	14.8
贷款手续费	12.6.2	陈述与保证	14.9
承诺费	12.6.3	契约	14.10
代理费	12.6.4	免责和修改	14.11
其他贷款成本	12.7	违约事件	14.12
顾问咨询费	5.5.1	贷款方决策过程	14.13
利率对冲	10.3	债权人间的安排	14.14
互换信贷费用	10.3.1	适用法律与司法	14.15
		有效期	5.2.7

14.3　建设期—债务提款期

通常情况下，债务提款期要比项目建设期稍长一些。债务提款程序与股本提款程序有关。

14.3.1　提款期

提款期是指债务可供提款的期限。如果在提款期结束时债务没有全部提完，获得更多债务的努力就会终止。一般情况下，提款期会延续到项目实际完工后的前6个月（支付剩余的小额成本，如建设合同中的"小活儿"），或项目计划完工后的12个月（为延迟完工预留时间）。

14.3.2　提款程序

按照提取贷款的程序，项目公司通常需要在资金需求日期的前几天提交正式的提款申请。通常每月提款一次。提款申请具体要求如下：

◎　要附上施工承包商的付款要求，并经过贷款方工程师的审核。

◎　要说明要求其他资金的目的。

◎　要说明支付这些成本的资金来源（是股本金还是贷款），需要根据提款的先后顺序。如果有几项贷款，要确定提取哪项贷款。

◎　如果从出口信贷机构或其他渠道获得资金，需要提供设备或服务的原产地证书。

◎　需要把月度和累计项目成本与建设预算进行比较。

◎　需要证明有足够的剩余资金用于项目的完工。

◎　需要证明提款前与其他条件相一致。

一个做法是股本投资和提取的贷款要存入项目公司名下的支付账户中，贷款方对此账户拥有担保权益，或直接支付给受益人，特别是施工承包商。

贷款方可能对支付账户的全部付款进行控制，或允许项目公司按照提款申请支付款项，只是在有违约的情况下才对付款进行控制（后者是更为实际的程序。如果采用上述的提款申请程序，贷款方只需要监督从支付账户中付款就可以了）。

另一个做法是每月提取固定金额的贷款存入支付账户，金额变化不超过±5%。采用这种做法，代理银行需要对从支付账户付款的过程进行监督。同样，债券发行的收益也要全部存入支付账户，并受债权人或债券受托人控制。

14.3.3　债务递增

在有些情况下如果实现了现金流或其他目标，项目公司可能会使用提款的借款系统为投资的不同部分融资。债务递增是一个与借款系统紧密相关的提款安排，债务提取期要比14.3.1所显示的提款期长得多。这种做法经常被用于特许经营的项目中。对于这类项目，贷款方通常对通行量的预测比较保守，因此在某一时期如果通行量超过了预测的数量，就可以根据用户费用增长情况所预设的偿付比率公式提取更多的贷款。在这种情况下，提款期可以延长到运营的前十年。但是，如果通行量增长，也可以通过对最初债务的再融资达到相似的效果。

14.4 运营阶段—现金流的控制

就像在项目建设期一样，贷款方只有对提款符合预算和满足审批要求的情况下才会允许提款并支付成本。同样，在运营阶段贷款方一般会通过控制现金使用方式控制项目现金流的应用。这些控制措施包括：

◎ 要求项目公司设立各种项目账户，贷款方对这些账户进行担保和不同程度的控制；

◎ 设定现金申请的优先顺序，称为现金流的"阶梯管理"；

◎ 对给投资方分配现金的控制；

◎ 在某些情况下，对资金归集或资金收回的要求。

14.4.1 项目账户

贷款方要求在项目公司的银行设立各种项目账户以确保项目现金流按照贷款文件的要求进行分配。这与项目公司的收入和运营与财务成本的支出有关，与存入储备账户的各种资金也有关。

随着项目公司收入的增加，贷款方可以用以下两种方法对项目公司收入进行监管：

◎ 一个方法是贷款方可以要求项目公司把支付运营成本的资金存入项目公司常规控制的单独运营账户中，把其他资金存入由代理银行或担保受托方与项目公司共同控制的收入账户中，需要进行其他付款时（如14.4.2的付款）再从账户中支出。

◎ 另一个方法是把所有的收入存入一个账户中，在需要付款时由项目公司提取。

显然，项目公司愿意采用后一种方法，在日常运营中也更加实用，但是必须让贷款方相信项目公司不会短期滥用收入的资金。

贷款方也会要求项目公司设立独立的储备账户以持有不同数额的资金。虽然这些账户是以项目公司的名义开立的，但是需要得到代理银行或担保受托方的同意才能提取资金，这些账户的余额构成了贷款方担保的一部分。

储备账户为短期现金流问题提供了担保，而且它也是为将来的大额支出需要预留资金而设立的。这些账户也把资金（如保险收益）分开用于某一特殊目的。

随着这些储备账户的设立，投资方的收益就会下降，因为这些账户阻止或延误了净现金流的分配。假设开设这些储备账户，发起人主要担心的是项目公司因现金短缺而无法正常运营，而其他的现金却都"躺"在储备账户中。

标准的储备账户：

贷款偿还储备账户（DSRA）。这个账户存有足够的资金偿还下一笔贷款（包括本金和利息），通常是6个月的还贷额。如果项目公司不能从正常的现金流中偿还部分或全部贷款，就要从这个账户中提取资金偿还。

贷款偿还储备账户应从项目运营期开始设立。可以采用以下两种方式操作：

◎ 把这部分账户资金包括在项目建设成本预算内；

◎ 从项目运营现金流中留出相应的资金，这意味着在项目商业运营开始时账户并没有存入资金，随着项目运营开始从现金流中向这个账户注入资金。

前一种方式有利于投资方，因为贷款偿还储备账户的资金主要来自于贷款方（即来自于债务与股本金比率中的债务部分）。因为贷款偿还储备账户在项目商业运营后就会有资金注入，所以对贷款方也是有利的。在上述两者之间，项目公司也可以在商业运营日从应急资金中提取资金存入贷款偿还储备账户，只要此时的应急资金不用于其他。

债务支付储备账户。这个账户可以按照月度累计存入资金，用以偿还下一期的贷款（本金和利息），而不是把资金留在项目公司的运营账户里（通常项目公司的收入存入一个账户，而不是分成运营和收入两个账户）。因此，这个账户在还完每期的利息和本金后就没有剩余资金了（注意这不包含在贷款偿还储备账户中）。这个账户可能与利息支付储备账户一起设立，以同样的方式支付下一次的利息，也可以把两个账户合并。

维护储备账户。如果项目维护周期较长（比如一个电厂每5年维护一次，那么大部分维护成本就是每5年发生一次，而不是每年一次），那么就按每年均摊1/5的维护成本存入维护储备账户，在第五年时从账户中提取用于项目的维护。

另一个方法用于维护周期较短的项目，如PPP模式修建的学校或医院。在这种情况下，可能要求项目公司按下一年预计的维护成本100%存入维护储备账户中，再下一年为50%，再下一年为25%，以确保总有用于维护的资金。

法律变更储备账户。如果由于法律变化，项目公司不能得到完全的保护，贷款方可能要求开立一个储备账户为此提供资金，但问题在于无法确定应为账户存入资金的数额。

税务及其他"稳定"储备账户。如果项目公司在某一年产生了大量的税赋，但可以允许在下一年缴纳，在这种情况下通常要设立税务储备账户，存入资金用以纳税。也可以设立其他"稳定"的储备账户用于支付延期的负债或不正常的成本。

保险收益账户。可以设立一个专门的储备账户用于存入保险索赔所获得的收益，同时在贷款方的监督下支付恢复项目费用或偿还债务。对于项目公司的其他索赔也可以设立相似的账户。如果存入这些账户的资金用于特殊的目的，直接存入即可，而不要按照梯级存入。

储备账户和偿债比率的计算。在计算年度偿债能力比率和贷款期偿债能力比率时，存入储备账户的资金要从当期运营现金流中扣掉，从这些账户中提取的资金（如支付维护费用）要回到现金流中（这样就抵销了实际费用）。

在计算年度偿债能力比率的过程中应忽略从偿债储备账户中存入或支取的资金（这表明项目公司有能力按时还款，而不需要使用储备账户）。在计算贷款期偿债能力比率时一般应从债务余额中减掉贷款偿还储备账户中的余额，说明这笔资金可以随时用于贷款的偿还。项目公司认为在计算贷款期偿债能力比率时也应该把其他账户的余额扣除，但贷款方会认为这些资金的目的并不是用于偿还贷款。

在计算各种债务偿还能力比率时，储备账户所获得的利息一般加到运营的收入中。但如果储备账户中的余额低于最低要求，就不能进行上述操作（因为所得的利息需要留在储备账户中）。

为了提高股本的内部收益率，发起人可能会给贷款方提供一份银行的信用证，或公司的担保，相当于存入常规储备账户（如贷款偿还储备账户）的金额，这样贷款方就会允许使用这笔资金，而不是留在项目公司里。

在用储备账户中的盈余资金进行低风险的授权投资时，项目公司可能会给予一定的灵活性，可以从这些存款中获得更多的收益，但是贷款方会要求为这些投资提供担保。

14.4.2 现金流的"阶梯"使用顺序

通过设定使用现金流的先后顺序，贷款方就可以对项目公司的现金流进行控制。典型的先后顺序为：

◎ 支付燃料或原材料成本和项目运营成本，包括运营和维护的成本（按照预算的程序）和需要缴纳的税款（即为了保证项目持续运营，项目公司需要支付的所有成本）；

◎ 支付给代理银行、担保受托人的各类费用；

◎ 贷款利息和利率调期或其他对冲的费用；

◎ 计划中的债务本金偿还（如果有"目标"计划，就按照该计划执行）；

◎ 向债务偿还的储备账户和其他储备账户付款；

◎ 支付投资方红利。

在要求的第一项费用支付后，就可以用剩余的资金支付第二项费用，依次类推（就像水逐级流到不同的水池一样，这种现金流的分配体系也因此而得名）。如果没有足够的现金支付前五项的内容，就不能给投资方支付红利。

当然这个顺序结构非常主观，认为这些现金付款并不在同一天发生。对于某一特定项目，这一系统要考虑到项目公司已经收到了服务的付款但还没有提供这项服务的情况（比如，支付体育场团体席的预付款），如果这笔现金用于分红，可能就需要开立一个额外的储备账户。

需要注意的是，这种阶梯式的安排主要用于项目的建设阶段，股本金和债务资金都会存入支付账户中。

14.4.3　投资方分红

给投资方分红处于现金支出流梯度的最后位置。一旦支付完运营成本、偿还全部贷款并满足储备账户的要求，原则上就可以给投资方分红了。如果项目公司不能把红利及时付给投资方（比如在年度大会举行并宣布红利前可能会延误），这些金额先存入以项目公司的名义开立的股东分配账户中（应该在贷款方的担保范围之外）。

但是，如果有现金剩余并付给投资方，情况并不像看起来那么简单，还需要跨越几个障碍。

显然，项目公司需要证明在分红之后仍留有足够的现金或将来能产生足够的现金。可以通过设定一个停止分红比率来解决这一问题。例如，银行预测平均的年度债务偿还比率为1.35∶1，如果上一年实际年度债务偿还比率较低，比如1.2∶1，那么贷款方可能要求停止分红。

通常每6个月计算一次现金流的梯度使用情况（所以分红只能6个月进行一次）来决定是否有足够的现金用于分配红利。如果没有达到停止分红比率的要求而不能分红，这些现金就要用来预付债务或存入特定储备账户中。在债务降低或特定储备账户存有资金后，如果支付比率的计算结果重新回到一定的水平，就可以用现金支付红利了。

计算停止分红比率的一个问题是"前瞻性"比率（比如预测下一年的年度债务还款支付比率，或用于剩余贷款的贷款周期支付比率或平均年度债务偿还支付比率）是否应该用于此目的。一旦项目开始运营，预测项目未来运营方式的最佳方法是查看项目过去运营的真实记录，但是在这种情况下，实际年度债务偿还支付比率应该让贷款方非常担心。特别是对于正常确定现金流的项目，很难想象对下一年现金流的预测为什么要比上一年低得多（应该使用储备账户解决可预测的波动变化，比如维护的工作）。因此，虽然贷款方青睐"前瞻性"比率，但是采用"前瞻性"比率基本上是浪费时间，不用这些比率还可以解决在财务预测中到底应该采用哪些假设的问题。但是，有一种情况可以使用"前瞻性"比率，即当项目公司在公开市场上出售商品或在特许经营项目中承担全部使用风险时，因为在这种情况下，年度现金流不太容易预测。

项目公司在分红前还要满足其他要求，特别是按照项目合同或融资文件不能出现违约的情况。

14.4.4　用盈余现金提前偿还债务

有几种情况贷款方可能要求用盈余现金提前偿还债务，即把本来用于分红的自由现金流提前偿还债务。

非正常现金流。如果现金流产生大幅波动时（如商品价格的变化）一般就采用这种方法，贷款方希望确保在利好时期产生的现金盈余用于降低债务，这样在不利时期就有了缓冲的余地。因此，在按照预先商定标准把红利分给投资方后，现金流的剩余部分就可以用来提前偿还债务，或一部分用于偿还贷款，一部分用于分红。这样，如果项目运行符合银行对项目现金流的预测，投资方就会获得现金流预测的收益。但是当项目现金流高于这个预测水平，盈余部分就会用于分红和偿还债务。由于贷款方会关注债务偿还后项目持续收入情况或债务到期后可用资金储备情况，也会要求用盈余现金流提前偿还债务。

备用资金。17.5.3举了一个例子说明用盈余现金偿付备用资金的情况，这笔备用资金的提取用于支付项目现金流出现的临时缺口。

生命周期成本。对于某些项目来说，在未来很长的时间中才会产生成本，由于成本数额很高，维护储备账户中的余款不够支付。例如，一个道路项目在15年以后重铺路面就会产生巨额的生命周期费用。最初的贷款期限可能为20～25年（显然超过需要追加资金的日期），很难提前15年把大修工程的成本固定下来，而且为15年内不太可能用到的资金提前融资也是不可能的。因此，解决的方案就是在大修之前的前几年开始进行全部现金归集（即把全部可用的盈余现金归集起来，不再给投资方分红），以鼓励发起人再融资并在可行的时候进行额外的债务融资。在这种情况下，可以在分红前用盈余的现金流提前偿还债务（除非投资方进行再融资，否则就得不到任何回报了）。

软性项目建设期和运营前期贷款。同样，用盈余现金提前偿还债务也是解决贷款方在整个贷款期间可能出现问题的非常有用的方法之一。在这种情况下，偿还债务之后所产生的部分或全部现金流不再分配给投资方，而是用于债务的提前偿还或存入储备账户中。

例如，假设要求贷款方提供一项25年期的贷款，但实际上考虑到流动性的因素贷款方只愿意提供7年期的贷款。在这种情况下同意安排一个25年的贷款偿还计划，但是从第5年起可能要采用一个100%的现金归集（在进行分红前投资方收不到任何现金流），而且从第5年开始债务—利息边际也有可能大幅提升。这被称为"软性项目建设期和运营前期贷款"。与之相反的"硬性项目建设期和运营前期贷款"是指在第7年末要求偿还债务余额，其目的是"鼓励"为债务进行再融资，但是如果做不到这一点，贷款就要持续高达25年。

同样，贷款方可能不想为项目所在国提供超过12年的贷款，但是如果项目可行，项目公司需要15年的时间偿还贷款。在这种情况下，项目公司可能同意在第10年时开始用盈余部分偿还贷款，到第12年以后就可以用盈余的储备偿还这项15年贷款的余额了。如果贷款方放弃使用盈余现金偿还贷款的要求并延长贷款期限，就不需要作上述的安排。

从表面上看，项目公司如果按贷款方实际提供的贷款期限使用贷款也可以取得同样的效果。但是，在这种情况下作出的还款安排不太可行，如果不使用后期的现金盈余偿还贷款，贷款方就会提高项目初期的还款额。

违约事件。按照融资协议，在出现违约的情况下，贷款方也可能要求利用全部盈余现金提前偿还债务。

14.4.5　收回现金

即使未来的成本（如主要的维护成本或生命周期成本）或收入不稳定，贷款方仍会允许投资人从项目公司中获得现金收益，前提是投资人要保证在需要时交回现金收益。按照这个承诺，如果项目未来的现金流出现了问题，发起人同意把它们在一定时期内获得的红利返还或借给项目公司使用。

14.5　报告要求

在整个融资期内，贷款方和融资顾问会要求项目公司就其业务的各个方面进行报告。报告的内容自然分成两个阶段，即项目的建设期和运营期。

发起人和贷款方很容易被交易结构和谈判的细节所左右，而真正重要的问题却往往被忽略。有时候贷款方会要求提供过于详细的项目信息系统，这样不仅会妨碍项目公司有效管理项目，而且会给贷款方带来过多它们并不想看的信息。

贷款方融资顾问的成本仍会由项目公司的账户支付，因为这个阶段仍处于融资关闭前。

14.5.1　建设阶段

像14.3.2中谈到的取款程序那样，贷款方会在进一步提供债务额度前对项目的最新信息进行常规检查。除了要求提款证明信息之外，贷款方的工程师还需要所有建设进度的重要信息，同时能够进入所有的相关建设工地或参加其他会议。

14.5.2　运营阶段

一旦项目完工而且运营顺利，贷款方一般会减少项目公司的正式报告次数，比如一个季度一次。这种报告包括项目公司的管理账户（以及每年审计的账户），以及项目重要运营内容的报告，比如服务类项目的性能情况、特许经营收费公路的交通量和收入、购买方或签约的公共部门扣除额、运营期间的预测与预算变更、支付比率的计算等。相关贷款方的顾问也会提供进一步的补充报告，如交通量的趋势等。一旦项目出现具体的问题，贷款方也会要求提交特别报告或信息。

14.6　债务的取消和提前偿还

资金归集是强制项目公司提前偿还贷款的一种形式。一般情况下，强制要求提前还款的情况包括：

◎ 项目公司出售其资产获得的现金（除非这笔现金用于替代资产）；

◎ 保险收益没有用于项目的修复。

在上述情况下，这些现金会直接用于提前还款，而不是进入现金流的分级支付系统。

如果施工承包商支付了履约赔偿金，支付的预付款就应达到贷款方支付比率的水平；剩余的赔偿金要进入现金流的分级支付系统（也可能用于分配红利，以补偿履约失误造成内部收益率下降给投资方造成的损失）。完工延迟赔偿金直接进入现金流的分级支付系统，因为这笔赔偿金替代了运营收入。

如果贷款方的持续做法变得不合法，也会强制要求提前偿还贷款。这通常意味着要应对项目公司所在国可能遭受的国际制裁（提前还款的义务可能限定在项目公司所能提供的现金流的范围内）。

项目公司也可能愿意减少贷款或自愿提前还款。

◎　由于募集的总资金用不完，因此会降低贷款承诺；

◎　项目公司可能希望提前偿还部分或全部贷款；

◎　项目公司可能希望提前偿还所有的贷款，然后从其他地方获得更有利的贷款条件进行再融资。

14.6.1　降低承诺

随着项目建设的推进，项目公司可能考虑不需要全部的项目融资（包括应急资金），因此通过降低承诺的债务额可以节省承诺费用，通过降低承诺的股本金投入也可以减少投资方的风险。

原则上，贷款方不拒绝这种做法，只要项目公司能证明在降低承诺后有足够的资金按计划完工即可，同时还留有足够的安全资金。因此，贷款方只有在项目建设后期才会允许降低承诺的贷款资金数额。

14.6.2　提前偿还部分贷款

项目公司想提前偿还部分贷款一般是因为贷款方限制分红（比如停止分红）。由于这种或其他原因，投资方提前偿还部分债务可能是比较划算的，因为这样可以把支付比率恢复到分红停止的水平之上，而不是让这些资金闲在项目公司里。

在大多数的项目融资中，银行的贷款方一般会接受项目完工后提前偿还贷款，但是它们可能会收取一笔提前偿还费（一般为再融资额的0.5%～1.0%）。此外也需要支付一定的交易损失成本。虽然银行的贷款方对于提前部分偿还贷款比较灵活，但是对于债券发行一般不允许提前部分偿还，或者只有在支付大量罚金的情况下才可能允许提前偿还部分债券。这一原则一般也适用于其他固定利率的贷款。

对于部分提前偿还贷款的主要问题（无论是自愿还是强制）是它应该适用于哪些未来的分期偿还贷款。比如，用120提前偿还5年的分期贷款500。提前还款可以采用表14-2中的安排。

表14-2 提前还款的顺序

	提前还款 120	提前还款后剩余贷款的分期还款		
	最初的安排	到期的顺序	到期的相反顺序	按比例
第 1 年	100	—	100	76
第 2 年	100	80	100	76
第 3 年	100	100	100	76
第 4 年	100	100	80	76
第 5 年	100	100	—	76
总计	500	380	380	380

◎ 如果能分配盈余现金流，采用到期的顺序进行提前还款对投资方最有利，因为这不仅减少了后面的债务还款额，而且更快地释放出用于未来分红的现金。由于对投资方分红采取了临时性限制，项目公司主动选择提前偿还贷款，这种方法是最公平的。

◎ 贷款方可能希望降低贷款的平均周期以及项目的风险，项目公司可以采用到期的相反顺序提前还款。

◎ 有些类型的提前还款必须按比例进行（如施工承包商履约违约金应该按比例支付，以保持贷款方的年度债务偿还支付比率在均衡的水平上）。

因此，有必要根据不同情况采取不同的部分提前偿还方式。

14.7 贷款方的担保

如前面所讨论的那样，贷款方不希望通过出售项目公司的资产收回贷款资金。对于多数项目融资来说，只有持续成功运营产生的现金流才能保证贷款的偿还。提前出售项目资产很少能解决项目的问题，但是项目的担保总体上是非常重要的。

◎ 确保贷款方在项目开始出现问题时及时介入；

◎ 确保第三方（如未担保的债权方）不能获得项目资产的优先权或相同比例的权益；

◎ 确保未经贷款方的同意项目资产不能被处置；

◎ 在项目公司陷入困境时，贷款方可以"鼓励"项目公司进行合作。

贷款方的担保可能由代理银行或担保受托人负责，一般包括四个层面：

◎ 现金流的控制；

◎ 根据直接协议可以介入项目中；

◎ 项目公司资产与合同的抵押和分配；

◎ 项目公司股权的担保。

14.7.1 抵押和合同转让

对于贷款方要求对项目公司拥有的有形资产、合同权利以及抵押的担保权力，发起人与贷款方很少有实质性的不同意见。因此，担保的内容包括：

◎ 对项目场地、建筑物和设备的按揭或押记（所有权属于项目公司而不是签约的公共部门或其他公共机构）；

◎ 项目合同的转让，包括与其他方签署的咨询合同，如与业主方工程师签署的合同、保函或担保合同；

◎ 项目公司接受发起人股本付款的权力转让；

◎ 收入转让（与项目账户相关）；

◎ 许可或执照转让；

◎ 项目账户的控制，在需要贷款方同意才能从账户转移资金的情况下，要求项目公司和代理银行或担保受托人双方签字；

◎ 如需要，只由购买方或签约的公共部门负责向项目账户付款（如果这个规定不包含在直接协议中）；

◎ 保险单的转让；

◎ 利息掉期完成交易时，项目公司到期收款的权力转让。

为了使这些担保有效，需要第三方的合作，但是可能会出现一些问题：

◎ 可能不会很快找到其他方接受项目合同的转让（如可能，应该在最初的项目合同文件中写入适当的条款以明确这个问题的解决途径）。

◎ 把许可或执照作为担保转让也许不太可能。有些国家可能不允许转让某些类型的许可或执照，因为它们是专门授予特定的许可或执照持有人的（在这种情况下，直接协议可以提供一些支持）。

对于跨境的项目投资，由于项目公司的资产在东道国，因此这些资产的担保通常需要遵守当地的法律和司法程序，这和项目合同或融资文件的情况不一样。在发达国家，这种方法一般不会有问题，当然还是有必要咨询当地的法律顾问。但是，在发展中国家，贷款方可能不会取得理想的担保地位。

◎ 当地的法律可能不允许外国人拥有土地的所有权，因此贷款方不能接管项目公司的权利。

◎ 可能会对贷款方的贷款或担保征收高额的印花税或从价税，加重了项目公司的融资成本。

◎ 可能有优先债权人（如缴税）会自动排在贷款方的抵押之前。

◎ 贷款方只能对现有资产的抵押进行登记，而对于未来并购或建立的资产抵押则无法登记。

◎ 贷款方只能登记固定金额的抵押，但在违约的情况下需要把利息、提前终止的成本和执行成本计算在内，就会出现总支付金额较高的风险。

◎ 贷款方只能以当地的货币登记抵押，这样一旦当地货币贬值，贷款方的抵押就会缩水。

◎ 如果发生了针对相关方的破产程序，贷款方可能会被阻止执行抵押。

◎ 贷款方想要尽快掌握项目的控制权，但执行抵押的程序可能不合适或过于麻烦；特别是可能要求贷款方通过公开拍卖或法院裁决才能出售资产，而不是通过行政或涉讼财产管理人的方式接管项目的控制和运营。

◎ 外汇管制可能会阻碍贷款方把执行收益汇出东道国。

抵押也可以在东道国之外的其他司法系统中执行。如果储备账户是离岸账户，抵押就必须按照账户所在国的法律进行登记；同样的方法也适用于离岸控股公司的股份抵押给贷款方的情况。

在普通法系的国家，如英格兰和澳大利亚，有可能对项目资产实施"浮动抵押"的方法。这不需要对每项具体的资产或合同进行抵押登记，但是需要对所有的资产进行抵押，这样在获取执行收益时就非常透明了。

如果由于某些原因贷款方无法获得项目固定资产的抵押，项目公司就必须作出"负面抵押"的行为（即不会把相关的资产抵押给其他任何人）。显然，与适当的抵押权益相比这种价值是有限的（即使那样，贷款方也要对项目账户进行抵押）。

14.7.2 项目公司股份的抵押

一般情况下，贷款人会对发起人在项目公司的股份进行抵押。这能使贷款方更快地介入项目公司的管理，而不是采用抵押或合同转让的方法。这种方法在操作中可能会遇到一些困难：

◎ 发起人公司的贷款方可能会加入"负面抵押"的条款，以阻止对项目公司股份的抵押；

◎ 如前面所述，复杂的法庭程序可能使得股份抵押执行非常缓慢；

◎ 如果发起人希望取消保护其投资的政治风险保险，就会产生潜在的问题；

◎ 如果发起人希望出售其股份也有可能出现问题，除非新股东愿意授予同样的抵押。

◎ 第一个问题涉及项目公司的股权，发起人有必要就免除这一条款进行谈判。对于第二个问题可以采用以下几个方法加以解决。

◎ 贷款方就投资方拥有的离岸控股公司的股份进行抵押，在债权人更友好的管辖权内，可以拥有项目公司的股份，这样贷款方就可以通过控制项目公司股东尽快控制项目公司（需要注意的是，项目公司不仅有可能干涉这个做法的其他债权人，而且中间的控股公司没有债务，甚至对于自己的股东也没有债务，或这些债权人对项目公司的资产有优先权，即项目公司的股份由项目公司的贷款方购买）。

◎ 贷款方购买项目公司股份的期权（即如果贷款违约，发起人同意把股份出售给贷款方，象征性地收取一定金额）。

◎ 如果贷款违约，发起人给予贷款方一个"黄金股"，以让它们指定项目主任。

后两种方法可能会给银行造成合规的困难，而且如果贷款方直接参与项目公司的管理可能会产生法律责任。

贷款方也希望确保项目公司不受财务困难，或发起人及其他投资方破产（即破产隔离）的影响。比如，如果发起人破产了，不至于导致项目公司的子公司或附属公司破产，或丢掉项目公司股份的抵押收益。在项目和项目公司的所在地有必要在发起人和项目公司之间设立一家中间公司以减少这种风险。

14.8 先决条件

融资文件签字的本身并不意味着贷款方将要把资金拨付给项目公司。为提取贷款，项目必须首先完成融资关闭。在融资关闭日所有的项目合同和融资文件都要签署完毕，要满足或免除使贷款方承诺生效的先决条件。这些先决条件是贷款方要求的文件清单，也是融资的基础；一旦这些先决条件得到满足，贷款方就有义务放款（这并不意味着在融资关闭日之前没有义务。比如，如果融资文件要求贷款方为项目的信息保密，这种义务就要保持到协议签署）。

14.8.1 融资关闭的先决条件

项目融资贷款的先决条件文件清单可能会很长，经常包括几百个文件和证书。贷款方提出的主要要求（所有的要求无论是形式还是内容都必须让贷款方满意）包括以下几个方面。

◎ 公司文件：
  ◇ 项目公司的公司文件、董事会决议、法律意见等，证明项目公司组成合理，有资格进行融资；
  ◇ 项目合同或融资文件其他各方的公司文件，担保、保函或其他抵押提供方的公司文件；
  ◇ 与项目公司相关的已签署的股东协议。
◎ 项目文件：
  ◇ 项目场地使用权证明；
  ◇ 所有签字的项目合同文件以及满足所有先决条件并生效的证明；

◇ 合同担保、保函或其他担保；

◇ 给施工承包商下达的开工通知；

◇ 项目融资、建设和运营的许可；

◇ 已签署的直接协议；

◇ 第三方设施和连接的施工安排。

◎ 融资文件：

◇ 所有融资文件的签署；

◇ 银行贷款协议、代理协议或债券发行的条件及委托书；

◇ 费用函、安排和承销费用的支付；

◇ 发起人支持服务协议或担保，或母公司为分包商提供的担保；

◇ 抵押文件；

◇ 抵押登记。

◎ 融资尽职调查：

◇ 所有投资方资金已付或承诺的证明以及担保；

◇ 其他并行的融资安排已经到位并生效的证明；

◇ 利率掉期或其他对冲安排已经到位的证明，在融资关闭时这些安
    排应立即完成；

◇ 项目账户和其他银行议定书已经到位的证明；

◇ 应投保到位的证明；

◇ 相关各方的最新财务报表。

◎ 技术或商务尽职调查：

◇ 贷款方工程师、保险咨询师和其他咨询师的最终报告；

◇ 财务模型审计报告（包括项目税务方面的报告）；

◇ 最终建设和资金预算以及提取的进度；

◇ 基于项目现金流预测的融资模型。

◎ 法律尽职调查：

◇ 贷款方律师对文件有效性出具的法律意见（在有些司法体系下也
    可能要求借款方律师的意见）；

◇ 确认没有发生违约事件；

◇ 确认项目公司不涉及任何诉讼案件。

有些先决条件在本质上是具有互为条件的（比如给施工承包商下发开工通知的权力可能取决于融资关闭的实现，而融资关闭只能在发出开工通知后才能实现）。在这种情况下，各方的法律顾问要同时完成文件的安排。

有些先决条件在贷款文件或项目合同签署时可能没有达到，因此需要把在文件签署时的先决条件与融资关闭前需要满足的后续条件区别开来（在这种情况下，最初的文件签署被称为"有条件的关闭"）。

如果管理不当，从签署贷款文件到最终达到融资关闭可能会经历很长时间。发起人有责任对这个过程进行有效的管理，尽量在贷款文件签署前收集更多的先决条件文件以确保把融资关闭前的延误降低到最低程度。在签署融资前对先决条件文件达成一致也能确保在贷款文件签署后贷款方不会提出意外的问题。

购买方或签约的公共部门可能要求发起人提供先决条件的保函作为在某个日期前满足先决条件的担保，但是3.7.9和7.5提到的与此相关的问题也适用于这种情况。

14.8.2 提取贷款的先决条件

每笔债务的提取可能还需要满足更多的先决条件。

◎ 项目公司和贷款方工程师需要确保：
  ◇ 应付给施工承包商的金额已经到期；
  ◇ 施工的进度符合预期；
  ◇ 其他应付的金额在施工的预算内；
  ◇ 有足够的剩余资金用于项目完工。
◎ 项目公司需要确保：
  ◇ 持续的陈述与保障条款保持正确；
  ◇ 没有出现违约事件或潜在的违约事件。

14.8.3 实质性的逆向变化

贷款方可能还会要求在融资文件签署后项目不能出现实质性的逆向变化（MAC），也就是融资关闭的先决条件和后续的提款条件不能发生变化，这被称为MAC条款。这种模糊笼统的条款所产生的问题是，项目公司可能会面临贷款方随意停止为项目提供资金的不利情况。所以在法律协议起草中应该非常谨慎，确保一旦加入MAC条款，就应该使之合理、客观和可控。

14.9 陈述与保证

在融资文件中，项目公司要通过陈述和保证条款对一些事实进行确认，这些事实就成为贷款方对项目融资的基础。因此，如果以后发现这些陈述和保证与事实不符，就会构成违约。

实际上，陈述和保证是贷款方需要在尽职调查过程中进行评估的一系列主要内容，以确保满足对融资风险的管理。在融资文件中的主要典型陈述与保证条款包括：

◎ 项目公司的成立是符合法律程序的，而且有权采取所有必要的行动实施该项目和为项目融资。

◎ 发起人是按照一定的投资比例拥有该项目公司，并得到贷款方的批准。

◎ 项目公司除了拥有该项目外，没有经营其他的业务、资产、子公司或其他合同责任（所有的信息都已经提供给贷款方）。

◎ 项目公司有能力签署各种项目合同和协议，并在法律上有效，没有任何违约行为，没有出现不可抗力而影响项目公司和项目合同。

◎ 项目公司拥有物业的权利（PPP项目可能没有）以及项目建设和运营的所有权益。

◎ 项目公司已经取得用于项目的各种有效的执照和许可证。

◎ 项目公司在所有方面都符合法律的规定，并缴纳了所有的到期税赋。

◎ 项目公司、发起人或其他相关方没有任何行贿腐败行为（这里特别要提到美国于1977年通过的"海外腐败行为法"以及其他国家相似的法律）。

◎ 项目公司没有违背任何现有的协议。

◎ 项目公司没有出现任何的法律诉讼情况。

◎ 项目公司没有其他的债务（作为融资计划的部分除外），按照抵押的安排，贷款方对项目公司的资产有优先处置权，对项目的资产没有其他抵押的要求。

◎ 项目公司通过备忘录提供完整而准确的项目信息。项目公司只是负责它应该直接提供的项目信息；项目合同的综述应该由牵头银行以及其法律顾问提供（如果贷款是由银团按照以后的信息备忘录进行承销就会出现一些问题，这项安排可能需要与未来信息备忘录进行对接，而此时项目公司却看不到这个备忘录，这个问题可以通过给项目公司对部分信息备忘录一定的控制权加以解决）。

◎ 项目公司提供了完整和准确的财务报表，并且在提供报表日期以后没有重大的变化。

◎ 项目公司按照合理的假设条件，对项目预算和预测作出诚实的安排。

◎ 项目公司认为项目将会按协议日期建设完工。

在提供陈述条款的时候如果发现上述的内容有误，或项目公司对上述内容不能完全同意的话，项目公司应该把相应的内容通知给贷款方，贷款方可能会决定放弃（临时或永久地）有关的要求。如果在以后的时间内能满足这些要求，比如取得了运营许可证，就可以在契约中作出规定。

出于自我保护的目的，项目公司会希望在陈述和保证条款中排除承担"非实质性"错误的责任（如果项目公司经理没有付停车费，这是否意味着项目公司没有遵守当地的法律呢）。对构成融资基础的项目公司应承担的责任，贷款方不太可能会放松要求。

也有可能要求发起人直接给贷款方提供类似的陈述和保证条款，在这种情况下，债务就是一种有限追索的贷款，在某种意义上，发起人要承担贷款方造成的损失，因为贷款方所依据的陈述不正确。因此，发起人必须保证它们的责任只是与它们直接控制的因素相关（如它们对项目公司的所有权）。

这些陈述和保证条款是签署融资文件时所需要的，通常在融资关闭时还需要使用这些条款，在每次的提款或偿还利息或贷款时也会被反复用到。

14.10 契约

契约是指项目公司承诺采取某些行为（正面契约）或不采取某些行为（负面契约）。项目公司作出的这些承诺是项目融资的一个特点，要比其他类型融资的契约更全面更具体（这方面的要求对于发行的债券来讲则不太严格）。通过这些契约，贷款方可以对项目的建设和运营持续进行控制，但是需要注意的是，这种控制不要造成它们需要承担项目公司对第三方的责任。比如，在英国，如果贷款方已经成了一家破产公司的"影子董事"，那么贷款方就可能要承担对其他债权人的责任了。

契约的主要目的是：

◎　确保项目按照与贷款方达成的协议进行建设和运营；

◎　对可能影响项目公司的问题给贷款方发出预警；

◎　保护贷款方的抵押权。

14.10.1　正面契约

一般项目公司的正面契约责任包括：

◎　保持公司的存在，支持所有必要的公司登记，缴纳到期的税款；

◎　按照项目合同、适用的法律和良好的行业惯例建设、运营和维护
　　项目；

◎　为代理或抵押受托人以及贷款方的各类顾问提供接触项目和项目资
　　料的机会；

◎　执行贷款方同意的管理结构；

◎　获得并执行项目保险协议；

◎　提供管理账目（通常按季度提供），以及年度审计后的财务报表；

◎　提供建设进度报告（按月度），包括到每个里程碑日期时的工程情
　　况、完工比例、关键路径的问题以及预期的完工日期（这些报告通
　　常由施工承包商提供）；

◎　按照预定的顺序使用提供资金（股本金和债务），并且只用于建设
　　和资金预算中的项目；

◎　确保项目按期完工；

◎　在项目建设期末实现协议中的股本与债务的比率；

◎　提前为下一个年度做好预算；

◎　按照现金流梯度的规定使用收入；

◎　提供修正后的财务预测（通常在项目运营期内每半年一次）；

◎　提供项目的运营情况报告（季度）；

◎　为贷款方顾问提供合理了解项目的机会，以及所有合理要求的信息；

◎　项目运营期间或燃料、原材料供应或其他基础设施出现重大问题
　　时，通知代理银行或抵押受托人；

◎ 通知代理银行或抵押受托人有关保险索赔的情况；

◎ 通知代理银行或抵押受托人有关违约、项目合同争议、诉讼等情况；

◎ 按照项目合同执行所有的权益；

◎ 赔偿贷款方对于与项目有关环境责任的索赔；

◎ 取得未来项目建设运营的所有许可；

◎ 通知代理银行或抵押受托人有关影响项目的法律变化、许可或执照撤销、无法延期或补发的情况；

◎ 采取必要的措施保护贷款方抵押的权益；

◎ 支付贷款方的顾问费用。

关于保持项目公司的所有权、提供技术支持等内容，发起人也可以给贷款方作出单独的承诺。

如果项目公司不能遵守正面契约，贷款方可以找到一个好的理由临时性或永久性地免除相关要求。由于许多贷款方要办理一个正式的信用审批手续才能免除甚至很小的责任，因此对项目公司的契约不要规定得过于严格。

14.10.2　负面契约

对于典型的负面契约，项目公司要作出以下承诺：

◎ 不从事项目以外的其他商业活动；

◎ 不对基础文件进行改动；

◎ 不与其他的实体合并；

◎ 不同意对项目合同进行改动、放弃或对其顺序进行变动，也不对项目本身作改动（有些情况可以作些轻微的改动）；

◎ 除了项目合同外，不签署其他任何合同；

◎ 不使用现金余额作其他的投资；

◎ 不为第三方产生额外的债务或提供担保；

◎ 除了利率掉期或汇率风险外，不签署任何其他的对冲合同；

◎ 不产生未经贷款方同意的资金费用；

◎ 不能产生未列入年度预算的运营成本；

◎ 不能出售、出租或转移项目的资产；

◎ 除贷款文件允许的分红外，不作其他任何的红利分配；

◎ 不能改变财务年末结算日期或更换审计师。

如果项目公司希望做负面契约中的任何一项规定的内容，都必须征得贷款方的同意。

从上述内容可以看出，正面契约和负面契约的区别经常只是文字表述上的不同，正面契约强调保持与贷款方达成的管理结构安排，而负面契约则强调不改变与贷款方达成的管理结构安排。而且，契约与违约之间存在着交叉。比如，一个具体的违约可能是偿付比率降低到某一数值以下，而没有契约规定偿还比率要保持在这个数值之上。

14.11 许可、免责和修改

一些契约规定，项目公司不对项目合同进行修改，但项目公司在得到贷款方的允许后可以修改。如果融资关闭后情况发生了变化，而修订条款可能对项目公司和贷款方都有利，那么贷款方不应反对这样的修改。

贷款方可能同意给予项目公司契约或上述的其他条款方面的一些临时性免责，而不会因为未能履行契约立即认为其构成违约行为。

同样，有些情况下需要对贷款文件进行修改，可能因为在谈判的时候一些条件发生了变化，或所处的环境发生了其他的变化。

项目公司应该有能力提前对是否需要获得许可、免责和修改进行评估，给贷款方的讨论留出时间。一般情况下，贷款方不喜欢突如其来的情况，如果它们认为没有发现并有效处理好问题，那么和项目公司的关系就会受到严重影响。

贷款方可能对项目公司的行为进行不同程度的控制：

◎ 未经贷款方同意不能采取行动；

◎ 按照贷款方的要求采取行动；

◎ 项目公司提前通知，不需要贷款方的同意；

◎ 项目公司可以不提前通知采取行动。

如果贷款方不同意给予许可或免责，或修改贷款文件，就可能导致违约。

14.12 违约事件

项目融资的贷款方不会等到项目公司资金不足以偿还贷款时才会采取行

动，因此它们会采取一些预防措施以防止上述情况发生。这就是违约事件。一旦违约事件发生，贷款方就要介入项目公司的管理中。有些违约（比如没有能力付款，破产等）适用于公司融资，但有些（如无法完成项目）只适用于项目融资。

在出现违约事件后，贷款方可以采取各种行动，这部分取决于项目所处的阶段。

◎ 放弃（忽略）违约；

◎ 要求项目公司采取特别的行动——实际上贷款方可以控制项目公司的决策过程；

◎ 如果项目仍然在建，冻结进一步资金的提取，称为"停止提取"；

◎ 如果项目在运营的阶段，要求所有的净现金流用于偿还债务（即现金归集）或存入由贷款方控制的单独储备账户中；

◎ "加速"偿还贷款，并且执行担保程序。

一旦出现违约事件，贷款方有权决定选择所采取的行动。应该注意的是，这些事件本身并不能一定使项目违约（即贷款方停止项目的融资开始执行抵押），在违约事件发生以后贷款方在下一步行动中应该采取积极的决策。进入下一个阶段后贷款方应该能够与项目公司和其他相关方坐下来找到解决问题的方法。

违约利息，即债务的较高利息，通常在违约免除或处理之前收取。

主要的违约事件包括以下情况：

◎ 按照融资文件的要求，项目公司不能按时进行付款。

◎ 项目公司的陈述和保证条款证明存在错误或误导。

◎ 在融资文件的框架下，项目公司不能履行其契约或承诺。

◎ 发起人不能履行其对贷款方或项目公司的责任或承诺。

◎ 在协议期之前，项目公司的所有权或控制权出现了变化。

◎ 项目公司、项目合同的各方、发起人或其他的担保方不能按时偿还债务，或涉及法庭的判决而遭到赔付，或进入破产程序后在规定期限内没有清偿债务。

◎ 项目不能按期完工。

◎ 资金不足，无法使项目完工。

◎ 许可证或执照过期无效。

◎ 项目被迫放弃或出于保险的目的完全亏损。

◎ 项目公司失去了项目土地的使用权。

◎ 贷款方担保无效或无法执行。

◎ 最新的年度债务偿还能力比率低于某个水平，这样，最初预测现金流的年度债务偿还能力比率可能是1.35∶1，停止分红的比率为1.2∶1，违约比率就是1.1∶1。随着分红停止，在这种情况下就会有是否应该采取远期比率的问题。

◎ 东道国政府对项目实施国有化，宣布暂停偿还外币债务，或限制外币的兑换等（如果项目公司的借款为外币）。

宽限期。如果有违约的补救措施，项目公司就需要获得一定的宽限期补救违约的行为。应付款项而未付不是一种可以任意违约的行为，因此最多的宽限期通常为2～3个工作日（允许银行转账中出现一些技术问题）。对于一些其他的违约行为（如未能履约提供财务信息），应该给予合理的补救宽限期（如30天）。

潜在的违约事件。贷款方可能希望包含"潜在的违约事件"的内容，即可以预测的违约事件但是还没有发生，因此可以允许贷款方提前采取行动。如果确定这个事件的发生只是时间问题，项目公司就应该能接受。

重大的不利变化。贷款方也可能希望把重大的不利变化条款加入违约事件中。前面已经提到，重大不利的变化可能作为阻止项目达到融资关闭或后续贷款提取的先决条件。把这个条款加入违约事件中会扩大项目公司和投资方的不确定性，但是贷款方经常认为它们无法预测项目可能出现的任何问题，因此它们需要一个包罗全部的条款填补空白。如果项目公司同意这样的条款，就应该对重大的不利变化谨慎定义。比如，重大不利变化是指对项目合同的任何一方履行义务的能力产生不利影响，或对项目公司的运营、资产或财务条件产生不利影响，并且对项目公司偿还债务或贷款方抵押利息产生实质的影响。

实质性原则。同样，有些违约事件是实质性的限制引起的，因此有其合理性。例如，如果陈述和保证的一些重要内容出现了误导，就会违约，这经常是项目公司和贷款方争议较多的问题。例如，贷款方不会因为项目公司没有按照契约在某个日期前提交管理账目就把整个贷款算作违约。但是，贷款方可能认为，在一定的合理期限内如果项目公司不能提交管理账目，就说明项目公司出现了严重的问题，这就给了它们介入项目公司的理由。贷款方总是说它们不会自动使用违约事件破坏项目，并尽量和所有各方商谈解决的方案。但是，一旦出现了违约，在与贷款方真正谈判时，发起人和项目公司就会处于不利的地位。

可以看到，在陈述和保证、契约和违约之间有很多潜在的交叉内容，特别是违反陈述、保证或契约本身就是一种违约事件，因此它们之间的交叉不会带来一点儿好处。

14.13　贷款方决策过程

如果有两个以上的贷款方提供贷款，就一定需要一个决策过程，否则如果其中的一个成员随意对项目公司采取单独行动就会引发不好的后果（实际上，小借贷方以此威胁敲诈大借贷方的行为并不鲜见）。代理银行或抵押受托人也需要有来自整个贷款方的清晰指令，以代表它们采取行动。因此事先在贷款方之间应建立一个投票的机制，项目公司也应对这些安排有所了解，以确保大部分的贷款方采取有利的行动。

投票的安排需要包括：

◎　放弃违约的决定，不需要在该问题上采取进一步行动。

◎　提前免除（即允许项目公司采取行动，否则就会出现违约。如给施工承包商签发工程变更通知单，出售超过契约规定最低限度的资产或修订项目合同的某些条款）。

◎　对融资文件的修改，包括修正错误和修改条款以避免将来发生违约，或给项目公司变更项目留有余地。

◎　指导代理银行或抵押的受托人（如违约后执行担保）。

对于这些问题的投票安排可能涉及：

放弃和许可。通常需要贷款方的66⅔%～75%赞同（按照它们在融资中所占的金额）。对于关键性的违约，比如项目公司不能付款，就需要100%的同意（如果项目公司在建设期出现违约，也许有个别的银行会保留暂停提款的权利）。

对融资文件的修改。修改贷款方担保、还款日期、还款金额、利率等需要100%的赞同，其他修改需要66.67%～75%的赞同即可。

加速偿还债务。如果在表决免除时投票所需的多数票没有达到要求，代理银行或抵押受托人就要对项目公司发出违约通知：下一个阶段加速偿还债务，这意味着债务到期应该立刻偿还。这应该得到大多数投票同意：在发出违约通知的90天内必须有75%的贷款方投票支持加速偿还债务；在接下来的90天内应该有66.67%的同意票数；如果超出这个时间段就应该有51%的同意票数。

执行。紧随加速偿还贷款的决定，下一步要对项目的抵押进行执行。但是，一旦发出违约通知，如果代理银行或抵押受托人不采取措施，那么有些贷款方可能要坚持采取单独的行动，特别是出现未付款的违约情况下。

投票过程中一个主要的实际问题是，参与银团借贷不多的银行通常不愿意就一些小问题进行投票。对于大多数银行，这意味着信贷主管要把问题以书面的形式向银行的信贷部门作出解释，为了一些小的或技术上的违约免除，让信贷主管花费时间是不值得的。因此，在实际中让所有的银行进行投票是很困难的（对于债券持有人这可能更是个问题，但是在这种情况下债权控制人可以不通过正式的投票就能解决这些问题）。如果把日常违约修改和免除的投票标准定得太高，就会伤害项目公司的业务。

解决这个僵化的投票问题可以采用"沉默等同于同意"的做法。比如，要求75%的贷款方投票同意，就可以在最后截止日期前让真正投票的75%的贷款方投票即可，不需要所有的贷款方都参加。这种方法有利于项目公司，如果这种僵化的投票机制伤害了项目公司的业务也不符合全体贷款方的利益。在有很多债券投资人参与的情况下，这个问题就更敏感，因为它们不像银行那样对项目公司的业务给予同样的关注。在这种情况下，商业银行可以把一些决策委托给一家代理人去做，或债券持有人委托专门的代理人去做。

如果商业银行的贷款获得了出口信贷机构的全额保险，那么这家银行就要按照出口信贷机构的指示投票。但是如果只有政治风险保险，该银行就可以按照自己的想法投票，因为这种投票一般和商业问题有关。

尽管如此，担保方还是希望对于可能会影响其承担风险的项目变化拥有表决权。比如，如果担保方依靠私人部门银行承担建设风险，那么贷款方就有权对项目建设期间出现的问题作出决策。但是，完工后如果这些问题对项目的运营有影响，它们就不再有这种决策权了。因此，什么时候贷款方可以自我决策，什么时候担保方可以决策，可能是一个比较有争议的问题。同样的原则适用于另一方在项目完工时同意替代最初的贷款方的情况。

14.14 多个债权人（银团）之间的问题

如果项目公司使用一个银团或贷款人"俱乐部"贷款，那么它就可以按照上述的投票方式进行投票表决。但是很多的大型项目拥有两个团组以上的贷款方，比如银团和债券持有者、出口信贷机构支持的贷款和没有出口信贷保险的银团贷款、国内银行和国外银行的贷款等。

每一团组贷款方都要和项目公司签署各自的贷款协议，但是这些不同团组的贷款方之间也需要建立一个合作的机制，否则项目公司不久就会发现，在不同团组的贷款方之间容易出现各种利益冲突的问题。尽管项目公司不直接参与这些不同团组贷款方之间的安排，但是它应该确保它们之间的安排实用和有效。多个债权人之间至少应建立起：

◎ 为融资关闭作出共同的安排（通常达成一项贷款是不能完成融资关闭的，必须同时和其他贷款一起完成）。

◎ 为违约的放弃、修改和执行建立起一个统一的投票机制。在这种情况下，一般以贷款人团组为单位进行投票，每一组的贷款方决定它们自己内部的投票规则，然后每组再带着本组的决定参加贷款方团组之间的投票程序。当然应该注意：商业银行不愿意公共部门的贷款方或不接受纯商业行为的贷款方阻碍它们的行动。

◎ 分享抵押担保。

◎ 分享收益。比如，由于某家银行掌握项目的账户，收到的还款可能要比其按比例应收的金额多。如果出现这种情况，多出的部分（应与项目贷款有关）应按比例与其他贷款方分享。

一般在不同团组的贷款方之间要签署一个更加广泛的共同条款协议。在这个协议的框架下，单个贷款协议只是涉及贷款的金额、费用、利率以及还款进度等问题。所有其他的条款都会包含在共同条款协议中，如：

◎ 融资关闭和提款的前提条件；

◎ 每项贷款的优先提款协议，以及在建设期末在贷款方之间作出的调整，或出现违约后，按照预定的比例暂停贷款；

◎ 陈述和担保的条款；

◎ 契约；

◎ 项目账户和现金流梯度分配顺序；

◎ 违约事件，包括交叉违约，即某一个贷款协议下的违约自动构成其他贷款协议下的违约；

◎ 指定代理机构代表不同团组贷款方负责支付和投票；

◎ 抵押担保文件。

如果上述问题没有体现在共同条款协议中，发起人在对不同融资协议中相同条款的谈判时就会遇到困难，如果这些条款不能通过谈判达成一致，就会给项目公司带来麻烦，很难使这些不同的贷款方形成合力，这样就会伤害贷款方和投资方的利益。

由于不同的债权人可能来自不同的国家，都希望它们的贷款文件置于本国的司法制度下进行管理，因此签署共同条款协议也会给它们带来法律上的益处。即使它们的贷款文件完全相同，不同的司法体系可能会有不同的解释。如果把贷款协议范围缩小，而更多内容是在共同条款协议作出规定，那么这个问题就基本解决了。

债权人团组一般也会指定一个债权人中的代理人，就像一个代理银行为一组贷款方协调一样在债权人之间发挥类似的协调作用。

如果这些团组贷款方或其他方对融资没有采取相似的立场，就会产生更多的问题，包括：

◎ 利率交换的提供方；

◎ 固定利率的贷款方；

◎ 贷款方的抵押权不同；

◎ 出租人；

◎ 次级债务的贷款方。

14.14.1 利率交换服务的提供方

如果一个银团的所有银行都按比例提供利率交换的服务，显然就不需要在银团之间对此作出专门的安排。但是，如果只有一两家银行提供利率交换（要么为它们自己的资金考虑，要么作为利率交换的代理银行），那么就需要考虑它们在银团中的投票权和执行权。由于它们任何一次提前终止利率交换的成本都无法预测（如果利率变化正确，可能就不产生成本），因此一旦项目公司违约，它们的风险也就无法提前确定下来。理论上，利率交换的提供方希望在银团中有投票权，按照投票时提前终止利率交换成本占债务余额的比例获得相应的投票权，但是银团中的其他成员一般不接受这个不确定性。最终的结果经常是：

◎ 利率交换服务提供方不参加对违约放弃和修改的投票（利率交换提供方通常也是一个贷款方，因此仍有资格表达它的立场）；

◎ 如果项目公司在某些方面违约（如拒付、无力偿还债务），该服务提供方可能单独终止利率交换；

◎ 一旦因终止利率交换而确认索赔，服务提供方也要按索赔额有相应的执行投票权。

不管怎么安排投票权，利率交换的提供方都要按比例分享执行的收益，这项收益取决于提前终止利率交换所确认的成本。

14.14.2 固定利率的贷款方

在发生违约时，固定利率的贷款方和利率交换的提供方的情况相似：它们也可能有提前终止的成本。一般情况下，它们不会因此得到更多的投标权，但是在决定执行收益分配比例时会考虑这个因素。

但是，如果固定利率的贷款方在终止贷款时收取很高的罚金，就可能会出现一个问题。比如，提前偿还到期的金额可能不仅包括本金和利息的余额以及提前终止的成本，而且还包括贷款方未来利润的净现值。浮动利率的贷款方通常不以这种方式对未来的利润损失进行索赔，尽管利率交换服务的提供商可能会有类似的索赔。这样在违约索赔金额的问题上，不同的贷款方之间就会有很大的差异（当一组贷款方在基于通货膨胀指数借贷的情况下可能会发生类似的问题）。

14.14.3 有不同抵押权的贷款方

贷款方通常享有项目相同的抵押权（这被称为交叉担保）。

如果一组贷款方有发起人的担保而另一组没有，一旦出现违约，后者就不能阻止前者执行抵押的行为，反之亦然。

14.14.4 出租人

如果项目公司通过租赁为项目进行部分融资，从法律上讲融资的设备归出租人（租赁公司）所有。因此，出租人不愿意与其他贷款方以平等的权利分享这项抵押的价值。而其他贷款方也不希望出租人单独处理项目的主要资产。因此，有必要就止赎权的协调以及可能的利益分配问题签署一项协议。

如果项目公司使用伊斯兰银行为项目进行部分融资，也会出现类似的问题。在这种情况下，资产的所有权属于伊斯兰贷款方，所以会产生与租赁情况相同的"分配"问题。

14.14.5 次级债务贷款方

在出现违约前后投资人都不能用所提供的次级债务得到任何额外的权利。贷款方会要求投资人同意它们没有任何抵押权，在所有高级债务全部偿清之前也不能采取任何措施收回它们的这项债务。

次级债务也可以由与发起人或其他投资人无关的第三方提供，通常享有第二抵押权或位于高级贷款方抵押权之后。次级贷款方在现金流梯度分配中位于股本投资人之前，因此，在前面的付款完成后如果现金流充足就可以偿还次级贷款。次级债务人同意，如果整体融资出现违约并为此采取行动，只有偿还完高级债务之后才能偿还它们的次级债务。

但是，这也给次级贷款方造成一些潜在的难题。高级贷款方主要是担心次级贷款方会采取"同归于尽"的行为。如果项目出现了问题而所剩的资金只够偿还高级债务，由于次级贷款方不想遭受损失（因为项目只有足够的价值用于偿还高级债务），它们就可能胁迫把项目进行拆分，除非高级贷款方同意分享与它们贷款有关的一些价值。

因此，高级贷款方会采取如下的一些做法限制次级贷款方的权利，避免上述情况的发生。

提款的时间安排。高级贷款方希望项目公司能按提取股本金的方式首先提取次级贷款；次级贷款方可能只愿意与高级贷款方一起按比例提供贷款资金。

提款的前提条件。如果是按比例提供的资金，高级贷款方只想对次级贷款方的贷款设置非常有限的条件限制。

修改高级贷款条件。高级贷款方希望能自由地修改它们的贷款条件，包括偿债的进度和利率以及项目出现问题时可以增加高级债务金额的能力。显然，这种做法更不利于次级贷款方。在项目的各个阶段应该限定加到高级债务上的额外债务或其他成本，对这个问题双方应作出妥善安排，这一点和购买方或签约的公共部门对项目协议提前终止所要求的额外债务的限制是一样的。

修改项目合同。任何对项目合同的修改都要经过高级贷款方的同意，除非在增加高级贷款的情况下，否则它们一般不会允许次级贷款方干涉合同的修改。

冻结支付。次级贷款方在现金流的梯度分配顺序中的地位可能会使其遇到一些问题：在偿还次级债务之前，高级贷款方的偿债储备账户或维护储备账户必须要有足额的现金吗？会像冻结给投资人付款一样冻结次级贷款方的付款吗（如当偿债能力比率低于某个程度时）？

违约。如果次级贷款方得不到到期的付款时，它们就想有强制执行的权利。实际上，高级贷款方很难完全排除次级贷款方采取执行的行为。普遍的一个做法就是要求次级贷款方在采取行动之前先等待一段时间，比如付款违约后等待6个月（当然这会引发高级贷款方采取行动，保证它们首先得到强制执行的收益）。

弹性抵押。美国交通运输基础设施融资与创新法案（TIFIA）在为交通项目提供融资时通常采用一个特别的融资结构。在现金流梯度分配系统中TIFIA贷款处于其他贷款方之下，但是一旦项目违约，TIFIA贷款就与其他的高级贷款方享有同等的权益。这被称为弹性抵押。

14.14.6 违约贷款方

很多商业银行自2008年陷入困境，发起人开始担心银行（违约贷款方）无法按约定提供融资。

其他一些贷款方有可能填补这一缺口（或寻找另一家银行提供融资）以保证它们的贷款，否则项目可能崩溃，但是它们不会提前作出这样的承诺。

因此，需要相关的条款明确限制未能完全履行贷款承诺银行的权利，比如决策的过程。其余的银行在这种情况下享有各种选择权，比如买断贷款的参与权或放弃投票的权力（有关代理银行的类似条款可以为指定新代理银行作出规定）。

14.15　适用的法律和司法体系

如果项目完全"处于"某个特定的国家，即项目公司、项目和贷款方都属于同一个国家。一般情况下，项目合同和项目融资文件都适用于那个国家的法律，并接受那个国家法院的司法裁决。

尽管仲裁常用于解决项目合同的争议，但是就贷款文件而言，一般不使用仲裁，贷款方通常想通过法院的裁决来解决贷款文件的争议。

但是，对于跨境项目（即贷款方来自东道国以外的国家），一个重要的因素是贷款方通常倾向于使用英格兰或纽约的法律，以及英格兰法院或纽约法院的司法系统。这种做法的主要原因是这些司法系统对于解决项目融资方面复杂的合同纠纷有着丰富的经验。另一个重要的因素是贷款方对于东道国法院公平性有所顾虑。而且，利用离岸法律和司法可以阻止东道国通过改变当地的法律损害贷款方的利益。

14.16　债务再融资

融资的过程不一定在融资关闭时就结束，通常在项目完工并开始正常运营时，可能会出现债务再融资的机会。但是，这对投资方来说会产生"意外获利"的问题，特别是PPP项目中会引发政治性的问题。在这种情况下，建议在项目协议中加入让签约的公共部门分享"再融资收益"的条款，但是计算分享的收益是一个复杂的过程，有很多情况需要排除在再融资的界限之外，而且相关条款的执行也是比较困难的。因此，这种条款的实用性值得怀疑。

14.16.1　再融资的基础

一旦项目完工并按照计划开始商业运营，项目融资中一个常见的现象就是债务再融资，这说明随着项目的进展，风险逐步减小。虽然有些再融资比较简单，可以减少利息水平或成本，但是总体上债务再融资也会涉及融资结构的其他变化，目的在于增加项目公司借款的金额（这样可以把现金及时转移给投资方）。因此，可以看到，大多数的再融资是由于以下一些或所有因素的组合：

◎ 降低利息；

◎ 改变债务性质，如从银行贷款转变到债券（如果这种改变能降低利率）；

◎ 延长债务还款期限（这样可以降低年度的债务偿还额）；

◎ 免除担保或备用资金；

◎ 降低还款比率的要求；

◎ 改善贷款的条件（比如通过降低储备账户的要求）。

再融资可以由最初的贷款方实施，或从其他贷款方募集到新资金，提前偿还最初的债务。

注意，降低市场利率通常不构成再融资的基础。假设项目公司通过利用固定利率的贷款或利率互换锁定利率，如果没有超过低利率导致降低成本的净现值，提前还款产生的成本是一样的。因此，作为再融资结构的一部分，这种成本必须降到最低，否则收益就损失了。实际上，固定利率的贷款（与利率互换的浮动利率贷款相对）很少进行再融资，因为提前还款（包括常规的标准水平）的成本过高，不值得再融资。

表14-3说明了一个项目运营2年（项目第4年）后债务再融资的效果。最初的债务结构基于以下假设：

◎ 项目协议期：25年；

◎ 项目成本：1000；

◎ 建设期：2年，第1年支付1/3的成本，到下一年的年末付完剩余的成本；

◎ 融资：85%债务/15%的股本金，在建设期按比例提取债务；

◎ 净运营收入：在偿还债务前每年100，共23年的运营期；

◎ 贷款期限：22年（2年的建设期，运营期的前20年还款）；

◎ 债务偿还：债务按年度偿还；

◎ 利率：年息6%（建设期的利息加到债务中，作为项目成本的一部分）；

◎ 年度偿还债务比率：1.35∶1（从第3年开始）；

◎ 忽略通货膨胀和税务的影响；

◎ 数字保留到整数。

表14-3 债务再融资的效果

年 \ 时期	建设期							运营期					总计
	0	1	2	3	4	5	6	21	22	23	24	25	
再融资前													
项目成本（a）	−333	−333	−333										−1000
项目现金流（b）				100	100	100	100	100	100	100	100	100	2300
债务提取（c=−a×85%）	283	283	283										
债务利息支付（d=h(前一年)×6%）				−51	−50	−48	−47	−8	−4				−632
债务本金偿还（e）				−23	−24	−26	−28	−66	−70				−850
总债务偿还（f=d+e）				−74	−74	−74	−74	−74	−74				
投资方的现金流(g=b−f)	−50	−50	−50	26	26	26	26	26	26	100	100	100	668
年末债务余额(h=h(前一年)+c+e)	283	567	850	827	802	776	749	70	0				
年度债务偿还比率 1.35（从第3年开始）（b÷f）													
股本内部收益率 =15%													
再融资后													
项目成本	−333	−333	−333										
项目现金流				100	100	100	100	100	100	100	100	100	2300
债务提款	283	283	283										
额外债务					130								130
债务利息支付				−51	−48	−54	−52	−16	−12	−9	−4		−765
债务本金偿还				−23	−26	−26	−27	−64	−67	−71	−75		−980
总债务偿还	283	283	283	−74	−74	−80	−80	−80	−80	−80	−80		−2595
投资方现金流	−50	−50	−50	26	156	20	20	20	20	20	20	100	535
年末债务余额	283	567	850	827	931	905	878	214	147	75	0		
年度债务偿还比率 =1.25(从第5年开始)													
内部收益率 =22%													

根据以下条件的变化进行再融资：

◎ 再融资在运营第2年末（项目的第4年）进行；

◎ 贷款期限：增加2年，共24年；

◎ 利率：减少到5.8%；

◎ 年度偿还债务比率：减少到1.25：1（从第5年开始）；

◎ 在第4年末贷款增加130；

◎ 计算中不考虑费用、融资本身的法律和其他成本，可能占再融资额的1%～1.5%。

从投资方的角度看，再融资会产生以下结果：

◎ 到第4年末为项目获得额外130的债务；

◎ 股本金的内部收益率从15%提高到22%；

◎ 在项目的整个周期中投资方收到的全部现金流从668减至535，这反映了偿还债务的增加。

那么，再融资如何受益于投资方呢？项目的借款增加了，但是借钱数额的增加并没有使你更富有。实际上，增加项目的债务使项目公司更不利，而且增加了投资方的风险。同样，股本金内部收益率的增加有些虚假——由于初期给予投资方130，因此计算的结果就会失真。但是，再融资的作用确实能对股本投资的回收期产生很大的差别。在再融资之前没有折算的回收期约为8¼年；再融资之后就变成了4年，即在第4年末再融资能偿还完最初的股本投资。从投资方的角度看，提前收回投资可以把资本迅速投资于新项目，尽管这是以项目较低收益为代价的。如果把两个项目的收益合在一起，投资方显然获得了更高的回报（假设它们希望循环使用这笔有限的资本金），而且用于最初投资的资金风险也降低了。

14.16.2 债务再融资："意外收益"的问题

如果项目与购买方或签约的公共部门有关，发起人通过债务再融资能够提前获得现金流，这会产生一些问题：

◎ 再融资增加了项目融资问题的风险，只是因为项目公司要承担更多的债务。

◎ 如果以未付债务的金额计算，再融资可能增加签约的公共部门所要求的提前终止金。

◎ 如果发起人在项目完工后提前提取了现金投资和利润，签约的公共部门可能会担心发起人只承担有限的项目长期融资风险（对获得长期成功的兴趣也有限）。换句话说，发起人的资金几乎没有什么风险。实际上，再融资之后，贷款方的资金却有更多的风险，因此应该稍微降低它们的担忧。

据此，项目协议可能要求在进行再融资前须征得购买方或签约的公共部门的同意。显然，如果再融资不能给签约的公共部门带来利益，公共部门是不会同意的，这意味着应在项目协议中提前约定或届时谈判商定利益的分配。贷款方需要增加贷款额的灵活性只是针对处理"救助"性质的再融资。

但是，在某些情况下最大的问题可能是政治问题：私人部门的投资方可能被认为以牺牲公共部门购买方或签约的公共部门的利益而获得"意外的利润"。由于这可能会增加政治风险，因此对特定项目来说是不利的，而且也可能对PPP项目的政治接受性产生严重的影响。

这个问题曾经在早期的英国私人融资计划中出现过，当时有一个私人融资计划的监狱项目，通过再融资获得了大量的"收益"，成为了议会质询的焦点。

由于以上的原因，很多以前的私人融资计划项目协议都要求经过签约的公共部门的同意才能再融资，但是签约的公共部门没有意识到它们可以从中获利。这导致了在2002年对私人融资计划项目协议的标准格式进行了修改。根据这个修改协议，再融资的收益应该在公共部门和私人部门之间进行平均分配（50：50），这一规定在世界其他地方的PPP项目中被广泛借鉴（虽然这些条款没有理由不能适用于私人部门购买方的情况，但是在私人部门的项目协议中通常不会使用）。

除了这个问题的政治敏感性之外，对于与签约的公共部门分享再融资利益方面还有一些其他的观点：

◎ 就像在20世纪90年代中期至2007年那样，如果项目融资借贷市场持续改善（即贷款方提供越来越好的条件），对于项目公司的投资方来说这就是一个"意外的收获"。总体上，投资方对市场的改善没作任何努力。

◎ 此外，如果对PPP项目贷款的条件持续改善，这是英国政府开发了PPP项目成功路径的结果，也反映了这类项目的风险较低，特别是服务型的PPP项目，因为签约的公共部门承担了使用量的风险。同样，项目公司的投资方没有付出任何努力。

但显然，我们必须对这个简单的事实要持有平衡的观点，如果项目没有成功，就不可能发生再融资（应服从于下面有关"补救性再融资"评述），而且通过项目公司的高效率或其他好的管理措施增加投资方的现金流。这些特定市场因素和特定项目因素的平衡，为在英国的公共和私人部门之间分享再融资的收益提供了理论依据。

14.16.3 再融资收益的计算

分配再融资收益会引起一系列的复杂问题：

◎ 如何计算和支付再融资的收益？

◎ 在计算再融资收益时，如何调整融资关闭的项目现金流的融资模型？

◎ 如何解决"起死回生"（即项目运营的表现一直很差，但是最终能达到再融资的要求）如果投资方无法挽救项目公司造成的运营效果低下的问题，在这种情况下应分享全部的再融资收益吗？

在对收益进行分配之前，应该计算收益的规模。在表14–3中，虽然投资方已经提取了并不在最初现金流预测中的额外现金130，但是并不能认为它们已经获得了130的收益，因为它们的现金流低于融资关闭时的现金流预测。实际上，就像前面谈到的那样，投资方是否真的盈利了还是一个问号，因为它们所做的只是为项目增加了债务。

显然，如果再融资给投资方带来了"收益"，那么它必须要和项目初期的现金流联系起来，这意味着需要计算现金流折现或内部收益率以决定今天所获得的利益。但是，表14–4显示，这样做的最佳方法并不明显，而且不同方法所计算的结果差异很大。

表14–4 计算再融资收益的不同方法

年	4	5	6	21	22	23	24	25	总计
方法 1									
再融资后现金流	156	20	20	20	20	20	20	100	535
再融资前现金流	26	26	26	26	26	100	100	100	668
差值	130	–6	–6	–6	–6	–80	–80	0	–133

现金流股本内部收益率折现
[*]74（[*]15%，参考表 14–3）因此，签约的公共部门占 50% 的股份 =37

续表

年				4	5	6	21	22	23	24	25	总计
方法 2												
以目前市场股份内部收益率折现 *55（*10%，参考 14.17 的内容）**因此，签约的公共部门占 50% 的股份 =27**												
方法 3												
再融资前股本内部收益率 =15%												
再融资后股本内部收益率 =22%												
调整后的股本内部收益率 =（15%+22%）÷2												
支付给签约的公共部门 =57												

表14-4使用的再融资的假设条件与表14-3中的一样，显示出这些假设条件在应用到不同的计算方法中所产生的效果。

方法1： 计算未来再融资后现金流与未来再融资前现金流的差值，按照预测现金流股本内部收益率把这个差值折现成净现值；得到的结果就是再融资的收益，其中50%（或约定的比例）支付给签约的公共部门，即在这个情况下为37。这个方法用于英国财政部的标准化PF2合同中（以及其他一些国家，如澳大利亚、南非，其PPP项目合同与英国标准化PF2合同相似）。可能与直觉相反，折现率越低，再融资收益就越低。但是，用较高的预测现金流股本内部收益率作为折现率是不合适的，因为在安排再融资时这个折现率已经不适合对股本进行估值了，因此应该采用较低的折现率以体现再融资时较低的项目风险。

方法2： 与方法1相似，只是使用当前市场（较低）的股本内部收益率作为折现率。在表中折现率为10%，按照把50%的再融资收益支付给签约的公共部门，金额为27，这表明较低的折现率产生较低的再融资收益（提示：如果折现率降到5%，再融资的收益将为零）。

方法3： 采用再融资前和再融资后的预测股本收益率（涵盖项目的整个生命周期——再融资开始日期的实际数字以及之后的预测数字）。从表14-3可以看出，这两个数字分别为15%和22%。然后按照把再融资后的股本内部收益率减到16%［（15%+22%）÷2］的结果支付签约的公共部门，即支付内部收益率增加的一半收益（假设按50：50的比例分配再融资的收益）。从表14-3中看出，支付给签约的公共部门为57，这比前两种方法有了大幅提升。这个结果是由于采用了较高的折现率，因此，在计算再融资收益时这种比较简单的计算方法并没有在市场中使用并不奇怪。

方法4：上述的所有方法都认为通过再融资会增加债务的数额，因此有足够的现金可以立即支付签约公共部门应得的再融资收益。但是，如果再融资的利益是在未来产生，那么上述的方法就都无效了，这是因为债务的条件的唯一变化就是利息成本的降低。最容易的方法是单独对待这类再融资的收益，一旦产生收益就用签约的公共部门应得的未来收益减去合同付款的金额。

方法5：在使用第4种方法的情况下，标准的PF2合同尽量把这种方法应用到方法1中。通过对再融资前和再融资后现金流的差值进行折现，计算再融资的收益（在这种情况下未来的现金流变化为正，高折现率不利于签约的公共部门）。然后，用净现值的金额减去项目协议剩余期的合同付款，包括未来这些扣减金额的利息，以补偿它们未按当前金额支付的损失。这种方法的一个问题是两者之间相互影响：在减少未来合同付款（尽管随后的缴税减少会抵销部分付款）的同时也降低了再融资的收益。

最后，投资方可能会问一个合理的问题：如果签约的公共部门从一个成功项目的再融资中分享收益，它是否也应该承担由于项目失败而造成的损失？尽管在实践中这个问题不会出现，但是唯一真实的观点认为这个单向的交易是解决政治问题的途径，而不是取得商业平衡的方法。

对融资关闭时预测现金流的调整。如果一个合理的模型不能恰当地反映项目目前的情况，那么显示再融资效果的这个模型就无法建立。鉴于反映再融资前和再融资后的现金流都使用一个融资模型（模型唯一的变化与再融资有关），所得的结果不应该出现失真的问题。因此，更新融资关闭时的融资模型不仅有助于反映项目的最新运营效果（并且对未来的预测提出假设），而且更新了对宏观经济因素的了解。

起死回生综合征。如果项目运营的效果曾一度出现问题但后来有所改善，其未来较好的前景可以获得再融资。但是投资方分享再融资的收益就会有失公平，在分享再融资收益前应该能够补偿投资方过去运营不佳的损失。比如，假设项目前5年运营效果不佳，在第6年时恢复到预测现金流的水平，而且预测在项目协议剩余期内都能达到这个水平。这意味着如果不安排再融资，项目在整个协议期内将永远无法取得融资关闭时预测的股本内部收益率。根据未来较好的前景，项目在第6年后获得再融资，但是如果根据普通的方法计算再融资的收益，就无法弥补投资方在前5年减少的收益。

用来调整PF2标准合同的这个方法是付款给投资方，以在整个项目生命周期中达到预计的股本内部收益率（在此称为"阈值股本内部收益率"）。这项付款看起来倾向于使用再融资释放的现金进行首次支付。但是，这种计算方法会产生类似第 3 种方法中的失真效果，会对签约的公共部门造成不利的局面。解决这个问题的另一种方式可能是把再融资时的实际现金流与融资关闭时的现金流进行对比。差值（正值或负值）应该在再融资日期前按照融资关闭时预测的股本收益率进行合并。如果是负值，这笔款项应该在计算再融资收益前分配给投资方。

14.16.4　应该排除在收益分享条款之外常见的再融资

有些投资方或贷款方采取的行动乍看起来可能像前面提到的再融资，但是由于这样或那样的原因应该不会产生再融资的收益支付给签约的公共部门。

"援救"再融资。如果项目陷入了困境，运营得不是很好，就有必要再融资。贷款方认为最大限度地挽回陷入困境项目的最佳贷款途径可能就是提供额外的融资。显然这种"不好"的再融资与上述谈到的"好的"再融资有很大的差异。

在这种情况下，贷款方可能不想经过签约的公共部门的同意而采取措施援救项目，它们因此而独自承担着资金风险去解决问题，这有利于签约的公共部门。但是，在不需要项目公司同意的前提下，仍有必要对额外债务数额设定上限，为此签约的公共部门可能要对提前终止承担责任。贷款方可以把债务增加到上限之上，但是签约的公共部门对这一数额不承担责任。

无再融资收益。如果安排再融资，但上述的任何一种方法都不会产生再融资的收益。比如，由于再融资使股本内部收益率出现下降而不是上升，那么就没有可以分享的利益。这是从另一个角度看待"救援"再融资，这是最可能发生的情况。因此，要求签约的公共部门同意对能产生再融资收益的项目进行再融资是可行的。但是如果不能产生再融资的收益，贷款方可能会在未经同意的情况下增加债务。

股权结构的变化。如果投资方改变股权结构，比如通过降低次级债务而增加股本资金，这不算是再融资，因为这与项目公司外部（第三方）融资无关。

出售股权。在14.17中单独论述。

融资关闭后的利率收益。如果在融资关闭时为了建立模型而固定项目公司的债务利率，但是实际上在这个时点上没有完全地对冲，而且与融资关闭时的利率相比项目公司享有了较低的市场利率，那么这不是再融资的收益，因为项目公司承担了这项风险，所以有权享有这份利益。

融资关闭时项目预测现金流中的再融资。投资方可能承担在融资关闭时再融资的风险。比如，贷款方要求硬性或软性项目建设期和运营前期贷款，这可能不会显示在用于计算合同付款的融资模型中，此时发起人处于竞标的情境中，即融资关闭时融资模型显示的债务偿还会分布在整个项目期内，这既不会用贷款方的资金归集加速还款（尽管这与项目公司与贷款方之间签订的融资关闭时项目预测现金流有关），也不会安排最终大额偿还贷款。不在融资模型中显示贷款，也不在支付机制中考虑贷款的因素，就意味着发起人要承担再融资的风险。因此，再融资的全部好处已经反映在项目预测的现金流中，这个结果要比出现再融资时签约的公共部门只能获得一定比例的利益好得多。如果再融资最终取得效果比融资关闭时的预期好，那么这些额外的收益就属于再融资收益分享的范畴了。

公司融资。发起人可能决定使用自有资金为建设期提供融资，即凭借总资产负债表借款融资，而不是使用项目的专属资金。这样做的目的就是在项目完工后用项目融资的方式再融资。由于发起人愿意承担建设风险，而不使用交钥匙建设合同，这样就可以节省额外的成本，因此这种做法是可行的。实际上，发起人是在提供一种软性的贷款。显然，如果项目公司承担后续的项目融资，那么再融资就已经发生了。但是，由于最初公司融资的成本是发起人内部的信息而且成本的高低难以确定，因此评估再融资的收益几乎是不可能的。此外，在这种情况下，债务与股本的比例是没有意义的，而且股本内部收益率也没有意义，因此用于项目融资最初的股本金可能比所要求的金额低得多（甚至为零）。

签约的公共部门可以控制的一个手段是，拒绝与项目融资的贷款方签署任何文件（比如直接协议），或拒绝修改融资平衡条款，或拒绝签署早期违约应付终止金的相关条款，这样可以把互换中断成本无法全部收回的风险留给贷款方。因此，签约的公共部门有可能从项目中获得一个合作交换的价格用于公司融资，但是在这种情况下，上述的所有方法都不能用来计算这个价格。

如果发起人在融资关闭时的融资模型中加入了基于项目融资的再融资，那么这种方法就不能采用，在这种情况下，上述基于预测现金流再融资的条款是可以采用的，签约的公共部门应该提前做好同意修订项目协议的准备，以满足项目融资贷款方的正常要求。

税务和会计。税率的变化，或项目公司收入或资产税务处理的其他变化，或相关的会计处理的变化，对于再融资来说项目公司已经无法承担这些风险了。

银团贷款。如果贷款方银团把部分贷款分配给新的贷款方，从中获得的利润不视为再融资的收益。

弹性债务偿还。根据项目成功的情况，贷款方可能会对本金偿还时间的要求展现出灵活性，或对利率水平给予一定的优惠。这种弹性的做法一般不属于再融资的性质。

弃权与调整。贷款方对贷款文件要求的临时弃权一般不视作再融资，但是影响投资方现金流变化的调整（比如，允许减少储备账户中的资金）可能是再融资。

14.16.5 再融资收益分享条款的可执行性

从上述的内容可以明显地看出，处理再融资收益是一个非常复杂的问题。这种复杂性意味着项目公司的投资方和顾问会尽量寻找系统中的漏洞，以便能让它们获得再融资的收益，而不会把收益付给签约的公共部门。显然，有两种方法可以做到这一点：

◎ 可以使用一个"综合性"再融资结构：可以通过一个控股公司在"幕后"进行再融资，在保持项目公司现金流不变的前提下再融资。同样，拥有一些不同项目公司的投资方或投资基金可以通过一个集团控股公司对共同的债务进行再融资，也可以通过5.2.20中谈到的抵押贷款债务结构的方式取得再融资。

◎ 通过修改发起人与项目公司签订的分包合同，可以在运作层面"挤出"现金（只要不需要签约公共部门的同意即可）。

在把分享再融资收益的要求引入英国私人融资计划之后，所发生的情况已经证明了这一点。虽然对已有和未来项目再融资可能获得的收益已有估算，但是与公共部门分享的再融资收益却大大低于这些估算的结果。

为解决这个问题，英国的PF2标准合同中增加了相关的规定，根据这些规定，签约的公共部门可以要求项目公司在项目完工后在市场上进行定期再融资。目前这些规定还没有来得及测试，因为在这些规定生效的时候项目融资市场急剧恶化，已有项目再融资的可能性也随之大幅降低。虽然在市场条件具备的情况下，这些规定允许签约的公共部门强制再融资，但是却不允许签约的公共部门增加高级债务，这是再融资的关键目标，因此这些规定的实际价值可能有限。

14.16.6 再融资收益分享的重要性

鉴于以上原因，授权的公共部门就会费时费力地再次猜测发起人的融资结构是否有意避免意外巨额利益的外流，为投资方设立回报的基准，按照基准去衡量这些利益的性质，区分是意外的巨额利益还是由于项目公司提高效率而产生的高额回报，尽量弥补项目协议在这些问题上的漏洞。

此外，授权的公共部门必须要考虑的一个事实是：发起人首先要把再融资考虑进定价中，发起人可能愿意为最初的风险接受一个较低的回报率，假定在后面的阶段通过再融资可以获得更高的回报。在项目协议投标中如果竞争激烈，就很容易出现这种情况。因此，如果授权的公共部门坚持分享这些利益，唯一的结果就是按照项目协议提高最初的竞标价格。

因此，建议只有在下面的情况下，授权的公共部门才有必要分享这些再融资利益：

◎ 对项目协议的竞标的程度有限；

◎ 出现了"事后加码"的问题（与优先谈判的投保标方进行冗长的谈判，在这个过程中合同条款变得对后者有利）；

◎ 因为是新型的项目或新的市场，所以融资的条件会受到影响，一旦市场接纳了这种风险，融资条件就可能大幅改善；

◎ 对融资的竞争有限。

此外，把这些再融资规定用于特许经营的项目中时是不合适的（尽管有些地区采用这样的做法，如澳大利亚或美国得克萨斯州），因为与购买方或私人融资计划模式的合同相比，特许经营未来长期的现金流是非常不确定的。对于特许经营项目，去掉投资方意外收益最好的方法是设立有效的剩余现金流分享的规定。

如果在项目协议中决定不追求再融资的收益，那么一旦这项收益增加，签约的公共部门需要知道潜在的政治影响。

14.17　二次股权转让

根据投资于项目的时间，投资方要求获得的回报也不一样。在项目的不同阶段投资方对项目的投资策略也是不同的。在项目整个周期内其风险程度也有很大的差异（参阅12.2.5），最高风险的情况出现在发起人或投标方竞标项目的阶段，在融资关闭时有可能引入投资方，它们在不承担开发或投标成本风险的情况下会接受较低的回报。

把股权转让给新投资方的时间点通常是在项目完工后一年左右，这被认为是"二次股权"投资，初始股权投资应该发生在融资关闭时。在这个阶段，项目的建设已经成功完工而且运营也进入正常的状态，因此项目初期的大部分风险已经排除。因此，二级投资者会接受较低的股本内部收益率，这反映了风险较低的状况。表14-3中的例子表明，项目的初始投资方应该接受的股本内部收益率为15%，即使在没有再融资的情况下，二级投资者可能愿意接受每年的股本内部收益率为10%。

因此，替代再融资的一种方法就是投资方更愿意转让部分或全部股权的投资。以表14-3中再融资前的现金流为例，表14-5显示了在项目完工两年后把股权转让给一个二级投资方的结果，这个投资方愿意接受10%的股本内部收益率，这反映出在这个阶段项目的风险较低。

表14-5 二次股权转让的效果

项目 年	0	1	2	3	4	5	6	21	22	23	24	25
初始投资方												
现金流	−50	−50	−50	26	26							
项目转让					250							
总计	−50	−50	−50	26	276							
股本内部收益率 26%												
二级投资方												
购买项目					−250							
现金流						26	26	26	26	100	100	100
总计					−250	26	26	26	26	100	100	100
股本内部收益率 10%												

比较表14-5和表14-3，可以发现再融资在第4年末产生了130的现金，如果把整个股权转让，就将产生250的现金金额，当然对于后者来说，项目不会再创造更多的收入了。因此，在二次股权转让的情况下，初始投资方在前两年投资了150，在第三年获得了26的收入，第4年获得了276的收入。因此，在相对较短的时间内获得了几乎比最初投资额多一倍的收入。

二次股权转让对于贷款方会有潜在的问题，因为贷款方是根据发起人对项目的长期承诺为项目提供贷款的。另外，如果发起人之一是项目建设的分包商，一旦把项目成功建完后就有可能把股份转让。一般情况下，贷款方会要求初始发起人持有其股份（包括次级债务）到项目完工后一年左右的时间。购买方或签约的公共部门也可能提出类似的要求。

二次股权转让——"意外收益"的问题。

上述的数据说明，对于与公共部门购买方合作的PPP项目或处理厂项目来说，二次股权转让也会受到公开的指责，认为私人部门投资方会以牺牲公共部门的代价而获得"意外的收益"。到目前为止，分享二次股权转让的收益还没有写进PPP项目协议中。

没有写进协议的一个主要观点认为股权转让应该缴纳资本收益税（如果在相关国家有这项税收规定），因此，公共部门通过税收能够获得这项收益的一部分。但是，通常也有绕过这项规定的做法，最常见的做法是让另一个来自低税赋国家的控股公司拥有项目公司，然后让其投资方出售项目公司，而不是由项目公司操作。

此外，执行这类收益的分配也是非常困难的。

◎ 通过一个中间控股公司持有股权，然后出售该控股公司的股份，而不是出售项目公司的股份；

◎ 投资方可能转让股权证认购股份，或项目公司收入的所有权，这通常不算作股份转让；

◎ 投资方可能会充当股份新买家的候选人取消转让的计划。

更大的一个问题是为什么二次股权转让的利润如此之大。这显然与初始股份内部收益率（12%~15%）与二次股份内部收益率（8%~10%）之间较大的差异有关。正是由于这个差异造成了二次股权转让的巨大利润。

关于初始股份内部收益率较高的观点认为，这只是贷款方债务偿还比率要求的算数结果，如果年度债务偿还比率为1.3：1，那么偿还债务以后就必须达到每1.3的收入中有0.3的自由现金，这笔现金只用于投资方的分红。在表12-8中可以看到这种数据关系。但是，如果有意降低初始股本内部收益率，可以通过降低债务与股本的比率实现（见表12-8），也可以通过使用第三方次级贷款实现。

真正的问题在于基础设施投资资金来自于项目的主要发起人。这些资金之所以需要较高的初始股本内部收益率，就是在项目完工以后通过转让股权为投资方（并且为资金经理支付较高的费用）提供超过20%的内部收益率。由于把基础设施项目与杠杆收购和管理收购项目划分到同一个风险类别，因此给这类项目的回报要求带来了影响。作为初始投资方的承包商，同时又是项目公司的分包商，不会太关注这个问题。由于这不是它们参与项目的主要动机，因此会很容易接受较低的股本回报。

因此，未来的方向可能是基础设施投资资金市场应反映出项目融资交易的内在风险和收益，这对资金和投资方思维方式的改变提出了要求。

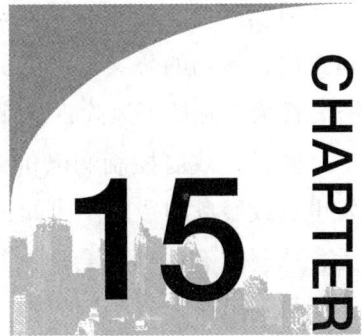

公共部门的融资支持

15.1 概述

本章的内容是项目从签约的公共部门或东道国政府部门得到融资支持。由出口信贷机构（ECA）和开发金融机构（DFI）提供的跨境融资支持在第16章进行讨论。公共部门项目支持是由于受到2008年国际金融危机的影响，这将在第17章讨论。公共部门的股本金投资在第3章中讨论过。

许多项目得到了公共部门的一些间接融资支持，但本章主要讨论公共部门的多种直接融资支持，包括公共部门的贷款、补助拨款和其他资金的支持，债务担保和收入支持，以及公共部门项目公司的支持。

政府还可以成立一个担保基金，这样就可以给投资者和贷款方提供资金，履行其担保义务。

15.2 公共部门的非直接融资支持

到目前为止，项目融资分析一般假定项目融资可以独立进行，也就是说，它是无追索的，无论是对发起人还是任何其他方或者一些发起人来说，都是有限追索的。

但实际上，项目融资得到了公共部门的一些间接支持。在发电或PPP项目部门，签约的公共部门支付PPA项目购电协议的发电量或PPP项目提供的服务，都大大降低了风险，从而增加了银行对项目支持的力度。

同样，政府控制购电价格来鼓励公司投资一些特别的项目，而无须支付发电量或服务的费用。比如，确保风电项目出售的电力价格不少于每兆瓦X美元，这对于有些项目会产生很大影响，有些项目可以得到银行的担保而有些不能得到担保。

即使在特许经营中，虽然是用户而不是公共部门为项目提供的服务付费，但有些债务还是有可能由签约的公共部门承担，这降低了贷款方和投资者的风险。例如：

◎ 保留的风险。只要签约的公共部门保留了一定的风险（比如提供土地或提供进入工地的道路），如果这些风险出现（比如没有按时提供土地），那么签约的公共部门就要补偿其后果。

◎ 终止付款。如果项目公司违约，签约的公共部门可能不得不为项目付出一个公正的代价。

15.3 公共部门直接融资支持

从广义上讲，除了15.2中提到的贷款、捐赠、担保和营收支持之外，还有公共部门的四种类型的融资支持，以各种不同的方式支付资本成本或债务，或支持其营收。

这些融资支持可以提供给基础设施项目，或购买方为签约的公共部门的加工厂项目。这些融资支持考虑了以下因素：

◎ 融资市场。在这种情况下，公共部门提供融资（或担保），填补私人部门贷款方（尤其是银行）不能或不愿提供必要的长期贷款而造成的融资缺口。正如在第17章中讨论的，信贷危机以及随后出台的《巴塞尔协议Ⅲ》，加剧了市场上寻找其他融资来源以维持长期投资的局面。第17章主要讲的是这方面近期的市场开发和未来的前景。

◎ 财务可行性。在这种情况下，公共部门的支持是必要的，因为如果项目所有资金都是通过市场融资获得的，那么它就不具备财务可行性。

◎ 成本。也就是说，减少私人融资的成本，从而减少购买方或签约公共部门或终端用户的合同付款（这一点与财务可行性有交叉）。

◎ 政治风险。减少政治风险这适用于跨境投资或贷款的项目，并与出口信贷机构（ECAs）和开发金融机构（DFIs）所提供的支持相关。

在提供融资支持时，签约公共部门要考虑以下问题。

◎ 它是否适合某个具体项目。

◎ 潜在成本（对于贷款或捐赠）或损失（对于担保或营收支持）是否物有所值。

◎ 是否应该建立一个储备基金补偿损失。

◎ 应该提供多少数量的资金支持。

从公共部门的角度出发，这类支持的风险程度或损失的可能性可以分成以下几类（按公共部门的风险级别逐渐增加排序）。

◎ 无项目风险。公共部门提供资金，但不承担项目风险。

◎ 第二损失——"支撑"。在公共部门蒙受损失之前，股本金和优先债务必须勾销。因此，如果投资100美元给一个项目，那就包括债务20美元、高级债务50美元、债务"支撑"30美元。项目违约后价值60美元，20美元的股权和80美元债务中的20美元会损失，但是公共部门不会遭受任何损失。

◎ 同等权益。公共部门的融资或担保是与高级债务处于同等地位的。所以在上面的例子中，虽有30美元同等权益的支持，20美元的股权仍然会损失，但另外20美元的损失将由高级贷款方和公共部门按比例承担，因此后者承担的损失是7.5{20 × [30 ÷（50+30）]}美元。

◎ 第一损失——"信用增级"。公共部门如果不遵守承诺，高级贷款方必然遭受损失。在上述情况下，有公共部门信用增级的30美元。因此，20美元的股权会损失，30美元公共部门融资中的20美元也有风险，但高级贷款方不会遭受任何损失。

◎ 收入支持。在这种情况下，公共部门会先蒙受损失，然后是投资者或高级贷款方。

表15–1中列举了这些不同形式的支持例子（按类型和风险分类）。

表15-1 公共部门融资支持表格

项目	参阅章节	第一损失	同等权益	第二损失	无项目风险
公共部门贷款：					
次级债务	15.4	×			
备用融资	15.5	×			
项目完成后的再融资	15.6	×			
缺口融资	15.7		×		
政策性银行	15.8		×		
信用担保融资	15.9				×
公共部门拨款或其他资金：					
补助金拨款	15.10			×	
运营资金缺口支持	15.11			×	
部分建设	15.12			×	
补充投资	15.13				×
公共部门的债务担保：					
全债务担保	15.14	×			
第一损失债务担保	15.15	×			
同等权益债务担保	15.16		×		
债务支撑	15.17			×	
公共部门的收入支持：					
最低收入担保	15.18	×			
价格补贴	15.19	×			
公共部门项目公司	15.20	×			

私营部门贷款机构对项目可能明显会有一些顾虑，担心与公共部门贷款方或担保人利益存在潜在冲突，特别是后者可以使用其投票权阻挠项目公司。私营部门贷款机构会考虑不让公共部门贷款方或担保人有表决权。这适用于金融支持的情况，因为公共部门要承担项目风险，特别是第一损失或同等权益的情况。在第二损失风险的情况下，贷款方应该保护公共部门的利益，因为如果公共部门遭受损失，那么贷款方的贷款就收不回来了。

15.4 次级债务

正如4.5.1中讨论的，从风险的角度看，次级债务存在于由第三方提供高级债务之后，通常在分红之前由现金流梯级管理的末端来支付。所以，如果项目运营不理想，那么次级债务可能得不到完全偿还，在项目期限结束时，会被签约的公共部门勾销。在这种情况下，公共部门就要承担首要的损失风险，在私人部门贷款方遭受损失前，公共部门的贷款得不到偿还。

这种融资结构广泛应用于基础设施领域，比如美国国家基础设施银行，美国《交通基础设施融资及创新法》（TIFIA），以及欧洲投资银行的"项目债券计划"。

15.4.1 美国国家基础设施银行

国家基础设施银行（SIBs）的一个试点项目，在1995年国家公路系统分配法案（NHS）中首次被批准在全国十个州进行运营，并进一步延伸至1998年的21世纪交通运输公平法案（TEA-21），随后根据立法又授权多家银行，现在在美国很多州运营。

国家基础设施银行得到的联邦运输相关的资助高达10%。每个州的资助比例是80（联邦政府）：20（非联邦政府）。国家基础设施银行可以为私营部门的交通项目提供各种支持，包括补贴价的次级债务。法律还允许国家基础设施银行的资金用于支持贷款担保和债券保险，以及备用信贷。这背后的想法是让私营部门融资使用联邦补助金，一旦收到还款再循环利用到新的项目上。

15.4.2 "TIFIA"计划

1998年美国《交通基础设施融资及创新法》（TIFIA）特别鼓励5000万美元以上的PPP交通项目使用私营部门融资，通过提供联邦直接贷款和担保函承担33%的项目成本。TIFIA基于美国的国债利率提供低利率贷款，项目建成后偿还贷款时，可以给予一个长达5年的宽限期，比高级债务的时限还要长（可达35年）。交通运输基础设施融资与创新法案背后的支持政策（这是由美国联邦公路管理局管理的）是"……国家意义的联邦信贷项目可以通过填补市场缺口补充现有资金来源，从而利用大量的私人合作投资。"

TIFIA融资通常是以低成本的次级贷款的形式提供的，这样可以降低高级贷款方的项目风险。TIFIA计划也提供担保和备用融资。还款条件有相当大的灵活性，但如果该项目违约，TIFIA融资就会停止，并成为享有同等权益的高级债务（这叫作弹性抵押）。使用TIFIA融资的情况增长很快，因为获得其他融资渠道越来越难（如市政债券和银行贷款）。

《交通基础设施融资及创新法》（TIFIA）计划从联邦预算每年收到拨款约1亿2200万美元，这笔钱似乎不多。然而，这一数额指的是联邦预算的净预期成本额，超过了项目的使用期，则主要以"信用风险补贴"为依据，即TIFIA贷款假定的损失，占TIFIA贷款金额的10%。因此，TIFIA提供每年约12亿美元的贷款。21世纪，交通法案（MAP-21）大大地扩大了TIFIA计划，2013年拨款7.5亿美元，2014年10亿美元，而近些年TIFIA融资总数达175亿美元，项目总投资约500亿美元。

美国《交通基础设施融资及创新法》（TIFIA）的信贷计划与私人活动债券（PABs）已经共同成为近年来美国PPP交通项目的重要融资来源。

15.4.3　欧洲联盟和欧洲投资银行项目债券

2011年，欧洲联盟和欧洲投资银行联合推出"欧洲2020项目债券计划"，其目的是在单一险种保险公司倒闭后，放开主要的基础设施建设项目的债券市场（侧重于能源、交通、宽带）。最初的可用资金是2.3亿欧元，这些资金用于2013—2014年一系列的试点项目。

然而，EIB不打算进入保险公司行业。它建议提供第一损失的支持，最大金额等于高级债务的20%，以减少高级贷款方的风险，因而提高项目的债券信用评级（目的是从BBB级提高到A级）以吸引债券持有人。这可以通过次级债务、第一损失担保，或备用贷款来实现。在后者的情况下，可以提取备用贷款来偿还超支的建设成本，或偿还高级债务，或通过部分预付高级债务完成项目后，解决支付比率的违约问题。该计划被描述为"项目债券信用增级"（PBCE）。

15.5　备用融资

从证券与投资管理局（SIB），欧洲联盟和欧洲投资银行（EIB），美国《交通基础设施融资及创新法》（TIFIA）的例子可以看出，如果交通量低于预测而导致现金流负值，可以提取备用融资，也就是次级债务，这是在次级债层面来提供融资支持的一种替代方法。

跨欧洲交通网络的欧洲联盟和欧洲投资银行（EIB）贷款担保工具项目
（LGTT）是这种结构的另一个例子。LGTT为贷款方提供的备用流动性贷款
做担保（贷款方通常是指银行），所涉及的金额通常是高级债务的10%，每个
项目的最大限额是2亿欧元。此备用贷款在项目完成后7年都可以使用，也就
是说，它主要是为了解决边坡风险。如果贷款这时候还没有偿还，那么欧洲
联盟和欧洲投资银行就会从贷款银行手中接管贷款，而成为项目的次级贷款
方。这时候就会进行资金归集，一直到EIB的贷款全部偿还。

15.6 项目完成后的再融资

签约的公共部门可在项目完成后再融资偿还部分债务，但要使用高级私
人贷款机构，即第二损失的方式。这种做法有先例，比如昆士兰财政部对一
些PPP项目70%的债务进行再融资。从风险的角度考虑，这与债务基础相似，
对此也是有支持有反对，但是这也使公共部门再融资时暴露在利率风险之下。

福费廷是一种融资结构，它给整个项目完成后提供债务的再融资，事实
上，对私人部门来说风险不大。从风险角度考虑，这相当于提供一个全部的
债务担保，类似的问题也会有。关于项目完成后对所有债务再融资的进一步
讨论，请参阅17.5.1。

15.7 缺口融资

对于一个非常大的项目，如果缺乏足够的私人部门融资，缺口融资可能
是必要的，所以，公共部门在与贷款方同等地位的基础上可提供部分贷款。
缺口融资有时也可能通过政策银行提供。

财政部基础设施融资处（TIFU）是由英国政府在2008年设立的，它是缺
口融资的一个例子。如果不能从融资市场融到足够的资金，TIFU就会通过提
供银行性质的债务融资给PFI项目提供贷款。其贷款是和银行基于同等权益、
同样条件的。TIFU能提供的服务需求是非常有限的，它只给大型的PFI项目提
供贷款，同样也可能有助于防止银行过度地利用竞争不足。2008年以后，随
着项目融资市场的改善，财政部基础设施融资处（TIFU）没必要继续使用。
2012年，英国政府在财政部成立一个"新版"的财政部基础设施融资处，以及

财政部基础设施有限融资处和英国担保计划，来履行类似的融资职能。但是英国财政部对这些暂时的市场放缓情形可能反应过度了。

15.8 政策性银行

发展中国家项目融资市场普遍缺乏，可以归结为以下几个原因：

短期贷款更具吸引力。在许多发展中国家，短期贷款的回报率很高。因此，相比高回报低风险的短期贷款金融，长期项目不具有吸引力。

缺乏专业知识。如果国内银行没有项目融资方面的专业知识，它们就不可能做这种类型的贷款。但是，如果对项目融资的兴趣增加，专业知识的缺陷可以很快得到弥补。例如，近年来，尼日利亚的大型国家银行建立了项目融资部门，由曾经外派到伦敦或其他项目融资中心的尼日利亚人回国管理。

没有长期的政府债券市场。如果长期的政府债券没有市场，那么长期项目债券市场就不可能发展，因为前者是所有债券市场的基础。然而，最近有关方面正在做努力。例如，在撒哈拉以南的非洲地区，债券市场已经有了一定的发展，项目债券用当地货币发行。

政策性银行是为国有银行提供的一个重要名称，它为某个特定部门或国民经济的某个方面提供长期的融资。在项目融资领域，包括基础设施、经济发展和市政工程，政策性银行的作用最初是给国内项目融资，特别是在基础设施领域。但传统上，这是贷款给公共部门实体，不需要考虑项目风险。这方面的案例包括巴西的经济社会发展银行（BNDES）、中国国家开发银行（CDB，参阅16.4.3），德国复兴信贷银行（KFW）、日本开发银行（DBJ）、韩国开发银行（KDB）、墨西哥国家银行（BANOBRAS）、南非发展银行（DBSA）。

近年来，这些机构已进入项目融资行业，通常为不能使用商业银行融资或融资不足的项目提供融资（后者也称为差距融资）。在某些情况下，比如BNDES和BANOBRAS，它们的商业活动都在国内市场，特别是一些基础设施和加工厂项目。然而，一些政策性银行在项目融资的基础上也为海外项目提供资金，它们也可以归类为开发融资机构（DFICs）。

PPP项目活跃的国家已经建立了基础设施融资机构，主要是为银行的投资项目进行再融资。比如，印度基础设施融资公司，它成立于2006年，发行免税债券，为银行贷款提供再融资同时也管理债务资金。其他某专业领域的公共部门融资机构也做项目融资业务，作为划拨款项的一部分。英国绿色投资银行是由英国政府于2012年成立的，主要是同私人贷款方一起为可再生能源和废弃物回收利用项目进行融资。另外，国有商业银行也会提供项目融资，这是其整体业务的一部分，印度国家银行是一个典型的例子。

由于政治压力，国有银行贷款给项目显然有很大的危险，它们并未进行足够的尽职调查。特别是所有的贷款都由国有银行提供，也就是说，没有其他私人贷款方介入来开展尽职调查，这种情况下存在的风险极大。

15.9 信贷担保融资

在这种融资结构下，签约的公共部门或另外一个公共部门实体贷款给项目公司，在债务偿还说明、偿还比率、安全性等方面与对私人贷款方的条件相似，但是成本比较低，因为贷款的成本等同或接近政府债券的成本。股本金是由私人投资者提供投资常用的方式，债务是由私人部门的银行或保险公司来担保的。因此，私人部门仍要承担项目风险，但资金是由公共部门提供的。一些试点项目使用了这种方式，英国财政部在2003—2004年做了一个这样的项目，并把它叫作信贷担保融资（CGF）。这种融资计划是由单一险种保险公司提出的方案，这些公司明显是受益者，但是担保是银行提供的。

信贷担保融资（CGF）的目的是利用较低的公共部门借款成本，即政府债券利率和掉期利率之间的差额。这里也有一个政治利益，即公共部门的资本更"便宜"。如果像预期的那样，它的保费与单一险种保险公司或银行收取的担保费或信贷利润率相同。只有两三个项目是这样融资的，然而之后，CGF这种方式就没有再被使用过。

放弃该融资方式的主要原因是系统和工作人员需要作为私人贷款方进行同样的尽职调查和控制，而财政部没有做好准备成为贷款方。贷款方必须做好以下工作：监测和审查担保者的条款；审查融资及其他文件以确保其符合要求；贷款发放和管理；处理合同变更；监控其担保人的信誉；做好准备，在最坏的情况下直接控制相关贷款。因为担保人不再起作用，也无法提供其他担保，比如现金担保，或找一个新担保人（当然几年后，单一保险公司的担保将一文不值）。

2008年国际金融危机之后，英国财政部再次参与提供或担保私人融资计划项目，即承担并监管项目风险（同时招聘具有项目融资专业知识的人员）。

15.10　补助金拨款

签约的公共部门会补贴部分的初始资本用于服务类或其他PFI项目。提供这笔资金的动机是：

◎ 减少合同付款。这也反映了一个事实，即签约的公共部门自身的长期借款成本比项目公司的长期借款成本要低。一般来讲，签约的公共部门对这笔拨款不收取项目公司费用，但是项目公司要降低收费价格或服务费，因此签约的公共部门要为这笔补助性拨款支付贷款成本。

◎ 减少私人部门融资，使得项目公司在有限制的市场上更容易得到融资，特别是在项目规模比较大的情况下。

签约的公共部门提前预付一部分资本成本，节省下来的资金实际上是其私人部门债务成本的一部分，为预付的这部分资金融资。显然只适合于移交财产的合同。

补助金拨款的数额受限于总资金成本。在极端案例中，如果签约的政府部门提供足够的拨款来抵销债务，它显然成了贷款方。那么，把风险转移给私人部门的益处也就大大削弱了（虽然股本金仍有风险）。贷款方尽职调查的效益也将不存在了。此外，如果项目公司违约，导致项目提前终止，补助金拨款数量超过签约的公共部门违约项目的价值，那它就已经失去了部分投资。所以，为了保住第二损失的情况，一般来讲，补助金拨款数最多不会超过资本成本的50%，这是一个合理的上限。

有些项目更希望在项目完成后使用资金拨款补助，这样，签约的公共部门就不用承担施工阶段的风险。这意味着该项目公司将需要筹集额外的短期融资，以填补这一暂时的缺口。

经营杠杆。补助金拨款数额过大可能会引起贷款方的担忧，因为项目中经营杠杆增加可能会带来一些后果，用于运营和偿还债务的服务费收入和股本金回报的比例就会受到影响。如果用于还款和股本收益的费用减少，那么贷款方可能承担的经营履约的风险以及运营效果不好导致的业绩不佳风险都会相对增大。

土地销售。签约的公共部门可以通过出售项目不需要的土地获取补助金。比如，新校区正在建设时，旧校区可以卖掉。但是，这也有一定的风险，那就是土地是否可以在需要现金的时候以预想的价格售出。如果学校是从旧的校区搬迁到新的校区，建设项目没有完成之前，旧校区不可能售出。贷款方对于补助金拨款完全取决于土地的出售这一状况也不会接受，因此，如果不是发起人承购包销土地，贷款方会要求签约的公共部门无论是否能够售出土地，都要完成补助金拨款。

全部债务偿还。如果使用这种极端方法，签约的公共部门会在项目完成后偿还债务，理由是项目的主要风险阶段已经过去了。然而，这样的话，贷款方就失去了把长期风险转移到私人部门的同时而应获得的利益，增加了额外的风险，因此贷款方可能也没有兴趣去承担施工风险。

15.11　运营资金缺口支持

运营资金缺口支持（VGF）在特许经营项目中所起的作用类似于服务类项目中补助金拨款的作用，因为它们都把降低项目成本转嫁给了终端用户。另外，运营资金缺口的支持还可以提供给那些不能完全用私人部门融资的项目。这两种提供运营资金缺口支持的动机是有着明显联系的，因为如果没有运营资金缺口支持，那么项目就不能够建设，而对于终端用户来说成本就会更高。在进行公共采购时，投标人可能会就所需运营资金缺口支持的水平进行竞标，所需运营资金缺口支持最低的竞标公司会被授予特许经营权。然而，运营资金缺口支持占所有资本成本的最大比例一般都会低于补助金拨款的水平，因为一个基于使用量的项目亏本的可能性比较大。还有一个问题，那就是项目使用的运营资金缺口支持是否可以替代股本金，使其债务水平不变。这显然可以降低项目成本，同时也减少投资者的风险，如果结合全债务担保，投资者或贷款方就没有太大的动力去进行尽职调查。

运营资金缺口支持，像补助金拨款一样，通常不需要项目公司偿还。但是，在所有类似情况下，如果签约的公共部门提供特许经营权，又承担着用户支付的风险，签约的公共部门应该在此分一杯羹；也就是说，如果一个项目比投资者最初预计的更成功，收入超过一定水平以上时，项目公司应与签约公共部门分享利益（参阅6.5.3）。

在印度，运营资金缺口支持（VGF）一直是重大PPP公路项目的关键组成部分。中央政府可能会以运营资金缺口支持的方式，提供资本成本的20%，所在州的政府可能会再提供20%，总共可以得到公共部门的资金支持高达40%。投标公司要对运营资金缺口支持要求的水平进行投标。

15.12 项目的部分建设

为大型公共项目提供支持的另一种方法，是将项目分为两个独立但却有联系的项目，签约的公共部门建设其中一个项目。例如，在一个铁路项目中，签约的公共部门使用传统的公共采购的方式，建立轨道路基和轨道，项目公司将提供信号和其他设备，甚至火车（或火车由第三方提供）。同样，在一个道路项目中，签约的公共部门可能会建设连接道路的主要项目，或建设一条延伸的道路，这种项目资金量大，私人部门很难融资（例如，很多的桥梁或隧道）。

这种方法的关键问题是协调公共部门和私人部门的融资活动。比如，轨道路基不按时建设好，就会耽搁项目公司的项目，导致索赔，还会有更复杂的对接问题，各方不清楚项目的哪一方面出现了故障，而在纠纷中浪费了很多时间。

15.13 补充投资

补充投资涉及的因素同项目没有直接关系（因此不同于项目的部分建设），但这些概念有明显的重叠和交叉。例如，建设一个连接桥梁的道路，如果道路被假定为不是项目的一部分，或部分建设，它就可以被认为是补充投资。出现的问题已在上面讨论过。

15.14 全债务担保

项目公司违约，全部还款终止项目，已经在7.10.1讨论过。全债务担保（或高水平的债务支撑，一些发展中国家90%的债务是在这种情况下）意味着签约的公共部门不再处于第二损失的位置，而是有效地提供一个完整的债务担保。贷款方没有或有很小的资本风险（参阅2.6.2），所以它们有效监控项目的积极性不是很高，更不要说一旦出现问题，让其独自进行再融资了（参阅14.16.4）。因此，在监控项目是否完善方面，签约的公共部门将起到更积极的作用。但是，在发展中国家，可能别无选择，只能提供100%的款项偿还贷款，以保证基础设施建设融资计划可以实施。

如果施工阶段没有担保，那么贷款方可能会有进一步的问题（参阅17.5.1）。

15.15　第一损失债务担保

该担保等同于提供次级债务，即担保会承担高级债务损失的前X%。而这类担保在美国国家基础设施银行（SIB）和美国《交通基础设施融资及创新法》（TIFIA）计划以及欧洲联盟和欧洲投资银行项目债券（EIB）计划中都是可以选择使用的。

15.16　同等权益债务担保

在这种情况下，提供担保的公共实体部门承担其所担保的部分债务风险，因为私人部门提供的那部分债务是没有担保的。在特许经营项目中，超过50%的资本成本的担保一般会把所有债务记入公共部门资产负债表。因此，同等权益担保不会再超过这个水平。如果说，给100美元的贷款提供50%的担保，只能保证60美元可以收回，贷款方和担保人将各自承担20美元的损失。如果公共部门与其他私人部门的贷款机构在一个集团中共同贷款，比如进行缺口融资或通过国家发展政策银行进行贷款，那么对私人部门贷款机构就会出现投票操控的问题，如果这样，那么结果与上面就完全相同了。

此外，私人部门贷款机构可能仍然存在长期偿债问题。这个问题是所有担保结构都要面临的，除非任何银行机构对项目感兴趣都跟担保没有关系（这是不可能的，因为它们还是要承担没有担保的余额的风险）。

2012年英国宣布了英国担保计划，这是一个同等权益担保计划。该方案提供了同等权益政府担保国家重大基础设施项目成本的50%（包括PPP项目和私有的基础设施项目）。该方案高达400亿欧元，是一个临时性计划，没有确定在2016年以后是否继续执行，其主要目的是通过鼓励基础设施项目建设，促进经济的快速复苏。

同时，在2012年意大利也宣布了一个项目债券由公共部门担保的计划，称为SACE。这个计划也可以用于债务再融资，比如在项目完成后的再融资。

15.17　债务支撑

有人认为，私人部门贷款方在某些类型的基础设施融资中，特别是服务性项目中，承担的风险是较低的，一旦项目按要求建成，那么造成全部债务损失的可能性就会比较小。因此，如果需要公共部门的支持，签约的公共部门（或其他公共部门实体）就顺理成章地为这些项目提供担保。因此，如果总债务为100美元，70%的担保，偿还50美元，贷款机构将失去30美元无担保的贷款。这种第二损失的担保就被称为债务支撑。

所以，从逻辑上讲，债务支撑不会降低融资的总成本。而有债务支撑的成本应该下降以反映公共部门的担保，其余债务的成本应该上升以反映每一美元的无担保债券风险的增加。然而，支撑是有价值的，因为贷款方尤其是银行如果有政府担保的贷款，所持的资本就可以较少，这是在发达国家的主要益处。此外，在有些情况下，很难筹集到足够的私人部门的债务，债务支撑则可以使其更容易，这是债务支撑在发展中国家使用的主要原因。

法国也使用债务支撑，比如法国PFI模式的项目，一旦项目建设完成后，按照行政法程序，高达80%的债务可以直接成为签约的公共部门的债务，这被称为债务的转移。

15.18　最低收入担保（MRG）

私人投资者和贷款方可能认为，在特许经营中，交通或其他项目的使用程度可能不足以支持整个项目的融资。因此，签约的公共部门提供了MRG（即来自终端用户的最低水平收入担保），以保证剩余的收入足以偿还债务。

如果项目很明显不可能产生足够的收入，那么最低收入担保（MRG）也是不合适的。在这种情况下，运营资金缺口支持（VGF）或次级融资更适合，其前提是项目从第一天起就能够自给自足。如果使用MRG，投资方和贷款方将承担长期信用风险,这在一些发展中国家可能会有问题。如果项目长期接收最低收入担保(MRG)的付款而不是运营资金缺口支持(VGF)或次级融资的一次性支付的话,就会使得项目很脆弱,容易受到政治攻击。最低收入担保应该只用于应对未来收入的不确定性,而不是因为未来的收入不足,将此作为项目融资的依据。在任何情况下,都有收入担保,担保方的收益也明显高于预期的收入,即超额收益共享。

这种方法和债务担保的关键区别在于投资方也可以从最低收入担保(MRG)中受益。显然,如果投资者没有担保,即使贷款方有担保(在一定程度上),投资方仍然有动力使项目成功;但如果股本金收入也做了担保,那么这种动力就会减少。

另一种最低收入担保(MRG)的方式是,如果达不到最低收入担保(MRG)的交通量,就延长特许经营期,这就使风险预测的情况和收入净现值的合同相似。

在韩国,最低收入担保(MRG)体系是大规模的高速发展的特许经营交通基础实施中的一个重要因素。它经历了不同的发展阶段,韩国MRG计划的发展见表15-2。

表15-2 韩国MRG计划的发展

年份		1995—2003	2004—2005			2006		2009
担保期(年)		1 ~ 20	1 ~ 5	6 ~ 10	11 ~ 15	1 ~ 5	6 ~ 10	见文章
公开招标	担保	90%	90%	80%	70%	75%	65%	
	共享	110%	110%	120%	130%	125%	135%	
非公开招标	担保	80%	80%	70%	60%	None		
	共享	120%	120%	130%	140%			
			NO MRG payment if revenues are below 50% of forecast					

资料来源:公共—私人伙伴关系。
基础设施项目:韩国案例研究(亚洲开发银行,马尼拉,2011)。

◎ 在1995年,当该计划成立时,在公开招标的项目中,90%的预测收入有担保,在非公开招标的项目中,80%有担保。所以,如果收入预测在1000韩元,结算是800韩元,在招标项目中,MRG会支付200韩元赤字中的100韩元，也就是说，使其收入提高至预测收入的90%。这种做法的问题是，它留给私人部门的风险非常小，所以MRG的需求很大，使这一方式成为投资方和贷款方的单向赌博。

◎ 超额收入共享，例如，如果收入超过预测的110%（非招标项目120%），超出预测的收入由项目公司和签约的公共部门共同分享。

◎ 2003年，该计划进行了重要的调整——MRG逐渐减少，15年后完全取消，如果一个项目收入不能达到预测的50%，MRG也无法支付（在前期，收入低于预测50%的项目还是相当多的）。后面的规定是，确保没有认真作交通风险研究的项目，不要把风险转移到MRG。超额收入共享的门槛也提高，同时担保逐渐减少（即把分派的事情安排妥当之前，私人部门承担的价格风险越高，交通量越高）。

◎ 在2006年，对非招标项目取消MRG，对招标项目逐渐缩短担保期。到2009年，中央政府签署的83个项目中，35个项目（地方政府项目除外）获得了MRG。

◎ 在2009年，MRG机制进行了彻底的改变（这种机制只适用于招标项目），要求收入保证不低于政府"投资风险"部分，这是依据项目成本计算的，用项目成本减去IDC部分，然后乘以政府债券的收益得出的结果（这意味着，政府要支付的大部分费用是项目用公共部门的债务融资的成本）。同样，如果收入低于投资风险投资额的50%，这种方法就行不通。此外，如果收入高于担保的水平，那么所有担保支付的款项就都可以收回了。

15.19　价格补贴

在特许经营中，签约的公共部门可以补贴用户付款，这意味着项目公司仍在承担项目使用的风险。与最低收入担保（MRG）的情况不同，在有价格补贴的情况下，每个用户都要补贴，补贴支出按比例反向增或减，也就是说，补贴的用户越多，补贴越低，签约公共部门便会获取利益。

不过，有时签约的公共部门更倾向于使用运营资金缺口支持或次级债务来替代最低收入担保，但是要意识到，签约的公共部门没有足够的预算做这种预先付款，所以只能延长支付补贴款的期限。

15.20 公共部门项目公司

在该模型中，项目公司属于公共部门，但贷款是由私人部门贷款方在正常的项目融资的基础上提供的，项目公司签署子合同。美国的市政债券市场的收益债券使用的就是这种模型。

一旦项目完成，私人部门也可能会加盟项目公司。但私人部门只提供贷款，而不像公共部门的融资支持那样提供股本金，这种方法显然用处不大。但是，这种方法可以在项目完成后再融资时使用。

公共部门项目公司有时也要如法律要求的那样为了公共利益而为。比如，加拿大公共利益公司（PIC）、英国社会公益公司（CIC）和美国非营利公司，所有这些公司都为它们投资的项目进行项目融资。

15.21 担保基金

有人可能会问，为什么需要担保基金支持各种类型的政府担保，尤其是上面讨论的最低收入担保（MRG）呢？这个问题涉及担保的公信力——在有些国家，投资者和银行不相信政府会愿意或能够满足最低收入担保（MRG）索赔。公司对长期依靠价格补贴也有同样的担忧。担保基金独立于政府，并有独立的资金来源，可能包括政府提供的资金、收取的担保费，以及收入或担保的回报盈利。

印度尼西亚基础设施保障基金（IIGF）成立于2009年，资金来自印度尼西亚政府（股本金）和外方直接投资（贷款）。它代表签约的公共部门提供担保，对损害进行赔偿，以及承担独立的尽职调查和项目监督工作。担保涵盖了各种各样的风险，如签约的公共部门的付款义务、终止支付款项、法律的改变和标准投资风险。巴西和韩国也有类似的基金。

出口信贷机构和开发融资机构

16.1 概述

本章介绍了可使用的跨境支持的类型，特别是在发展中国家。跨境支持有三个主要来源：

◎ 出口信贷机构。出口信贷机构（ECA）为资本设备出口至国外的项目提供贷款，或者为金融或政治风险保险提供担保，还提供投资者政治风险担保，但是不提供商业风险担保。

◎ 双边开发融资机构。双边开发融资机构（DFI）为相关国家的海外项目提供"松绑"贷款，或为政治风险保险提供担保（与相关国家的具体出口无关）。这些机构与本国的出口信贷机构密切合作。这些机构可能包括开发机构它们也提供援助，还有开发融资机构或基金。由主要的出口信贷机构和双边开发融资机构（DFI）提供支持的各种类型在16.4讨论。

◎ 多边开发融资机构。多边开发融资机构为所有类型的项目提供支持，主要但不完全都在发展中国家。

政治风险也可在私人保险公司投保。

16.2 出口信贷机构

出口信贷机构在各自的国家可以是公共机构，为本国的出口提供支持，也可以是私营企业，为政府支持相关国家的出口提供通道。

传统上，出口信贷机构为大项目融资是以给公共部门实体提供买方信贷，或给相关国家大型公用事业设施提供信贷的形式，通常由东道国政府提供担保。20世纪90年代中期以来有了改变，越来越多的重要项目（最初主要是电力部门）由私人部门资助，而不是由东道国政府资助，因此有了支持项目融资交易的要求。出口信贷机构主要支持自然资源部门，比如石油、天然气和管道项目。

项目公司在进口设备时，出口信贷机构的支持就很重要，这主要涉及EPC合同下的建设项目，而不是普通设计与施工合同。这是因为设计施工合同的成本主要涉及土建工程，与EPC合同相比，进口的设备是很有限的（只有专业施工设备），在EPC合同中，设备在项目成本中所占的比重要大得多。

16.2.1 出口信贷机构对项目的支持

出口信贷机构会在以下几个方面提供支持：

信用保险：出口信贷机构可以为银行提供信贷支持，即为所有风险提供保险或担保，包括政治风险和商业风险，这样贷款方提供融资，项目自身没有风险（全部投保）。

政治风险保险：出口信贷机构可以提供政治风险保险（PRI），这样项目只有商业风险。政治风险保险是出口信贷机构的一个重要产品，特别是在项目融资中。它通常依赖于某发起人，这个发起人来自于与项目公司有联系的出口信贷机构的所在国。这样可能有助于填补一揽子融资计划中疏漏的信息（例如，出口信贷只支持设备出口而不支持土木工程建设）。投资方的政治风险保险在16.3中会详细讨论。这种类型保险不受经济合作与发展组织（OECD）共识的制约。

融资支持：出口信贷机构还会提供项目融资支持。

◎ 直接贷款给项目公司（这通常意味着出口信贷机构承担的风险与提供全险承保是相同的）。美国、加拿大、中国和日本等一些国家有进出口银行，这些银行可以同私营商业银行一样，直接向项目公司提供较低的固定利率贷款。

◎ 利率均衡。在其他国家，如法国（COFACE）和意大利（SACE），依靠私营商业银行市场为出口信贷提供资金，但要提供补贴资助银行融资成本和商业参考利率（CIRR）之间的差额。实际上，出口信贷机构加入与商业银行的利率互换协议，使它们能够给项目公司提供固定的补贴利率（在一些国家，提供出口信贷保险和提供利率支持的是不同的机构参阅16.4）。

有些国家，如英国，主张废除为出口提供金融支持（即低息贷款或利率补贴），以限制出口信贷机构提供"全部承保"（即提供出口信贷保险，但以市场利率进行融资）。出口信贷机构的支持计划遭到一些人的反对，因为它们只是一种出口补贴，出口商应该自给自足。但现在的问题是，如果一些出口信贷机构停止为出口商提供信贷或融资支持，而其他国家却依然为其提供支持，那么接受信贷支持的出口商就会有不公平的优势了。

出口信贷机构决定为出口到某个特定国家提供支持，一方面是基于相关国家的信誉，另一方面也基于政治因素。

大多数情况下，只有在承保的风险造成项目公司债务还款违约会产生赔付（即付款担保，而非履约担保）时，出口信贷机构才承保或担保贷款。许多出口信贷机构不再立即偿还贷款，只是按照最初的还款时间表进行还款（包括利息）。

出口信贷机构也会支持其他国家的出口，这取决于个别出口信贷机构的安排。在欧盟地区，一个欧盟国家的出口信贷机构将承担其他欧盟国家出口合同价值的30%。

最主要的出口信贷机构现在互相签订了合作协议，应对一些常见状况，这样，多个国家的出口，就会有多个出口信贷机构参与。在这种情况下，就需要指定项目的"牵头"出口信贷机构，由该出口信贷机构直接接洽项目的牵头承包商，项目所有的融资都由它负责。任何其他的参与出口信贷机构会对分担的风险进行再保险。因此，该项目公司只需要一套出口信贷机构的文件和付款。

在项目融资中使用的出口信贷通常是买方信贷（即由出口商的银行或出

口信贷机构直接提供给进口商的直接贷款），而不是供应商的信贷（即出口商向进口商提供贷款，以及出口商银行或出口信贷机构的融资）。因此，从形式上讲，虽然重大项目的发起人通常会直接与出口信贷机构洽谈，但是出口信贷机构一般会与出口商的银行或项目公司直接接洽。

出口信贷机构只有一小部分的工作人员处理项目融资业务，所以一些出口信贷机构聘请独立融资顾问来帮助它们评估项目融资风险。

16.2.2　伯尔尼联盟

信用国际联盟和投资保险公司，通常被称为"伯尔尼联盟"。该组织成立于1934年，推动了出口信用信息的国际协调和交流（始于1974年）及投资保险。它有78个成员，包括所有主要的出口信贷机构和一些私营保险公司。

伯尔尼联盟成员近年来的主要业务汇总如下，见表16-1。

表16-1　伯尔尼联盟成员项目融资业务汇总　　单位：百万美元

年份	2000	2007	2008	2009	2010	2011
中长期业务	71000	142120	153591	190589	173393	191175
项目融资		2613	3419	7300	13530	7658
年终敞口	453000	501423	523704	582792	593089	647073
投资保险	13000	52937	58580	49337	65415	77599
年终敞口	57000	141868	145580	145785	184398	197326

资料来源：伯尔尼联盟年鉴。

长期出口信贷的使用（包括项目融资交易）在20世纪90年代有所下降，尽管没有信贷，银行也越来越愿意承担发展中国家的风险。但这一趋势在1997年亚洲金融危机之后有了逆转，那时的重大损失是由未投保的投资者和贷款方承担的。2000年的模式也是一样的，长期出口信贷的使用一直下降，2008年国际金融危机之后又逐步增加。

此外，出口信贷机构直接贷款，在项目融资银行提供长期融资能力中变得十分重要，而其所提供的担保并没有表现出重要性。过去由出口信贷机构保险或担保的贷款，在各国被普遍视为商业银行资产负债表的主权风险，因此不需要给它们分配资本。但是《巴塞尔协议Ⅲ》系统对银行杠杆施加了绝对限额后（不考虑风险的类型），银行为这些贷款提供资金的意愿就下降了，因为普通项目融资市场也变小了。

然而，尽管如此，出口信贷机构项目融资业务的整体规模与私人部门的融资规模相比，还是比较小的，但是，值得注意的是：

◎ 出口信贷机构支持往往是与项目的双边DFI支持相连的，两者结合在一起则更为重要。

◎ 在某些市场和发展中国家，出口信贷的支持是举足轻重的。

16.2.3 经济合作与发展组织（OECD）共识

出口信贷机构为出口信贷提供支持（无论是直接贷款、利率补贴还是信贷保险）的详细条款要遵守经济合作与发展组织签署的国际协议。关于官方支持的出口信贷准则的协议是在1978年制定的，现已被大多数OECD成员国（比如澳大利亚、加拿大、欧盟国家、日本、韩国、新西兰、挪威、瑞士、美国）采纳（大多数成员国但不是所有的主要出口国采纳，中国就没有采纳此协议）。这个经合组织共识可以确保出口信贷市场有序进行，防止有些国家为出口提供最优惠的融资条件进行恶性竞争。因此，在出口信贷机构之间的竞争要局限于可提供的信贷支持范围内（即对于特定国家中的特定项目，它们希望承担的信用风险有多大）。尽管在一些地区（比如欧盟）这些条款具有法律效果，但是经合组织共识并不具有法律效力。

经合组织共识的主要条款包括（从2013年起，共识每年都会就详细的条款进行修订）：

◎ 占出口合同总值的85%，包括第三国供给提供融资，要求现金首付是合同价值的15%。

◎ 出口信贷机构收取的100%的信用溢价也可以进行融资。

◎ 支持金额可以高达当地价值的30%。

◎ 国家分为两类：第一类为高收入的OECD国家，这是世界银行按国家人均收入定义的（GNI）；第二类为所有其他国家。

◎ 最长的还款期限（从项目最终交付算起，对于大多数项目融资来讲就是从项目完成日算起）。第一类国家为5年，第二类国家期限为10年。大多数使用出口信贷的项目融资可能都在第二类国家。电厂的项目比较特殊，融资期可达到12年。

◎ 贷款按等额本金分期偿还，至少半年一次，最初还款不能迟于按施工合同项目性能测试完成后的6个月。但是，如果项目现金流不允许，那么付款概要就要有些灵活性。

◎ 利息（直接贷款的利息或通过利率补贴的利息）的收取要在相当于长期政府债券成本的基础上至少加上1%的固定利率。这些被称为"CIRR"的利率（商业参照利率）不考虑信贷的来源，对任何一种货币都是一样的（比如，无论是美国还是欧洲的信贷机构提供的信贷，美元的利率都一样）；商业参照利率每月重算一次，按照长期贷款的市场利率计算。

◎ 某个具体项目的利率可以通过签署合同固定下来，或者，假如在120天内，可以根据出口信贷机构提供融资当月的商业参照利率（后者的情况下，要在商业参照利率的基础上加收0.2%）。

◎ 最低费率（MPR），即信用保险的最低成本，它是考虑多种因素来收取的，包括国家风险、风险条款、债务人风险、投保比例，以及是否全部承保，或政治风险保险，或减少这些风险。最低费率的计算是按照预先支付整个项目生命周期来计算的。这些条款适合第一类国家或者其他低风险国家。

在1988年达成了一项临时安排（共识的附录X），这给项目融资提供了更多的灵活性：要在24个月内第一次偿还本金（不少于2%）；本金的分期偿还一次不超过债务的25%；债务的平均期限不超过7年零3个月（参阅12.5.2）。

◎ 商业参照利率适用于超过12年的贷款，但要增加0.2%的利润率。

◎ 如果项目建在高收入国家，以下内容也适用于出口信贷机构的项目融资：与私营贷款机构加入贷款集团，出口信贷机构占少数份额，来自经合组织共识成员国出口信贷机构的支持总量不超过50%；费率不能够降低私人机构的融资成本。

16.2.4 风险的承担和承保的范围

出口信贷机构可能不愿意承担项目的全部风险（即提供全部保险或没有商业银行担保的直接贷款）。在这方面，出口信贷机构之间的政策差异很大

（这些问题并不是经合组织共识的一部分），而且出口信贷机构也通过不同的方式解决这些问题。

风险比例。有些出口信贷机构在提供担保或保险时，采取的策略是承保比例不超过它们所承担风险的95%，其余的5%留给贷款方（因此，在15%的首付后，它们就要对85%的出口设备成本承担其风险的95%），这种安排的目的是确保贷款方能够顾及信贷机构在项目中的利益，而不是完全依赖于保险，不积极索赔。其他的出口信贷机构对相关的风险提供全部承保。

施工风险。一些出口信贷机构不承担项目的施工风险，这个风险主要是在出口商（即施工承包商）的掌控范围之内，而且它们的业务也不涉及承担出口商履约的风险。因此，这一风险就需要由商业银行来承担，它们只承担项目建设期的政治风险。一般情况下，如果出口信贷机构提供直接贷款，可能需要商业银行为项目建设期提供贷款（当然在这个期间需要政治风险承保），在项目完工时由出口信贷机构提供再融资。

商业风险。即使项目开始运营，一些出口信贷机构也不愿意持续承担项目的商业风险，而只是在项目的生命周期中提供政治风险保险。有些机构会承担贷款方在项目上的全部风险（即提供全保）；有些机构可能为95%的政治风险和85%的商业风险承保。鉴于很难把政治风险和商业风险区别开来，现在一个总趋势是提供全部承保。显然，提供直接贷款的出口信用机构要承担项目的全部商业和政治风险，在有些情况下要求商业银行提供完工担保。

政治风险。对于只为政治风险提供保险的情况（由私人银行提供融资），出口信贷机构对政治风险也采用不同的策略：

◎ 所有的出口信贷机构都为基本的投资风险，（如货币供应和转移，国有化和政治暴力），提供保险当然不同出口信贷机构对保险的具体范围会有不同的界定。

◎ 对法律变化的风险（也就是说，如果相关的项目合同中包含对法律变化补偿的条款，并导致付款违约），通常会间接承保。

◎ 如果东道国政府直接承担合同义务（比如政府支持协议）或在项目合同下提供履约担保（假如出现还款违约），一些出口信贷机构就会提供合同违约的保险，这被称为"延伸的政治风险"保险。

◎ 有些出口信贷机构从广义上提供承保毁约。

◎ 是否为次主权风险所造成的合同违约承保要具体问题具体分析。

◎ 为逐步国有化的风险提供保险是很困难的，因为该风险的性质不明确。

直接协议。一些出口信贷机构可能要求与东道国政府签订直接协议。按照协议，如果包销商或授权机构是公共部门或给予出口信贷机构的保证不足，东道国政府就要承担出口信贷机构向贷款方的支付义务。其他机构认为这种做法并不合适，因为它们认为项目融资是私人部门的事情。

保费的融资。出口信贷机构的保险费用（支付出口信贷机构的全部保险或政治风险保险的费用）可能数额很大，尽管通常是在融资关闭时支付，但是它承保着整个融资周期的风险（即保费是年度债务保险费用的净现值）。保险的费用是根据国家风险的程度和保险的性质确定的，但是对于发展中国家的项目融资，一般保费要达到或超过承保额的10%。一些出口信贷机构把保费加到它们提供的保险费或融资资金中，但其他的机构则不采用这种办法。

建设期的利息。同样，一些机构为建设期的利息提供保险或资金，而另一些则没有这种业务。

环境问题。尽管这与融资问题没有直接关系，但是不同的出口信贷机构对环境的标准也有不同的要求，特别是美国进出口银行主导的一些出口信贷机构要求对所融资的项目进行环评（EIA）。除非东道国的法律有要求，大多数的机构对环评不作要求。

资格审查。不同国家的出口信贷机构对银行资格的要求不同，当然这不只限于项目融资业务。一些提供保险或担保的出口信贷机构仅对本国的公司制银行进行资格审查；另一些对在本国开展业务的银行进行资格审查（包括外国银行的分支机构）；还有一些出口信贷机构要求对相关银行，无论地点在哪里，都要进行资格审查。

文件。出口信贷机构之间对文件的要求也有很大差异，但由于加入了合作协议，这些差异就不再是问题了。

16.2.5 现金抵押

前面已经提到，有些出口信贷机构不做全部风险承保。例如，如果商业银行按85%的合同额进行融资，出口信贷机构可能只为这部分融资提供不超过95%

的保险，这样商业银行就有5%的风险敞口，或相当于合同额4.25%的风险敞口。对于一些困难的国家，即使这个风险敞口很小，商业银行也不愿意接受。

解决这个问题的一个方法，就是项目公司把等额的现金存入抵押账户，作为商业银行未保风险的抵押。这很可能会涉及相关的出口信贷机构，通常按照权利转让的规定，商业银行必须要有5%的风险敞口，出口信贷机构的风险敞口为95%，这样任何抵押都必须按5：95的比例进行分配。因此，如果出现了违约，出口信贷机构就会要求分得现金抵押收益的95%，从而使商业银行承担5%的风险，出口信贷机构承担95%的风险。

16.2.6　出口信贷机构支持的好处

由于须遵守经合组织共识规则，另一方参与融资的复杂性以及出口信贷机构收取的保费相对较高（替代贷款收益）等原因，如果没有信贷机构的支持，贷款方就不愿意为某个国家或项目提供融资，那么唯一有吸引力的方式就是获得出口信贷机构的支持。

另外一个重要的方面是，出口信贷机构主要支持设备的出口，而不是支付施工合同总价款。电力或基础设施项目的土建工程（一般分包给当地的承包商，不涉及出口的问题）占有施工合同的大部分成本，按照经合组织共识，出口信贷机构只能支持最多15%合同价的融资。这些成本一部分可能来自投资人投入的股本金，但是如果项目的土建工程量很大（如道路或水电厂），仅凭出口信贷的资金就很难满足需要。

如果能有出口信贷机构的商业参照利率，而且，这个利率是一个补贴的固定利率，那是很有吸引力的。在融资完成前，如果这个利率在贷款批准的时候是固定的，那么对项目的融资规划就非常有利了，因为这可以避免在融资关闭前出现利率波动的问题。

出口信贷机构的参与还可以为项目带来某种程度的隐性政治支持，对投资人和贷款方也有帮助，但是仅仅这一点，还不能成为选择使用出口信贷机构提供保险的理由。

16.3　投资方的政治风险保险

项目的贷款方即使从债务的角度提出要求，项目公司的投资方也不一定要使用政治风险保险。理论上讲，它们对项目公司的投资是众所周知的事情，因此它们的普通业务和涉及的风险也会在股价中有所体现。另一个类似的观点是，如果它们不喜欢在相关的国家开展业务，就不应该用保险来保护，而是应该离开这个国家。但是，许多项目融资的投资都具有很强的政治性，因此就要对这类保险保持慎重。为项目公司的股本投资承保政治风险保险有一个特殊的困难。一般情况下，支付理赔的承保人或担保人有权接管其所承保的或担保的资产，出口信贷机构通常会要求商业银行的贷款方继续靠自己的努力收回贷款。因此，如果投资人的股权利益转给了承保人，出口信贷机构就只需对股本的政治风险保险给予理赔。这可能会给保险股本的投资人造成很大的问题，因为它会间接地造成它们保险利益的损失。投资人通常会把项目公司的股份作为贷款方抵押的一部分。如果出现了违约，它们就可以更容易地控制项目公司了。如果投资人为它们的股本投资投保了政治风险，就会引起两个层面的问题，造成以下与政治风险相关的损失：

◎ 违约后如果贷款没有完全收回，贷款方就不愿意把抵押的股份交出来，让投资方把这些股份转给承保人，以获得政治风险的理赔支付。贷款方认为它们应该先于投资人获得付款，因此股本保险的收益应该付给贷款方。但是从项目公司投资人的角度来看，如果把股本保险的收益付给了贷款方，那么投资人的政治风险保险就毫无意义了。

◎ 即使贷款方勉强同意这个观点，但如果对股本和贷款的政治风险有不同的承保人，这个问题也会存在，因为承保贷款的承保人想接管贷款方的抵押（包括项目公司的股份抵押），并且收回处理股本获得的收益，这再次意味着承保人不愿意付给投资人任何收益。

这个问题按照承保人的观点，只能从理论上讲，因为一旦项目公司违约，能从股本金中收回的价值就寥寥无几了，而且在贷款偿还完之前收回的可能性很小。尽管如此，还是已经证明了它是有些项目融资的主要障碍。在1999年之前，甚至连美国政府拥有的两个机构（美国进出口银行和海外私人投资公司）都没有就此问题达成一致，当时它们签署了一个共同声明，双方同意搁置争议，在取得收益的问题上开展合作，但是对以后的收益分配仍有疑虑。由于两个机构都是美国联邦预算的一部分，因此这种安排是可以的，唯一的问题就是获得的收益应该进入哪家机构的口袋。

对于私人机构的承保人来说，这个问题不大，它们可能愿意接受安排在贷款方之后获得相关款项（即在贷款偿还之后，它们才能从股本金中获得付款）。

16.4　出口信贷机构和双边开发融资机构

在任何国家，**出口信贷机构**和**双边开发融资机构**通常共同提供融资支持，所以应该把它们的活动作为一个整体来看待。这方面的数据很难找到，但国际项目融资的项目融资市场年度调查收集了一些数据，其分析见表16-2。需要注意的是，本表主要涉及这些机构提供的"政策性"的项目融资，即有信贷支持或降低定价要素的融资；下面可以看到同样的机构提供的普通的商业项目融资。

◎ 有条件援助。出口信贷机构和本国的双边开发融资机构联合融资受有关"有条件援助"经合组织共识规则制约（参阅16.2.3），即任何双边官方发展援助（ODA）的授予或优惠基础贷款都鼓励到捐助国去采购。

◎ 有条件援助一般要遵循经济合作与发展组织的（DAC有关融资和有条件和部分无附带条件官方发展援助（1987）指导原则）。

◎ 有条件援助不提供给世界银行规定的上限以上的中低收入国家（截至2013年人均国民总收入为4035美元）。

◎ 有条件援助不提供给那些对这笔援助的需求可有可无的项目。

◎ 有条件援助不应该有小于35%或最不发达国家50%的特权。优惠程度的计算应该按相关商业参考利率（CIRR）对有条件援助金进行折现，然后把折现后的金额和所提供资金进行比较。

16.4.1～16.4.7列出了各国出口信贷机构和双边开发融资机构的信息。从表16-2可知，与其他机构相比，出口信贷机构和双边开发融资机构是项目融资最大的提供者。它们使用了各种不同的方法。尽管在结构上存在差异，结合市场力量和经合组织的共识原则，可以确保最终的结果非常相似，正如16.2.4中总结的，项目融资领域风险承担是有差异的。

表16-2　主要出口信贷保险公司，担保公司和银行，
双边金融机构——项目融资贷款和担保

单位：百万美元

国家	ECA 保险公司	ECA 贷款方	双边 DFI	2010 年	2011 年	2012 年
日本	Nexi	JBIC	JIBC	4776	7691	16825
韩国	K-sure	KEXIM	KDB	2578	5396	8747
中国	SINOSUERE	China Exim	CDB	9578	218	6013
美国	US Exim/OPIC	US Exim		1422	967	3620
德国	Hermes	KfW	DEG	5739	4260	3247
意大利	SACE			1508	3730	1286
法国	COFACE		Proparco/AFD	1013	0	761
丹麦	EKF			251	4054	1155
其他				2975	2146	2942
总计				29840	28462	44596

16.4.1　日本

日本出口与投资保险公司（NEXI）和国际协力银行（JBIC）的融资或担保着重于一些战略性资源项目，比如，石油、天然气、开矿或者日本的最重要出口商品，铁路车辆。

日本出口与投资保险公司。出口信用保险之前是由国际贸易及工业部进出口保险部门提供（EID/MITT）的，该部门成立于1950年。1993年，国际贸易及工业部进出口保险部门是第一批为项目融资提供担保的出口信贷机构之一，从1995起设立了一个专门的项目融资部。在2001年，经济贸易工业部（METI）取代了国际贸易工业部（MITT），那么国际贸易工业部的出口信贷和投资保险业务转给了日本出口与投资保险公司（NEXI），该公司是一个自治机构，提供出口信贷和投资保险。它的债务是由日本经济贸易工业部担保的。

日本出口与投资保险公司可为贷款方100%的商业风险（完工后）和100%的政治风险提供保险。政治风险保险包括货币兑换和转移、战争、革命和内战，以及任何发生在日本境外不能把责任归咎于被保险方或借款方的事件，包括毁约。日本出口与投资保险公司也为投资承保。

日本出口与投资保险公司也为日本贷款方提供无附带条件的信用担保，

也有一个特殊的信用和投资保险计划，提供给海外资源开发项目，其目的是确保稳定自然资源供给。此类项目中，日本出口与投资保险公司为提供贷款的银行提供包括战争、征收、恐怖主义或不可抗力，如自然灾害的全部保险。

国际协力银行。1999年，日本进出口银行和日本的海外经济合作基金合并成国际协力银行（JBIC）。2008年，日本国际协力银行成为国有日本金融公司（JFC）的一部分，但名字继续沿用JFC用于国际业务。2011年再次解散。日本进出口银行做的第一项融资业务是在（澳大利亚LNG项目）1986年，并于1988年成立了专门的项目融资部门。

日本国际协力银行的业务包括为出口提供基于商业参考利率的出口（买方信用），它通常与商业银行合作，为日本企业进口开发海外自然资源项目提供进口贷款。

日本国际协力银行还提供无条件资金（ODA），主要有两个项目。

日本合作银行也为两类主要的融资计划提供不带附加条件的资金：一类是提供海外投资信贷，这要求日方在项目公司中拥有所有权和管理权；另一类是提供无附带条件的直接贷款，这是日本援助计划一部分。

16.4.2　韩国

与日本相比，韩国的出口信贷机构项目融资业务更多涉及韩国的出口，而不是自然资源开发项目。

韩国贸易保险公司。韩国再保险公司（K-sure）成立于1968年，提供出口信用保险，该业务于1977年被移交给韩国进出口银行。1992年，韩国出口保险公司（KEIC）成立，提供出口信用担保，并于2010年更名为K-sure，反映了其业务范围的扩大。

韩国贸易保险公司提供有利率补贴的买方信贷，或基于商业参考利率的直接贷款，并为韩国公司投资的项目提供无附带条件的贷款和担保。还为海外建设项目的韩国公司提供全部承保。韩国贸易保险公司还提供与韩国所需的自然资源开发的投资和贷款。

韩国进出口银行。韩国进出口银行（KEXIM）成立于1976年，它基于商业参考率提供出口信贷，同时也为海外公司提供贷款，一般这些公司有韩国股权，也为外资银行贷款提供担保。它还为韩国进口基本商品提供资金，管理经济发展合作基金，通过该基金引导韩国的政府开发援助资金。

韩国开发银行。韩国开发银行（KDB）成立于1954年，其政策性贷款（与韩国贸易保险公司和韩国进出口银行合作）成立于2009年，由国有韩国金融公司（KOFC）接手，而韩国开发银行本身被私有化。至于其商业项目融资贷款，韩国开发银行在全球排名第五，已经提供了54.11亿美元的贷款。其国内项目融资业务主要集中于基础设施，其国际业务是与韩国有关的自然资源项目。

16.4.3 中国

据估计，2010—2011年，中国进出口银行和国家开发银行共同给发展中国家贷款超过1100亿美元，超过了同期世界银行的贷款。然而，这些贷款中只有一小部分采用了项目融资的形式，主要是集中在采矿和天然气项目，其商品出口到中国。

中国出口信用保险公司。中国出口信用保险公司（Sinosure）成立于2001年，为中国的对外贸易与经济合作提供保险。在16.2.3中提到，中国信保不遵循经合组织的共识规则。它提供通常范围的出口信贷机构产品，如买方信贷和海外投资的保险。它对项目融资的参与到目前似乎还是很有限的。

中国进出口银行。中国进出口银行（China Exim）成立于1994年。它主要提供买方信用、海外建设贷款和海外投资贷款，以及与这些相关的担保。其主要任务是促进中国机电产品、成套设备和高新技术产品的出口和进口，帮助中国企业在海外承包工程和对外投资增强优势，促进中外关系和国际经济贸易合作。贷款通常是在LIBOR的基础加上一定的利润。它的项目融资业务似乎也是有限的（参阅11.4.1安哥拉模式）。

中国国家开发银行。中国国家开发银行（CDB）成立于1994年，它的主要任务是为中国重大基础设施项目融资，其中一些项目已经按项目融资的方式进行操作。它同样贷款给国际项目。

16.4.4 美国

虽然美国进出口银行和海外私人投资公司的OPIC支持历史悠久，但其项目融资业务量相对较低，而且往往集中在自然资源和发电行业。

美国进出口银行。美国进出口银行（U.S.Exim）成立于1934年，并于1994年建立项目融资部。美国进出口银行向商业银行提供长期贷款或担保，贷款额度达到经合组织共识的最高水平。它按照经合组织共识条款的标准提供支持，达合同价格的85%或美国标准的100%。只要涉及出口，美国进出口银行就会向美国以外的银行提供支持。

美国进出口涉及的大多数项目融资是发电、石油和天然气相关的项目，每年项目融资交易量比较小，不过单个项目融资的融资额度比较大。

美国进出口银行充分利用经合组织共识有关项目融资规定的灵活性，包括为风险回报和施工期利息融资。项目完工后，资金一般是由美国进出口银行提供，一般假定全部（政治和经济）的项目风险，或全部或仅仅政治风险由商业银行贷款方承担。

政治风险包括货币兑换和转让、国有化、逐渐国有化、政治暴力（对项目造成实际损坏或收入损失）。由于合同纠纷或者毁约造成的无法支付，如果美国的公司提供完工后的融资，这似乎就不会是大问题。如果项目公司终止合同，寻求政府担保，那么东道国政府在此之前就不会付款，这样的话，违约范围（在项目公司开始运营或赚取收入之前）就十分有限了。

美国进出口银行可能会要求与东道国政府签署双边协议（项目激励协议），那么在政治风险导致违约发生时，它们就可以诉诸东道国政府，不过这也要具体情况具体分析。

美国进出口银行提供了一份关于其评估项目标准和信息要求的清单，这与5.2.8的信息备忘要求相似，风险分析的内容在第11章和第9章。本章附评估项目标准和信息要求。

美国进出口银行使用外部融资顾问（费用由发起人支付）来评估项目融资中的风险。

海外私人投资公司。海外私人投资公司（OPIC）是一家美国政府机构，成立于1971年。它接管了美国国际开发署的政治风险责任。第二次世界大战后马歇尔计划首先为政治风险承保，因此在这方面它是马歇尔计划的继任者。海外私人投资公司（前身为国际开发署）对于大多数政治风险的理赔有着很好的记录。鉴于它的历史，海外私人投资公司承保政治风险的方式已经被后来进入市场的同行们所效仿。海外私人投资公司的政治风险保险和直接贷款在项目融资市场上变得越来越普遍了。海外私人投资公司可以为每个项目承保高达2.5亿美元，包括90%的股本投资和100%的债务，保险期可达20年。尽管没有要求，但是它可以做到对股本和债务都承保。对于股本投资，海外私人投资公司通常会给予相当于最初投资的270%的保险承诺，其中90%代表着最初投资，180%承保未来收益的损失。如果发生了对贷款保险的索赔，海外私人投资公司可以不用先把贷款还完，而是按照最初的还款进度付款。

海外私人投资公司按照以下标准提供融资支持：

◎ 项目中有"重要的"美国投资方或贷款方（若是美国公司，美国公民拥有至少50%的所有权；若为外国公司则由美国银行100%控制，或95%由美国公民控制）。

◎ 与投资或贷款相关的海外项目公司的大部分股本金或日常管理控制在私人手中，美国投资方掌握25%的管理权。

◎ 海外私人投资公司的全部支持不能超过新项目成本的50%或现有以及扩展项目的75%。

◎ 项目申请人必须表示没有使用其他私人部门的融资或保险。

海外私人投资公司不要求把投资或贷款用于承保从美国出口的设备上，当然一般从工业化国家进口的设备不需要保险（如需要应该使用出口信贷保险）。海外私人投资公司不受经合组织共识的约束。

承保的风险都是普通的投资风险（货币兑换和转移、国有化、政治暴力，以及逐步国有化和合同违约引起的支付失败）。

美国和东道国政府签署双边协议，为海外私人投资公司的项目承保。此外，东道国政府必须批准海外私人投资公司提供的保险。

16.4.5 德国

德国特许经营项目融资主要集中于支持出口的业务，特别是发电部门。

Euler Hermes KreditversicherungsA.G（Hermes）Hermes公司主要负责德国政府出口信贷保险的业务。它在1988年成立了项目融资部门，为商业和政治风险提供保险，承保上限可以达到可保风险的95%。它也提供投资保险，保险额度也可以达到风险的95%。

KreditanstaltfürWiederaufbau（KfW）是一家国有开发银行（80%属于联邦政府，20%属于国家），成立于1948年。它的最大子公司（KfW IPEX银行）为出口信贷提供直接贷款，与德国的商业银行共同融资并代表德国政府管理商业参照利率补贴的业务。KfW也为德国的投资人提供不附带条件的项目贷款或为德国获得原材料有关的贷款。

除了政策性贷款，KfW也提供项目融资，条件与商业银行类似。KFW2012年世界排名23。2008年，由于欧盟担心IPEX进出口银行与商业银行的竞争，IPEX从法律和财政上都脱离了KfW银行。

16.4.6　意大利

意大利支持的海外项目主要是工程（EPC）项目，特别是工程类项目。

专业出口信用保险（SACE SpA）。服务机构和出口信用保险（ISACE）是意大利财政部于1977年成立的一个部门，负责出口信贷保险的业务。SACE SpA于1999年成立，这是一家独立的国有机构，接管了出口信贷保险业务，2004年成为有限责任公司，称作SACE SPA，以后它的所有权归于一个国家机构存贷款部门（CDP），它提供长期基础设施融资，为意大利政府提供出口信用保险。

专业出口信用保险公司于1994年首次为项目融资提供保险。它可以为意大利境内或境外的商业银行提供高达95%的商业或政治风险保险。专业出口信用保险要求投资人至少要承担35%的项目风险，而且35%的项目成本需要其他的商业银行提供贷款（即专业出口信用保险提供的融资不会超过项目总投资的35%）。专业出口信用保险公司的保险费用成本不包括在获得补贴的融资中，而且也不能为合同违约承保。

海外企业公司（Simest）是一家国有控股公司，成立于1991年。它为商业银行提供商业参考利率补贴（这项业务是1999年从中央信贷银行接管过来的）。海外企业公司也为由意大利投资人控股的公司提供不附带条件的贷款和股本投资。

16.4.7　法国

法国这些机构主要为代理法国出口的设备进行项目融资。

法国公司外贸保险科法斯集团（COFACE）成立于1946年，是法国出口信贷机构。科法斯于1994年私有化，2002年成为法国外贸银行的子公司（现在的Natixis）。它代表法国政府在提供出口信用保险。它在1995年成立了项目融资部，为法国商业银行提供保险。科法斯可以承保商业（完成后）和政治风险（标准投资风险），高达被保风险的95%。科法斯承担的贷款不能超过项目总成本的50%，科法斯集团还提供投资保险。Natixis代表国家提供商业参考利率支持。

出口信贷政策由对外经济关系方向（DREE）（一个政府机构）进行监督。

法国经济合作促进公司（PROPARCO）成立于1977年，是法国开发署（AFD）的前身。法国开发署拥有57%的股权，其他的股权所有者来自发达国家和发展中国家。它的任务是推动发展中国家的私人部门投资。

16.4.8 丹麦

出口信贷基金（EKF）是世界上最古老的出口信贷机构，成立于1922年。出口信贷基金在2012年的业务都是给比利时、意大利、智利和墨西哥的风电农场项目提供担保，这反映了一个事实，那就是主要的风机制造商在丹麦

机构投资者过去一直参与主要的商业银行业务，这是个有趣的案例（参阅17.4）。在2011年，国家养老基金机构与出口信贷基金签署协议，为丹麦出口提供高达18亿美元的融资。

16.5 多边开发金融机构

多边开发金融机构包括的组织：
◎ 世界银行及其附属机构国际金融公司、国际开发协会、多边投资担保机构；
◎ 主要区域开发银行：亚洲开发银行、非洲开发银行、欧洲复兴开发银行、欧洲投资银行、美洲开发银行。

这些组织都归政府所有——世界银行属于全世界的政府，其他多边开发金融机构属于各自地区的政府以及一些发达国家政府。

过去的几年里，项目融资市场中提供过贷款的其他小型多边开发金融机构包括：

◎ 北欧投资银行——欧洲北欧国家的开发金融机构，成立于1976年，属于丹麦、爱沙尼亚、芬兰、冰岛、拉脱维亚、立陶宛、挪威、瑞典等国家和地区，为其成员国和发展中国家提供贷款。

◎ 伊斯兰开发银行。

◎ 欧亚开发银行——俄罗斯和独联体国家的多边开发金融机构，成立于2006年。

◎ 安第斯开发公司（CAF）——拉丁美洲和加勒比国家多边开发金融机构，成立于1968年。

◎ 北美开发银行——美国和墨西哥1994年建立的多边开发金融机构，目的在于促进边境地区发展；

◎ 中美洲经济一体化银行（CABEI）——成立于1960年，目的在于促进危地马拉、洪都拉斯、萨尔瓦多、尼加拉瓜和哥斯达黎加的发展。

"附加条件"。所有的多边开发金融机构对其他融资来源来说是个杠杆，通常将一个项目中债务的比例限制在一定比例范围内，它们通常提供50%的贷款。此外，它们也有附加条件，比如，如果一个项目不能从其他渠道筹集（多边开发金融机构是唯一的贷款方），它们就不会与商业银行或国家发展银行竞争。

多边开发金融机构的作用非常重要，它们不仅是项目的直接贷款方，而且还为发展中国家的项目争取私人部门的资金。由于多边开发金融机构能够全面参与东道国的经济，其总体的贷款计划对该国的经济非常重要，一旦项目出现了政治困难，它能够接触到该国政府的高层领导（尽管它们的影响力对不同国家会有很大的差异），私人部门的贷款方如果能得到多边开发金融机构的支持或它们能共同为发展中国家提供贷款就会更加放心。这相当于给项目公司提供了一把多边开发金融机构的"保护伞"，同时，投资人是会受益的。

优先债权人地位。鼓励私人部门贷款方参与多边开发金融机构融资安排的一个重要因素，是当偿还国外债权人的资源十分有限的时候，多边开发金融机构可以获得"优先债权人"的地位，这样就不会把其贷款放到国家重新安排债务偿还的计划中了。鉴于在国际金融界的特殊作用，获得这种地位有助于减少多边开发金融机构的风险。但需要注意的是，这种优先债权人的地

位只是一种惯例而不是法律的规定，在实际操作中，如果有些国家陷入了债务问题，一般还是遵守这个惯例的。如果私人部门贷款方积极参与国际金融公司安排的 B 贷款，它们也会受益于这种优先地位。

经济影响。与私人部门的贷款方相比，多边开发金融机构对于融资的项目是否符合东道国的经济环境的分析更加关注。但是，这可能是一把双刃剑，因为有些东道国政府对多边开发金融机构利用为某个项目提供贷款之机，极力扩大政治经济议题的做法非常不满。同样，如果项目陷入了困难，多边开发金融机构可能会花更长的时间处理这个问题，而这个问题与只想得到贷款偿还的贷款方或收回股本的投资方没有关系。

项目准备。有些与多边开发金融机构相关的计划是为公共部门基础设施和电力项目的准备提供资金，这些项目准备的成本较高。

16.5.1 世界银行

国际复兴开发银行，人们一般称之为世界银行，成立于1944年。它是由世界上大多数国家的政府共同拥有的一个国际组织。自从成立后，又先后设立了附属机构如国际金融公司、国际开发协会和多边投资担保机构等，共同组成了世界银行集团。它的借贷权限是为政府提供信贷（最早为第二次世界大战后的欧洲重建提供信贷，从1960年起开始为发展中国家提供信贷）。由于项目融资是私人部门的商业活动，所以看起来它和项目融资没有太多的直接联系。但是，私人部门的融资在发展中国家基础设施中起到的作用越来越重要，也就不可避免地引起了世界银行工作重点的转变。银行资金来自于发行债券和其他国际资本市场的工具。

直接贷款。世界银行首先鼓励私人部门的银行通过共同融资的方式参与其融资活动，这也称为B贷款。在这种安排下，私人部门银行与世界银行一起提供贷款（在这种情况下世界银行提供的是A贷款），并从拥有优先债权人地位的世界银行的贷款中获益。由于这些贷款仍然进入公共部门，因此和项目融资的关系有限。但是，世界银行的附属机构国际金融公司和其他一些区域性的多边开发金融机构已经在广泛地使用同一种融资安排。

世界银行为私人部门项目提供贷款的唯一途径是通过东道国政府实施。世界银行为某东道国政府提供资金，然后东道国政府或者把资金直接贷给项目公司，或者通过当地的开发银行或机构为项目公司提供贷款。同样，政府可以利用世界银行给项目公司提供可行性缺口融资。如果有东道国的担保，世界银行也可以为项目公司直接提供贷款。

利用世界银行融资的项目公司，必须按照世界银行的采购规则采购所需的设备或服务，除非购买方或签约的公共部门在选择项目公司时，已经满足了这些规则的要求。世界银行的国际招标程序对这些规则作出了明确的规定。

对于所有的这些贷款，世界银行尽量鼓励其他的多边开发金融机构、出口信贷机构和双边开发金融机构提供类似的产品，在所有开发金融机构中，世界银行和集团的其他成员都是"救命稻草式"的贷款方，这就意味着如果可以从其他渠道融资的话，世界银行就不会提供贷款。2011—2012年，世界银行贷款总额为210亿美元，不到2009—2010年（440亿美元）的一半，这反映了2008年国际金融危机的影响（相较于过去几年120亿～140亿美元的正常贷款有了较大的增长）。

部分风险担保。直接贷款已经不是世界银行支持私人部门项目融资的优先选择方式了。现在世界银行提供的一个工具是部分风险担保（以前称为ECO担保），它是在1994年首次用到项目融资上的。

这是一项政治风险担保，主要是为项目的贷款方提供的。政治风险担保主要用来支持基础设施项目。它不和任何国家的出口货物挂钩，也不需要项目公司执行世界银行的采购规则（当然，项目的采购应该既经济又高效）。除了那些从国际开发协会获得资金的最贫穷的国家之外，符合世界银行贷款条件的其他任何国家都可以使用这项担保。这项担保可以承保高达100%的债务风险。

部分风险担保提供的担保包括法律变化，不能完成合同支付义务，外币的兑换和转移以及国有化，妨碍仲裁，不能支付中止费，有违约担保的仲裁裁决，不能签发执照、审批书，不能及时达成共识。对于不能直接担保的政治风险，可以通过在政府支持协议中加入合同义务给予间接的担保。

出口信贷是一种支付担保，不是履约担保。因此，任何引起索赔的做法都会导致项目融资的违约。比如，它会给项目公司造成损失，进而影响投资人的利益，更重要的是使其项目融资不能收回。担保的内容包括购买方或签约的公共部门的持续债务或终止费用的支付。

在任何情况下，东道国政府对世界银行按担保提出的付款要求都要给予赔偿，这意味着不能把担保用于次主权风险，换句话说，担保的所有义务都是东道国政府的直接责任或东道国政府担保的购买方或签约的公共部门的责任。

部分风险担保应作为保底的手段，它只用于不能获得私人部门融资及不能从国际金融公司或多边投资担保机构获得足够资金的项目。作为直接贷款，世界银行也尽量促成能从其他多边或双边开发机构获得资金和担保。不像其他的多边开发金融机构，世界银行部分风险担保没有上限要求，只需要谨慎的态度和对有关国家总体风险的考虑。

部分信用担保（PGG）。 世界银行可以为私人部门贷款方的部分贷款提供担保。如果贷款方不愿意在要求期限内提供贷款，就可以为后期的贷款偿还提供担保。还可以为一次到期偿还的贷款担保（即项目公司计划进行再融资时最后的大额还贷）。另外，它还可以用于支持银行或其他当地货币的贷款，在这种情况下它代表着全部的担保而不只是政治风险担保。到目前为止，项目融资使用这种担保的情况还很有限。

"飞地"项目担保。 世界银行还为在国际开发协会成员国的"飞地"项目担保（即出口型的"飞地"项目担保）。因为这种项目是把其产品在国际市场上销售，所以项目协议中不包含东道国。因此，担保的范围只包括国有化、法律的变化、战争和内战，并不包括货币的兑换和转移风险。因为是在境外获得收入，因此不应该出现上述风险。

16.5.2 国际金融公司

国际金融公司（IFC）成立于1956年，是一家隶属于世界银行的私人部门金融机构，因此它是世界银行集团内唯一不需要东道国直接参与项目而提供融资的机构。从1984年起，国际金融公司在财政上是独立于世界银行的，因此可以在国际资本市场发行金融公司的债券。

贷款业务。 国际金融公司可以为每个项目提供1亿美元的投资或贷款，不超过项目成本的25%（对现有项目的扩建，不超过扩建成本的50%）。贷款期限可达20年。国际金融公司的贷款成本按市场定价（没有补贴），国际金融公司不接受东道国的直接担保。

B贷款。除了直接贷款（A贷款）外，国际金融公司还积极地推行B贷款业务，即通过与私人部门合作一起为项目融资。B贷款业务是从1957年开始的，它与世界银行的B贷款业务同出一辙。国际金融公司把B贷款的参与权出售给商业银行（按能反映风险的完全市场利率），但仍由贷款方管理贷款业务并能获得抵押。这样，借款方就不可能只偿还国际金融公司的贷款而对B贷款的违约，因为所有的还款都要按照A贷款和B贷款的比例支付，因此对于B贷款的违约就是对国际金融公司的违约。虽然没有正式的政治风险担保，但是优先债权人的地位应适用于国际金融公司的B贷款，而且大多数银行监督机构不会仅仅因为该国总体债务的违约而反对其银行为国际金融公司提供B贷款（当然，如果项目失败，贷款仍有可能违约）。

值得注意的是，国际金融公司作为B贷款的管理方和作为同一项目的股本投资人以及在世界银行集团所起到的作用之间可能有着利益的冲突，因此人们担心其更加宽泛的开发策略可能会和某个项目投资人的利益发生冲突。

当地货币贷款。在许多发展中国家，国际金融公司能够提供当地货币贷款，或长期货币互换。发展中国家长期债务市场近几年取得了显著的发展，这得益于国际金融公司和其他开发融资机构的努力。

金融衍生产品（对冲）。国际金融公司提供利率互换、期货、远期外汇合约（即货币兑换可以用本地货币融资）和其他衍生产品，这样可以使借款人更好地管理它们的财务风险。发展中国家的项目公司不易直接进入这样的风险管理产品的市场。国际金融公司通过提供市场准入弥补这一缺口，为了提供市场准入，国际金融公司在其购入对冲工具上起到了中介的作用，调动商业银行分担风险参与该类交易，并将这些技术引入本地金融机构，推动当地资本市场的发展。

股本投资。国际金融公司也可以对项目公司投入少量的股本资金（一般为5%～15%，最高不超过股本的35%）。国际金融公司不会积极参与项目公司的管理，因此被认为是被动投资人。为了达到所有权的要求，在有些情况下，国际金融公司的股份可以按照国内资本或当地股份来处理。通常国际金融公司的股本投资期限为8～15年，所以被认为是长期投资人。国际金融公司的优先目标是通过当地的股票市场出售其股份。在这种情况下，"股本金"

包括把贷款转化为股本金、优先股，以及参与利润的贷款。

国际金融公司的股权投资一直是有争议的话题，因为它可能坚持按票面价值购买股权：既不会为发起人支付前期的风险保费，也不会支付开发费用。

担保。国际金融公司一直提供类似世界银行的部分信贷担保的产品，它为某段贷款期间内所有风险担保，这样就可以延长私人部门贷款偿还的期限。

咨询服务。在发展中国家，国际金融公司是私营部门项目的积极顾问，尤其是国际开发协会的国家，还提供培训和其他的能力培养。在2011—2012财政年度，国际金融公司提供债务、股权和其他融资总额达120亿美元，共计518个项目：显然，只有一部分是与项目融资有关的。

16.5.3 国际开发协会

国际开发协会（IDA）是世界银行的附属部门，成立于1960年，它给最贫穷的国家提供优惠项目融资（一般为35～40年，不收取利息但每年需交0.75%的业务费）。2012年，一个国家如果有资格得到国际开发协会的支持，它的人均国民收入不能超过1175美元。世界上共有81个国家有资格接受援助，非洲国家占39个。国际开发协会可以用与世界银行同样的方式为项目提供间接贷款，而且已经开始实施担保业务了（为不能使用世界银行"飞地"担保的项目提供担保）。2011—2012年用于担保的总额为150亿美元。

16.5.4 多边投资担保机构

世界银行的另一个附属部门是多边投资担保机构（MIGA），它成立于1988年。它通过为贷款方和投资人提供政治风险保险促进私人部门对发展中国家的投资，被认为是世界银行集团为政治风险担保的主要工具。2011—2012年，它为28个国家的50个项目提供了政治风险保险。2012年总的承保额度是100亿美元，40亿美元再次投保。多边投资担保机构58%的资金是基础设施项目相关，这些项目是它们最大的项目。

多边投资担保机构的保险范围：

◎ 提供跨境投资和贷款。

◎ 股本（包括股东贷款）和债务都可以投保（如果以前的债务获得承

保，多边投资担保机构也要求为股本承保，但现在有些情况下不再对此提出要求）。

◎ 其他形式的投资，如技术援助和合同管理、资产证券化、债券、租赁、服务、特许经营和许可协议，也可以提供保险。

◎ 多边投资担保机构为95%的贷款利息和本金偿还（按进度）提供保险（以及1.5倍于本金为利息损失提供保险），或为90%的股本投资（以及高达5倍于投资为利润损失提供保险）。

◎ 对于单一项目承保额可达2.2亿美元。

◎ 多边投资担保机构的保险期限一般为15年，如有合理的原因可以延长到20年。

◎ 多边投资担保机构按照世界银行和国际金融公司B贷款的规则和私人部门的承保商合作提供保险业务（即多边投资担保机构在私人部门参与风险保险时起到代理人的作用）。通过这些再保险的安排，多边投资担保机构可以为超过2.2亿美元的任何项目提供担保。

◎ 保费按每年承保金额的0.50% ~ 1.75%收取。

◎ 3年后受益人可以有权选择取消这项保险。

多边投资担保机构的担保范围：

◎ 货币的兑换和转移。在投资人被限制兑换当地货币的情况下，多边投资担保机构就要支付被担保货币的赔偿，担保还包括过度拖延转移支付。

◎ 国有化，包括逐步国有化。担保不包括东道国政府在依法进行管理的过程中所采取的非歧视性的措施。对于股本投资的全部国有化，多边投资担保机构要支付承保投资的净值。对于资金的国有化，多边投资担保机构支付被限制资金的承保部分。对于贷款和贷款担保，多边投资担保机构承保未能偿还的贷款本金和累计未付的利息。按投资方和贷款方的利息来支付其保险。

◎ 战争、恐怖活动和内乱（包括革命、起义、政变和破坏）。这项担保不仅包括项目实体损害的成本，还包括导致项目中止运营一年的事件。

——对于贷款担保，多边投资担保机构支付由于业务中断而导致违约偿还本金和利息的承保部分。

——有形资产的损失，公司将支付少于项目资产账面价值的投资者股份、重置成本以及受损资产的维修成本。

——临时业务中断也会包括在承保范围内的三种中断情况：资产损失、被迫放弃、使用的损失。对于短期业务中断，多边投资担保机构将持续支付费用和随着业务重新启动的相关费用，或失去业务收入，或不能收回贷款。

——这些保险不仅包括针对东道国政府的暴力活动，也包括对外国政府或外国投资的暴力，包括投资者的政府或国家。

◎ 东道国政府违约（或国有企业）。争议解决机制（诉讼或仲裁）判定要给项目公司支付，但是，如果在规定时间内，东道国政府采取行动导致项目公司没有收到付款，或者使得纠纷解决机制没起作用，那么多边投资担保机构将支付赔偿金。多边投资担保机构可以用临时付款推迟纠纷解决机制的结果。

像世界银行一样，多边投资担保机构不为次级主权的风险担保（除非东道国政府反担保），只是在与东道国政府的协议下提供担保。但是，2013年，多边投资担保机构的担保业务拓展到国有企业。

多边投资担保机构的目标是促进经济的增长和发展，因此，投资项目不仅要经济上可行，还要符合环保标准，并与东道国的用工标准和其他目标保持一致。所以，像世界银行的部分风险担保一样，一些与项目无关的国家或行业性的政策会削弱提供保险的能力，此外要求东道国政府提供反担保也会影响保险的力度。需要注意的是，在世界银行集团以及历史较长的区域性国际融资机构（亚洲开发银行、非洲开发银行和美洲开发银行）中，只有多边投资担保机构为投资提供政治风险保险。

16.5.5 亚洲开发银行

作为一个多边开发金融机构，亚洲开发银行成立于1966年。2011—2012年的贷款总额为230亿美元。

亚洲开发银行从1983年开始办理私人部门业务，它可以为私人部门的项目直接贷款、进行股本投资（全部股本投资的25%）或提供贷款担保。它为大项目融资的贷款总额不能超过项目成本的25%或5000万美元（50%或1.5亿美元有担保的贷款）。股本投资不能超过股本金的25%。贷款使用的是硬货币（如果东道国的金融市场足够发达，也可以使用当地货币），按照市场条件，期限最长可达15年。亚洲开发银行也有B贷款计划。它的主要私人部门项目的业务是资本市场的开发和基础设施建设。

亚洲开发银行的贷款担保业务与世界银行的差不多，为私人部门项目提供的担保有两种：

政治风险担保。亚洲开发银行在2000年承担了第一个政治风险担保。担保的范围包括国有化、货币兑换与转移、政治动乱和合同违约，可以为最长15年期的贷款担保。但是，它只给亚洲开发银行参与贷款或股本投资的项目提供担保，并把最高限度控制在参与的数额之内。还可能要求东道国政府提供反担保。

部分信贷担保。和世界银行提供的部分信贷担保相似，它可以为某一部分贷款偿还担保，或为贷款到期时偿还本金和/或利息的支付担保，因为从商业贷款方获得这些贷款往往很难。还可以用当地的货币为东道国的银行或债券持有人提供担保，这样就可以避免项目公司面临长期资金兑换的风险。

16.5.6 非洲开发银行

非洲开发银行成立于1963年，2011年总的融资（贷款、股权投资、赠款）是57亿美元。2008年国际金融危机后，像其他开发融资机构一样，非洲开发银行的贷款又恢复到2011年的正常水平。

私人部门融资对非洲开发银行变得越来越重要，重点是基础设施建设，特别是能源。项目融资是银行一个相对较新的产品，私人部门的审批项目每年约15亿美元。

非洲开发银行可以提供长达15年的贷款，有5年的宽限期，使用硬货币（包括南非兰特）。在某些情况下，如果对冲安排到位就可使用当地货币。它也提供B贷款计划。开发银行与其他多边开发金融机构担保部分风险和做部分信用担保的条件相似。

16.5.7 欧洲复兴开发银行

欧洲复兴开发银行（EBRD）成立于1991年。欧洲银行的目标是给私人部门投资提供支持，它在中欧、东欧和独联体国家开展业务。后来，它的业务拓展到土耳其（2009）。在"阿拉伯之春"之后，又拓展到一些北非国家。欧洲银行促进私人部门的经济活动，加强金融机构和法律体系的建设以及基础设施的开发。2011年总融资额为91亿欧元。2008年国际金融危机之后，与其他多边开发金融机构共同的融资活动大大增加。银行的资金主要来源于债券。

欧洲银行的私人部门业务与国际金融公司的业务相似，除了提供股本投资和债务外，还提供担保业务，鼓励通过银团贷款（与国际金融公司的B贷款安排相似）共同融资以及私人和公共部门的外商直接投资。此外，它还为国内的资本运作提供帮助。对于私人部门的项目来说，欧洲银行一般会以债务或股本金的形式为单个的公司或项目提供长期资本35%的资金。担保业务非常灵活，可以提供全部保险以及特定应急险等不同类型风险的担保。在项目融资方面，欧洲银行一直在通信、电力、石化和基础设施行业非常活跃。

16.5.8 欧洲投资银行

多边开发金融机构在发达国家支持多种的项目融资交易的典型案例就是欧洲投资银行（EIB）。

欧洲投资银行成立于1958年，是欧盟的一个独立机构，它为资本投资提供融资，通过欧盟的经济政策进一步促进欧盟的一体化进程。欧洲投资银行的资本金由欧盟成员国提供，但只需支付资金的5%，其余的资金只有在偿还债务时才需要支付。像其他多边开发金融机构一样，欧洲投资银行也是从资本市场募集资金。由于它的所有权和资本结构的安排，欧洲投资银行享有3A评级，这就使得它在资本市场融资成本较低（通过发行债券融资，欧洲开发银行是欧洲最大的债券发行商）。

银行的主要政策或融资目标是：

◎ 提高凝聚力和聚合力，解决弱势区域的经济和社会的不平衡问题。

◎ 对抗气候变化，减缓和适应全球变暖带来的影响。

◎ 建设环保和可持续的社区，投资建设清洁的自然与城市环境。

◎ 生产可持续的、有竞争力的和安全的能源，生产替代能源，减少对进口的依赖。

◎ 通过对信息传播技术以及人力资本的投资，激发知识和创造力的开发，从而促进经济的发展。

◎ 构建跨欧洲网络，构建跨境运输、能源与通信网络。

这些定义非常宽泛，足以涵盖大部分的欧洲项目融资市场，欧洲投资银行就是这个市场上主要的贷款方。以欧元或其他主要货币提供的贷款，数额可达项目成本的50%。

到2008年，欧洲投资银行融资的优势是成本低：基于AAA的评级，银行在债券市场筹集资金的固定利率较低，这种利益再转给项目公司。欧洲投资银行不以营利为目的，只是满足其运营成本和风险，这也有助于保持其融资成本低于商业银行和债券市场。由于这种资金很容易从商业银行和债券市场获得，欧洲投资银行就忽视了章程第十六条第二款的法规要求，即该银行为那些无法从其他渠道获得合理融资的项目提供融资。该条款通常适用于所有开发融资机构（参阅16.5）。然而，在2008年国际金融危机之后，欧洲投资银行融资对于欧洲的许多项目来说必不可少（特别是在基础设施领域），并因此成为真正的私人部门以外的融资来源。

直到2008年，欧洲投资银行的年度总贷款达450亿欧元。2009—2010年，欧洲投资银行贷款增加到700亿欧元，成为填补商业银行贷款下降所造成的缺口的一项措施，但到2012年必须减少到正常水平。2013年资本增加，欧洲投资银行的贷款能力增加到700亿欧元（如果银行继续以2011年的水平借贷却没有增资，其AAA评级就会有风险，这会显著增加其融资成本）。

欧洲投资银行与商业银行在评估和构建项目融资方面，许多做法是相同的，但是也需要满足项目更广泛的经济效益。项目还必须符合欧盟环保标准，遵循欧盟采购规则（参阅3.7）。项目所在国的政府必须同意欧洲投资银行让其贷款，但这是正常程序，因为欧洲投资银行同意提前与有关政府达成一致，以使它的资源可以最好地用于支持特定的项目或部门。

出口信贷机构可能不会承担施工风险（请看下面的结构性融资工具），可能只承担相当保守的经营风险，但也不会在该项目完成后马上承担，要先根据其开始的运营状况再作决定。

这种情况下，欧洲投资银行要求为其贷款提供商业银行担保，这些担保不仅要包括未能偿还的贷款，而且还要包括6个月的利息和提前终止的费用（如果贷款提前偿还）。提供担保的银行还必须符合"资格"，通常要有最低要求的信贷评级。如果银行的信贷评级达不到最低要求，欧洲投资银行可能要求用现金担保（欧洲投资银行也接受专业保险公司作为银行担保的替代，但是由于次贷危机后，几乎没有了专业保险公司，所以这种结构也就行不通了）。

结构性融资工具。2001年，欧洲投资银行建立结构融资机构（SFF），它需要承担高水平的项目风险，将提供：

◎ 高级贷款和担保，将承担前期和初期的经营风险；

◎ 次级融资和担保排名要领先于股东权益或次级债务；

◎ 项目相关衍生产品（对冲基金）。

建立这个机构的决定可能受到了以下情况的影响——尽管欧洲投资银行融资便宜，但是由于只能承担有限的风险，它与商业银行和债券融资无法竞争，而且它还忽略上面提到的额外性。结构融资机构成立以来，一直不断地增长和扩张，2008年总的分配资金达到37.5亿欧元。

欧洲2020年项目债券计划。参阅15.4.3和17.5。

跨欧洲交通网络项目的贷款担保工具。参阅17.5.3。

欧盟以外的借贷。欧洲投资银行贷款总额的约10%提供给欧盟以外的国家：这些国家包括欧盟候选的或可能成为候选的成员国、邻国和其他发展中国家。这种贷款是作为"任务"进行的，是欧洲委员会要求提供给特定国家和地区一定数额的贷款，这实际上是欧盟发展援助的一个组成部分。欧洲投资银行管理这些贷款，但是欧盟为其提供担保。

16.5.9 美洲开发银行

美洲开发银行（IADB）成立于1959年，因此是该区域历史最长的多边开发金融机构。它的业务范围包括拉丁美洲和加勒比海地区的国家。美洲开发银行是该地区为直接外国投资提供信贷的主要多边开发金融机构，2012年提供的新增贷款和担保总额达到110亿美元。这是2008年国际金融危机之前的两倍，2010年资本有了很大增长。

美洲开发银行于1994年成立了私人部门，并在2007年重组为结构性与公司融资处。美洲开发银行为私人部门的借款方提供美元贷款并通过B贷款的安排让私人部门的贷款方参与贷款的安排。美洲开发银行本身可以提供高达2亿美元或相当于项目总成本25%的A贷款，贷款期限可以达到5～15年。

1996年美洲开发银行开办了支持商业银行贷款方和债券发行的政治风险担保业务。担保的范围包括货币兑换和转移，国有化和合同违约。担保的金额可达到2亿美元，或担保项目成本的50%。美洲投资公司是美洲开发银行的一个附属机构，它给项目提供股本投资。

附录：美国进出口银行使用信息要求（参阅 16.4.4）

一、一般项目

（一）对一般项目的要求

1. 在大多数情况下，项目公司应该与有信誉的实体签订长期合同，标明采购项目需要的燃料、原材料，以及运营和维护。这类合同应超出进出口银行所要求的融资期限。在电信和石油化工等行业，如果长期合同不适用，进出口银行就会分别评估每个交易，发现重要的商业理由。

2. 项目应该按各方的管理风险的能力，把风险适当地分配给它们。通过敏感度分析，可以发现债务偿还的比率，以确保在还债期间能够不间断地还本付息。

3. 项目总成本相当于一个特定市场中该类型和规模的项目成本的总和。

4. 产品单位定价和成本应该反映市场定价。

5. 通过收入来降低货币贬值的风险，收入的应是硬通货币，收入调整公式基于货币关系的变化或其他结构机制。

（二）所需信息

1. 项目各个方面的总结。包括独立准备的可行性研究或详细的信息备忘录，这是由有资格的一方来准备的。该研究或备忘录应包括项目描述、位置、法律地位、所有权、项目结构的关键要素的背景和地位，比如协议、许可证、当地合作伙伴的参与和融资。

2. 项目关键要素协议。进出口银行认为，关键协议包括所有建设和运营项目的所有合同。这些合同包括基础设施，以及供应和采购协议。这些协议应为最终版本，进出口银行不接受这些协议摘要或概述的形式。

3. 项目预期成本的分项，包括施工期和运营期的资本要求，主要成本类别和原产国。该信息还应包括所有"软成本"，如开发成本、开发费用、业主的突发事件和其他类似项目，施工期间的利息和计算方法也应包括在内。

4. 总结预期的项目融资计划和安全方案，包括来源、数量、债务和股权投资，项目成本超支方面的融资渠道，托管账户的描述。提供有关该项目其他贷款人的融资承诺条款、抵押要求，其他贷款方的融资信息（如有需要）。必须披露所有其他融资的来源（跨国发展银行、其他出口信贷机构、商业银行、资本市场和私人投资者）。

5. 预计项目期内的年度财务报表，时间从项目开发到最后成熟，以及到银行融资，包括资产负债表、利润和亏损、资金来源和资金运用报表以及债务偿还比率。预测应包括一个敏感性分析，包括预期、悲观和乐观的情况。

6. 此信息应以Lotus123或Excel电子表格的形式提供。融资结构的格式应该是用户友好型。进出口银行必须能够审查和调整模型中的假设。

7. 对财务预测的假设，包括但不限于销售数量和价格，经营和管理成本，折旧、摊销和税率，以及地方政府的价格管制政策。

8. 市场信息包括十年的历史价格和成交量的数据，目前和预计的生产能力，产品需求的预测，竞争对手的说明和未来项目市场占有率的预测，竞争对手的市场份额，客户的身份和地位，营销和分销策略。

9. 描述项目的主要风险以及发起人、贷款方和东道国的主要利益。

10. 对项目完工前和完工后所购买的保险种类的描述。

11. 项目所需的基础设施的信息，特别是有关的时间、状况和发展计划的信息。

12. 进出口银行所需要提供服务的说明。

二、参与者

（一）对参与者的要求

项目发起人、承购购买者、承包商、运营商、供应商必须能够证明其必要的技术，管理和财务能力，以确保它们能够履行各自的义务。

（二）所需信息

1. 发起人必须用英语提供一个关于其业务的简短历史和描述，说明其在类似项目的相关经验，以及三年内的审计和财务报表。

2. 如果发起人是合资企业或财团的一部分，应为所有参与者提供信息。同时还应该提供股东协议。有关这方面的文件（合资企业协议，管理和服务协议）应该都是终稿的形式。

3. 购买方和供应方应提供英语的历史和运营描述，至少三年的经审计的财务报表，并说明该项目符合其长期战略计划。如果该项目利用原材料（石油、天然气、煤、乙烷等），要确保其合同副本已通过法律顾问的审查，并要遵守当地法律。

4. 承包商和运营商必须提供类似项目的经验和最近的财务信息。

三、技术

（一）技术要求

1. 项目技术必须是成熟可靠的，许可安排要通过合同担保，期限要超出进出口银行融资期限。

2. 需要提供技术可行性研究或详细的工程信息，以说明项目中技术上的可行性。

（二）所需信息

1. 每个项目设施的技术描述和流程图。

2. 营业成本的详细估计。

3. 供应原材料和公用设施的安排。

4. 交钥匙施工合同及成本增加和施工延误的可能性，包括对违约损失的规定和履约保证金要求的详细说明。

5. 项目实施计划，包括目标日期、为项目建设的重要日期。

6. 特定场地的环境评估，突出所关注的问题、要求和解决方案。这些文件应该证明其符合进出口银行关于环境的要求。所有申请者必须提交由三方的专家在申请前进行的初步环境评估报告。

四、东道国法律／规章框架和政府的作用

（一）要求

1. 东道国政府需要承诺继续推进项目。

2. 法律和监管需求分析表明，国家条件和项目结构足以证明项目可以获得长期贷款，但要通过强制的合同关系。

3. 进出口银行与东道国政府的关系是基于单个项目的，需要签署进出口银行项目（PIA）与东道国政府的激励协议。PIA涉及政治风险和进出口银行解决与东道国政府冲突的办法。只是某些特定的市场需要PIA。

（二）所需信息

1. 东道国政府在项目中的作用的描述，以及为取得必要的政府承诺的进程，包括从政府机构获得项目授权，所有许可证、执照、特许权协议和批准的副本，还有必须填写的项目所需的所有许可证的说明，对于项目的完工都是十分必要的。这些信息都是进出口银行必须要考虑的。

2. 政府会管理项目，但是承诺不干涉项目的运营。如果政府也是项目发起人之一，这些问题将是尤其重要的。

3. 政府当前和先前的承诺以及外汇可以使用和自由兑换的政策的凭证。

4. 政府承诺，以支持该项目涉及的任何政府部门的地位和战略，在这种情况下，这样的承诺是必要的，这样的实体提供足够的信贷支持。

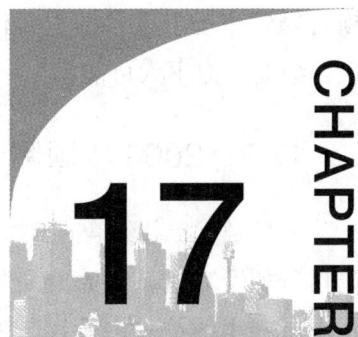

近期的市场发展与项目融资的展望

17.1 概述

从20世纪80年代至2008年，项目融资在全球经历了持续稳定的发展，只是受到了以前金融危机轻微的影响，如1997年亚洲金融危机，2001年安然公司倒闭。但是，2008年国际金融危机对项目融资市场造成的直接和间接影响要大得多。虽然2009—2010年项目融资市场有所恢复，但是欧元区的危机却造成了进一步的负面影响，不仅影响了欧洲的项目，而且对欧洲项目融资银行业务活跃的世界其他地区的项目，特别是美洲地区的项目影响很大。

尽管2008年以后银行在项目融资贷款上的信贷损失不明显，但是此类贷款缺乏流动性是一个主要问题，这个问题在《巴塞尔协议Ⅲ》的要求下更加严重。鼓励非银行债权人进入项目融资市场，特别是基础设施项目融资市场，一直是受银行贷款下降影响最严重国家的优先安排。提高项目融资交易的信用风险被看作是这个过程的一个重要组成部分。新的项目融资结构模型可能在一些市场上比较适用。

2013年，银行迅速回到了市场并与非银行贷款方展开激烈竞争，而采取非常措施为基础设施项目进行的私人融资被证明是不必要的。虽然商业银行在项目融资市场上起到的重要作用可能总体上有所降低，在一些市场上的作用大幅减弱，但不太可能消失。

17.2　2008 年国际金融危机的影响

项目融资贷款组合在2008年后的经济衰退中很好地保持下来：与其他领域的借贷如个人贷款、家庭贷款或公司融资相比，银行和其他贷款方在项目融资中所产生的损失水平比较低。作为低信用风险的借贷，项目融资无疑在经历了考验后表现得很好，这与我们的第一印象正好相反。显然，这种低损失率与银行在项目融资中广泛使用的尽职调查和严格控制有关。

但项目融资在流动性方面却没有表现得很好。一直有一个隐含的假设，即项目融资贷款具有流动性，如果初始的银行想降低项目的长期风险水平，可以把贷款出售给其他银行（参阅5.2.8）。在大多数西方市场，整个银行业的贷款紧缩，使得这种做法是不可能的，而且这种做法大幅降低了银行的风险偏好，因此这些资金主要用于新项目。当然，缺乏流动性也是当时其他金融市场问题的一个主要原因。

另一个缓解流动性问题的关键是银行用货币市场的短期存款为长期项目融资提供贷款。从2008年开始，一些银行遇到了为项目融资投资组合提供资金的问题：由于银行对其合作方的风险变得非常保守，银行间资金市场变得越来越缺乏流动性。这又降低了对新项目融资贷款的欲望。

因此，结果是大幅削减新项目融资的贷款（和所有其他贷款一样）。如表4-1所示，削减最多的地区都遭受了最严重的经济衰退。并不奇怪，这伴随着利率大幅的增加和贷款条件的收紧，如引入用于项目建设和前期运营的软性贷款。

同样，由于单一险种保险公司的大量消失，债券市场也遭受了严重的损失，尽管债券业务一直在小规模地为非PPP项目提供融资，这些项目通常对融资要求的期限较短。

贷款的减少促使一些政府采取措施以填补项目融资的资金缺口，如在15.7中讨论了英国政府成立财政部基础设施融资处。

这些短期影响在2009年至2010年有所下降，因此市场得以改善，但是由于欧元区危机和银行为这种长期债务融资期限较长，以及下面关于"巴塞尔进程"的要求，人们开始关注市场中出现的贷款进一步收缩的问题，特别是欧洲的情况。

然而，2013年银行贷款市场出现了复苏的迹象，尽管仍担心贷款期限过长的问题。一些市场，如北美市场为电力和基础设施项目提供了足够的机构融资。事实上，一些机构贷款方和银行之间出现了一些竞争。欧洲市场也出现了类似的情况。其他市场，如海湾国家，当地银行从传统的国际贷款机构获得了一些业务。在其他国家，如印度，政府采取了行动促进债券市场更快地发展。

17.3 "巴塞尔进程"

商业银行逐渐从项目融资脱离的趋势并不是新现象，这不仅仅是2008年国际金融危机造成的，该趋势因"巴塞尔进程"正在加速发展。巴塞尔在这里是指位于瑞士巴塞尔的国际清算银行（BIS），它是瑞士国家中央银行的中央银行。它设有负责银行监管的巴塞尔委员会，为主要的国际银行制定资本充足率的国际标准（创造公平竞争环境，避免国家间银行监管的恶性竞争，如果做不到这一点，一些国家银行业监管部门就会降低资本充足率的要求，使该国的银行降低贷款的成本，就国际贷款而言这一点是非常重要的）。这些标准经历了三次变化：

《巴塞尔协议Ⅰ》（1988）。它是在1992年由十国集团开始实施的。这项协议提出了银行资金与贷款之间的最低比率；除了为政府提供的主权贷款之外，它适用于所有的贷款（因此忽略信用质量）；它也没有充分考虑到银行资产负债表外的债务。

《巴塞尔协议Ⅱ》（2004）。它是基于相对于风险量化的资本而提出的，量化风险是由外部信用评级或由银行自己损失的经历确定的。因此，风险越高，所需的资本越多。但该协议要求银行根据这些风险加权资产只持有少量的资本，比如2%的风险加权资产。

《巴塞尔协议Ⅲ》（2011，从2013年至2018年实施）。它特别提出：2008年国际金融危机的教训就是，流动性对于银行和信用质量同样重要。因此，要求银行要保持最低的流动性，以预防太多不匹配的资金（短期借款与长期贷款的问题）。所需资本的水平也将提高到风险加权资产的7%。

对于项目融资，这很可能意味着要更加重视期限错配的问题，促使银行在提供长期贷款的时候安排期限较长的借款。这将至少使银行提供的项目融资比其他的融资更昂贵。有些银行发现，如果贷款的利差下降到接近2008年前的水平时项目融资就会增加，因此它们会全部从市场中退出，这和一些主要银行在2008年之前退出市场的情况一样。其他银行看起来仍留在市场，但安排贷款的目的是以后出售给机构市场，一些银行已经为此成立了工作团队。另一种选择是，银行可能会继续成为项目的"账面贷款方"，但通过与机构市场安排信用违约掉期至少可以对冲一部分信用风险。

问题最严重的是基础设施项目融资，其贷款期限通常较长（20年以上），比其他类型的项目融资的贷款期限（不到20年）要长。这种性质的项目对为其提供贷款的跨境融资市场也有影响，更多的银行主要集中为它们国内市场的项目提供融资。银行使用"软性贷款"以及类似的融资结构来减少贷款的可能期限。但是，到2013年，由于非银行机构的竞争基础设施项目似乎又回到了贷款期限较长的局面。另外，自然资源项目的贷款期限往往较短，而且对购买这些产品的购买方具有战略的利益，所以比较容易从某些国家（如日本）的银行获得融资。

17.4　非银行贷款方

项目融资债务的合理来源是对长期和相对安全现金流有需要的实体，如人寿保险公司、养老基金、对冲基金、主权财富基金、融资公司等（"机构"市场）。然而，项目融资债券市场发展有限，尽管有发展前景，但在这种债务取代银行融资之前仍有很长的路要走，而且单一业务保险公司的消失并没有对项目融资债券市场发展起到多大的帮助作用。

17.4.1　机构贷款方

2008年以后，银行项目融资大幅收缩，基础设施市场中股本资金投资期限更长，以及寻求资产低风险高收益，导致了过去几年中机构债务融资大幅增加，即非银行部门提供贷款增加。另一个明显的促进因素是2008年以后借贷边际的快速增加。大型寿险公司和养老基金都已经直接为项目融资提供贷款。

加拿大市场也许是一个最好的例子。由于加拿大的银行不被允许提供长期的贷款，因此长期项目融资主要依靠欧洲和日本的银行。另外，加拿大拥有高度发达的大型人寿保险公司和养老基金。这些机构一般有直接投资项目融资股权资金的专业知识，对提供债务服务并不陌生，因此它们已经在相当程度上取代了银行。这种新的融资渠道的影响已经显现，为债务提供融资的政府债券的收益率从2008年的4%下降到2012年末的1.75%。

虽然很难获得相关的统计数据，但评级机构标准普尔估计，2012年从"其他渠道"获得的项目贷款规模相当于国际债券市场的规模，约200亿美元。然而，由于缺乏投资组合业绩的历史数据以及对建设风险的担忧，机构贷款的增长受到了一定的限制。

但是机构贷款对机构投资者可能的融资需求有一定的限制：没有可以为项目公司贷款进行交易的市场，因此缺乏流动性（即使理论上债券可以进行交易，但实践中某一特定债券发行的市场也不是很有流动性）。这意味着与股权投资一样，机构贷款方只会把非常有限比例的资产（可能不到5%）用于项目融资的贷款。另外，机构贷款方也倾向于选择"普通型"的居住项目，而不是更复杂或风险高的发电项目或特许权项目，所以这类项目可能仍然要靠银行的融资。随着利率总体水平的上升，机构贷款方也有可能远离复杂的项目融资，而选择相对简单的其他债务市场，如公司债券。

与银行贷款和债券相比，非银行市场运营的信息非常有限，这也是内在的风险。因此，就像2008年国际金融危机，由于不了解金融市场的监管，非银行市场有可能会积累很高的风险。在银行或其他受监管的贷款方不得不配置一定的资本金和流动性以支持它们贷款的时候，承担相同风险但不受监管的实体则不必遵守这样严格的要求，这是不切实际的。

17.4.2 债务基金

机构债务融资发展的另一个问题是只有最大的机构可以负担得起聘请专业人员来评估和监控项目融资贷款组合。由于项目融资的债务只占机构投资组合的一小部分，不值得小机构雇用专业人员来评估和监控项目融资的贷款。但是，规模较小的养老基金可能仍然有兴趣配置一部分的投资组合用于基础设施的项目融资。

项目融资债务基金正开始解决这个问题。这些基金以类似直接贷款方式为项目提供债务，提供资金的各方都参与过这一领域的股权投资，比如，人寿保险公司、养老基金，特别是发展中国家的开发金融机构。

有些潜在的利益冲突问题可能会抑制这个领域的发展：一个债务基金模式是把由银行提供的债务转移到某个基金（类似贷款抵押债券），这里的风险是不言而喻的。简单的解决方案是确保银行在自己的账簿上合理保留部分贷款，但这很难监督，因为银行可以很容易地卖掉不公开的贷款额度，却保持账面贷款方的记录或实施信用违约掉期的行为。

更困难的是就像非基金的基金经理把项目融资股权投资看成"高风险高收益"的那样，应该收取高费用。这个原则也适用于债务基金，但收益对很多机构投资者来说并不具有吸引力。

17.4.3 公共部门的养老基金

一些发达国家，如加拿大和美国的大型公共部门养老基金已经成为项目融资股权投资的重要参与者，并且开始参与债务融资。通常，这种类型的养老基金要确保分散它们的投资组合，因此它们要参与不同国家的各种类型的项目，而不只是它们国内市场的项目。

只要公共部门养老基金能够做到真正地公平运营，而不是由于政治压力被迫参与项目，就不会出现问题，但情况并不总是这样。特别是在发展中国家（如尼日利亚和南非），全国公共部门养老基金往往是目前最大的潜在融资来源机构，为了国民经济的发展这类基金不得不投资于项目。但是，养老基金的主要目的是确保其成员按时得到他们应得的养老金，而把资产不适当地投资在某一个领域，如重大的项目，可能由于政治压力而不能充分地尽职调查，会对发挥养老金的主要作用构成潜在的危害。

17.4.4 偿付能力 II

影响欧盟的人寿保险公司参与项目融资贷款的问题是2009年出台了"偿付能力 II"指令，该指令对各家保险公司的规定进行了协调，可称为"保险公司的《巴塞尔协议 III》"。它本应该在2014年初开始生效，但这一生效日期被欧洲议会推迟，直到2013年也没有公布新的生效日期。人们担心的主要原因是该指令会使长期投资持有资本金增加（在公司融资和项目融资贷款之间没有进行区分）。因此，对于刚刚开始进入市场的保险公司来说，偿付能力Ⅱ可能使长期项目融资贷款缺乏吸引力。

17.5 改善项目融资的信贷风险

提高项目融资项目的信用评级被认为是大规模利用长期的机构债务市场的关键。一般情况下，这些项目被评为BBB/Baa级，即投资等级的底端，对许多倾向于单A级（A/A）的机构投资者来说不具有吸引力。当然，一些较大的机构愿意承担评级为BBB/Baa简单居住项目的风险。

政府一直特别关注基础设施领域的项目融资，包括PPP项目，如前所述，这些项目的债务期限最长。在第15章中讨论了公共部门为这类项目提供的各种形式的支持。但是，有几种不需要公共部门的支持可以改进项目融资信贷风险的方法。

◎ 单独的施工风险。

◎ 次级债务。

◎ 备用融资。

◎ 混合融资。

◎ 增加股本。

17.5.1 单独的施工风险

降低风险并提高项目融资债务信用评级的一个方法就是消除施工的风险。做到这一点可以通过商业银行或其他机构提供项目完工担保，或先由银行提供施工融资然后在项目完工的前提下再由机构贷款方提供再融资。让银行只参与建设期的融资显然是一种短期的融资，本质上更适合银行的业务。

针对这种简单的解决方案提出了一些问题：

◎ 再融资的风险。这种风险必须由签约的公共部门承担，除非它能说服长期的贷款方提前作出长期贷款的承诺。

◎ 尽职调查。因为建设期的贷款方/担保人对施工期后的风险开展尽职调查没有兴趣，所以谁来做尽职调查？什么时候做？

◎ 交接的时间。如何确定施工阶段借款方获得偿还或担保人解除担保的日期？它们还要继续承担什么责任？即使该项目通过了完工测试

或达到了生产要求，是否有必要让该项目运行一段时间以确保不出
现其他问题？不过，这些问题可能更多地与设备项目有关，而不是
简单的居住类项目。

◎ 接管日期。一旦项目建设落后于施工进度一年（不是由于业主的风
险造成的），施工合同和项目协议就可以因违约而终止。如果有长
期的贷款方选择介入并努力挽救这一情况，即使会带来一些损失，
也有机会在剩下的合同期限内挽回部分或全部损失（以投资方的收
益为代价）。但如果只是短期的建设贷款或担保，建设阶段的贷款
方可以明确它们没有希望挽回的直接损失。

考虑到这些问题，建设期的融资可能最适合施工风险相对较低的项目，
例如居住项目，而不适合技术风险较高的项目，如垃圾焚烧炉项目。

17.5.2　次级债务

这个逻辑表明无论是银行还是其他机构（如专业的借贷方或次级债务基
金）提供的次级债务对解决这个问题可能更可行。如果项目有15%的股本金和
10%的次级债务，在高级贷款方承担损失之前所产生的损失必须是总融资额的
25%，如果没有次级债务，产生的损失应为15%。这样就降低了高级贷款方的
风险，这一点应该能在较高的信贷评级中反映出来，这也让更为谨慎的非银
行贷款方有了更多的借贷意愿。

15.4中举了利用公共部门次级债务的例子（美国国家基础设施银行、美国
交通基础设施融资与创新法案以及欧洲投资银行项目债券计划）。案例中的
核心问题是这类公共部门的计划是以相对较低的成本提供次级债务，而来自
商业部门的次级债务成本，如次级债务基金，几乎和所要求的股本内部收益
率差不多，随着股本金的增加，其成本也会上升。因此，创立次级债务基金
的努力不是很成功。

17.5.3　备用融资

一个替代直接提供次级债务的方法是在需要的时候安排提供备用融资。
这与特许经营项目关系最为紧密，对于交通项目来说，能否达到预测的交通
量，特别是项目运行的初期阶段，可能存在着不确定性。例如，欧洲投资银

行的贷款担保服务提供的备用融资可以降低高级贷款方在项目运营初始阶段的风险。美国国家基础设施银行、美国交通基础设施融资与创新法案以及欧洲投资银行项目债券计划也可以提供备用融资，可以用于项目的整个周期，这一点与欧洲投资银行的贷款担保服务不同。

17.5.4 混合融资

另外一个方法是使用"混合融资"，即由银行和债券（或其他长期贷款）共同提供债务融资。在这种融资结构中，两者的地位相同，但是银行贷款的期限较短，（如7~10年）因此偿还较快，而机构贷款一般安排在现金流的后期偿还。这种整体债务偿还的做法把这两种还款的安排结合在一起，以产生一种正常的年金式偿还方式。但是，在银行借贷与债券借贷同时进行的过程中也存在一些实际问题，因此这种结构更适合机构借贷方或债务基金，它们都会全程参与尽职调查和对项目的控制，这一点和银行的做法相似。

17.5.5 增加股本金

在项目融资中增加股本金的比例可以达到与提供次级债务一样的效果，即减少高级借贷方的风险，鼓励机构借贷。问题是投资方和借贷方风险的降低是否会让它们愿意接受较低的回报。如果不是这种情况，结果当然是让项目的成本更高。

根据2012年公布的私人融资计划修订版的规定，英国财政部宣布，在未来的私人融资计划的项目中必须要增加普通的股本金（从占项目成本的10%~15%增加到20%~25%），增加的部分由初始的发起人、公共部门和股权资金竞标中转让的股份三方来分担。由于非发起人股本的内部收益率较低，同时股本的增加会导致债务成本降低，因此整体的融资成本预计不会超过普通的融资成本。这使得项目债务对机构市场更具有吸引力（实际上，财政部表示过："私人融资计划的项目有望从其他渠道而不是从银行获得融资"）。但是，在2013年出现了一个明显的现象，银行又开始为PPP项目大规模地提供融资了，随之在私人融资计划修订版的合同中增加股本比例的想法也就停止了。

对于由"软性"贷款融资的项目来说，发起人在软性贷款生效之前如果需要再融资的话可能会决定增加股本投资，由于现金流稳定，这种安排应该相对容易做到，这也会使融资变得更容易。

17.6　融资新模式

目前出现了一些新的融资模式，虽然使用范围有限，但在某些领域可能是有益的。例如：

◎　基于监管资产的融资。

◎　基于产出的援助。

◎　社会效益债券。

◎　税收增额融资。

17.6.1　基于监管资产的融资

向最终用户收费的私人部门公用设施经常受到监管。其目的就是确保公众不会受到垄断服务的控制，同时也确保相关的公用设施要有配套的基础设施并获得合理的投资回报。通常，监管方由政府指定，但独立于政府的管理。监管方的作用如下：

◎　制定服务标准，这可能会使公用公司必须投资新项目；

◎　批准项目的成本，但是基于项目应该使用的成本而不是实际产生的成本，这样施工的风险就留给了公用公司的股东；

◎　批准公用公司的"资产基础"，即其资产的合理成本，包括上述的额外成本，这些成本是提供服务所必需的，然后扣除折旧部分；

◎　批准公用公司的资本成本，即资本融资和股东回报的成本；

◎　批准公用公司的运营成本，包括这些成本创造的合理利润。

基于以上这些要素计算收取最终用户的费用，通常在下一轮评估之前的若干年中（比如5年）设定一个固定的费用，在此期间按照消费者价格指数调整价格。

根据这种结构，公用公司的贷款方明白，一旦资产基础得到批准就会产生稳定的现金流，这样公用公司就可以以相当低的成本进行借款。因此，一般情况下被监管的公用公司就不需要用项目融资了。

但是不像私人的公用设施那样，和签约的公共部门合作的PPP项目和处理厂项目一般不在监管部门的控制下运营。这类项目是以"合同管理"为基础的，即项目协议设定服务标准以及向购买方或签约的公共部门或最终用户收取的最高费用。实际上，让政府指定的监管方对私人部门项目公司与签约的公共部门签订的合同价格进行监管并不可靠。但是，这当然意味着，如果合同付款被认为高得离谱，就有可能导致政治问题发生。

最近几年一直有观点认为，应该把监管引入PPP项目中，这样可以使长期融资更容易也更便宜，以解决PPP项目合同的长期固化的问题。这被称为"基于监管资产的融资"。这种想法是：项目公司确立一个项目，并为其施工期进行项目融资；当项目完工时，监管方将确定其成本是否合理，如果合理，就给予这项成本一定的回报（即成本变成了资产基础）。这将使施工融资的成本以规定的收益率获得再融资的贷款。

因此，监管可能适用于私人的基础设施项目，而对PPP项目很可能不适合。

17.6.2　基于成果的援助

基于成果的援助（OBA）的定义如下：

"……这是一个基于结果的机制，在向穷人提供基础设施和社会服务中采用该机制的情况不断增加，OBA把以补贴形式支出的公共资金与直接支持更好获得基本服务的具体结果联系在一起。基本服务包括改善的供水和卫生设施、能源的使用、卫生健康、教育、通信服务以及交通。"

OBA的概念最早是由世界银行在2002年提出的。服务对象是不能获得基本服务的穷人，因为他们支付不起全部的用户费用，比如接通费。目前，由世界银行和其他双边开发融资机构共同资助成立了基于成果援助的全球伙伴计划，为相关的项目提供支持。

OBA合同与基于产出的PPP项目合同之间有着明显的联系。在发展中国家的社会服务领域中，采用私人部门融资模式的项目经常遇到支付能力的问题，这种机制可能是一个破解之道。OBA能提供长期的资金以支付社会服务基础设施项目的部分或全部服务费用，因此有助于让用户付得起项目的服务费，同时确保援助资金能规范使用。但是，潜在的一个问题是，资金的捐助者必须要在PPP项目整个合同期内承诺支付合同付款，以使项目获得融资，然而大多数的捐款是短期的。

17.6.3 社会效益债券

近年来社会效益债券（SIB）引起了社会很大的关注。根据与签约的公共部门签署的合同，这种债券为改善的社会服务付款，节省了公共部门的资金。

英国在2010年首次发行的这类债券阐明了社会效益债券的机理。投资方（一般为慈善机构和其他社会公益投资者）购买这种债券，债券收益用于罪犯获释后的一个6年的再教育计划。如果能把再犯罪的程度降低7.5%，公共部门因此而节省的部分成本就由签约的公共部门（英国司法部）支付给债券的持有人。在这个界限下比例再降低，就要多付给投资方。投资方最高可获得13%的收益。从这个回报率来看，社会效益债券投资是一项高风险的投资，其风险有些像股本投资的风险。美国的社会效益债券于2012年首次发行，用于为纽约市犯罪再教育计划融资（960万美元，全部由高盛购买）。其他国家如澳大利亚也在积极地考虑使用社会效益债券。

尽管上述案例与实体项目无关，但是没有内在的理由认为社会效益债券不能用于项目的投资，其收入来源于社会的效益。但是，显然这是一个小众市场。

17.6.4 税收增额融资

税收增额融资在美国并不是一个新概念，从20世纪50年代开始就已经存在，现在在美国广泛使用。作为城市重建和提升社会基础设施融资的方法，税收增额融资在世界其他地区也引发了很大的兴趣。

税收增额融资的概念非常简单：用基础设施开发产生的物业税的收入（有时也包括销售税的收入）偿还为新的基础设施项目融资的债券或贷款。这些增加的税收应该单独使用并封闭管理，用于偿还基础设施开发的初始融资。可能会要求制定地方法律以确保税收的封闭管理，比如，建立一个特别的"税收增额融资区"。相关的基础设施可能是道路或其他交通设施的改造，在此基础上私人投资方可能建造新房屋和商业设施。其他的社会基础设施，如警察局或消防局、图书馆、诊所、福利住房、水处理厂等，也可以用这种方式融资。

在美国，创立一个税收增额融资项目的基本要求是用于对城市"荒芜"

的地区的重建。如果不利用税收增额融资，就不可能进行重建。

税收增额融资项目可以用不同的方法进行融资：

◎ 签约的公共部门债券。签约的公共部门可以发行债券（免税的市政债券）用于基础设施的投资，通过封闭的税款增收额偿还债券。

◎ 开发商融资。签约的公共部门签署协议把封闭的税收增加额付给开发商，前提是开发商要完成必要的基础设施投资，此外开发商使用该协议（实际上像项目合同）作为担保以获得所要求的投资融资。

◎ 在上述两种方法之间，可以要求开发商用自有资金进行改造，一旦完工就可以用税收增额融资进行偿还。这也可以减少有关的风险，并降低长期融资的成本。

税收增额融资有以下几个问题需要考虑：

税收增额融资用于什么样的基础设施？ 在美国，税收增额融资的市场主要用于购物中心的开发——在考虑城市重建时这不一定是最优先的项目。与当地政府有良好关系的房地产开发商误用税收增额融资的概念显然是危险的。

如何社会公平。 增加税收的部分利益总体上应该用到签约的公共部门的地区，即这些利益不能只用于在税收增额融资地区的那些幸运的人们。一般情况下，用不超过50%的增加的税收来偿还融资债务，剩余的50%则由签约的公共部门自由决定如何使用。

税收风险。 谁来承担能否真正增加税收的风险呢？根据项目的性质，明显存在着在税收增额融资地区新私人部门投资不足的高风险，因此可能导致债务不能偿还（通常对超额税收分配有时间的限制，某些重大的投资可能会有15～20年，较小的交易期限可能更短一些）。

另外，在税收增额融资地区主要开发商的失利可能会影响债券的回收，例如，如果在税收增额融资地区的主要项目——购物中心破产了，显然它就无法支付物业税了。风险的集中（而不是分散的税基）就是另一个主要的问题了。

在美国的市政债券市场上，如果签约的公共部门发行收益债券，那么对一般税收收入就没有追索权。如果对开发商的债务也有限，那么与上面的情况就是一样的，让签约的公共部门担保提高税收就没有意义了：如果它要承担这个风险，就要以全追索的条件进行融资（比如普通的债务债券），就要对其借款有些限制，否则提供担保这些限制就没用了。另外，这类风险可能非常复杂而且很难评估。在有些情况下，税收增额融资债券要以这个地区的改造提升作为担保的条件，显然这只有在法院拍卖的财产能给债券持有者带来利益的情况下才有帮助。

有些州可以获得州政府为税收增额融资提供的担保。否则，就需要从专门业务的保险公司、银行或其他担保方获得信用增级。

其他风险分析：在其他项目融资中出现的一些风险也可能出现在税收增额融资的债券上，例如，施工能按进度在预算内完成，但税基不足是税收增额融资所特有的主要风险。

税收增额融资的试点项目正在引入英国的地方政府融资，但是与美国的使用方式不同。在英国，地方政府一般不需要通过发行债券自行融资，因为地方政府可以从英国债务管理办公室以较低的利率借款。因此，英国的地方政府把税务增额融资作为一种新的方式以自己的名义向债务管理办公室借款，由于私人部门不承担税收增额融资的风险，因此这个风险显然留给了地方政府。

17.7 项目融资未来的趋势

认为标准的银行融资的项目融资债务市场即将消失还为时过早。在项目融资方面银行提供的借贷规模仍然很大，一些银行退出这个市场的同时，另外一些银行又进入这个市场。但是，很明显一些长期的趋势可能会越来越多地影响项目融资的债务市场，特别是在基础设施领域，受影响的地区主要是欧洲。机构借贷的情况正在迅速增加，但是面对银行强有力的竞争，机构借贷能否持续发展的判断现在还为时过早。欧洲委员会的工作报告指出："通过资本市场并减少对银行资金的依赖是获得长期资源的更好途径。但是，这种资金结构的转型需要一定的时间。"这是对目前情况最好的总结，至少在欧洲是这样。

假设传统的银行提供项目融资的方式明天就结束了，项目将都由机构债务进行融资，本书的内容也不过时。不管一个独立的项目从哪个渠道获得融资，本书前面各章所介绍的结构和风险问题将继续适用。

词汇表和缩略语

A

abandonment　　发起人无法继续项目的建设或运营

abatement　　处罚（用于私人融资计划模式的合同）

acceleration　　出现违约事件后贷款方为使债务到期并收回所采取的行动

accommodation project　　与建筑物相关的使用合同，如学校、医院、监狱、政府办公室等

accounting officer　　财务官员，负责 PPP 项目采购的高级公务员

accreting swap　　按名义本金的提款额分期安排的利率交换

acknowledgements and consents　　确认并同意（参阅直接协议）

Act of God　　自然界的不可抗力

ADB　　亚洲开发银行，区域性国际融资机构

additionality　　在私人部门市场不能提供资金的情况下，要求开发金融机构提供的借款

ADSCR　　年度偿债能力比率，运营现金流与项目某一年的偿还债务额之间的比率

advance payment guarantee　　根据 EPC 合同，EPC 承包商为项目公司支付的预付金提供的抵押

AfDB　　非洲开发银行，区域性国际金融机构

Affermage　　项目公司接管现有的公共服务并向签约的公共部门或用户收取使用费的合同

Affirmative covenants　　积极契约

Affordability　　签约的公共部门从其预算中支付合同付款的能力，或用户支付使用费的能力

agent bank　　联络项目公司和其贷款方的银行

all risks insurance　　运营期间项目遭受损坏的保险

ALOP insurance   预估利润损失保险

amortizing swap   随着名义本金的减少而分期减少利率的交换

Angola Model   提供基础设施建设，作为回报有权开采自然资源的模式

Annual Debt Service Cover Ratio   年度债务偿还比率（ADSCR）

Annuity Contract   年金合同

annuity repayment   年金偿还债务的安排，包括每期的本金和利息

Asset Management Plan   资产管理计划，项目协议中规定的项目资产的维护和更新要求

Asset Register   在项目协议到期时项目公司的资产移交给购买方 / 签约的公共部门的登记

assumptions book   财务模型的源数据

authorized investments   项目公司使用储备账户中的现金进行低风险投资

availability   项目协议要求的项目的可使用性

Availability Charge   使用费，价格中的固定收费部分，无论是否需要产品或服务都要支付

Availability Period   融资关闭后债务可供使用的期限

Availability-based Contract/project   私人融资计划模式的项目，项目公司对签约的公共部门使用项目进行收费（尽管与处理厂项目协议有相似之处，但是这类合同需要单独处理）。

average life   贷款本金余额的平均期限

B

B Loan   与国际金融机构一起为项目提供的私人部门银行的贷款

BAFO   最优和最终的报价，公共采购第二阶段的投标

balloon repayment   最后一笔大额贷款本金的偿还（一系列小额偿还后），与"期终一次偿还"不同

banker's clauses   贷款方对保险的额外要求

Banking Case   融资关闭前或关闭时项目公司和贷款方一致同意对项目现金流所作的预测

Base Case   融资关闭前或关闭时项目公司和购买方或签约的公共部门一致同意对项目现金流所作的预测

Basel process   对主要国际性银行提出的国际公认的资本金与流动性的要求

bbl   （石油）桶

benchmarking　　在定期评估提供给项目公司服务成本的基础上对价格的调整

Berne Union　　国际信用投资保险商联合会

Best and Final Offer　　在竞争性的公共采购中第二阶段的投标

BI insurance　　营业中断险，即项目遭受损害后收入损失的保险

bid bond　　公共采购中投标方提供担保，一旦中标需要签署协议的担保

bilateral DFI　　某一个国家的开发金融机构，为发展中国家的项目提供贷款和股本

Blended Equity IRR　　投资方获得内部收益率，包括所有的收益

BLOT　　建设—租赁—运营—移交

BLT　　建设—租赁—移交

bond　　可交易的债务工具，债券

bondholder　　以债券的形式为项目公司提供借款的一方

bonding　　投标方提供的担保，或项目合同的一方提供担保的义务

BOO　　建设—拥有—运营

book runner　　负责银团贷款或债券发行的银行

BOOT　　建设—拥有—运营—移交

Borrowing base　　在满足现金流或其他目标的情况下，提取贷款为投资提供资金的系统

BOT　　建设—拥有—移交

breach of contract　　公共部门机构没有按项目合同履约，或东道国政府没有按政府支持协议履行补偿的义务

breach of provision clause　　规定违约的条款

breach of warranty clause　　担保违约条款

breakage cost　　提前终止利率交换或固定利率贷款的费用

BTO　　建设—转移—运营

Building-Services Contract　　物业服务合同

bullet repayment　　期末一次性贷款偿还

Business Case　　签约的公共部门提交的报告，同意启动下一阶段的项目采购

Business Interruption insurance　　项目损坏后为收入损失提供的保险

buyer credit　　出口信贷机构为进口项目设备提供的贷款支持

C

Capacity Charge　　固定价格部分

Capital Contribution　　资本出资

capital grant　　签约的公共部门为使用型或其他私人融资计划的项目资金成本提供的一部分资金

capitalized interest　　加到债务本金中的施工期的利息

CAR insurance　　承包商的一切险

Cascade　　按照融资文件使用项目现金流的先后顺序

cash dawback　　如果项目缺少现金，要求投资人退回所得的收益

cash flow　　项目现金流

Cash Sweep　　提前偿还债务的现金流的余额

CDB　　中国开发银行，政策性银行

CEAR insurance　　施工、安装一切险，包括建设期对项目造成的损失

Cession de Creane　　法国法律的概念，让签约的公共部门直接负责项目公司的一部分债务

CfD　　差价合同

CGF　　信用担保融资

change in law　　影响项目公司或项目的法律变化，从而导致投资成本或运营成本的增加

China Exim　　中国进出口银行

CHP　　热电站

CIRR　　商业参考利率，出口信贷机构提供补贴的出口信贷利率

CIS　　独立国家联合体（简称"独联体"）

clawback　　如果项目公司后期的现金不足，要求投资方退回收到的收益

CLO　　债务抵押债券

COD　　商业运营日

COFACE　　法国科法斯信用保险集团

collateral warranties　　为项目建设或运营提供服务的各方向贷款方承担履约的协议

collateralized loan obligation　　抵押贷款

comfort letter　　为子公司履约提供的支持函，但并不构成担保的责任

commercial banks　　私人部门的银行，是项目融资市场上主要的债务提供方

Commercial Close　　在融资关闭前签署施工合同（或其他主要的分包合同）

Commercial Interest Reference Rates　　基于利率均衡的出口信贷支持的信贷利率

Commercial Operation Date　　EPC 项目完工日，即项目公司准备运营的日期

commercial risks　　项目本身存在的项目融资风险，或产品、服务市场风险，或完工风险、运营风险、收入风险、供应风险和环境风险

commitment fee 借款人按未提取贷款金额的一定比例向贷款人支付的承诺费

Common Terms Agreement 共同条款协议，不同团组贷款方之间共同约定的贷款条件

Compensation event 产生损失或项目公司要求新投资的事件，由购买方或签约的公共部门负责

Completion risks 完工风险，与项目完工有关的商业风险

Concession Agreement 特许经营协议，项目公司为授权机构或公众直接提供服务的项目合同

conditions precedent 在提取贷款前 项目公司应满足的条件

conditions subsequent 在签署贷款文件或项目合同与融资关闭期间应满足的条件

consortium 共同合作开发项目的一组发起人

Construction & Erection All risks insurance 覆盖建设阶段项目损坏的保险

construction budge 与贷款方约定的施工成本，如果变更需征求贷款方的同意

Construction Contract EPC 总承包或分包合同

construction risks 项目建设完工险

construction-phase insurances 建设阶段的保险，即施工安装一切险、海运货物险、延误启动险、海运启动延误险、不可抗力险

contingency 项目成本预算中的未分配的储备，由应急资金支付

Contract for Differences 一种项目协议，按照协议项目公司在市场上销售其产品，但是只支付或收取购买商市场价与协议价的差额部分

contract mismatch 项目协议与一个或多个项目合同之间不匹配的条款

Contract Payments 按照项目协议，应支付给项目公司的款项，即对于处理厂项目的购买方应付的产品价格，私人融资计划项目中签约的公共部门应付的使用费，特许经营协议中应付的用户使用费

contract repudiation 合同违约

Contract Variations 签约的公共部门负责对 PPP 项目合同的变更

Contracting Authority 与项目公司签署特许经营协议的一个公共部门实体

Controlling Creditor 代表债券持有人作决策的代表

corporate finance 公司贷款，按照公司的资产负债表和现有业务提供的一种贷款

cost-benefit ratio 项目收益净现值与成本净现值的比率

country risk 国家风险

coupon 债券收益利率

coupon swap 利率交换

covenants　　项目公司给贷款方的承诺

Cover Ratios　　项目现金流与债务偿还之间的比率，如年度债务偿还能力比率、贷款
　　　　　　周期偿还能力比率、项目周期偿债能力比率，或储备偿债能力比率

CPI　　消费者价格指数，一种通货膨胀指数

credit agreement　　信贷协议

credit-default swap　　风险对冲合同，根据合同信贷风险由贷款方之外的另一方承担

Credit Enhancement　　项目融资提供的担保、备用贷款或其他额外的融资抵押

Credit Guarantee Finance　　英国财政部为 PPP 项目公司的公共部门融资计划，附带
　　　　　　私人部门债务担保

credit margin　　贷款方收取的资金成本的利息，用以管理信用风险和提供资本回报，
　　　　　　或政府发行的债券利息

credit rating agency　　信用评级机构

creeping expropriation　　东道国政府或另一个公共部门采取一系列行动，整体上产生
　　　　　　的国有化的效果

cross-border　　跨国的债务或投资

cross-collateralization　　在不同贷款方之间分配的抵押

CUP　　与 B 贷款的做法相似，多边投资担保机构合作的承销安排

cure period　　按照合同对违约纠正的一段时间

currency swap　　固定未来货币间汇率的对冲合同

cushion　　满足对贷款方、投资方或其他方付款之外的现金流的数额

D

D&B contract　　设计与建造合同

Dailly tranche　　法国私人融资计划模式中合同服务费的一部分，由 cession de creance　　安排支付

DBFO　　设计—建设—融资—运营

DCF　　贴现现金流

deal creep　　在项目协议谈判的过程中，发起人逐渐增加最初约定的定价，主要是因
　　　　　　为包销商或授权机构开始没有对项目的要求进行细化或要求变更引起的

debt　　贷款方提供的融资

debt : equity ratio　　债务与股本金的比率

Debt Accretion　　由于交通量高于最初的预测，增加特许经营的运营期的债务

Debt Funding Competition   在选择优先投标方后，为 PPP 项目提供债务的竞标

debt service   分期偿还利息和本金

Debt Service Reserve Account   债务偿还储备账户

Debt Tail   在偿还债务后项目后续的收入

Debt Underpinning   签约的公共部门为 PPP 项目债务提供的次级损失的担保

deductible   在保险理赔前最初的损失额

deductions   从私人融资计划支付的服务费中扣除的金额，或处理厂未能满足服务
    而从价款中扣除的金额

default interest   由于违约而增加收取的信贷利率

default ratio   最低的偿债能力比率，低于该比率就会出现违约

Defaulting bank Lender   不能提供提款资金的银行

defects liability period   项目完工后施工承包商有责任补救项目施工中出现问题的时期

degradation   项目因使用出现的运营效率下降

Delay in Start-Up insurance   项目遭受损坏后造成完工延迟所引起的收入损失或超
    支的保险

delay LDs   因未按规定时间完工 EPC 承包商支付的违约偿付

denial of justice   毁约

depreciation   项目的折旧

derivative   按金融市场变动产生的价格而设定的付款与收款的合同

Design & Build Contract   设计与建造合同

design risk   与施工承包商对项目设计相关的风险，特别是设计是否完整或特别复杂

developers   发起人

Development Agreement   发起人就项目开发签署的协议

development costs   融资关闭前发起人产生的成本

development fee   通常在融资关闭时应付给发起人的费用，以支付它们的开发成本
    和利润

DFI   开发融资机构——为发展中国家的项目提供双边贷款和股本投资的融资机构

Direct Agreement(s)   贷款方与签署项目合同的各方之间的协议，以保护贷款方的利益

Disbursement Account   用于存入股本金和贷款的项目公司账户，该账户也用于支付
    项目的建设成本

discount rate   折现率，把未来的现金流折现成现值的比率，用于计算净现值

discounted cash flow   未来资金流的净现值

discounted payback period   投资回收期未来现金流折算成净现值

dispatch 电力项目的发电

dispatch risk 要求电厂为电网发电或购电方发电的风险

Distribution Stop 当偿债比率低于某一水平时贷款方限制投资方分配收益

Distributions 支付给投资人的净现金流，包括红利、次级债务利息或本金或股本偿还

dividend 项目公司付给股东投资方的现金

dividend trap 因账面亏损，尽管有可用的现金，项目公司也不能支付红利

Dividend Stop Ratio(s) 停止分红比率 低于该比率时贷款方就会阻止向投资人支付
相关的利益

domestic 与项目所在国相关的

DPC Contract 设计、采购和建设合同

Drawdown 项目公司在项目的建设期从贷款方提款的过程

drawing request 项目公司提取债务的正式程序

drawstop 出现违约后贷款方暂停贷款的发放

dry closing 贷款协议和项目合同的签署，但是要根据后续的条件决定

DSRA 债务偿还储备账户，账户中的余额足够下一次计划偿还的债务额

DSU insurance 启动延误保险，即项目受到损失后造成完工延误，从而导致收入损
失或额外成本增加的保险

due diligence 尽职调查，对项目合同和商业、融资和政治风险的评估

E

easement 相邻土地的使用权，如排水

EBITDA 利息、折旧、纳税钱的收入，公司财务中使用的财务比率

EBRD 欧洲复兴开发银行，业务涉及中欧、东欧和独联体国家的国际金融机构

ECA 出口信贷机构

economic infrastructure 具有经济功能的基础设施，如交通、通信、能源、供水和
污水处理

Effective Date 生效日期，见"融资关闭"

Efficacy insurance 施工分包商应支付的违约支付的保险

EIA 环境影响评估，项目建设运营对自然和人文环境的影响研究

EIB 欧洲投资银行，欧盟的长期借贷机构

EID/MITI 日本国际贸易和工业部进出口保险处

emergency Step-In 出于安全或公共安全考虑，包销商或授权机构接管项目运营的
权利

Enclave Project　　项目的产品用于出口，在东道国境外接收付款

Energy Charge　　支付燃料费用的价格

Environmental Impact Assessment　　项目施工和运营对自然和社会环境影响的评估

environmental risks　　与项目建设或运营相关的环境风险

EPC Contract　　设计、采办和施工合同，这是一个固定价格、固定日期的总承包合同，涉及项目的设计、设备的采购或生产，以及项目的施工和安装

equity　　股本金，投资人投入项目投资成本的部分，可以以股权资金或次级债的形式投入

Equity Bridge Loan　　股本金过渡贷款，在建设期间贷款方提供的融资，相当于股本金的金额

Equity Funding Competition　　融资关闭时或关闭前为签署 PPP 项目合同的项目公司竞标提供部分股本金

Equity IRR　　股本内部收益率

Equity Subscription Agreement　　发起人与项目公司签署的协议，根据协议它们同意认购项目公司的股份(或借给项目公司的次级债务)

escrow account　　由两方共同控制的银行账户，又叫托管账户

European Investment Bank　　欧洲投资银行

Events of Default　　违约事件，使贷款方有全停止贷款或中断融资

exchange-rate risks　　汇率风险

Excusing Cause　　引起项目无法使用但不会产生罚金的事件

export credits　　出口信贷机构为贷款方提供的担保或保险，或为项目公司提供的直接贷款

expropriation　　国有化、东道国政府对项目或项目公司的非法接管

F

facilities agreement　　贷款协议

facility　　项目或贷款

facility agent　　代理银行

FIM　　最终信息备忘录，用于银团

Final Business Case　　在指定优先投标方之前，PPP 项目采购签约的公共部门的评估，以确保采购达到了设定的目标

financial advisor　　融资顾问

Financial Balance 财务均衡，为补偿事件付款，让投资方和贷款方处于相同的融资地位，就像补偿事件发生之前的情况一样

Financial Close 所有的项目合同和融资文件签署的日期达到了首次提款的条件要求

financial model 融资模型

financial risks 金融风险

financing agreement 融资协议

fist loss 公共部门提供的贷款或担保，从属于高级贷款方

Fisher formula 由于通货膨胀而调整利率的公式

Fixed Charge 固定价格

fixed costs 项目公司运营的部分成本，不随产量或使用量而变化

floating interest rate 浮动利率，按照市场利率进行定期调整的利率

FM Contract

force majeure 不可抗力，影响某一方履行合同的自然事件或政治事件，但并不是该方的错误，而且也无法对该事件作出合理的预测

force majeure insurance 不可抗力保险，由于不可抗力造成项目延迟完工或运营中断而造成收入损失或增加额外成本的保险，启动延迟保险或业务中断保险一般不包括不可抗力的保险

forced outage 突然停机维护

foreign-exchange risks 外汇风险

Forfaiting PPP 系统中，项目完工时偿还项目的施工成本或为其再融资

forward-looking ratios 远期比率，项目开始运营后，对未来年度债务偿还能力比率或贷款期债务偿还能力比率的预测，目的是计算终止分红或违约比率

Franchise 运营现有的公共基础设施并接收用户付款的权利

fronting bank 负责利率交换的银行

Fuel Supply Contract 为项目供应燃料的合同

full cover 覆盖政治和商业风险的担保或保险，通常由出口信用机构或国际金融机构提供

G

Gap Financing 如果项目无法从私人部门市场融到足够的资金，由公共部门实体提供债务

gearing　　杠杆、资本和负债的关系

GIC　　担保投资合同，在债券收益用于支付项目建设成本之前，由所存入的银行支付的固定利率的利息

GOCO　　政府所有、私人部门承包商运营的项目

governing law　　适用于项目合同或融资文件的法律

government　　项目所在国的中央政府

Government Support Agreement　　政府支持协议，为项目奠定法律基础的项目合同，或依据该协议政府同意为项目提供各种支持和担保

GPA　　政府采购协议

GPOBA　　基于产出援助的全球合作

grace period　　根据合同允许补救违约的时间

gross up　　增加支付以享受减税

GST　　产品与服务税

Guaranteed Investment Contract　　担保投资合同

H

handback　　在项目协议结束时把项目资产移交给购买方或签约的公共部门的过程

Hard FM Contract　　涵盖维护的项目管理合同

Hard Mini-Perm　　项目施工期和运营前期的贷款，在适当的时候由更长期的债务再融资

heat rate　　热耗，生产一定的电量所需的燃料

hedging　　平衡交易合同，金融或商品市场上的一种安排，用于保护项目公司免受利率波动、汇率波动或商品价格的负面影响

Hermes　　德国的出口信贷机构

Host Country　　东道国，项目所在国（通常与跨境投资有关）

Host Government　　东道国政府

hurdle rate　　折现率或最低内部收益率，用以决定一项投资是否可以产生最低的回报

I

IADB　　美洲开发银行，一个区域性的国际金融机构

IBRD　　世界银行

ICB　　世界银行的国际竞标程序

IDA　　国际开发协会，世界银行的附属机构，为最贫穷国家提供开发融资

IDB　　伊斯兰开发银行，伊斯兰融资机构

IDC　　建设期利息，是项目成本预算的一部分

IFC　　国际金融公司，处理与私营部门业务的世界银行的附属机构

IFIs　　国际金融机构

Implementation Agreement　　执行协议

income statement　　利润表

incomplete contract　　不能够给合同各方提供全面的信息

Independent Engineer　　独立的工程公司，与项目合同的任何一方都没有关系，按项
目协议和 EPC 合同，保证项目的施工

independent power producer　　发电厂项目，不属于任何一个公共电力部门（IPP）

inflation risks　　通货膨胀风险，价格通货膨胀率的变化引起的宏观经济风险

inflation swap　　根据通货膨胀把现金流调整成固定现金流的对冲合同

inflation-indexed bond　　通货膨胀指数化债券，根据通货膨胀的指数来偿还债务

Inflation Business Case　　通货膨胀商业论证，研究 PPP 项目早期可行性，签约公共
部门执行，参阅商业论证概述，最终商业论证

Input Supplier　　物资供应合同的承包方

Input-Supply Contract　　物资供应合同，为项目公司供应燃料或原材料的项目合同

input-supply risks　　物资供应风险，与物资供应及成本有关的商业风险

institutional market/lenders　　机构市场或机构贷款方，大型项目的非银行投资和贷
款（主要是人寿保险公司，养老金）；通过债券市场、
债务基金融资或直接融资

Institutional PPP　　运营的项目公司、签约的公共部门出售部分股权给一位投资方，
使投资方积极参与公司的管理

Insurance　　项目保险，项目实体遭到损害的保险，承担第三方的损失和债务；参阅
施工期保险和运营期保险；保险也指信用和政治风险的保险，由单一业
务保险公司、出口信贷机构和双边开发融资机构承担

insurance advisor　　项目保险方面的借贷方顾问（非信用或政治风险保险）

insurance premium　　保险费

intercreditor　　不同团组贷款方之间的关系

intercreditor agent　　不同团组贷款方的代理人

Intercreditor Agreement　　共同条款协议

interest buy-down　　减少项目股本金收益的利率

interest during construction　　在施工期间，贷款提款的利息，它成为资本并成为施工预算的一部分（IDC）

interest rate cap　　利率封顶，项目公司债务利率的上限平衡交易合同

interest rate collar　　利率上下限，设定项目公司支付利率上限和下限的平衡交易合同

Interest–Rate Equalization　　出口信贷机构提供给银行的利率补贴，填补银行融资成本和商业利息参考利率之间的缺口

interest rate risks　　利率风险，利率提高导致的宏观经济风险

interest rate swap　　利率交换，把浮动利率换成固定利率的平衡交易合同

internal rate of return　　内部收益率，从未来现金流投资获得的收益率，混合股本金内部收益率，股本金内部收益率，项目内部收益率

investment bank　　投资银行，负责债务安排但不提供债务或债券发行的银行

investment grade　　投资级别，BBB-/Baa3 或以上级别

investment insurance　　政治风险保险，由出口信贷机构、国际融资机构或私营保险商提供给投资方的保险

investment risks　　投资风险，与货币兑换和转移，国有化和政治不可抗力有关的政治风险

investors　　向项目公司投资股本的发起人和其他相关方投资人，也指项目公司债券的购买方

IPP　　独立电厂

IRR　　内部收益率，从未来现金流中获得的投资回报率

IRS　　美国国税局

ISDA　　国际互换与衍生品协会，为利率互换提供标准格式的文件以及其他对冲合同

Islamic financing　　伊斯兰融资，不支付利息的融资

ITN　　邀请议标

ITT　　邀请投标

J

JBIC　　日本国际合作银行，提供出口信贷和无附加条件的融资

JEXIM　　日本进出口银行，现在为日本国际合作银行

K

KDB　　韩国开发银行，政策银行

KEXIM　　韩国进出口银行

Key Performance Indicators　　关键绩效指标，根据 PPP 项目合同测量服务标准

KfW-IPEX Bank　　德国进出口银行，为德国出口提供商业参考利率资金和无附加条件的融资

KPIs　　关键绩效指标

K-sure　　韩国贸易保险公司，韩国的出口信贷机构

L

latent defects　　潜在缺陷，项目场地结构存在的缺陷，没有人能够提前发现该缺陷，而且是在较晚的日期出现

LDs　　违约赔偿

lead arranger(s)　　安排和承销项目融资债务的银行，或发行项目融资债券的投资银行

lease　　租赁，通过设备租赁获得债务的一种形式，在一段时期内，使用某块土地或某个建筑的权利

lenders　　贷款方，银行或债券投资者或其他为项目公司提供高级债务的机构

lenders' advisors　　贷款方聘用的顾问

Lenders' Engineer　　为贷款方提供咨询的工程公司

lessee　　承租方（如项目公司）

lessor　　出租方，租赁协议下提供融资的一方（相当于贷款方）

leverage　　债务与股本金的比率

LGTT　　欧洲投资银行为欧洲交通网络项目提供的担保工具

LIBOR　　伦敦银行同业拆借利率

lifecycle　　生命周期 运营周期末更新或替换主要设备

limited-recourse　　有限追索，发起人对融资给予有限担保

linear project　　直线项目，项目建设需要经过较长的路面距离，比如道路

Liquid Market clause　　PPP 项目合同中的条款，项目公司违约后，如果市场上没有或有很少可能的投标方，那么就不需对项目协议进行市场销售

liquidated damages　　违约，其中一方没有按合同执行而造成的损失，比如，延误违约、执行违约、罚金等

liquidity support　　备用贷款，可以由项目公司取出，用当地货币支付离岸货币债务贬值造成的损失

LLCR　　贷款期限偿还能力比率，债务剩余期限内运营现金流的净现值与债务本金的比率

LMA　　贷款市场协会，为银行贷款提供标准格式的文件

LNG　　液化天然气

loan agreement　　贷款协议，项目公司和贷款方至今的协议

Loan-Life Cover Ratio　　贷款周期偿债比率

Lock-Up Ratios　　停止分红比率

M

MAC clause　　融资文件中重大不利变化条款

macro-econimic risks　　与通货膨胀、利率或汇率相关的项目融资风险

maintenance bond　　维修保证保险

Maintenance Contract　　维护合同，维护基础设施的合同，比如道路或建筑物，参阅"运营和维护合同"

maintenance covenant　　维护契约，积极契约，

Maintenance Reserve Account　　维护储备账户，用于储存用于项目大修的现金余额

make-whole clause

Maitre d Oeuvre　　参阅独立工程公司

Management Contract　　管理合同，项目公司和一个或更多发起人之间的合同，根据此合同，后者提供公司管理服务公共部门和私人公司之间的合同，管理公共设施

mandate　　指定牵头安排人

mandatory costs　　商业银行要求借款方支付的费用，贷款的额外成本

margin　　信用交换溢价

margin ratchet　　随着项目贷款的期限，增加信用边际

Marine Cargo insurance　　海运货物保险，建设期间运往项目工地的设备损失保险

Marine DSU insurance　　运往项目工地的设备遭受损失后，造成了完工延误而导致收入损失或成本增加的保险

market disruption　　贷款方不能根据贷款协议为贷款提供短期的资金

market flex　　牵头银行在贷款协议签署前改变贷款条件的权利，以反映市场变差的情况

market stabilization　　在发行大债券或掉期之前的对冲做法，以确保发行本身不会影响市场的利率

mark-to-market　　计算利率交换或固定利率贷款提前终止的成本

material adverse change clause(s)　　融资文件中给予贷款方拒绝进一步提款或在项目
　　　　　　　　　　　　　　发生实质性逆转的情况下要求偿债的权利条款

maturity　　贷款或合同的最后日期

MDB　　多边开发银行

MDFI　　多边的开发金融机构

Mechanical Completion　　根据 EPC 合同，确认项目能够满足性能和运营的标准

merchant power plant　　商业电厂，没有购电协议的电厂项目，需要把电力在竞争的
　　　　　　　　　　市场上销售

mezzanine debt　　由第三方而不是投资人提供的次级债务

MIGA　　多边投资担保机构，世界银行的附属机构，为贷款方或投资人提供政治风
　　　　险担保

Mini Perm　　为项目在建设期和运营期的前几年提供的贷款，在适当的时候用更长期
　　　　　　的债务进行再融资

Minimum Revenue Guarantee　　最低收入担保 (MRG)

MIRR　　改进型的内部收益率，对于从项目中提取的现金，以降低的再投资比率计
　　　　算的内部收益率

MLA　　多边借贷机构

MLRs　　银行的最低流动比率要求的成本

mobilization　　从项目的建设阶段到运营阶段的过渡

Model Auditor　　评估核实财务模型的独立会计师事务所

modified IRR　　降低项目的现金再投资收益计算的内部收益率

monocline insurance　　单项融资风险的保险

Monte-Carlo simulation　　评估风险的一种方法

muni bonds　　美国市政债券市场发行的债券

N

Natural Force majeure　　自然不可抗力 影响项目的无法预测的自然事件，如火灾、
　　　　　　　　　　　爆炸、洪水、特殊天气等

negative arbitrage　　消极套利，提取所有的债券融资后，又把资金存入银行所造成的
　　　　　　　　　利益损失

negative equity　　负资产，累积的会计损失超过项目公司的股权资本金额

negative pledge   借贷方与贷款方签署的不为第三方资产提供抵押的协议

Negotiated Procedure   公共采购的程序，与投标方谈判以澄清其投标的内容

net present value   净现值

network risk   项目以外网络的特许经营风险

NEXI   日本出口与投资保险，日本的出口信贷机构

no-fault termination   因不可抗力引起的项目协议终止

nominal interest rate   含通货膨胀率的应付利率

nominal sum   名义金额，包含通货膨胀因素；实际收到的金额

non-recourse   无追索融资，没有发起人担保的融资

Non-Reverting Asset   在 PPP 项目合同期结束时资产不移交给签约的公共部门或不受其控制

non-vitiation clause   无损害条款，保险单的条款规定贷款方的权利不因项目公司取消保险的行为而受影响

Nordic Investment Bank   北欧国家多边开发金融机构

notional principal amount   名义本金额，用于利率交换的债务额

NPV   净现值，未来现金流的折现值

NPV at risk   评估项目投资方风险的一种方法

NPV of Revenues   为应对交通流量风险而固定特许经营弹性期限的系统

NTP   开工通知，项目公司通知 EPC 承包商开始建设项目

O

O&M   运营与维护

O&M Contract   运营与维护合同，代表项目公司项目运营与维护合同

O&M Contractor   运营与维护承包商

OBA   基于产量的援助

Obsolescing bargain   在项目投资前国外投资方比东道国政府的地位高，但是之后向东道国政府转移

OECD   官方开发协助

ODA

OECD   经济合作与开发组织

OECD Consensus   OECD 共识，OECD 管理出口信贷条件的协议

Offtake Contract   购买方合同，项目公司生产产品并出售给购买方的项目协议

Offtaker   按照购买合同购买产品的购买方

operating budget   运营成本预算（处于项目公司的控制下）

operating cash flow   项目公司的收入减去运营成本，即还债前的现金流

operating phase insurances   运营阶段的保险，包括所有风险保险、业务中断保险和不可抗力保险

operating risks   与项目运营相关的商业风险

operating gearing   债务与股本回报间的服务费用和支付运营成本之间的比率

OPIC   海外私人投资公司，美国政府的机构

optimism bias   低估成本的趋势和高估项目成功的机会

Optional Termination   签约的公共部门选择提前终止 PPP 项目合同

Outline Business Case   在招标前签约公共部门对 PPP 项目所作的详细可行性研究

output-based aid   为发展中国家的项目提供补贴的系统

output dedication   物资供应商承诺从某一特定渠道提供所需的物资

Output Specification   PPP 项目合同的规范

over-indexation   合同付款的通货膨胀指数大于项目公司的可变成本

Owner's Engineer   业主工程师，代表项目公司监督 EPC 承包商的工程师

Owner's Risks   业主风险，按照 EPC 合同项目公司所承担的责任

P

P&L account   基于项目公司会计的结果（非现金）

p.a.   每年

PABs   私人活动债券，美国市政债券市场为 PPP 项目融资的一种方法

par floor   债券或固定利率贷款规定在早期付款时利率的调整不应导致低于 100% 的本金偿还

pari-passu   在平等的基础上不同的贷款方按比例享有的抵押

Partial Credit Guarantee   部分信贷担保

Partial Risk Guarantee   部分风险担保

Payback Period   投资回收期，投资人收回最初投资所需的期限

paying agent   从项目公司把债务偿还给债券投资人的公司

payment mechanism   计算合同付款的公式和其他方法

PBCE   项目债券信贷增持

PCG　　母公司担保

penalties　　按照项目协议支付的违约赔偿

performance bond　　履约担保，按照 EPC 合同 EPC 承包商提供的履约担保

performance LDs　　履约违约赔偿，如果完工的项目没有达到性能的最低要求，EPC
承包商应支付的履约赔偿

Performance Management System　　监控 PPP 项目合同履约的系统

Performance Points　　未能达到主要性能指标的罚金，从合同付款中扣除罚金甚至最
终导致项目协议的终止

performance risks　　与项目性能相关的完工风险

performance-based contracting　　根据产出或性能标准签署的合同，与 PPP 项目合同
相似

Permits　　项目建设、运营所需的许可，项目公司投资的许可或项目公司借债的许可

Persistent Breach　　项目公司没有遵守项目协议而出现的持续违约

PF2　　2012 年英国政府出台的私人融资计划的修改版，修改的内容很少

PFI　　私人企业融资计划，英国的公共部门与私人企业合作项目模式

PFI-Model Contract　　与签约的公共部门签署的项目协议，根据协议后者授予项目公
司使用项目，也称为使用合同

PIM　　初步的信息备忘录，为获得贷款方融资投标所提供的项目信息备忘录

Planned maintenana

planned outage　　计划中的维护，主要指处理厂项目

PLCR　　项目周期偿债能力比率，运营现金流的净现值与项目剩余期限的偿债金额比率

PMS　　绩效管理系统

Policy banks　　政策性银行

Political Force Majeure　　政治不可抗力，影响项目的政治暴力事件，如战争、恐怖
或内乱

political-risk cover　　政治风险保险，用于政治风险的担保或保险

political risks　　政治风险，与政治不可抗力或其他投资风险、法律变化和次级政治
风险相关的项目融资风险

Political Risk Insurance　　政策风险保险

Power-Purcrase Agreement

power purchaser　　购电协议下购电方

PPA　　购电协议

PPI　　私人部门参与基础设施项目

PPIAF　　公共部门与私人部门基础设施咨询机构，为发展中国家的 PPI 项目提供技术支持的多方捐赠信托基金

PPP　　公共部门与私人企业合作模式，按照合同，私人部门一方提供服务或代表公共部门提供服务

PPP Contract　　特许经营或私人融资计划模式的合同

PPP Unit　　公共部门为 PPP 项目采购和合同管理设置的专业中心

PPPI　　为基础设施开发的 PPP 项目

PQQ　　资格预审的问卷调查

Præcipium　　安排完银团贷款后牵头银行获得的费用

Preferred Bidder　　签约的公共部门在完成采购程序后希望签署 PPP 项目合同的投标方

premium　　保险费

pre-NTP works　　在开工通知发出前由 EPC 承包商承担的项目前期工作（如设计）

prepayment　　提前偿还贷款，与再融资相关

pre-qualification　　资格预审，采购过程的第一个阶段

PRG　　部分风险担保

PRI　　政治风险担保

primary investors　　项目公司的初始投资方，包括发起人

principal　　贷款本金

Private Finance Initiate　　私人融资计划

private placement　　不是在证券交易市场上配售的债券

Proceds Account　　支付账户

process-plant project　　处理加工厂项目（如发电项目）

Project Accounts　　项目账户

Project Agreement　　项目协议，在项目周期内为项目公司获得收入所签署的合同，通常为包销协议或特许经营协议

Project Bond Initiative　　欧洲投资银行为基础设施融资债券提供的信贷增持

Project Company　　项目公司，为项目建设和运营成立的特殊目的实体

Project Company costs　　项目公司成本，项目公司运行所需的成本

Project Completion　　项目完工、运营开始的日期

Project Contracts　　项目公司所签署的合同，包括项目协议、EPC 合同、物资供应合同、运营与维护合同、政府支持协议和保险合同

Project Coordination Agreement　　项目协调协议，参见共同条款协议

project cost budget　　项目成本预算，项目建设、融资和其他成本的预算

project finance　　通过"融资工程"为大型项目获得长期债务融资的一种方法，它基于项目所产生的现金流获得融资；项目融资主要取决于对项目建设、运营和收入风险的详细评估，以及通过合同和其他安排在投资人、贷款方和其他各方之间进行的风险分配

project finance risks　　项目融资风险，包括商业风险、宏观经济风险和政治风险

Project IRR　　项目内部收益率，在债务偿还和分配收益之前的项目现金流的内部收益率

Project Life Cover Ratio　　项目剩余周期内净运营现金流的净现值与债务本金余额之间的比率

Project Preparation Facility　　签约的公共部门让顾问参与开发 PPP 项目的资金

promoters　　发起人

protective covenants　　保护性契约

PSC　　公共部门建设和运营的项目成本的计算，用于比较 PPP 项目预期的成本

public liability insurance　　项目对给第三方造成的损失保险，即第三方责任保险

Public-Sector Comparator

public procurement　　为签署项目协议进行的公开竞标

public-private partnership　　项目公司代表签约的公共部门提供公共服务的合同

pull tolling　　拉动型免费供应合同，由包销商提供燃料或原材料

purchasing-power parity　　购买力平价，未来两种货币间的比率能够反映它们通货膨胀率的差异

push tolling　　推动型免费供应合同，由供应方提供燃料或原材料

Put-or-Pay Contract　　按照照付不议方式签署的物资供应合同

Q

QIB　　合格的机构购买方，购买 144a 债券的机构投资方

quasi-political risks　　介于商业和政治风险之间的风险，即合同违约、次主权风险和逐步国有化

R

RAB finance　　基于监管资产的融资

ramp-up　　交通项目完工后的几年内使用量在逐渐增加（收费公路）；发电厂或其

他处理厂达到满负荷运行的时间

rate-fixing date　利率固定日期，浮动利率按照当前市场利率固定的日期

real interest rate　去除通货膨胀因素的利率

real sum　因通货膨胀因素调整的金额

real tolls　项目用户以现金支付的通行费

refinancing　再融资，提前偿还贷款后以更优惠的条件获得新的债务（更低成本或更长的贷款期）

refinancing gain　为项目公司投资方再融资获得的收益

Regulated Asset Base Finance　利用调整的回报率为项目融资

regulation by contract　基于项目协议的付款机制而固定的合同付款，而不是通过独立的监管方

regulatory capture　行业独立的监管方被所监管的实体过度影响

regulatory risks　法规变化风险，导致项目资本金或运营成本增加

reinsurance　保险公司提供的再保险

Relief Event　阻碍项目完工或继续运营的临时性不可抗力

representations and warranties　陈述与保证，项目公司确认的事实，用于融资的依据

Request for Proposal　公共采购中的招标书

Request for Qualifications　公共采购早期对潜在投标方的财务和技术资格的要求

rescue refinancing　由于项目的问题导致项目公司债务的再融资

Reserve Accounts　储备账户，由贷款方控制的账户，把项目公司现金流的一部分存入账户用于偿还债务或支付未来的成本费用

Reserve Cover Ratio　相当于自然资源项目的贷款周期偿还能力比率

reserve risk　储量风险，项目所需自然资源采掘不足的风险

Residual Cushion

Reserve Tail　债务最后到期后剩余储备资金

residual-value risk　项目协议到期后项目价值的风险

Restricted Procedure　公共采购程序，在投标完成后不进行谈判

retainage　保留金，商业运营日之前项目公司扣留每笔付款的一部分作为抵押

retained risks　根据 PPP 项目或处理厂合同，签约的公共部门所保留的风险或责任

Retention amount

Revenue Bond　只从发行方收入偿还的市政债券

revenue risks　与项目公司收入有关的商业风险，来自产品销售的数量和价格或项目的使用程度

Reverting Asset　　根据 PPP 项目合同，在合同结束时项目要移交给签约的公共部门所有或控制

RFP　　招标书，公共采购程序中邀请投标

RFQ

right of way　　路权，使用相邻土地的权利（如为项目运送燃料的管道）

risk matrix　　项目融资风险和降低风险的安排

rollover risk　　如果债务额或债务偿还进度发生了变化，利率交换合同可能无法以可接受的条件进行修改的风险

RPI swap　　零售价格指数交换

Rule 144a　　证券交易委员会允许合格的机构进行私募债券交易的规定

S

SACE　　意大利出口信贷机构

SAFETEA-LU　　美国安全、负责、灵活、高效运输公平法案

scheduled maintenance　　项目协议中为维护预留的时间

SEC　　美国证券交易委员会，投资管理机构

second loss　　对于公共部门提供的贷款或担保，项目损失超过了高级贷款的余额产生的损失或付款

secondary investors　　项目完工后，购买发起人部分或全部项目股份的投资方

securitization　　把银行贷款打包出售给非银行投资方的过程

senior debt　　高级贷款方提供债务

senior lenders　　在偿还次级债务或分配给投资人收益之前的贷款方，在项目公司清算时首先偿还的贷款方

sensitivity analysis　　敏感性分析，贷款方计算基础情况假设时的变量，以分析项目在出现下降时的表现

Service Availability Date

Service Commencement Date　　PPP 项目完工的日期

Service Fee　　签约的公共部门的付款

SFI　　国家融资机构

Shadow Bid Model　　在可行性研究阶段，签约的公共部门购买项目的成本估计

Shadow Tolls　　影子收费，按照项目的使用情况收费，但是由授权机构而不是公众支付这些费用

Shareholder Agreement   发起人就有关项目公司投资与管理签署的协议

SIB   美国基础设施银行，用联邦资金为交通设施项目提供次级债务支持

Simet   意大利提供商业利息补贴和联合融资的机构

SINOSURE   中国出口信贷保险公司

site risks   与征用项目用地和条件有关的风险

site-legacy risk   与项目场地污染有关的风险

social-impact bond   根据取得特定社会效果而偿还的债券

social infrastructure   提供社会服务的基础设施

SOE   国有企业

Soft Mini-Perm   贷款方对现金归集的要求，从项目完工后 2 ~ 3 年开始，以鼓励投资方对贷款再融资

sole supplier   独家供应商

Solvency II   欧盟 2009 年发布的"偿债能力 II"指令，与人寿保险公司的资本金比例要求有关

SoPC   英国财政部的 PF2 标准合同（2012，伦敦），PPP 项目合同的标准格式，现已由其他国家采用

sovereign risk   国家主权风险

spens clause   参阅 par floor

Sponsor(s)   发起人，投资于项目公司开发和引领项目的投资方

SPV   特殊目的公司，与借款相关的独立法律实体，通常指项目公司

Standby finance   在项目公司现金流大幅低于预测时为提款准备的融资

state aid   欧盟阻止签约的公共部门给予项目支持的规定，避免与其他项目开展不公平的竞争

Step-In rights   按照直接协议，贷款方行使接管项目合同以保护其抵押的权利

structural risk   合同不符

Sub-Contractor   分包商

Sub-Contract(s)   分包合同

subordinated debt   次级债务，其还款在高级贷款方之后，在给投资方分红之前。

subrogation   承保人或担保方接管资产的权利，代位求偿权

sub-sovereign risk   次级主权风险，与公共机构而不是东道国政府相关的风险

Substantial Completion   实质性完工，项目已达到性能或其他规范的要求

substitution   替代权，按照直接协议，贷款方有指定一个新的实体接管项目公司的权利和义务

sukuk bond 基于伊斯兰教义发行的债券，收益与借款方的商业有关，不是支付利息

Sunset Date 在违约事件出现之前项目最可能的最终完工日期

Support Services Agreement 支持服务协议，项目公司和一个或多个发起人签署的合同，提供技术支持、配件等

swap credit premium 在利率交换时收取的信用风险金

swap provider 为项目公司提供利率交换的银行

syndication 承销债务的银行把部分贷款分配给其他银行的做法

synthetic lease 综合性租赁，租赁的一种形式（主要在美国），出于税务的目的，设备的所有权由承租方所有，出于会计的目的，设备的所有权归出租方所有

T

TA 技术顾问

take-and-pay contract 或取或付合同，根据合同，购买方按约定的价格支付购买的产品，但是并不承诺购买的数量

take-or-pay contract 照付不议合同，按照合同，购买方必须购买产品，否则就必须付款

target repayments 考虑到临时现金流不足时的一种灵活的偿还安排

Tariff 按照项目协议的支付

Tax Increment Finance 城市发展的融资方法

Technical Support Agreement 见支持服务协议

technology risk 技术风险，未经实验的新项目的技术风险

tenor 见合同期限，贷款的期限

term 合同期限，项目合同期限或最终债务偿还日期之前的期限债务最终还款日的期限一些条件之一

Term Loan B 由机构贷款方提供的早期分期偿还的长期贷款，进行漂浮式偿付款

term sheet 项目融资的条款清单

Termination for Convenience 见自主选择终止

Termination Sum 提前终止项目协议后，由包销商或授权机构支付的赔偿金

Third-Party Liability Insurance 第三方责任险，项目对第三方造成的损害或伤害的保险

third-party revenue 项目公司从其他方面获得的收入（而非合同收入）

third-party risks 项目合同以外各方的失败可能会影响项目完工的风险

Throughput Contract   管道运输项目合同

Tied Aid   联合出口信用机构和国家多方金融机构援助，后者与前者援助的出口，
参阅经合组织共识；联合融资

TIF   税务盈余金融

TIFIA finance   交通基础设施项目融资，依据美国 1998 年交通基础设施融资创新
法案以及后继法规

TIFU   英国财政部基础设施融资部门，为 PPP 项目提供缺口融资

Tolling Contract   物资供给合同，免费提供燃料或原材料，项目公司对原材料进行
处理并得到付款

tranche   贷款或投资的独立部分，各方按不同条件提供贷款给项目的一部分，而不
是为整个项目进行融资

Transportation Contract   管道运输合同

tripartite deed   三方契约

turkey contract   整个项目的设计、施工或工程、购买、施工合同

Tolling Contract   免费供应燃料或原材料的合同，向项目公司支付加工的费用

Transportation Contract   运输合同

turnkey contract   交钥匙合同，项目设计和建设合同

U

U.S Exim   美国进出口银行

Unavailability   项目不能使用的时期

undertakings   担保

unitary Charge   按照特许经营协议固定价格和可变价格的总和

unplanned maintenance   处理意外问题的维护，也称作强迫停机（处理厂）；不同
于定期维护

unsolicited bids   签约的公共部门未招标的 PPP 项目的标书

Untied Financing   由出口信贷机构或与出口无关的公共部门机构提供的融资或其他
支持

unwind cost   利率交换或固定利率贷款提前终止的成本

Usage Charge   电费

User Charge   根据特许经营协议使用项目进行缴费

V

Value for Money　　物有所值，购买方或签约的公共部门决定是否把项目风险转给项目公司

Variation bonds

Variable Charge　　支付项目可变成本的价格部分

VAT　　增值税

vendor finance　　供应商融资，设备或服务供应商为项目公司提供的债务

VfM　　物有所值

VGF　　可行性缺口补助

Viability Gap Funding　　施工补贴

Voluntary Termination　　选择终止合同

W

WACC　　加权平均资本成本

warranties　　EPC 承包商提供的施工和设备故障担保

Waterfall　　阶梯

willingness to pay　　特许经营合同中，项目用户支付使用费用的能力和意愿

windfall gains　　投资者在 PPP 项目中获得的政治敏感利润，来自于债券再融资和投资销售

winner's curse　　中标方对于特许经营项目的使用风险过于乐观

withholding tax　　预提税，支付利息或红利前，项目公司扣除的向东道国所缴纳的税款

Without recourse

working capital　　流动资金，收到销售收入前用于库存或其他成本的资金

working capital loan　　流动资金贷款

World Bank　　世界复兴与开发银行，向政府提供融资的国际金融机构

wrapped bonds　　打包债券 由"单一险"的保险公司担保的项目债券

Y

yield　　投资或贷款的收益率